浙江省"十一五"重点教材建设项目

CONTEMPORARY

ADMINISTRATIVE LAW

现代行政法

何永红 著

ZHEJIANG UNIVERSITY PRESS
浙江大学出版社

内容简介

本书在对行政法理论进行系统阐述的同时，突出了理论与实际的结合。本书及时反映了近年来行政立法和学术理论的最新成果，也尽量回应了我国行政执法和司法实践中的最新问题。

本书具有如下几个方面的特点：(1)把握基础原理与法学“前沿”和“热点”问题。本书在将基础原理阐述清楚的同时，也介绍法学“前沿”问题和最新出现的备受社会关注的“热点”问题。(2)做到理论和实际的密切结合。本书贯穿着案例教学理念，通过以案例引出行政法问题、以案例阐述行政法基本原理和以案例解释行政法规范的方法，使得本书内容生动活泼，以利于培养学生的问题意识和解决实践问题的能力。(3)创新形式和体例。为增强本书的可读性，本书突破传统教材的框架，采取最有效的方式来阐述概念、原理和问题，比如插入“案例思考”、“问题探讨”、“旁评附注”、“概念辨析”等栏目，以引发学生阅读和思考兴趣。

本书为宁波大学研究生重点课程建设项目中期成果，适合大专院校法律本科生、法律硕士生、公共管理本科生和公共管理硕士生使用。

前 言

本书自2007年起开工至今，几近八年。期间因课务、“表务”和会务等繁杂事务造成写作时断时续，但无论如何，笔者每年都坚持写上至少一二章。之所以坚持，是因为心中有个梦，想写一本学生喜欢阅读的教材。这种坚持，自然需要很大的决心，因为当前高校对教师的考评中，每年都得完成一定的科研任务。花八年时间，去磨这样一把“小刀”，必须承受每年完不成科研工作量的压力。本书的出版必须感谢宁波大学法学院张炳生院长、吴建依副院长，没有他们的多次催促，本书也许还在拖延中。

目前，我国行政法教材在数量上可谓呈汗牛充栋之观，其中也不乏大量的深受教师和学生喜爱的好教材。本书正是在学习、消化其中的众多好教材并博采众长的基础上，注重与时俱进，一方面，及时反映近年来行政立法实践和学术理论的最新成果；另一方面，关注和回应我国行政执法和司法实践中的最新问题。

一本好教材，无论从内容到形式，都应该能吸收学生。自己在读书时候，曾深深地感受到国外一些经典教材的魅力。这些教材在概念和原理的阐述中，喜欢引入关键性案例(Leading case)并作精微解析，甚至穿插一些活泼的法律故事以吸引读者。教材不仅内容丰富、思想深刻，而且资料新颖，形式活泼。我国行政法教材从整体上来说，在可读性方面还有很大的拓展空间。

本书写作中力图处理和协调如下几方面的关系：

第一，把握基础原理与法学“前沿”和“热点”问题。笔者认为，教材首先应该把基础原理阐述清楚，但在适当的地方，也简要介绍一点法学“前沿”问题或社会普遍关注的“热点”问题，以免教材内容过于枯燥和单一。只要方式掌握得当，基础原理和前沿问题之间不会有什么矛盾，还可以起到相辅相成、相得益彰的作用。

第二，做到理论和实际的密切结合。笔者认为，鉴于理论对解决实际问题的重要价值，对理论（原理）问题一定要说清说透，但又不能仅此而已，理论的阐述还必须结合实际问题，结合案例来说明，否则理论本身也难以说清说透。本书体现了案例教学的特色，注重以案例引出法律问题；同时以案例阐述原理和解释规范。

第三，在继承中有所创新。在形式和体例上，本书尽量参照现有教材的做法，但又不拘泥于传统框架，而采取我们认为对概念和问题阐述最有效的方式，比如插入“案例思考”、“问题探讨”、“旁评附注”、“概念辨析”等栏目，既增加信息量，又增强可读性。

第四，用开阔的理论视野来关注中国的行政法问题。笔者认为，一本好的教材，其问题意识必须是本土的，但理论视野必须是开放的。本书立足于中国当今行政法的现实，又将理论视野投射于行政法治的先进国家，旨在使学生既能掌握国外行政法的基本知识，又能帮助他们认识、探讨并解决中国自己的行政法问题。

无论从理论的精致性还是问题的丰富性而言，行政法教材都是值得花时间去精雕细刻的。本书写作虽历时不短，但笔者仍然觉得时间很不够，以致很多重要专题没能展开阐述，只能留待今后去补充和完善。同时，由于作者水平的限制，本书一定存在不少纰漏，恳请读者诸君批评指正。

何永红

2014 年 8 月 31 日于宁波大学

目 录

第一章　行政法的基本界定

第一节　行政法上的行政

行政法简而言之，就是关于行政的法。因而，只有把握了什么是行政，才能真正把握行政法的含义和内容。

一、行政的涵义

行政与我们的生活息息相关。正如一位美国学者所描绘道："现代城市居民出生在公立医院，在公立的中小学和大学受教育，生活中的不少时间用在搭乘公共交通工具上，通过邮局或半公营的电话系统通讯联络，饮用公营的水，经由公共的污物处理系统处理垃圾，读公共图书馆里的书，在公园里野餐，受公安、消防、卫生机构的保护，最后死在公立医院里，可能还被安葬在公墓里。"也就是说，一个人从出生到死亡都离不开行政。那么，如何来定义行政呢？

行政的英文表达是 Administration，其涵义除了"行政"外，还有"管理"、"执行"、"实施"等意义。由此可见，"执行"、"管理"是行政的一项最基本的涵义。无论是国家或公共领域，还是经济、社会领域，都有"执行"或"管理"，也就是说都存在"行政"。但是，行政法意义上的行政是指"公共行政"。行政法调整的"公共行政"范围，会因国家和时代的不同而不同。一般地，国家是"公共行政"的主要承担者，但国家还会设立事业单位、公用企业履行公共职能，社会团体、私有企业、民办企业单位也可通过被授权、受委托等法律形式履行公共职能。[①]

案例思考

长春亚泰足球队在2001年10月6日的第22轮与浙江绿城足球队比赛中，净胜6球，在整个赛季中排名甲B第二。按照中国足协发布的《全国足球队甲级联赛规则》第9条关于"获得全国足球甲级队B组联赛前两名的队，次年参加全国足球甲级A组联赛"的规定，长春亚泰足球队应升入甲A足球队之列。但是，中国足协在联赛后的2001年10月16日，作出足纪字(2001)14号"关于对四川绵阳、成都五牛、长春亚泰、江苏舜天和浙江绿城俱乐部足球队处理的决定"，该决定取消了长春亚泰升入甲A资格和2002年、2003年甲乙级足球联赛引进国内球员的资格，并限长春亚泰在三个月内进行内部整顿，同时对教练员和球员作出停止转会资格的处罚。这是中国足协为严肃足球联赛纪律，打击"假球"、"黑哨"现象而采取的重要措施。而长春亚泰足球俱乐部因不服足协的处理决定，于2002年1月7日向北京市第二中级人民法院提起行政诉讼。法院在同年1月23日作出书面答复，明确作出了不予受理的裁定，认为本案不符合我国《中华人民共和国行政诉讼法》规定的受理条件。

问题：中国足协作为一个非国家的社会团体，其管理活动是否属于行政法上所谓的"行政"？

公共行政是相对于私人行政而言。私人行政即社会团体和企、事业单位等对其内部事务的组织和管理，一般带有私利性质，其管理活动的目的通常是追求自身的团体利益。公共行政即国家行政机关及法律法规授权组织对公共事务的组织和管理，通常着眼于公共利益的追求，具有公共性，如社会治安、公共秩序、环境保护、国家教育和税务征收等。行政法调整的是公共行政，而不关注私人行政。

也有学者从形式意义和实质意义的标准来界定行政。形式意义的行政是

① 20世纪中期以后，随着世界各国参与制民主的发展，各种NGO(非政府组织)、NPO(非营利组织)大量出现，国家公权力呈向社会转移的趋势。现代行政法也从原来只研究国家行政(国家行政机关的行政)转而开始关注社会公权力组织的公共行政，如公立学校开除学生学籍、律师协会吊销开业律师执照以及村委会不予出嫁女分配土地等案件均受到学界和实务界关注。

指以行政机关作为划分行政的依据，只要是行政机关从事的职能活动（无论它们是制定规则的、处理具体事务的还是裁决争议案件的活动）都可被认为是行政活动；实质意义的行政是指以国家机关的活动功能作为划分行政的依据，无论是哪个国家机关实施的，制定规则和裁决争议案件以外的执行性活动，都是行政。这两种对行政的界定方法均有失偏颇：从形式标准来看，它否认了行政机关从事非行政活动的可能性；而从实质标准来看，它会导致将立法机关和司法机关本身的人事、财务和秩序维持等行政事务也视为行政法调整的范围。

要对行政法上的行政作一个明确而完整的界定，是一件很困难的事情。一般来说，行政即公共行政，它针对的是公共事务，而不是一般社会组织内部事务，故私人行政不属于该范围；它的实施主体是国家行政主体（国家行政机关以及得到国家法律、法规等授权的社会公权力组织），行政机关是行政主体的主要部分，行政机关的制定规则、处理事务和裁决行政争议等活动均受行政法调整。而立法机关、司法机关一般不是行政主体，故其行政活动不受行政法调整；同时，行政运用的手段是“组织和管理”，因而行政主体的有些活动并不属于“行政”，如借用、租赁、买卖等市场行为，以及公安、国家安全、海关等机关根据刑事诉讼法进行的刑事司法活动，都不属于行政法意义上的行政。

二、行政的特征

作为公共行政的“行政”，与作为私人行政的“行政”相比较，具有以下四个方面的特征：

1. 国家意志性

行政不是一般社会组织的活动，不是个人的活动，也不是行政主体的民事活动，而是行政主体以国家的名义对国家事务和社会事务进行的决策、组织、管理和调控等活动，具有体现和实现国家意志的特性。

2. 执行性

行政并不是国家的一切活动，也不是行政主体的一切活动，而是行政主体进行的实施宪法和法律的国家活动。行政从其内涵上并不具有创制性的功能，即不能进行立法活动。只有在立法机关的立法不能到位的情况下，在立法机关委托的前提下，才可以进行委任立法。委任立法在本质上仍然属于法律的范畴。行政机关依职权制定的抽象行政行为，包括国务院制定的行政法规，也仍然属于实施宪法和法律的活动。

3. 法律性

现代行政管理首先是一种法律管理。“依法行政”是当代行政法的原则和核心。它具体体现在:行政机关必须依法组织;行政机关的相互关系必须依法规范;一切行政活动必须具有法律上的授权,并遵循法律所规定的条件、程序、方式和形式而进行;凡违法行政都应当受到相应的追究,承担相应的法律责任。

4.强制性

行政因体现着国家意志,它的实施就必然以国家政权的强制力为后盾。行政既然是法律活动,它的实施就必然以法律的强制力为保障。行政的强制性主要表现在:行政主体所实施的行政活动,相对人有服从、接受和协助的义务,否则,行政主体可以借助法律手段来强制相对人执行和服从自己的行政决定。

三、行政的分类

为了更完整地理解行政的范围,我们根据不同的标准,将行政进行各种分类。

1.内部行政与外部行政

这种分类是以行政行为与有关主体的权利义务关系为标准的。内部行政,是指针对内部的行政活动,其作用在于创造公共行政所必要的条件,包括组织、人员、财政以及内部监督,如行政机关就其内部机构的职责分配、人员配置、公文流程、科层负责划分等事项所制定的规则,以及行政内部的意见交换、请示与指示监督等其他不会构成对外部行政相对人的权利义务的影响。外部行政,是指行政机关为执行法律而对外部其他组织、公民和法人发布命令或作成行政处分等,而对外部行政相对人的权利和义务发生一定效力。

内部行政与外部行政在适用法律和接受法律监督方面有所不同,如《行政诉讼法》规定,人民法院不受理行政机关对其内部工作人员的奖惩、任免等决定提起的诉讼(第12条第3款)。《行政许可法》明确指出,有关行政机关对其他机关或者对其直接管理的事业单位的人事、财务、外事等事项的审批,不适用该法(第3条第2款)。

2.羁束行政与裁量行政

这种分类是以法律约束程度为标准的。羁束行政是指法律对行政活动的程序和实体要件作了明确规定,行政机关只能依其规定实施的行政活动。裁量行政是指法律对行政活动的程序或者实体标准规定得不明确、不具体,行政机关对是否作出行政行为以及作出何种行政行为具有斟酌权衡余地的行政类型。

法律规范赋予羁束行政的法律效果是单一的。通常有三种方式规定行政机关作出羁束行政行为的义务：

(1)以“应当”或“必须”用语表示，如《行政处罚法》第22条：违法行为构成犯罪的，行政机关必须将案件移送司法机关，依法追究刑事责任。

(2)尽管没有使用“应当”或“必须”用语，但从文字中能够得出“应当”的行为义务的，如《律师法》第49条第2款：律师因故意犯罪受到刑事处罚的，由省、自治区、直辖市人民政府司法行政部门吊销其律师执业证书。

(3)以“不”字用语表示，如《禁毒法》第39条第1款：怀孕或者正在哺乳自己不满一周岁婴儿的妇女吸毒成瘾的，不适用强制隔离戒毒。

裁量行政总体上有两种：一种是法律后果裁量，即法律规范对符合特定条件的法律事实赋予行政机关在多个措施中进行选择的权力，如“可以”、“有权”、“20元以上30000元以下”的罚款幅度，“警告、200元以下罚款或者15日以下拘留”；另一种是事实要件裁量，即法律规定使用了不确定的概念，例如“必要时”、“公共利益”、“情况紧急”、“合理”、“正当理由”、“可靠性”等。法律后果裁量和事实要件裁量的区别除了对象不同之外，主要在于：第一，司法审查的标准不同。就前者而言，多个法律后果都是合法的，司法审查的标准是适当性即比例性；就后者而言，虽然行政机关在理论上可以对不确定的法律概念作多种解释，但在具体的案件中，正确的解释只能有一个，因此，司法审查的标准是正确性。第二，前者性质上属于法律问题，不产生举证责任问题，而后者性质上属于事实问题，适用证据法上的举证规则和审查判断规则。

旁评附注　法院对行政机关的事实要件裁量之审查权

法院对于要件裁量一般有完全的审查权，但对于判断余地，即行政机关对某些专业领域享有的最终决定权，法院只有有限的审查权。包括：(1)考试决定；(2)学生学业评估；(3)教师职称；(4)公务员人事考评；(5)风险评估；(6)计划；(7)独立专家或委员会的决定。

但法院可以审查：(1)根据错误的事实作出决定；(2)没有遵守法定程序；(3)考虑与事件无关的因素；(4)未遵守一般有效的评价标准，如经验法则、推理法则等；(5)没有正确认识法律概念或其活动的法律上范围。

例如,在刘燕文诉北京大学案[①]中,法院对北京大学学位评定委员会对论文水平的专业判断的审查要慎重,否则,就有违权力分工原则之嫌。但法院可对该行政决定的程序着力审查。

3. 秩序行政与给付行政

这种分类是以行政任务为标准的。秩序行政是为防止公民滥用自由权导致社会危害而实施的秩序管理,其任务在于维护公共安全和社会稳定,例如,用催泪弹驱散可能发生骚乱的示威人群。给付行政是为消除和减少过度自由竞争带来的社会差别和维护社会公平而提供的公共服务,其任务在于为公民提供各种福利,例如发放抚恤金、救济失学儿童、提供最低生活保障金、提供公共交通通讯和生活用水用电用气等。

国家可以通过行政机关向相对人直接提供各种给付,也可以通过设立公用机构保证其运行,以面向社会提供普遍和持续的公共服务。例如,政府举办的学校、医院、养老院、图书馆、博物馆、广播电台、出版社、报社、垃圾处理设施、政策性金融机构等。国家也可以向社会购买公共服务,由社会团体、民办非企业单位等非由国家设立的组织承担公共服务职能,政府提供特许或者提供财政支持,例如,私人捐资设立的民办学校进行义务教育,政府对其进行财政支持。但是,无论由什么机构承担或者实行怎样的运行机制,凡是向社会提供普遍和不可中断的公共服务职能,都应当受到行政法的规范,以维护社会公共利益的有效实现。

4. 负担行政与授益行政

这种分类是以行政内容对行政相对人是否有利为标准。负担行政指对相对人设定义务、剥夺或限制其权益的行政。负担行政是以命令或禁止的形式进行,并以强制方式予以实现的,如税收征收、行政处罚、行政收费。授益行政是为相对人赋予利益或免除义务的行为,例如提供社会补助金、实施许可、减免税金等。

负担行政和授益行政并非对立、不相容的关系,二者间具有交错契合的关

---

① 该案原告刘燕文认为自己符合大学毕业生的法定条件,被告北京大学拒绝给其颁发博士毕业证、学位证是违法的,遂向北京市海淀区人民法院提起行政诉讼。原告博士论文答辩后,北大学位评定委员会审查后决定不授予刘燕文博士学位,只授予其博士结业证书,而非毕业证书。并且这一决定结果未正式、书面通知刘燕文。原告为此曾多次向系、校有关部门询问未获得学位的原因,也曾向国家教育部反映情况,均未得到答复。于是向北京市海淀法院起诉,请求法院撤销北大学位评定委员会的决定。

系。有些行政行为既设定了行政相对人的权利又设定了行政相对人的义务，因而它既是授益行政又是负担行政。例如，配售经济适用房时，又限制日后的租售行为。根据《经济适用住房管理办法》第 30 条第 2 款，购买经济适用住房不满 5 年，原则上不得直接上市交易。有些措施对直接相对人或者利害关系第三人同时具有授益及负担的性质。例对传染病患者实行强制隔离，对有竞争关系的多数企业中之一给予补助等。

第二节 行政权与行政职权

行政是行政法的起因与归宿，而行政权则是行政的核心与实质。行政法说到底就是授予行政权和规范行政权的运行。行政法研究的几乎所有内容都和行政权相关联，行政权是行政法得以存在和发展的社会基础。行政权内容复杂而具体，其行使离不开特定的行政机构及其工作人员。与行政机构及其工作人员的职位或职务相关联的具体的行政权，即是行政职权。行政权最终表现为行政职权，行政职权是行政权的具体化。

一、行政权的涵义与特征

1. 行政权的涵义

行政权在政治意义上而言，就是行政机关从事国家管理的权力，它是国家统治权的一部分，与立法权、司法权和军事权等构成统一的国家权力。但行政法意义上的行政权，是与权利(力)、义务和责任等相关联的概念，其指的是法定行政主体(行政机关或具有行政主体资格的其他组织)在其职务范围内按照一定的方式和程序对一定行政事务进行处理的权力，它虽然具有国家权力的特征，但更直接地表现为权利(力)、义务和责任的统一体，并且是以一定行政职务和相应行政主体来体现的。现代法治国家要求行政权受到法律的控制，无论是行政权的授予，行政权力的内容还是行政权力的行使方式，都须通过法律形式来表现。

2. 行政权的特征

行政权既具有作为国家权力的固有属性，又具有在法律上与行政相对人权利相区别的特征。具体表现为：

第一，执行性。行政权虽然是对行政事务进行处理的权力，但其处理活动是通过对法律及权力机关的有关决定的执行来进行和完成的。行政权从根本上说，是执行法律和权力机关意志的权力。如治安管理权是对治安管理法律规范的执行，税务管理权是对税务法律规范的执行等。

第二，法律性。从法理上来说，国家权力是“法无明文规定即禁止”；而公民权利是“法不禁止即自由”。行政权作为国家权力的一部分，其内容和行使方式均由法律设定。未经法律允许或未有法律根据的行政权是不能存在并被执行的，否则，将会导致行政权因于法无据或超越权限而无效。

第三，强制性。行政权属于国家权力的范畴，它必然体现国家意志，以国家强制力来保障实施。行政权在行使过程中，相对人必须服从和接受，必要时还可直接强制行政相对人的人身、行为或财产等，如《土地管理法》规定，国家建设征用土地，被征地单位应当服从国家需要，不得阻挠（第 23 条第 2 款）；又如《中华人民共和国治安管理处罚法》规定，醉酒的人在醉酒状态中，对本人有危险或者对他人的人身、财产或者公共安全有威胁的，应当对其采取保护性措施约束至酒醒（第 15 条第 2 款）。

第四，优益性。行政权的享有和行使，是以国家和社会的公共利益为其目的。由于公益高于私益，为了保持公益对私益的优越地位，拥有或行使行政权的行政主体及其公务人员势必要拥有某些职务上的优惠待遇，或者说“行政特权”。行政优益性的具体内容包括行政优先性和行政受益性。行政优先性即指行政主体及行政人在行使职权时依法所享有的种种优越条件，具体由社会协助权和优先通过、使用权构成。如《中华人民共和国人民警察法》规定，人民警察依法执行职务，公民和组织应当给予支持和协助（第 34 条）；《人民警察使用武器和警械的规定》中规定，人民警察正在执行公务的各种警车，可以使用特殊音响警报器和红色回转警灯，对使用特殊音响警报器和红色回转警灯的警车，其他车辆应当避让（第 10 条）。行政受益权是指行政主体及其公务人员在履行职责时所享有的来自国家的物质方面的支持，如工资福利、办公条件、行政经费和交通工具等。

第五，不可处分性。行政权是权力和职责的统一，是二者的结合体。行政权不仅表现为法律上的支配力量，而且还包含着法律上的职责。这种法律职责的要求就是行政主体不得任意自由处置行政职权。主要表现为两个方面：其一，一定的行政权必须由相应的行政主体去行使，未经法律许可不得随意转移，如法律上对行政授权和行政委托的规定就反映了这种要求；其二，行政权不得被随意放弃或抛弃，行政权的行使过程意味着行政职责的履行过程，放弃权力意味着放弃职责，如对违反治安管理案件的调查与处理，也就意味着对执行保护社会秩序和公民合法权益的法律职责的履行。

案例思考

某市人民政府根据已经确定的城市规划，为建设一条街道，决定征收某集体组织所有的土地，经依法签订搬迁协议以后，书面通知有关的一百多户村民按期搬迁。其中八十多户村民先后搬迁到指定地点，其余十多户村民拒绝搬迁。为了防止造成不必要的损失和出现混乱，市委和市政府反复研究，要求其下一级区政府会同土地、城建等主管行政部门、镇人民政府以及人民法院向"钉子户"做耐心的说服教育工作。历经一个多月的艰苦工作，只有个别"钉子户"同意搬迁，大多数"钉子户"仍然拒绝搬迁。为了不影响工期，市政府决定强制搬迁。

问题：在该事件中反映出行政权具有哪些特征？

二、行政权的内容

行政权的行使是否影响行政相对人的权利义务以及在多大范围内影响行政相对人的权利义务，都是通过行政权的内容表现出来。因此，考察行政权的内容，可以发现行政权力影响行政相对人的方式和程度，有助于设计规范和控制行政权的程序和制度，达成对行政相对人权利的全面保护。

由于现代行政管理事务的复杂性和广泛性，现代行政权的内容具有多样性，其表现为如下几种：

1. 行政立法权

行政立法权也称行政规范制定权，是指行政主体制定和发布行政法规、规章及其他具有普遍约束力的决定和命令等规范性文件的权力。立法权本来是国家立法机关的权力，行政机关只享有执行权而无立法权。但在现代社会，行政机关因具有广泛的职责，单靠立法机关的立法远远满足不了行政机关履行其职责对法的需要①：一方面，现代社会经常出现一些紧急情况，立法机关受活动方式的限制难以适应，需要行政机关制定相关规则以迅速应对；另一方面，越来越多的涉及专业技术知识的立法事项，立法机关因人员构成的特点不适合决策，需要委托行政机关作出。行政机关的立法权为准立法权，它必须根据法律行使，其内容不能与宪法、法律相抵触。

---

① 姜明安主编：《行政法与行政诉讼法》(第三版)，第127页，北京大学出版社、高等教育出版社，2007年。

2.行政处理权[①]

行政处理权是指行政主体实施行政管理，对涉及行政相对人权利、义务事项作出处理的权力。行政处理的范围很大，包括行政许可、行政征收和征用、行政给付等。德国、日本等国行政法和我国台湾地区行政法中称这些行为为“行政处分”。由于我国的“行政处分”特指行政机关对公务员的纪律处分，故对行政机关处理特定相对人权利义务的行政行为称“行政处理”。行政机关大量职责的履行，是通过行政处理实现的。因此，行政处理权是行政机关实施行政管理、履行行政职责中最经常、最广泛使用的一种行政权力。

3.行政监督检查权

行政监督检查权是指行政主体对行政相对人履行法定义务的情况进行检查、调查、查验、审计等。如工商局对市场交易活动的检查，环保局对企业排放污染物情况的抽样化验，道路交通管理部门对交通运输安全检查等。行政立法权和行政处理权的实现离不开行政监督检查，行政监督检查是保障社会遵循法律规则运行的重要手段。

4.行政处罚权

行政处罚权是指行政主体对违反行政管理秩序的行政相对人依法给予行政制裁的权力。行政处罚的目的主要在于通过制裁违反行政法律规范者，以维护公共利益和社会秩序，保护其他公民、法人和其他组织的合法权益。行政处罚的形式主要为警告、罚款、拘留、没收、责令停产停业、暂扣和吊销证照、行政拘留等。行政处罚因涉及行政相对人的人身权利和财产权利，法律必须对之进行严格的限制和规范。

5.行政强制权

行政强制权是指行政主体对不依法履行行政义务的行政相对人采取强制手段的权力。行政强制的目的在于通过行政强制预防、行政强制制止和行政强制执行等手段迫使不履行行政义务的人履行义务，以保证行政管理目标的实现。行政强制的形式主要为查封、扣押、冻结、划拨及对人身的强制措施，如扣留、约束等。行政强制权和行政处罚权一样，是必须由法律对之严格限制和规范的权力。

6.行政确认权

行政确认权是指行政主体依法对相对人的法律地位、法律关系和法律事

---

① 姜明安主编：《行政法与行政诉讼法》（第三版），第127页，北京大学出版社、高等教育出版社，2007年。

实等进行确认、甄别、证明等权。其主要形式为:鉴定结论、公证文书、证明文书(如居民身份证、结婚证或离婚证明等)、登记文书、检查结论等。行政确认的功能在于使本来就客观存在的行政法律关系明晰化,而不是改变业已存在的行政法律关系。[①]

7.行政司法权

行政司法权是指行政机关作为第三人直接处理和裁决行政相对人之间、行政相对人与行政机关之间的争议和纠纷的权力,其形式包括行政调解、行政仲裁、行政裁决和行政复议等。行政机关运用这种手段,能够较迅速、较廉价地解决有关社会矛盾,消除社会隐患,维护社会安定和秩序。行政机关采取这些手段时,都应当适用一定程度的准司法程序,而不应适用纯行政程序。

当然,以上列举并没有也不可能穷尽行政权的所有内容。

三、行政职权与行政职责

(一)行政职权及其界限

1.行政职权的涵义

行政权是一个抽象的概念,它必须通过具体的行政主体及其公务人员来行使。当法律将行政权具体配置于不同的行政主体时,行政权即转化为行政职权。换言之,行政职权是行政权力的具体配置和转化形式。[②] 因此,行政职权与行政权具有同质性。

在现代社会,依法治国与依法行政已成为重要的法律原则,故对于繁杂的行政权而言,一般都要求其转化为法律调整的行政职权。行政职权的具体内容因行政主体不同而相异。而且,随着社会的发展和新的行政事务的出现,新的行政职权还会不断地产生。

2.行政职权的界限:行政权限

行政职权的界限是指法律规定的行政主体行使行政职权所不能逾越的范围或限度,通常也称为行政权限。

行政职权是国家通过法律针对一定组织(通常是行政机关)就行政权进行权能、权限设定的结果。简言之,行政职权是组织从国家手中分配到的行政权,它通过权能、权限予以全面表达。某一组织因这种行政权的授予而成为行政主体。

---

① 胡建淼:《行政法学》(第2版),法律出版社2003年版,第150—151页。

② 周佑勇:《行政法原论》(第2版),中国方正出版社2005年版,第126页。

行政权能是法律赋予行政主体采取一定方法、手段和措施完成行政管理任务的一种资格。一般情况下,行政主体采取的方法、手段和措施并不需要法律特别授权,但是,当这些方法、手段和措施涉及相对人的权利和义务时,则必须有法律特别授予。

行政权限是法律赋予行政主体完成行政管理任务时在事务、地域、层级方面的管辖权范围,其具体内容为:

第一,事务权限。这是从行政事务种类角度为行政主体设定的管辖范围。事务权限划分的目的在于分清不同的行政主体行使行政职权的事务界限,使各行政主体能各管其事,不跨事务分工界限管不该管的事务,从而维护行政主体之间职能分工和层级分工的权威性和有序性。这种权限的设定有助于提高行政行为的效率。

第二,地域权限。这是从行政区域角度为行政主体设定的管辖范围。地域权限划分的目的是分清不同的行政主体行使行政职权的行政区域界限,使各行政主体能各守其土,不跨行政管界越权行使行政职权,以维护行政区域划分的严肃性和特定行政机关在某行政区域的权威性,保证行政职权行使的有序性。这种权限的设定能够使行政权到达各区域范围。

第三,层级权限。这是从层次、级别角度为有隶属关系的上下级行政主体设定的管辖范围。层级权限划分的目的在于分清中央与地方、上级与下级行政主体之间的行政职权行使范围,使具有上下级隶属关系的各行政主体之间分工明确、责任清晰。既能够保证在中央和上级行政主体的统一领导下协调地完成行政管理任务,实现行政管理总体目标;又能够保证地方和下级行政主体充分发挥其积极性、主动性,完成其各自的行政管理任务;还能够保证各行政主体各行其权,各司其职,避免以上代下或以下代上的职权行使混乱现象发生。这种权限的明确有利于避免上下级行政主体相互推诿或相互争抢。

行政机关必须在自己的权限范围内活动,否则可能构成越权。

(二)行政职权的设定与授予①

1.行政职权的设定

行政职权的设定是指国家依法以宪法、法律和法规等特定规范性法律文件直接赋予行政机关以行政职权的活动。行政机关因此获得的职权通常称为"固有行政职权",即"先天应有"的职权。行政职权的设定只与以行使行政职

① 参见张正钊、胡锦光主编:《行政法与行政诉讼法》,中国人民大学出版社2009年版,第73—75页。

权为本职工作的行政机关有关；一般社会组织“先天”不应拥有或行使行政职权，因此国家也不应为它们去设定什么行政职权，只能在特殊情况下授予他们某种非固有行政职权。

按照现代行政法依法行政的最基本要求，一切行政机关的行政行为都必须依法进行。而行政职权的合法性是保证行政行为依法进行的前提。因此，行政机关的行政职权必须源自于法定，行政职权的设定作为国家直接赋予行政主体以行政职权的活动，实际上也就只能是国家有权机关依法制定规范性法律文件的活动。以非规范性法律文件设定行政机关的行政职权是有悖于民主法治原则的行为，不应为现代民主法治国家所采用。

行政职权是行政机关代表国家拥有和行使的依法管理国家生活和社会生活的特定权力，不仅不应以非法律文件设定，也不应任意以层次较低的规范性法律文件设定，而只应以层次较高的规范性法律文件设定。否则不足以体现国家法律的严肃性和权威性，也不足以体现行政职权的重要性和特定性。在我国这些规范性法律文件特指宪法、法律和法规①。

2.行政职权的授予

行政职权的授予是指国家以法律、法规或有权机关的决定赋予有关行政机关或其他组织以非固有行政职权的活动。在通常情况下，国家行政职权应当由以进行行政管理为本职工作的国家行政机关来行使，行政机关“先天应有”行政职权。但在特殊情况下，某些国家行政职权还需要由某些行政机关在其职能分工之外行使，或需要由某些在通常情况下根本不能行使行政职权的有关组织来行使。这些职权对该行政机关或该有关组织来讲是其非固有职权，具有不确定性和易变性，不能通过行政职权的设定这一正常途径来赋予，而只能通过行政职权的授予这一特殊途径来赋予，故行政职权的授予赋予的应当是行政机关或有关组织的非固有行政职权。

根据有关法律的规定，行政职权的授予有两种主要方式：其一，由法律、法规直接授予，其二，由有权机关依法律、法规的规定决定授予。因此，行政职权的授予首先表现为国家有关机关制定法律、法规的活动。根据我国宪法和有关法律的规定，全国人大及其常委会有权制定法律，国务院有权制定行政法规；省、自治区、直辖市人大，省、自治区人民政府所在地的市的人大，以及经国

① 法规以下的规范性法律文件因制定主体比较复杂，且多为地方国家行政机关，若允许它们直接赋予行政主体固有行政职权的话，势必造成主体设置和职权赋予方面的混乱，从而影响法制的统一，故不宜由其为行政主体设定行政职权。

务院批准的较大的市的人大有权否定地方性法规。这些法律、法规都可以直接授予行政机关或有关组织以某种行政职权。此外，由法律和法规规定的有权机关和其他有权机关还可依照法律、法规规定的条件和要求作出决定，把自己拥有的某项行政职权授予另外的行政机关或有关组织。没有法律、法规的直接授予或有权机关的依法决定授予，任何规范性法律文件或其他文件，任何机关、组织或个人，都不能授予他人行政职权，即使是拥有行政职权的行政主体也不能无法律依据地把自己拥有的职权随意授予他人。

行政职权的授予是国家赋予被授权人以行政主体的身份行使被授予的行政职权的活动，被授权人只能是行政机关或有关组织，不能是个人。因为拥有和行使行政职权是国家实行统治、管理社会事务或公共事务的活动，被授权主体需要有较高的权威性和较强的组织、管理能力。在实际生活中，行政机关或有关组织能够符合这种条件要求，因此可以以自己的名义拥有并行使行政职权，独立地为行使行政职权的行为带来的效果承担法律责任，从而成为被授权人。个人不能够符合这种条件要求，因此既不应以自己的名义拥有和行使行政职权，也不能为行使行政职权而产生的效果独立地承担法律责任，无法成为被授权人。

（三）行政职责

行政职权不仅表现为法律上的支配力量，而且还包含着法律上的职责。行政职权和行政职责二者是互为表里，不可分割的统一体：有行政职权者必然伴随着行政职责，承担行政职责者必定赋予行政职权。如《大气污染防治法》赋予环境保护部门对其管辖范围内的排污单位进行检查的权力，另一方面即意味着环境保护部门承担依法检查的义务，是对受到排污侵害的受害人予以保护的一种法定职责。因此，法律、法规在规定行政职权的时候，实际上也就规定了行政职责，行政职权中包含着行政职责，行政职责中也包含着行政职权。

案例思考

2002年8月，中央电视台《夕阳红》栏目主持人沈某，在北京三环的浙江大厦内二楼的张生记餐厅用餐期间接听一个电话，为了避开陌生人，她推门进入旁边一个房间（事实上是防火通道），结果踩空，当场摔死了。为此，其丈夫首先状告张生记餐厅；民事赔偿判决后再告消防局。

问题：消防局是否应当为沈某的死亡承担责任？

行政主体及其公务人员在行使职权和执行职务过程中必须承担行政职责的原因,一方面是公共利益目的对行政职权的要求,即法律设置和规定的每项职权、职能的目的都是为了完成一定的公共任务、实现某种公共利益,这使得行政主体不得随意和擅自放弃或抛弃其职权;另一方面是依法行政原则对行政职权的要求,即行政主体拥有的行政职权应当受到法律规范的约束和限制,行政职权的行使必须遵守合法、合理而不越权、不滥用职权及不违反法定程序等基本要求。①

行政职责的具体内容丰富多样,不同的行政主体有着不同的行政职责。行政主体承担什么样的行政职责取决于其地位、任务以及法律对其职权的设定。但总体而言,不同行政主体的行政职责都包括以下带有共性的内容②:(1)依法履行职责,不无故失职。如依法发放抚恤金,对符合条件者发给证照,对违反治安管理秩序者进行制止、处罚等。行政主体如违背或不履行这些法定职责,则构成行政失职。(2)严守法定权限,不擅自越权。行政主体拥有的行政职权都有一个限度,也即具有一个特定的管辖范围,包括管辖的空间范围、行政相对人范围及事务范围等。行政主体如超越界限行使权力,则会造成行政主体与行政主体之间,行政主体的组成机构、组成人员之间,在行使行政职权时发生纠纷和冲突。(3)准确适用法律,避免行政违法或不当。一方面,行政主体在行使职权时要适用正确的法律规范来解决具体问题,保证行政行为的合法性;另一方面,行政主体在合法的基础上还要准确地体现法律意图,合理地行使自由裁量权,保证行政行为的合理性。(4)遵守法定程序,防止程序违法。完善的程序是保证行政主体公正、有效行使职权的重要手段。行政主体若违背程序要求随意行政,则可能会导致行政行为的无效或撤销。

---

① 参见王周户等编著:《行政法》,法律出版社2007年版,第117页。

② 有关行政职责的主要内容还可参考胡建淼:《行政法学》,法律出版社2003年版,第155页;胡锦光:《行政法学概论》,中国人民大学出版社2006年版,第25—26页;皮纯协、张成福:《行政法学》,中国人民大学出版社2002年版,第118—119页。

第三节 行政法

一、行政法的涵义

行政法是有关行政的法律规范，是控制和规范行政权的法律规范系统。作为公权力的行政权，因其存在滥用和腐败的本性，故行政法之于行政权的基本作用在于控制行政权的行使。具体来说，行政法是有关行政的主体、职权、行为及程序、违法及责任和救济关系等的法律规范的总称。

1. 行政法是有关行政(即主要是与行政权行使有关)的法

这是行政法在性质和内容上不同于其他部门法的区别所在。凡是行政权的行使以及与之相联系的活动，以及基于此而形成的种种社会关系，都属于行政法所规范的内容和其调整的范围。行政法是独立的法律部门，它具有自身特定的调整对象和调整方法。行政法是由各种法律规范和原则构成，并通过各种各样的、多层级的法律形式表现出来(如宪法、法律、法规以及判例、习惯等众多形式)。

2. 行政法的内容主要涉及行政权的行使及其后果方面

行政法的内容具体包括行政权的主体、行政职权的分配与设定、行政职权的行使活动或者与行政职权相关联的活动、对行政权的主体及活动的监督、对公民或组织权益的保障与救济等。从行政法的内容构成上看，大致可包括行政组织法(即行政权的行使主体的组织结构及人员、行政权的配置及权限等方面的法，主要包括行政机关组织法和公务员法)、行政行为法(即行政权如何行使之法，包括行政实体法和行政程序法)、行政监督法和行政救济法(包括对行政权行使进行监督和对其后果进行补救两个方面)。

3.行政法属于公法

公法是与私法相对应的概念。所谓公法，即是调整公权力的获得和运行的法律规范；所谓私法，即是调整私权利运行的法律规范。传统意义上的公法包括宪法和行政法。实际上，宪法是宏观上调整公权力获得和运行的法律规范的总和。如前所述，国家权力的作用可以分为立法作用、行政作用和司法作用，调整立法权的法为立法法、调整行政权的法为行政法、调整司法权的法为司法法。立法法、行政法、司法法是在宪法宏观调整国家权力的基本原则之下，调整某一部分具体的国家权力作用的法律规范。因此，它们都属于公法的范畴。公权力的获得和运行与私权利完全不同，因此，公法的调整原则和调整方法与私法也就完全不同。

4.行政法的存在是为了控制和规范行政权的运行

作为公权力的行政权，必须由法律限制其范围、控制其行使，才能得以善用；繁杂的社会公共事务又需要行政权去进行有效的处理，法律上又需要保障其充分行使；不同领域的行政事务、不同重要程度的行政事务，需要诸多的行政机关去处理，法律上又需要对行政权进行合理规范和协调。但是，行政法在本质上的基本功能是为了控制行政权.在法律上无法控制行政权运行的情况下，保障和规范行政权的基本功能也就不复存在，行政法也就毫无价值。行政法对行政权的控制表现在：一方面从消极方面防止行政权可能的滥加行使，另一方面又从积极方面配合行政，为行政权的行使提供依据、确立标准、指明方向，从而保证政府有效地实施法律。

二、行政法的特征

行政法作为一个独立的法律部门，除具有法律部门的共有特征外，与其他法律部门相比较又具有其自身的特征，具体体现在内容和形式两个方面。

(一)行政法在内容上的特征

1.行政法涉及的领域具有广泛性

行政法所规范的对象就是行政，而行政所涉领域极为广泛，正如“从摇篮到墓地”(甚至“从子宫到墓地”)所形容的那样，行政几乎触及所有的社会生活领域，行政法就不得不面对这一现实需求而作出相应的反应和调适。行政法的内容涉及国防、外交、公安、民政、工商、税务、教育、卫生、城建等社会生活的各个方面。

2.行政法规范具有易变性

以宪法、法律的形式表现的行政法规范因其具有一定的原则性和抽象性而具有一定的稳定性，而以行政法规、行政规章的形式表现出来的行政法规范由于其涉及的内容过于具体，而国家的行政管理形势变动频繁，必须及时对规范内容进行调整才能适应管理的需要，这就是行政法规范的易变性。需要注意的是，行政法的易变性是相对于其他法律部门而言的，作为法律规范，它仍然具有相对稳定性。

3. 行政法是实体法与程序法[①]的综合

行政法可以说既是实体法又是程序法，是实体法和程序法的统一。一方面，行政诉讼法虽然可以独立成为法典，但它与行政法有关实体或程序的内容密不可分，行政诉讼法中除诉讼程序条款外，也包含了诸多有关实体行政的条文。这一点与民法和民事诉讼法、刑法和刑事诉讼法的关系有着明显的区别。另一方面，在行政法中有关行政活动的规范除实体性规范外，还包括行政的程序性规范，即行政机关行使职权的步骤、次序、方式、时限等规定。因此，关于行政活动的实体性规范和程序性规范总是相互交织在一起，往往共同存在于一个法律文件之中。如我国《行政处罚法》就既有实体性规范又有程序性规范，而且更多地表现为程序性规范。

4. 行政法是行为规范与裁判规范的统一[②]

法律规范有行为规范与裁判规范之分。私法规范，原则上是裁判规范而非行为规范，但行政法规范与之不同，除具有行为规范，外还具有裁判规范。行政法是行政活动之基准，行政法规范中的行为规范，主要是有关行政主体及其人员的行为规范，也包括了行政相对人的行为规范。如关于行政许可的规范，主要是有关行政许可机关如何审查批准的行为规范，也包括申请人如何提出申请的行为规范。行政法规范，除专门的判断行政活动是否合法的裁判规范外，其行为规范也往往表现为裁判规范。如关于实施行政处罚的行为规范，也同时表现为法院判断行政处罚是否合法公正的裁判规范；有关车辆行人的交通法规，既为公民遵守交通规则的行为规范，又为发生交通事故时判断何方过错和责任的依据。

(二)行政法在形式上的特征

1. 行政法没有统一的完整的法典

行政法不同于民法和刑法等部门法，它没有一部集基本规范于一体的统一法典。其原因在于行政法所涉范围广泛，内容纷繁复杂，须因时、地、事、情、势而频繁变迁。因此，不同性质和特点的行政关系，只能以不同的规范性法律

---

① 法有实体法与程序法之分(又可称为主法与辅助法)。实体法，一般是指规定主要权利和义务(或职权和职责)的法律，如民法、刑法等；程序法，一般是指保证权利和义务得以实施的法律，如民事诉讼法、刑事诉讼法。民法与民事诉讼法、刑法与刑事诉讼法，通常是作为实体法与程序法而被分开，国家也分别单独制定法典，也往往将它们视为不同的法律部门。参见沈宗灵主编：《法理学》，高等教育出版社 1994 年版，第 320 页。

② 杨解君：《行政法与行政诉讼法》(上)，清华大学出版社 2009 年版，第 12 页。

文件规定。到目前为止，世界各国都未能制定出普遍适用于全部或绝大部分行政领域的统一、完整的行政法典。

但是，由于各种行政法律规范浩繁，若通过法典对不同行政领域的共同事项和一般性问题作出统一性的规定，无疑为行政机关及其公务员与公民双方都提供了便利，而且可以避免对相同问题的重复规定或冲突规定。20世纪以来，很多国家制定了行政程序法典，如美国《联邦行政程序法》、德国《行政程序法》等。目前我国已制定了《行政处罚法》、《行政许可法》、《行政复议法》等"局部性行政法典"，《行政程序法》、《行政执强制法》等法律也正在酝酿之中。

2.行政法律规范的表现形式多种多样

在现实生活中，行政法律规范实际上是由各种各样规定行政活动的法律规范共同组成的，这些法律规范分别规定在宪法、法律、行政法规、地方性法规、行政规章、法律解释以及有关的国际条约、国际惯例等众多的法律文件之中。行政法就是这些法律规范的总和。

三、行政法的调整对象：行政关系

不同的部门法调整着不同的社会关系，行政法调整着行政关系。与之相联系，行政关系构成了行政法的调整对象。所谓行政关系是指行政主体行使行政职能和接受行政法制监督而与行政相对人、行政法制监督主体发生的各种关系，以及行政主体内部发生的各种关系。行政关系以行政职权为核心，只有与行政职权的行使直接或间接发生联系的社会关系才是行政关系。行政关系主要包括以下四类：

1.权力配置关系

它是行政权在配置过程中形成的行政机关（以及被授权组织）与其他国家机关间的权限分配关系，以及行政权在行政系统内部进行分配时形成的行政机关之间（上下级行政机关之间、不同职能或不同地域的行政机关之间）的权限分配关系；同时也包含行政机关对内的构成关系，即行政机关与其内部行政机构之间、各内部行政机构间、行政机关与行政公务人员个体之间、行政公务人员相互间的地位、权限、职责的分配和确定关系。

2.行政管理关系

行政管理关系是行政机关在行使行政职权中与行政相对人（公民、法人及其他组织）发生的各种关系。行政主体在管理关系中占主导地位；因行使行政职权而引起的管理和被管理的关系具有不平等性。行政主体实施的大量的行政行为，如行政处罚、行政强制、行政许可、行政指导等，几乎都是与行政相对人为对象实施的，从而要与行政相对人发生关系。这种关系是最主要、最常见的行政关系，也是行政法调整的最主要的关系。

3. 行政救济①关系

行政救济关系，即因行政活动违法或不当而产生的纠错、弥补关系。行政救济关系分为正式行政救济关系（包括行政复议关系、行政诉讼关系和行政赔偿关系）与非正式行政救济关系（包括公民的申诉和信访等）。从监督行政主体是否依法行政的角度来看，行政救济关系又具有监督的性质，因而也可称为行政监督关系。它并不同于"形成的"行政关系（或称一般的行政关系），如行政诉讼关系在性质上就属于一种司法关系，故应将它们区别对待。

案例思考

某县工商行政管理局决定将原有的办公楼修葺一新，并购置一些办公家具，便于2001年6月与该县居美家具公司签订了一份关于购买办公家具的合同。合同签订后，居美家具公司按照合同规定送货上门。县工商局认为该批家具质量不够好，便以此为由要求降低价格。居美家具公司不肯降价，认为家具完全符合合同的约定，县工商局应履行合同，收货付款。双方争执不下。县工商局即以居美家具公司从事非法经营活动为由，吊销了居美家具公司的营业执照，并处罚款7000元。居美家具公司不服，向县人民法院提起行政诉讼：一是要求县工商局履行合同，并偿付违约金；二是请求撤销县工商局对其作出的吊销营业执照和罚款的行政处罚决定。县法院经审查驳回了居美家具公司的第一项请求，受理了第二项要求。

问题：试分析本案中的法律关系。

① 行政救济有广义和狭义之分。狭义上的行政救济，仅指行政相对人认为其权益受到行政主体作出的行政行为的侵犯，向行政救济主体申请救济，行政救济主体对其申请予以审查，作出向相对人提供或不提供救济的专门程序或制度，主要是指行政复议、行政诉讼和行政赔偿等。而广义的行政救济除包含狭义的行政救济之内容外，还包括立法机关对违法行政行为的监督、检察机关对行政活动的法律监督、行政机关系统基于上下级关系或自律性而实行的自身监督、公民的申诉和信访等多种途径及手段。本书的行政救济从广义理解。

第四节 行政法律关系

各种行政关系一旦被纳入到法律规范的调整范围,就成为行政法律关系。如果说行政关系是行政法的调整对象,那么行政法律关系就是行政法的调整结果。

一、行政法律关系的概念

所谓法律关系就是权利主体相互之间的权利义务关系,其中,一方基于一定的权利对另一方要求一定的作为、不作为、给付,另一方根据这一要求,负担对应义务的权利义务关系。[①] 行政法律关系是指为行政法所调整的、具有行政法上权利与义务内容的各种社会关系。简言之,行政法律关系就是行政关系被行政法调整后而上升为法律上权利和义务关系。

概念辨析 行政法律关系和行政关系的区别

1.性质不同。行政法律关系属于法律关系,体现了国家的意志,由国家强制力作保障;而行政关系是一种事实关系,在相应的行政法律规范未制定出来之前,行政关系是一种客观存在的社会关系[②]。

2.范围不同。行政关系的范围要大于行政法律关系。行政法律关系以行政关系为基础,但不等于行政关系;行政关系只有为行政法调整,上升为行政法上的权利义务时才转化为行政法律关系。

二、行政法律关系的特点

1.主体的恒定性

---

① [韩]金东熙著,赵峰译:《行政法》(第9版),中国人民大学出版社2008年版,第53页。

② 当然,从行政法治所要求的正常状态而言,行政权力来源于国家法律(或授权法),各种行政关系模式应为行政法律规范所设定和规范,因此,一些行政关系与行政法律关系往往是同时形成的。但在实际中,特别是社会转型时期,行政领域中仍然存在着一些尚未纳入法律调整范围的非法律关系(事实上的行政关系)。从民主和法治发展的要求来说,这些关系应受法律规范的约束和调整,上升为行政法律关系。

主体的恒定性，是指在行政法律关系当事人中，必有一方是行政主体，即行政机关和法律法规授权的组织等。行政法律关系是行政主体在行使行政职权的过程中，与行政相对人等形成的相互之间的关系。因此，在行政法律关系双方主体中，行使行政职权的行政主体是任何一个具体行政法律关系都不可或缺的。离开了行使行政职权的行政主体，行政法律关系就不可能形成。

主体的恒定性表现的另一方面是行政主体与行政相对人的地位不能互换。在民事法律关系中，民事主体双方可以互换，在民事诉讼关系中双方也可互为原被告；但在我国行政法律关系中，行政主体不能由另一方当事人替代，各自的法律地位和法律角色是确定的，在行政诉讼关系中，原告只能是处于被管理者地位的公民或组织，被告只能是在行政管理活动中的行政主体，它们不能互为原被告。

2.权利义务内容的法定性

行政法律关系主体的权利义务大多由行政法律规范明确规定。在行政法律关系中，当事人的权利义务不能由当事人双方相互协商约定，而是由行政法律规范事先规定。当事人不得自由选择权利、义务，也不得随意放弃权利、转让义务，而只能依据行政法律规范的规定享有权利或承担义务、这是行政法律关系区别于民事法律关系的主要特征。不过，随着契约化行政的形成与发展，也允许行政主体与行政相对人在一定程度上通过约定形成权利义务关系，但这种约定的权利义务不得违反法律的禁止性规定。

3.主体双方权利义务的不对等性

这种不对等性是由行政法律关系主体双方各自在行政法律关系中的地位所决定的。对不同的主体，法律应有不同的要求，立法上为它们设定的权利义务也是不同的。行政主体作为公共利益的代表，以国家的名义参与法律关系，且其活动是为了实现公共利益，因此，法律往往要赋予其实现行政目的的相应职权。行政主体以国家强制力保证其职权的行使，迫使相对人履行义务。当行政主体不履行或者不当履行行政职责时，相对人只能通过申诉或诉讼程序要求有权机关责令行政机关履行法定职责。对行政主体的违法或不当行为，在法定部门确认该行为违法或不当之前，既不能否认其效力而加以抵制，也不能停止执行。

同时，在行政法律关系在产生、变更及消灭方面，行政主体具有意思形成上的单方性。也就是说，行政主体可以单方面设定或变更及消灭行政法律关系，一般无需以征得相对人的同意为条件。当然，这种意思形成的单方性，并不排除在行政法律关系中双方主体通过双方合意来形成权利义务，如行政契约关系即是。

4.主体双方的争议解决方式之特殊性

行政主体在行使职权过程中，采用的方法、手段具有丰富性，涉及行业领域具有多样性。在这些活动中形成的行政法律关系自然具有很强的专门业务性。行政法律关系的这一特征，使得行政法律关系双方发生的纠纷有着较特别的解决方式。为了能简便、及时解决其中形成的纠纷，有必要发挥各行业主管行政机关的力量，特别是发挥它们对自身专门业务熟悉的优势来解决问题。因此，这类行政争议大都先由行政机关或行政裁判机关依照行政程序或行政司法程序加以解决，只有在法律明文规定的情况下才可以直接通过司法程序解决。

三、行政法律关系的要素

行政法律关系由行政法律关系主体、客体和内容三大要素组成。

（一）行政法律关系主体

行政法律关系主体，又称“行政法主体”，即行政法律关系的实际参与者。他们是种种具体的行政法律关系中享有（或者行使）权利（力）和承担义务的双方（或多方）当事人。行政法律关系主体并不仅指某一方主体，而是指参与到行政法律关系中的一切当事人。一般来说，它包括两类主体：一是行政主体，即行使行政职权的一方，也就是国家行政机关及法律法规授权的组织；二是行政相对人，是与行政主体相对应的处于被管理者（或参与者）地位一方，即公民、法人和其他组织。

（二）行政法律关系客体

行政法律关系的客体，是指行政法律关系当事人（主体）的权利、义务所指向的对象或标的，包括物、行为和精神财富等。行政法律关系主体的权利义务若没有指向具体对象，就会因没有目标而不能落实，从而也就丧失了其存在的意义，法律关系也就难以成立。所以，客体是行政法律关系不可缺少的因素。

1.物

物是行政法律关系比较常见的客体，作为行政法律关系客体的物，可以是物质形式，也可以是货币形式；可以是消费资料，也可以是生产资料。如行政赔偿关系的客体可能是金钱，行政没收关系的客体可能是物品，行政救济关系的客体可以是生活资料，行政合同关系的客体则可以是生产资料。

2.行为

行为作为行政法律关系的客体,包括作为和不作为,它可以是行政主体的行为,也可以是行政相对人的行为。如因行政处理引起的行政法律关系的客体,可以是行政主体责令行政相对人的一定行为;而申请行政主体颁发执照引起的行政法律关系中的客体,则是行政相对人的申请行为。同时,并不是所有的行为都可以成为行政法律关系的客体,只有与行政职能有关且具有法律意义的行为或经法律规范的行为,才能成为行政法律关系的客体。

3.精神财富

作为行政法律关系客体的精神财富,是指行政法律关系主体从事智力活动所取得的成果,如学术著作、专利、发明等。如行政相对人向行政机关申请发明专利权而与行政机关发生争议所引起的行政法律关系,其客体就是一定形式的智力成果。

(三)行政法律关系的内容

行政法律关系的内容即行政法律关系主体所享有的权利和所承担的义务的总和。每个行政法律关系的主体在具体的行政法律关系中都是权利的享有者和义务的承担者。行政法律关系的内容分为行政主体的权利义务和行政相对人的权利义务。

行政法律关系中双方当事人在具体的法律关系中的权利义务是不同的,但是任何一种行政法律关系主体之间产生的权利和义务都是相对应的,即一方享有的权利就是另一方必须承担的义务,一方承担的义务也就是另一方能够享有的权利。

在行政法律关系主体的权利中,行政主体的权力具有特殊性,它既是权力又是职责。因此,行政主体对自己所享有的行政职权不能放弃,而必须依法行使,若有违法或失职,便要承担相应的法律责任。

行政主体的行政职权主要有:规范制定权、行政命令权、行政处罚权、行政处理权、行政执行权、行政司法权等。行政主体的职责主要有:执行法律、依法行使职权、履行法定职责、遵守法定程序、纠正违法与不当、对侵权损害予以赔偿或补偿等义务。

行政相对人在行政法律关系中的权利主要有:行政参与权、受保障权和受益权、行政监督权、行政救济权等。行政相对人所承担的义务主要有:遵法的义务、服从行政管理的义务和协助行政管理的义务等。

四、行政法律关系的变化

行政法律关系和其他社会关系一样,处于不断的变化之中。它基于一定的法律事实要经历产生、变更与消灭的动态过程。

(一)行政法律关系变化的原因

行政法律关系的产生、变更和消灭，需要具备一定的前提和条件。任何法律关系都是以有关法律规定为前提的，没有相应的法律规定，就不可能产生什么法律关系。但是，法律规定本身只是法律关系成立的前提条件，还必须要有一定事件发生或人们的实际活动，才能引起行政法律关系的产生、变更和消灭。而导致行政法律关系产生、变更和消灭的根据，就是引起行政法律关系变化(产生、变更和消灭)的原因，即法律事实。

所谓法律事实，是指由行政法律规范所规定的能够引起行政法律关系发生、变更或消灭的客观存在的现象或事实。

旁评附注　行政法律关系的演变

在没有具体的法律事实出现之前，行政法律关系还只能是抽象性关系。只有相应法律事实出现后，这种抽象的法律关系才转变成现实的具体的法律关系，即特定当事人之间的权利义务关系才会随之发生、变更或消灭。例如，法律规定有关行政部门有权命令拆除违章建筑。这是一种带有普遍性的规定，所设定的只是抽象的权利义务关系，而只有当某一组织或个人实施了违章建筑的行为，且行政机关对该当事人发出了要求其拆除违章建筑的命令时，一般的抽象法律关系才变成现实的具体的法律关系，即引起具体行政法律关系的产生。一旦该当事人服从了行政机关的命令，拆除了违章建筑，这个具体的法律关系也随之消灭。假如被命令的当事人不执行拆除令，有关行政部门即可派人执行，并由此收取执行费，则为行政法律关系的变更。①

法律事实包括两大类：一类是法律事件，即能够导致行政法律后果，但又不以人的主观意志为转移的客观事件，如自然灾害、人的出生或死亡等。如人的出生可引起户籍管理等行政法律关系的产生；人的死亡能引起户籍管理和人事管理等行政法律关系的消灭和抚恤金管理等行政法律关系的产生。另一类是法律行为，是指能产生法律效果的，受主体或当事人意志支配的行为活动。无论是行政主体的行为还是行政相对人的行为(如行政处罚、超速驾驶等)，是作为还是不作为(如滥伐森林、逃避兵役等)，是合法行为还是违法行为(如公安机关依法收缴枪支、行政机关滥用职权等)，都可引起行政法律关系的

---

① 参见周佑勇著：《行政法原论》(第2版)，中国方正出版社2005年版，第51—52页。

产生、变更和消灭。[①]

(二)行政法律关系的变化形态

行政法律关系的变化形态有产生、变更和消灭三种。

行政法律关系的产生,是指由于一定的法律事实在行政主体与行政相对人之间特定的权利义务关系之形成,它是一个从无到有的过程。例如公民年满 18 周岁,就产生了兵役主管部门和该公民间的行政法律关系,使得该公民有了服兵役的义务,使兵役主管部门享有对其征集的权利。

行政法律关系的变更,是指行政法律关系在其存续期间所发生的变化,它包括行政法律关系主体的变更、权利义务的变更和客体的变更。行政法律关系的变更,一般有三种情况:其一,主体变更,包括主体的增加、减少和改变。如作为一方当事人的行政机关被合并到另一个行政机关。其二,客体变更,即行政法律关系当事人权利义务所指向的对象(物、行为和精神财富)发生变更。如行政相对人申请复议,要求撤销违法的行政行为,后又补充要求责令该行政机关赔偿因违法行政行为所造成的损害等。其三,内容即权利义务的变更。如在税收法律关系中,税率变化而引起的征税数额的变化。

行政法律关系的消灭,即行政法律关系主体之间的权利义务关系不再存在而完全消失。行政法律关系的消灭,包括主体、权利义务和客体的消灭。主体的消灭,如当事人的死亡或资格的丧失;权利义务的消灭,如义务履行完结、行政行为被撤销;客体的消灭,如作为客体的文物灭失。

五、特别权力关系

如果说,前述行政法律关系重点关注于公民权利的话,那么,在特定的行政领域内,某些特定身份者(如公务员、军人、学生等)相对于享有的"权利"而言,却被课以更重分量的义务。在这种行政法律关系中,行政主体与相对人处于不对等状态,作为公权力一方显然较为强势,故将这种关系称为"特别权力关系",而非"特别权利关系"。[②]

---

① 人们一般认为,只有法律行为才能引起行政法律关系的产生、变更和消灭,但这种观点并不完全正确。事实上,事实行为(即不以产生、变更或消灭法律关系为目的,不对当事人产生法律上的约束力的行为)同样也导致行政法律关系的产生、变更或消灭。如非法拘禁、殴打、非法扣押财物等,也可引发某些行政法律关系、行政诉讼关系和行政赔偿关系的形成。参见应松年主编:《行政法与行政诉讼法学》(第 2 版),法律出版社 2009 年版,第 21 页。

② 也有学者使用特别法关系、特别身份关系这种用语的。

特别权力关系是相对于公民与国家之间存在的一般公权力行使关系之外，基于特别成立原因所产生的公权力关系，是一种特殊的公法上权利与义务关系。这种特别成立的原因，要么是法律的直接规定（例如传染病患者的强制入院、受刑者的收监、招募对象的参军等），要么是当事人的自主同意（例如学生入学、公务员任命），即服从于国家或公共团体的特殊支配关系。

（一）特别权力关系的特点①

在传统理论中，对于特别权力关系的具体内容，不同学者有不同的看法，尽管存在一定程度的差异，但是具有以下共同特征：

1. 概括的支配权。在特别权力关系中，权力的行使主体对于相对人有概括的支配权，对服从这一支配权的人发动特别权力时，不需要个别的、具体的法律根据，只要在行政目的的范围内，就可以强制相对人履行不确定的义务。

2. 排除法律保留原则的适用，即得以行政命令规范相对人的权利义务，即使没有法律的授权，仍然可以限制相对人的基本权利。

3. 排除司法审查，对相对人权利的限制排除司法审查的可能，只能通过行政体系内部程序救济。

（二）特别权力关系理论的兴起

特别权力关系理论起源于德国，最早可追溯到中古时期领主与其家臣的关系。1794 年普鲁士一般邦法把"穿制服的国民"和一般的国民区分开来，从国家法律的角度对特别权力关系的内容加以确认。该法明确规定："军人和公务员除了尽一般下属之义务外，并对国家元首负有特别忠贞和服从之义务"，显示出公务员和军人隶属在一个特殊状况下而非一般国民可比。

正式提出"特别权力关系"的概念并开始为其架构理论体系的，首推德国法学家拉班德（Paul Laband）。特别权力关系理论在奥托·迈耶教授建立大陆法系的行政法学以后，风行将近八十年之久，后来才遭到德国行政法实务界的抛弃。奥托·迈耶进一步完善了特别权力关系理论，使之体系更加完整而系统，内容也更加充实而丰富，理论上与实践中都对德国行政法产生了深远的影响，该理论还成为法院判决的直接依据。在这种理论的影响与控制下，德国行政权长期享有着巨大的"法律自由空间"。

奥托·迈耶将特别权力关系的范围分为三大种类：（1）公法的勤务关系，例如公务员及军人与国家的关系；（2）公营造物的利用关系，例如公立学校的

---

① ［日］室井力主编，吴微译：《日本现代行政法》，中国政法大学出版社 1995 年版．第 39 页。

学生与学校的关系、监狱受刑人与监狱的关系、强制治疗的传染病患者与医院的关系；(3)公法的特别监督关系，例如自治团体、特许事业、专门职业执业人员或公权力委托人，均受国家的特别监督。

(三)特别权力关系理论的批判

“二战”以后，保障人权理念日益受到重视，昔日强调行政权优越性、完整性的特别权力关系理论，其合法性及合理性受到了挑战。现代世界政治思潮最大的特色，在于广泛地扩大保障公民基本权利的范围。对于特别权力关系下的军人、公务员、学生和服刑人其权利不加以特别保障的观念已属落伍。而且随着“司法国”理论的兴起，要求一切行政权必须接受司法权的审查，行政裁量不可超越授权范围，属于特别权力关系下的行政处置也不能例外。但是特别权力关系所规范的事项非常广泛。往往具有特殊的专业性，全部纳入法律保留的范围不切实际。为了取得平衡，德国学界创建了一系列相应的理论。

1. 乌勒(C. H. Ule)教授的基础关系与管理关系理论

乌勒教授将特别权力关系分为“基础关系”即所谓的外部关系以及“管理关系”即内部关系两种。基础关系是指特别权力关系产生、变更及消灭事项。管理关系是指为了达到行政目的，权力人制定的诸如作息时间、仪容仪表、考试考核等管理规则。乌勒教授认为涉及并对公民权利影响较大的基础关系事项，可以获得法律保留及司法救济的机会，而对公民权益影响较小的管理事项，不可提起救济程序，以维持行政内部纪律及保证行政任务的完成。但是该理论的缺点在于难以界分这两种关系。

2. 重要性理论的兴起

乌勒教授的理论受到学术界的高度重视，但在审判实务中未被采纳。直到 1972 年 3 月 14 日，德国联邦宪法法院公布了著名的“刑事执行案件判决”，本案涉及监狱当局依据传统的制度，直接以政府主管机关(司法行政部)的行政规章来管理犯人(包括接见亲属及检查信件等)，而该行政规章不一定需要具备法律保留的要件。法院认为违宪，才正式废弃了特别权力关系理论。次年，德国联邦宪法法院在审理一连串关于教育法律的法律保留问题时，更提出了所谓的“重要性理论”，将上述原则扩张，使法律保留范围延伸到公立学校事项之上。只要是涉及公民权利的“重要事项”，必须由立法者以立法方式限制，不能由行政权行使者自行决定，即便是“管理关系”中涉及公民权利的重要事项亦必须由法律规定。

特别权力关系理论在我国没有太大的影响，但并不是说属于特别权力关系下的事项，在我国都可以适用法律保留原则及提起诉讼救济。关于国家公务员的法律关系,《国家公务员法》及《行政复议法》并未开启行政诉讼对其权利进行救济的大门。最近几年引起广泛关注的大学学位授予的诉讼问题,引发了人们对高等教育与学生关系是否涉及行政法问题的思考。如何拨开特别权力关系理论上的迷雾,完善基本人权的保障制度,尚需学界对此问题作进一步研究。

案例思考

西南某院校因开除一位怀孕的女大学生,招致全国性公议。这个女生在假日旅游期间,与男友在校园外宾馆度过激情一夜,后被校医院查出怀孕并报告了学校。校方责令女大学生作深刻检讨,交代性行为细节,承认自己"道德败坏"。学生和家长认为校方行为侵犯个人隐私,拒绝接受校方的要求。校方遂以两学生发生"不正当的性行为"、"违反校规校纪"为由,勒令两人退学。学生以受教育权和隐私权被侵犯为由,诉请法院撤销该行政行为,并请求赔偿名誉损失。诉讼中,原告撤回了赔偿的诉求。据悉,一、二审法院皆以学校开除学生是内部管理行为,不属法院管辖为由,驳回原告的起诉。

问题:学生合法权益受损后,国家如何给予救济?

第五节　行政法的地位与作用①

从世界各国法律制度来看,行政法与民法、刑法等共同成为传统的几大法律部门。在我国现行法律体系中,行政法是仅次于宪法的几大重要法律部门之一。从行政法与其他部门法的关系来看,行政法的影响及地位越来越显得突出。行政法与民法、刑法、经济法等几大法律部门相比较,由于各自调整的社会关系的性质和社会活动的范围不同,在目的、功能、内容和手段等方面都有着区别。但是,随着行政职能的增加与行政权的扩张,行政关系越来越广泛,已逐渐"渗透"到社会各方面,行政权与公民、法人和其他社会组织的权利

① 本节内容参见王周户等编著:《行政法》,法律出版社 2007 年版,第 35—42 页;应松年主编:《行政法与行政诉讼法》,法律出版社 2009 年版,第 21—23 页;季宏编著:《行政法与行政诉讼法》,知识产权出版社 2009 年版,第 7—11 页;皮纯协、张成福主编:《行政法学》,中国人民大学出版社 2002 年版,第 17—19 页。

之间的关系越来越密切，公民及社会组织在社会生活中的许多权利的取得与失去、义务的增加与减免，都与行政权紧密相关，使得调整行政关系的行政法显得越来越突出和重要。

一、行政法的地位

1. 行政法与宪法

从行政法与宪法的关系来看，宪法是建立和发展行政法的根据和基础，是行政法的根本法源，而行政法是宪法的具体化，是“实施中的宪法”。我国著名行政法学者龚祥瑞精辟地指出：“宪法是行政法的基础，而行政法则是宪法的实施。行政法是宪法的一部分，并且是宪法的动态部分。没有行政法，宪法每每是一些空洞、僵死的纲领和一般原则，而至少不能全部地付诸实践。反之，没有宪法作为基础，则行政法无从产生，或至多不过是一大堆凌乱的细则，而缺乏指导思想。”①

宪法是根本法，在法律体系中的法律地位最高。宪法对国家政治、经济、文化等方面作着全面性的基本规定。但宪法中的基本规定，主要依赖于其他部门法的进一步具体规定来实施。宪法中有关国家任务及权限、国家与公民关系的规定，都需要行政法进一步规范才能实现。宪法规定的各项基本原则，也都依赖行政机关的贯彻实现。同时，由于行政职能的广泛性，使得宪法中的绝大部分原则规定，主要依赖于行政法进行具体规定而得到实施。

但行政法对宪法而言，也具有一定独立性。因为宪法与政治理念的结合较为密切，尤其是在制宪和修宪过程中，宪法容易出现剧烈的变动；而行政法则具有较强的实践性和现实性，而且相当多的行政任务是任何时代和社会都具有的，存在着普世性，在一定程度上有着不受时代及宪法左右的性质。另一方面，宪法的变化直接关系到整个国家和社会的稳定，关系到宪法能否保持应有的权威和尊严。因此，宪法规范必须具有相对稳定性，即相对于一定的历史时期、相对于一定的历史条件具有稳定性。而行政法则较执著于现实的社会生活条件，行政法必须及时顺应时代的需要，故行政法处于随时变化发展的状态之中。

2. 行政法与刑法

行政法与刑法在调整社会关系时的职能和作用上有着较大差异。首先，行政法直接调整现实社会生活关系，以建立理想的社会生活秩序为己任；而刑

---

① 龚祥瑞：《比较宪法与行政法》(第 2 版)，法律出版社 2003 年版，第 5 页。

法保护其他法律所确认的现实社会生活关系，以维护已经建立的社会生活秩序为己任。其次，行政法通过制定权利义务模型体系，引导人们实施正常的行为；而刑法则通过法律制裁的威慑力量禁止人们的反常行为，以维护民法、行政法等其他部门法所确认的社会关系。①

但行政法与刑法在调整违法行为发生的社会关系上也有一定的联系：当违法行为比较轻微时，一般用行政法调整；当违法行为严重到一定程度，构成犯罪时，一般由刑法调整；但当一个违法行为既违反行政法又触犯刑法时，也可以在追究刑事责任同时处以行政处罚。如某人销售失效、变质产品，情节严重已构成犯罪，应给以刑事处罚，但同时根据《产品质量法》规定，也可给予没收违法销售的产品和违法所得，吊销营业执照等行政处罚。

旁评附注　行政违法行为与犯罪竞合情形下的制裁

行为人的一个行为既违反行政法中某个法条的规定同时又触犯刑法的某个法条规定，从而构成行政违法行为与犯罪的竞合。在实践中，一行为同时触犯了行政法和刑法的情况大量存在，如偷漏税、走私、破坏公共秩序等行政违法行为等，在行为构成犯罪的同时还触犯有关行政法的规定。发生行政违法行为和犯罪竞合的实施处罚大致有以下几种情况：

1. 单处刑罚。即对一行政违法行为已构成犯罪的，只由司法机关给以刑事处罚，行政机关不得就同一事实重复处罚。这实际上也是“一事不再罚”原则的具体体现。对于给予刑罚就足以达到惩处和预防行政犯罪的目的的，就没有必要再由行政机关予以有关行政处罚。

2. 刑罚与行政处罚双重适用。即对行为人除由司法机关予以刑罚处罚外，有关行政机关还应予以行政处罚。

这主要是因为：一方面，行政犯罪其有触犯刑法和行政法的双重性，行为人也就应当相应承担刑事责任和行政责任；另一方面，刑罚与行政处罚的种类及功能的差异决定了在适用刑罚的同时还必须适用行政处罚以弥补刑罚的不足。刑法规定的主刑和附加刑的种类和范围相对比较狭窄，主要是人身罚和时产罚。仅适用刑法规定的刑罚在有些情况下不足以消除违法行为人犯罪的全部危害后果，也不足以彻底纠正行政违法行为，在这样的情况下，在适用刑罚的同时并处一定的行政处罚有利于更好地打击犯罪，纠正行政违法行为，因此是十分必要的，在实践中也切实可

① 王周户等编著：《行政法》，法律出版社 2007 年版，第 37 页。

行。如：对于偷税、抗税的违法行为，如果只对违法者处以限制或剥夺人身自由的刑罚，还不足以挽回其给国家和人民造成的损失，因而可以并处吊销营业执照的行政处罚，以解决刑罚所不能解决的问题。

3.行政法与民法

民法调整的是平等民事主体之间财产关系和人身关系；行政法调整的是行政关系，两者有明显的区别。行政关系是行政主体在行使行政权过程中所发生的多种社会关系。在行政关系中，行政主体始终处于主导地位，与另一方当事人的地位是不平等的；而在民事关系中，当事人双方法律地位是平等的。这里应当明确的是：(1)财产关系可能是民事关系，也可能是行政关系，在涉及财产关系时，应从行政关系和民事关系的特征和要素上进行辨别和确定。(2)行政机关参加的不一定是行政关系，有的不具备行政关系的特征和要素，属民法调整，而不属于行政法调整。如行政机关购买办公用品。

从性质上来看，民法属于私法。行政法和民法在调整社会关系的性质和范围方面有较大的差异。

概念辨析 作为公法的行政法与作为私法的民法

与私法的划分，最早是由古罗马法学家乌尔比安提出来的："公法是关于罗马国家的法律，私法是关于个人利益的法律。"依照此标准，私法遵循当事人意思自治原则，确立财产所有权，保障自身利益的追求。公法是利用国家权力，宏观调整社会财富分配，调整国家与公民的关系。公法、私法在调整对象、调整方式、法的本位、价值目标等方面存在不同。行政法属于公法。

法律区分为公法及私法，尽管其划分标准并不十分清晰，但在法律的实际操作上，仍然无法回避公法及私法的划分。下列事项即充分显示区分公法(行政法)与私法(民法)的必要性：

(1)行为方式。行政机关在行政法上才能行使行政权力作出具体行政行为。在民法上，行政机关与自然人、法人或者其他组织处于平等地位，不能行使行政权力而作出具体行政行为。

(2)强制执行。对于行政机关享有的行政法债权，自然人、法人或者其他组织承担的行政法义务，行政机关可以依法行使行政权力，以强制执行措施实现。行政机关对于自然人、法人或者其他组织的私法权利，则须经法院的裁判才可取得执行依据后请求法院强制执行。

(3)争议解决。公法上的争议,原则上可以申请行政复议或者提起行政诉讼。反之,私法上的争议,原则上由法院依照民事诉讼法进行审理。(4)损害赔偿。行政机关违法侵害自然人、法人或者其他组织权益时,若为公法性质,应依照国家赔偿法承担国家赔偿责任;若为私法性质,则依照民法承担侵权行为的损害赔偿责任。

(5)功能及原则。私法在于解决私人之间现有或潜在的利益冲突。私法所根据的是个人的私法自治,注重当事人意思表示,法律关系依照诚实信用原则解释。公法则在于设定及限制国家公权力。公法法律关系,受依法行政原则的拘束,应依照客观含义解释,私人意思不具有重要意义。

民法调整以平等为特征的民事社会生活关系,而行政法则调整以行政权的行使为核心内容的公共行政关系。由所调整的社会关系的性质不同所决定,民法与行政法在调整方法上也不相同。民法确认民事主体的平等地位,反对一方强迫另一方成立民事关系;而行政法却确认行政机关和公民、法人以及其他组织的不同地位,通过国家强制力量来使命令得到服从。民法充分尊重民事主体的自主意志,将当事人双方通过平等协商而形成的共同意志作为民事法律关系发生的重要根据;而行政法则强调国家行政机关依法行使权力,严格禁止行政机关恣意地行使行政权。从救济途径上来看,民法允许民事主体通过诉讼、仲裁、第三人居中调解、自行和解等多种方式解决民事纠纷;而行政法上的救济途径主要限于行政复议和行政诉讼两种。

由于民法理论较行政法理论发达,民法理论在众多方面都对行政法产生着重要的影响。行政司法中的行政仲裁、行政调解或对某些民事争议的裁决处理等行为就与民事问题有着密切的关系,甚至公民、法人及其他组织在民事范围内所享有的许多权益,往往都以行政法中的一些规定和相应行政行为为前提,如房产、知识产权登记等。民法所倡导的"权利本位"主义,为行政法确立了一定的价值取向。其中传统民法所形成的人格尊严和平等、经济自由和人身自由为行政法确立自己的规范价值和权利类型提供了具体的蓝本。

二、行政法的作用

行政法的作用,即行政法的功能或效用,它是指满足人们的某种需要或对社会的影响。由于行政法所涉对象包括行政主体与行政相对人双方,另外还涉及社会,因此,行政法必然要对行政主体、行政相对人和社会发生影响。鉴于此，我们以为，行政法的作用主要应围绕行政法对这三种不同对象的影响来考虑。行政法具有广泛的作用，其作用也有层次之分。就行政法的基本作用而言，主要有：

1.维护行政权力的有序运行

行政法通过对行政权限的分配与设置、行政主体地位的明确、权力行使规则的规范与控制，保证行政权力有规则、有秩序地行使。行政法的根本目的在于防止行政权的失控或异化，实现对行政权力运行秩序的维护。

2.保障私益与公益的实现

行政法一方面赋予了公民相应的权利（包括行政实体和行政程序过程中的权利及救济阶段的权利），规定了行政机关保障公民权利的义务；另一方面规定行政机关有权禁止各种妨害公益（及私益）的行为或事件。行政法兼顾公益和私益，对二者保护并行不悖。

3.为行政机关确立行为标准

行政法不只在于限制行政权力，而且还为行政主体提供行动的依据和指南。对于行政机关及其公务员来说，行政法的直接效果就是要使行政行为与法律所设定的行为模式相一致。从这一意义上来说，行政法是一种操作法，它必须为行政机关确定相应的行为标准，引导合法、正确的行为，指明行动的方向。当然，行政法的行动指南作用也包括了对公民或组织活动的规范与引导。

4.预防和解决行政纷争

行政法通过确立一种有效的预防纠纷和解决纠纷的机制，为行政争议定纷止争。一方面，行政法使公民可以通过行政复议、行政诉讼、申诉等多种途径和手段寻求对纠纷的解决，从而排遣对行政机关违法侵权行为的不满；另一方面，行政法通过对行政争议的解决，及时处理矛盾，结束行政行为的不定状态。

第二章　行政法的基本理念与原则

生活中，我们常常面临“救护临产孕妇与维护交通秩序孰轻孰重”、“违章建筑是否必须拆除”等困惑，公共行政不仅需要合法的外在形式，而且需要正义的内在实质。[①] 行政权力的行使既要符合特定的法律规则，也要遵循法律的基本理念和原则。

第一节　行政法的基本理念

行政法的基本理念，指的是人们对行政法的本质和功能的基本思想和价值取向。20 世纪 90 年代，国内行政法学界关于行政法的基本理念展开了较为激烈的讨论，其观点主要有：管理论、控权论和平衡论。

一、管理论

管理论出现在我国行政法研究的早期，它把行政法看作是关于行政管理的法。管理论者认为，行政法调整行政主体与行政相对人的关系，其重点在于规范行政相对人的行为，保障行政管理的顺利进行，以保障行政法律规范的实施，确保国家和社会的公共利益。

中国行政法学在 20 世纪 50 年代是从学习苏联行政法理论起步的，苏联的行政法观念在 80 年代中期之前对中国行政法学理论有着深刻的影响，按照苏联的行政法观念，行政法就是管理法。苏联学者马诺辛认为[②]，行政法规范的任务是调整苏维埃国家管理范围内的社会关系。这种调整的目的在于保证

① 参见朱维究、王成栋主编：《一般行政法原理》，高等教育出版社 2005 年版，第 77 页。

② [苏]马诺辛等：《苏维埃行政法》，黄莲秀译，群众出版社 1983 年版，第 33 页。

管理关系的参加者的行为符合苏联共产党和苏维埃国家的政策。而另一位苏联学者瓦西林科夫则认为,行政法的功能在于保证国家管理机关社会作用的实现,从而促进共产主义建设任务的顺利解决。基于特定的历史阶段和对法治理念的理解的偏差,管理论者往往强调行政法的强制性、命令性和不平等性。

这种行政管理关系固然是行政法的组成部分,但是,囿于当时特定的历史环境以及对法治的理解,如何规范行政公权力并没有成为其关注的焦点。显然,管理论者的观点与主张在强调"法治国家"和"依法行政"的21世纪,已经失去了理论阐释力。

二、控权论

控权论认为,行政法是关于控制行政权的法。这一观点是20世纪80年代中、后期随着国内思想的进一步开放、西方自由主义思潮的源源流入而兴起的。这一理论认为,行政法的目的在于保障私权和自由;行政法的基本内容是限制和控制行政权;行政法的基本原则是依法行政原则;而行政法的手段是司法审查和行政程序。在控权论者看来,行政法的作用正如紧箍咒,约束着处于强势地位的行政权。

控权论的理论和学说主要流行于英美法系国家的法学界,同时也影响到包括我国在内的其他许多国家的行政法理论。例如英国学者韦德认为,行政法就是控制政府权力的法①;美国学者施瓦茨同样认为,行政法就是用来制约行政权力、保障公民与国家在法律面前平等的制度体系;戴维斯则认为行政法就是有关行政机关权力和程序的法律,其中特别包括对行政行为进行司法审查的法律。与此种功能定位相协调,控权论的行政法体系基本上以控制政府权力和保障救济为主线,对行政法的理论来进行建构。在控权论看来,整个行政法的核心就是司法审查与行政程序。

控权论者对国家公权力行使规范的强调无疑是行政法发展历史过程中一个革命性的转变,其对行政法的理解与人们对法治的理解是相一致的。而且,尤其对我们这样的法治后进国家更有着积极的借鉴意义。但是,由于控权论者过于强调行政法的单一性,这直接导致了行政法与现实生活的脱节和行政法研究的片面、狭隘。总之,无论是管理论还是控权论,其都是行政法学者为了学术研究的方便而人为构建起来的理想类型,这些理论模型与实际生活中

---

① [英]威廉·韦德:《行政法》,徐炳等译,中国大百科全书出版社1997年版,第6页。

的行政法体系有着相当的差异。在现实生活中,行政法其实就是一个混合体,既有管理论的观点,又有控权论的主张。不同国家、时代的行政法的区别仅仅在于这些构成行政法的因素比例的不同。

三、平衡论

平衡论是作为管理论和控权论的对立面而提出的,认为管理论过分强调行政特权和行政效率,忽视对公民权利的救济和保护,不能适用现代民主法治社会的需要;而控权论则片面强调对行政权力的控制和对公民权利的保护,忽视对行政权有效行使的保障和行政效率的提高,也不符合现代社会要求积极行政的客观现实。

平衡论①主张"行政权与公民权在总体上是平衡的","现代行政法的本质是平衡法",行政法调整行政主体与行政相对人之间的关系,应尽可能在总体上平衡行政主体与行政相对人的权利义务关系,应兼顾公共利益和个人利益,以建立和维护民主与效率有机统一协调发展的法的秩序。平衡论的实质,是试图在相对人的权利与行政主体权力的一种角力中得到一种动态牵制与利益均衡。

平衡论学说的出现,就是为了回应管理论与控权论对行政法现实现象的理论阐释上的不足而诞生的。因此,平衡论在学术体系建构上是最为完美的。其吸收了管理论和控权论的合理内核,又批判了两者的片面性,是在此基础上结合社会发展对行政法的影响而提出来的一种新的理论体系。因此,在平衡论者看来,行政法既有管理的功能,又有控权的功能。

旁评附注　行政法的契约理念与传统行政法的变革

在国家权力行政理念的作用下,行政法在强调对行政权力进行限制的同时,也在某种程度上体现了权力关系的不平等性。因此,传统行政法对行政机关与公民的关系调节,往往只借助单向权力手段。其实,国家行政职能既可以借助权力手段来实现,也可以通过非权力手段来完成,契约方式即是其中非常重要的一种手段。

随着"福利国家"时代的来临,给付行政、服务行政逐渐居于主导地位,因而只靠权力手段已不能满足社会和人们的需求。于是契约手段大量涌现,它们不仅在给付行政领域被广泛使用,而且在传统的规制行政或

① 有关平衡论的集中论述,可参见罗豪才主编的《现代行政法的平衡理论》,北京大学出版社1997年版。

秩序行政领域也被作为权力的补充手段得以运用。现实中行政机关在其各种内外部管理活动中大量借助契约手段来解决问题，例如诉讼外的“和解”、行政执法责任制合同以及其他各种隐形合同。这些现象从本质上来看，是现代行政对传统权力行政的基因性缺损所作的一种自发的、体制外的回应。契约理念与现代行政的要求相吻合，它能够弥补传统行政理念的不足，我们完全可以使之融入现代行政法之中，从而在理念的层面高屋建瓴地实现行政法的改良与进化。①

第二节 行政法的基本原则

一、行政法基本原则概述

(一)行政法基本原则的含义

所谓行政法的基本原则是指贯穿于全部行政法律规范之中，指导行政法的制定和实施活动的基本准则，是人们对行政法现象的抽象和概括，反映着行政法的基本价值观念。

行政法的基本原则是行政管理活动中必须遵循的共同准则。在国家大量的行政法律规范中，其所体现的基本精神必须是统一的。行政主体千差万别的行政管理行为不能违背行政法的基本原则。行政法的基本原则，起着保证行政法制统一、协调和稳定的重要作用，是行政法的灵魂。在实践中，违背了行政法的基本原则，将直接产生某种法律后果，有关的行政主体必须承担相应的行政法律责任。如与基本原则相抵触的行政法律条文必须修改或撤销，违反行政法基本原则的行为，必须加以纠正和制裁。我国台湾地区的“行政程序法”明确赋予行政法基本原则的法律效力与适用性，其第 4 条规定：“行政行为应受法律及一般法律原则之拘束。”

旁评附注 **行政法基本原则的表现形式**

行政法基本原则表现为下列诸多形式：

(1)习惯法。行政法原则在成为制定法之前，通常表现习惯法。

(2)宪法之具体化。一般行政法原则的性质，为“具体化之宪法”，为

① 杨解君：《行政法与行政诉讼法》，清华大学出版社 2009 年版，第 68—69 页。

宪法基本原则的结果或延伸。

(3)法律之抽象化。它可以借助对有关行政的法规规定加以体系化、抽象化及类型化而确定。

(4)法律基本原则。由正义原则导出的一般原则，如比例原则、诚实信用原则、信赖保护原则、平等原则、明确原则(即不仅法律应明确确定，使人民可预见其行为的法律效果而知所进退。行政机关及法院也可据以执行和审判，而且行政行为也应明确，使行政相对人得以遵守或采信有效的法律救济)和正当程序原则。①

(二)行政法基本原则的特点

1.普遍性

即行政法的基本原则适用于行政立法、行政执法、行政裁判和司法审查的所有方面。如行政立法应当依法立法，遵循法律保留和法律优位的基本要求，行政执法应全面、准确地依据法律行使职权，行政裁判不仅应考虑行政职权行使的合法性，也要考虑其适当性等。这一特点是行政法的基本原则与行政法规范中的具体原则的重要区别，行政法规范中的具体原则只是在行政法的某一领域、行政职权存在与运用的某一方面所应遵循的准则，如行政立法中的依法立法原则，行政处罚中的处罚与教育相结合原则，司法审查中的对具体行政行为合法性审查原则等都不具有行政法现象中的普遍适用性。

2.特殊性

即行政法的基本原则只是人们对行政法现象的抽象和概括，是为行政法所独有的原则。其一，行政法基本原则是人们对行政法现象的认识和反映；其二，行政法基本原则的内容通过具体的行政法律关系而实现；其三，行政法基本原则只适用于行政法领域。可以说，正是由于行政法基本原则的特殊性，使其与其他法律原则区别开来。如法律面前人人平等原则是宪法原则，而意思自治是民法原则等，行政法的基本原则既不同于宪法原则，也不同于其他部门法原则，是为行政法所独有的，体现行政法特定价值取向和要求的原则。

3.法律性

即行政法基本原则是一种法律原则，包含着概括的、法律上的权利义务内容，是客观地存在于行政法之中的。行政法基本原则的法律性表明任何行政职权的存在和运用都应依据行政法的基本原则，行政相对人的义务承担和权

① 陈敏:《行政法总论》(第4版)，中国台北:神州图书出版公司2004年版，第84—95页。

利主张也不得违反行政法基本原则，任何违反行政法基本原则的行政法律关系中的行为都会产生不利的行政法律后果。行政法基本原则的法律性还表明其不同于其他非法律原则，即其不是道德规范准则，也不是民主集中制这样的行政学原则，它是被抽象和概括了的国家意志的法律化形式。

4. 概括性

行政法基本原则是科学的理论概括，尽管行政法基本原则不能等同于行政法的具体原则和行政法律规范，但却是对具体原则和行政法律规范高度抽象加工后的产物。行政法基本原则不预先规定任何确定的、具体的事实状态，也没有赋予确定的、具体的法律后果，因而也没有确定具体的权利和义务。它们是行政法上法律权利和法律义务得以存在并从其中展开的精神价值内核，集中表达了行政法的价值诉求，因而其有高度的概括性。

5. 适用性

即行政法基本原则是适用于行政法实践的基础性规范，它不仅指导行政法规范的制定和实施，而且也是行政法规范制定和实施的依据。当代行政法上的基本原则均蕴涵于有关公共行政管理的立法、执法、守法、司法的实践之中。行政法基本原则的适用性表明其一方面是对行政法现象的一种抽象性规范，另一方面是为了行政管理的实际运用，抽象和概括既源自于行政法实践，又指导和运用于行政法实践，其能够解决行政法实践中的问题，如违反自然正义是英国司法审查中判断行政机关是否越权的标准之一，比例原则是德国判断行政权行使是否合理的标准。

（三）行政法基本原则的功能

行政法的基本原则被认为是行政法的基础性规范[①]，因而，它有其他原则不可代替的作用：

1. 行政法的基本原则是指导行政法的制定、修改、废止的准则。

行政法律规范的制定无论是权力机关，还是行政机关，其在本质上都是运用国家立法权对行政管理事项、规则的法律化，我国立法法明确将依法立法作为立法的基本原则，因此，行政法的制定、修改、废止都必须是符合法律而又合乎情理的，即应遵守行政法的基本原则并受其指导。

2. 行政法的基本原则可以指导行政法的实施，防止行政执法的错误或偏差。

---

① 参见姜明安主编：《行政法与行政诉讼法》，北京大学出版社、高等教育出版社 1999 年版，第 38 页。

行政法的实施是国家行政权的具体运用，针对某一特定事项行政主体运用行政权时应当在法定的条件、范围内体现制定法的立法目的和法治的基本理念。离开了行政法基本原则的指导，行政法的实施就可能无法全面、准确地适用法律，也可能导致执法的不公正。

案例思考

报载，2002 年 7 月 29 日，李某因产后大出血被急送至佳县医院，途中，急送李某的“急救车”被例行检查的交警拦下，要求司机出示证件接受检查，司机向警察作了解释：车上拉着重病人，因走得太急未来得及拿上相关证件，请求交警放行急救病人，随车的医生和家属也作了解释，交警经确认后立即放行。然而，刚被放行了 200 米，该车又被交警队指导员刘某等人拦住，任凭司机、家属和医生如何解释和哀求，都无济于事，始终坚持“有病人也不行，必须接受检查”。（病人在痛苦挣扎时，执法用的警车就停在附近，曾有围观的群众建议：“用警车先送病人到医院急救”，然而，执法交警仍固执地依“先执法，后救人”的观念办事。）一小时后，在众怒难犯的情况下，刘某等人才被迫放行“急救车”。病人由于失血过多，待送到医院时已来不及输上血液就永远地闭上了眼睛。

问题：在依法行政与人的基本权利之间发生冲突时，应如何付待？

3. 行政法的基本原则可以弥补行政法规范的不足，直接作为理念上的行政法规范而适用。

由于行政法规范所涉事项的广泛性和富于变动性，体现为成文法的行政法规范有时无法做到每事、每时均予以充分、准确地规定，百密一疏在所难免，而行政法的基本原则具有普遍性和稳定性的特点，因而可以弥补行政法规范的疏漏，使行政权的存在和运用、任何行政权所指向的行政事务都能在统一的法律规则下得到符合法律价值的规范和调整。

案例思考

美国 Elmar 案件:Elmar 的祖父在遗嘱中决定将财产赠予他,但是后来当 Elmar 的祖父要再婚时,Elmar 却担心祖父以后会变更遗嘱,因此下手谋杀了祖父。本来,依照法律"规则",Elmar 无可争议地可以继承祖父的财产,但他的姑姑却提起了诉讼,认为 Elmar 不该获得财产,Elmar 的律师则强调遗嘱的法律效力不容置疑。法庭最后不理会法律"规则"的明白规定,判决 Elmar 无权继承遗产,其理由是:在美国的司法实践传统中,一直遵循、实践"无人应由其罪行中获利"这个原则,这已成为法律原则。

问题:法律原则为什么高于并统率规则?

二、合法行政原则

合法行政是行政法的首要原则,其他原则可以理解为这一原则的延伸:实行合法行政原则是行政活动区别于民事活动的主要标志。合法行政原则的依据,是行政机关在政治制度上对立法机关的从属性。合法行政原则是我国根本政治制度即人民代表大会制度在国家行政制度上的体现和延伸。

合法行政原则,是依法行政原则的基本要求之一。合法行政原则,是指行政行为应受法律及一般法律原则的拘束,是现代民主法治国家的基本要求。这一原则所揭示的精神,可以分为两种:一是"法律优位原则";另一个是"法律保留原则"。

(一)法律优先

法律优先原则起源于英国的重要宪政思想,即"议会至上"原则,这一原则要求行政机关的活动受到议会制定的法律拘束,也就是说法律优先于行政活动。此后,德国行政法学的开山鼻祖奥托·迈耶在学说上明确提出法律优先原则。他认为,"以法律形式出现的国家意志依法优先于所有其他形式表达的国家意志;法律只能以法律的形式才能废止,而法律却能废止所有与之相冲突的意志表达,或使之根本不起作用"①。

① [德]奥托·迈耶:《德国行政法》,刘飞译,商务印书馆 2002 年版,第 70 页。

我国众多学者将之阐释为法律体系的效力位阶原则[①]。在我国存在多层级的统一的行政法规范体系下，法律优先原则要求“行政机关实施行政管理，应当依照法律、法规、规章的规定进行”(如《行政处罚法》第3条的规定)。“法律、法规、规章”的排列顺序旨在建立以法律为优位的内在和谐的法律基本秩序。

具体而言，我国的行政法规范体系包括全国人大及其常委会制定的宪法和法律、国务院制定的行政法规、地方人大制定的地方性法规、国务院部委制定的部门规章、地方政府制定的地方规章等。在多层次的法律规范同时并存的情况下，其秩序控制的一个基本的原则就是法律优先。法律优先的目的在于解决不同行政法规范之间的效力等级问题，防止行政机关置立法机关的法律于不顾，单纯依照其内部系统出台的规范行使行政权力。法律优位原则体现了行政立法应在法律之下的精神，对于厘清立法权与行政权的关系、维系国家法制的统一有着重要的意义。[②]

对拥有行政立法权的行政机关而言，法律优先包含下列含义[③]:(1)行政立法必须有明确而具体的法律依据。(2)在已有法律规定的情况下，行政法规、规章不得与法律相抵触，凡有抵触的，都以法律为准。法律优于行政法规、规章。同样，凡是上一位阶的法律规范已经对某一事项有了规定的，下一位阶的法律规范不得与之相抵触。(3)在法律尚无规定，行政法规、规章在各自范围内做了规定时，一旦法律就此事项作出了规定，依照法律优先原则，其他法律规范的规定都必须服从法律。同样，在上位阶法律尚无规定时，下位阶规范可以作出规定，一旦上位阶规范就此事项有了规定，下位阶规范就必须服从。

(二)法律保留

法律保留原则，是指行政机关作出某些行政行为必须有法律规范的明确授权，否则就属于违法。法律保留原则之于行政法，有如罪行法定主义之于刑

---

① 我国学者通常将法律优先原则阐释为法律体系的效力位阶原则。如应松年教授将其作狭义和广义两方面理解，认为狭义指的是法律的法律效力高于任何其他法律规范，广义指的上一层次的法律规范效力高于下一层次的法律规范(应松年主编:《行政法学新论》，中国方正出版社199年版，第45—46页)。王周户等编著的《行政法》一书中，将该原则理解为在行政法规范体系以及适用过程中，法律对于行政立法即行政法规和规章具有优越地位(王周户等编著:《行政法》，法律出版社2007年版，第85页)。

② 王周户等编著:《行政法》，法律出版社2007年版，第85—86页。

③ 王周户等编著:《行政法》，法律出版社2007年版，第85—86页。

法。[1] 该原则起源于18世纪末的自由主义宪政运动，旨在通过议会立法中的明确同意，来防止行政机关对公民个人权利的随意限制。

如果宪法或宪法性法律将某些事项保留在立法机关，则须由立法机关通过法律加以设定或规定。在法律保留原则下，行政活动的作出必须要有法律（或授权法）的明文依据，否则不得为之。法律保留原则，一般适用于干涉行政领域或者对公民权益影响重大的领域。

旁评附注　法律保留的适用范围

关于哪些行政行为应适用法律保留原则的问题，已形成三种主要学说：其一为侵害保留说。这种学说认为法律保留原则仅适用于"干预行政"，也就是说，仅在行政权侵害相对人的合法权益时，才须有法律规范依据。至于其他行政行为，如给付行政，则无须法律规范依据。其二为全部保留说。这种学说认为一切国家行为均源自人民，故任何行政行为，不管是"干预行政"还是"给付行政"，都应当受立法机关的意思支配，从而所有的行政行为均应须有法律规范作为依据。也就是"无法律，无行政"。其三为重要事项说。这种学说认为凡属于国家的重要事项，尤其是涉及公民基本权利实现与行使的事项，须有法律规范作为依据。

我国国务院《全面推进依法行政实施纲要》关于"合法行政"的表述"没有法律、法规、规章的规定，行政机关不得作出影响公民、法人和其他组织合法权益或者增加公民、法人和其他组织义务的决定"之规定采取的是"侵害保留说"，只要影响相对人合法权益或者增加其义务的事项，均应当有法律、法规或者规章作为依据。这就意味着，若行政机关作出的行政决定不影响相对人合法权益或者不增加其义务，则可以依据其他规范，比如行政惯例、国家政策，或者将其归属于行政机关的裁量空间。而《立法法》第8条具体列举了10项只能制定法律的事项[2]，表明其采取的是"重要事项说"。因此，我国立法兼采了侵害保留说和重要事项说。

---

① 吴庚：《行政法之理论与实用》（增订8版），中国人民大学出版社2005年版，第54页。

② 该10项的内容为："（一）国家主权的事项；（二）各级人民代表大会、人民政府、人民法院和人民检察院的产生、组织和职权；（三）民族区域自治制度、特别行政区制度、基层群众自治制度；（四）犯罪和刑罚；（五）对公民政治权利的剥夺、限制人身自由的强制措施和处罚；（六）对非国有财产的征收；（七）民事基本制度；（八）基本经济制度以及财政、税收、海关、金融和外贸的基本制度；（九）诉讼和仲裁制度；（十）必须由全国人民代表大会及其常务委员会制定法律的其他事项。"

从类型划分上法律保留可分为绝对保留与相对保留两种,《立法法》第 8 条和第 9 条对此作了原则性规定。(1)绝对保留,即某些事项的决定权只能归属于最高立法机关,任何其他国家机关不得行使,而且该事项只能通过法律加以规定,不得授权行政机关或者其他国家机关行使。《立法法》第 9 条规定的有关犯罪和刑罚、对公民政治权利的剥夺和限制人身自由的强制措施和处罚、司法制度等事项,就属于法律的绝对保留事项或称法律专属保留事项。(2)相对保留,即某些事项原属于立法机关通过法律予以设定的范围,但在某些情况下法律可以授权行政机关或其他国家机关行使。根据《立法法》的规定,对于尚未制定法律的事项(非绝对保留的事项),全国人民代表大会及其常务委员会有权作出决定,授权国务院可以根据实际需要对其中的部分事项制定行政法规。另外,《中华人民共和国行政处罚法》也有关于处罚设定权的专属保留和相对保留(授权)的规定。

概念辨析 **"法律优位"和"法律保留"的区别**

两者均是合法行政原则的基本要求。但两者强调的侧重面不同,前者强调"有法必依",即在某行政管理领域有法律、法规、规章调整的情形下,行政机关行使行政职权不得违反这些法律、法规和规章的规定;后者强调"无法不为",即在某些行政管理领域,若没有法律、法规或者规章的明确依据,则行政机关不得进行行政管理。比如,对于行政机关而言,"法律优位原则"要求其不得干违法的事;而"法律保留原则"要求其干影响自然人合法权益的事,必须得到法规范的明确授权。行政机关绝对不能说"法没有禁止我干这事,所以我干这事是对的",而应该说"法允许我干这事,所以我干这事是对的"。

"依法治国"原则对行政机关和对行政管理相对人的意义是不同的。根据"依法治国"原则,行政机关不仅必须做到"有法必依",还必须做到"无法不为"。而对于行政相对人来说,只要做到"有法必依"即可。换言之,行政机关的行为应遵循的原则是"法无授权即禁止",而民事行为应遵循的原则是"法不禁止即自由"。

三、合理行政原则

(一)合理行政原则概述

合理行政原则的主要含义是行政行为应当具有理性,属于实质行政法治的范畴。“实质法治”,与“形式法治”相对应,是指整个社会、一切人和组织都服从和遵守体现社会正义的理性法律统治。理性、社会正义和法律统治三者的有机联系,构成实质法治的精神内涵。合理行政原则,强调行政决定必须具有理性,故属于实质法治的范畴。“形式法治”,即法制,是指立法、守法、执法、司法、法律监督各环节的统一,核心是依法办事。合法行政原则属于形式法治的范畴。

合理行政原则尤其适用于裁量性行政职权的行使。合理行政原则的产生是由于行政机关自由裁量权的存在。由于行政活动所面对的社会现实的多样性和复杂性,法律对行政活动的规定不可能面面俱到,巨细无遗,因而必须给予行政机关一定的自由裁量余地,使行政机关能够根据具体情况作出灵活处理,以应对复杂多变的社会现实。换句话说,法律规范赋予行政机关自由裁量权,目的在于实现个案正义。具体而言,法律规范赋予行政机关决定或选择的活动范围,容许行政机关在处理个案时,可以根据法律授予裁量的目的和个案的具体情况,寻找合理适当的解决方法,从而实现个案正义。但是,合法行政原则无法约束行政机关在法律设定的自由裁量权内的行为,而行政机关的自由裁量又不能是恣意的,所以需要对其加以法律理性上的控制。也就是说,行政裁量权内含着“合理行政”要求,合理行政原则构成行政裁量权行使的内在界限。

合理行政原则所要求的“合理”,是对行政决定内容的要求,它要求行政决定内容具有理性。而行政决定程序合理,是程序正当原则的要求。合理行政原则所要求的“理性”分为两个层次,一是“最低理性”,即最低限度的理性,它是指行政行为应当具有一个有正常理智的普通人所能达到的合理与适当,并且能够符合科学公理和社会公德。二是“规范理性”,即较最低限独立性更为规范的行政理性,它具体表现为以下三个原则:公平公正原则、考虑相关因素原则和比例原则。

(二)目的适当和合理联结原则

该原则是对裁量行政的过程的考量,主要考察行政机关在自由裁量过程中,其行政决定是否偏离法律授权的正当目的,或者有没有考虑不相关因素或没有考虑相关因素。

1. 目的适当

目的适当是指行政裁量决定所追求的目的应该是法律授权的目的。任何法律在授予行政机关行政职权时，都有其内在的法律目的。如果行政机关追求的目的不是立法授予的目的，而是其他目的，而且，对行政裁量决定产生了实质性的影响，那么，行政机关就越权了，法院就可以以目的不适当为由判决撤销行政裁量决定。[①] 比如，抓赌是为了维护公序良俗，而不是为了创收。或者在追求法定目的的同时不应该还存在着法律所不允许的附属目的或隐藏目的。比如，在批准土地使用许可时，不能够要求开发商为行政机关免费提供若干套住宅，以解决行政机关工作人员住房紧张问题。

2. 合理联结

合理联结指的是行政机关作出的行政裁量决定，只能考虑符合立法授权目的的各种因素，不得考虑不相关因素。哪些因素应予考虑，哪些因素不予考虑，关键看是否与法律目的相关。比如，结合《行政处罚法》第1条和第5条规定，法律授予行政机关行政处罚权，其目的是通过处罚纠正违法行为，并督促违法行为人自觉守法，以保障行政机关有效实施行政管理，维护公共利益和社会秩序。因此，行政机关在实施行政处罚时，应当考虑违法行为的事实、性质、情节以及社会危害程度，以决定是否实施行政处罚，以及行政处罚的种类和幅度。至于其他因素，如违法行为人是否是高官子弟、是否可能提起行政诉讼，都不应在实施行政处罚时予以考虑。

案例思考

李某系从事饮食业的个体工商户，出售自制的蛋糕。李某的蛋糕未经有关部门进行检验。这一行为被某工商所查获。根据《个体饮食业监督管理办法(试行)》的规定，对此类违法行为，应予以警告、没收违禁区食品和违法所得，并处以违法所得1倍以上5倍以下罚款；没有违法所得的，处以1万元以下罚款；情节严重的，可责令停业整顿或者吊销其营业执照。在工商所查获前李某出售蛋糕共获利590元。根据上述有关规定，工商所没收了李某尚未出售的蛋糕，没收其违法所得590元，并且工商所认为李某曾因伤害罪而被判刑3年，一年前刚出狱，因此要重罚，又处以李某150元的罚款。

---

① 参见余凌云:《论对行政裁量目的不适当的审查》，载《法制与社会发展》2003年第5期。

问题：工商所对李某的违法行为进行的行政处罚是否合法适当？是否符合行政法的基本原则？

(三)平等原则(或公正原则)

平等原则即所谓“同者等之,不同者不等之”的原则。这一原则在我国台湾地区既适用人民地位和权利之平等,也包括对事物的处理。但我国大陆的行政法理论界对平等原则论述不多,基本上还止于现行法中诸如公正、公平、公开之表述(俗称“三公”原则)[①]。我们认为,行政法应确立平等原则(或公正原则),以实现宪法规定的“法律面前人人平等”。

平等原则,即平等对待,它包括两个方面的内容:(1)行政主体应平等对待行政相对人。在行政权的行使过程中,行政主体应平等地、无偏私地行使行政权,平等地对待一切当事人。当然这种平等对待,也需要行政主体做到“相同的情况相同对待,不相同情况不同对待”。(2)国家应平等对待行政主体与行政相对人。一方面,立法机关在立法上应平等地对待行政主体与行政相对人,根据行政主体与行政相对人所处的不同地位给予一种“差别待遇”,公平地分配双方的权利义务,从而实现一种实质意义上的平等。这是因为,行政主体在行政管理活动中居于强势,而处于被管理者地位的行政相对人居于弱势,立法就应针对他们不同的地位赋予他们不同的权利义务,行政主体应负有更多的义务,而行政相对人则应拥有更多的权利。另一方面,司法机关或者其他监督(或救济)机关在司法过程中应平等地对待行政主体与行政相对人,以一种独立、中立的立场来公正地处理双方的关系,而不能因为行政主体处于强势地位、行政相对人处于弱势地位就偏袒行政主体,否则就会使强者更强、弱者更弱。

问题探讨 **不法的平等是否为法律支持?**

甲某开车闯红灯被交警罚款200元。甲某认为乙某也开车闯红灯,但未被交警队处罚,甲某主张自己未被同等对待,交警队的行为违反平等原则。这种抗辩是否受法律支持呢?

这个问题实际上涉及了不法的平等。应当明确的是平等原则不包括

① 《行政许可法》第5条规定:“设定和实施行政许可,应当遵循公开、公平、公正的原则。”

不法平等，法律禁止不法的平等。原因在于，当“合法行政”原则与平等处理间发生冲突时，应当以合法行政原则为优先，违法的行政先例不能成为平等原则的基础。也就是说，一个违法的事物不具有受法律秩序保护的价值，行政机关负有将其排除的义务。因而没有不法的平等，也没有一个要求重复错误的请求权。①

平等原则要求行政机关行使权力具有公正性；而行政的公正性主要是通过程序的公正来体现的。程序的公正主要表现在：

(1)行政公开。由于行政主体与公民处于不同的地位，因而行政主体在信息资源方面则拥有充分的优势，双方在信息的取得上存在明显的不对称。因此，行政主体应为公民提供信息服务，行政公开理所当然。

(2)任何人不得做自己案件的法官。任何人不得做自己案件的法官，是公正最起码的要求。它主要在于防止行政行为的作出或纠纷的裁决，受机关或个人利害关系的影响。

(3)听取利害相关人的意见。当行政主体作出对当事人可能产生不利影响的行政行为时，必须事先听取当事人的意见，否则就如同司法上的不审而判，显失公正。

(4)说明理由。行政主体在作出行政决定，特别是作出对当事人不利的决定时，负有说明理由的义务，应说明的理由包括作出行政决定的法律原因和事实原因。

(5)不得单方接触。即行政主体在作出处理决定前，不得在一方当事人不在场的情况下与另一方当事人接触，以防止偏听偏信或先入为主从而导致不公平。

(四)比例原则

比例原则，又称“过度禁止原则”，其目的在于保护自然人、法人或者其他组织的权利免予遭受国家的过度侵害。一般而言，比例原则主要从手段和目的的关联性来考查行政行为的合理性。它可以分为适当性、必要性和衡量性三个下位原则。“比例原则”第一次比较全面地规定在现行法上，是《中华人民共和国突发事件应对法》第 11 条第 1 款。该款所规定的“有关人民政府及其部门采取的应对突发事件的措施，应当与突发事件可能造成的社会危害的性

---

① 参见季宏编著：《行政法与行政诉讼法》，知识产权出版社 2009 年版，第 46 页；王周户等编著：《行政法》，法律出版社 2007 年版，第 92 页。

质、程度和范围相适应"是衡量性原则的要求；而该款所规定的"有多种措施可供选择的，应当选择有利于最大限度地保护公民、法人和其他组织权益的措施"是必要性原则的体现。

1.适当性原则

适当性原则，又称妥当性原则，是指行政机关采取的手段必须能够达到行政目的或者至少有助于目的的达成，并且是正确的手段。也就是说，在目的—手段的关系上必须是适当的。比如，《人民警察使用警械和武器条例》第4条规定："人民警察使用警械和武器，应当以制止违法犯罪行为，尽量减少人员伤亡、财产损失为原则。"该条所规定"以制止违法犯罪行为为原则"是该适当性原则的要求；而"以尽量减少人员伤亡、财产损失为原则"则是下述必要性原则的要求。

行政机关采取的方法应有助于行政目的之达成，否则即违反适当性原则。手段对于目的来说不适应的情形大致有：一是，手段对目的来讲"不足"。二是，手段所追求的目的超出了法定的目的。比如，将违法嫌疑人铐在暖气片上，让其既站不起来，也蹲不下去，该手段则超出了手铐用于限制人身自由的目的，带有惩罚性或刑讯逼供的性质。三是，对相对人施加的手段，是法律上不可能或事实上不可能。前者如命令租住在违章建筑内的某人，拆除该违章建筑；后者如命令不会开车的某人，将其父违章停留的车开走。

2.必要性原则

必要性原则，又称最小损害原则，是指在有多种同样可达成行政目的之手段可供选择时，行政机关应当选择侵害相对人权益最小的手段，不能逾越必要的限度。通俗地讲，必要性原则就是要求"杀鸡不用宰牛刀"。比如，人民警察能够通过使用警棍、催泪弹、高压水枪、特种防暴枪等驱逐性、制服性警械制止违法犯罪行为的，则不得使用武器制止违法犯罪行为。

问题探讨 什么手段才算侵害较小的手段？

一般地，以下措施应当认定为损害较小的手段：

(1)禁止性措施。在相同有效性的前提下，即同样可达成行政目的的前提下，禁止性手段相对于命令性手段对相对人权益的侵害较小。

(2)自愿性措施。如果通过相对人的自愿即可达成与行政机关强制性措施相同的效果时，在此范围内，行政机关应当避免采取强制性措施。比如，吸毒成瘾人员的戒毒方式有"自行到具有戒毒治疗资质的医疗机构接受戒毒治疗"的社区戒毒和强制隔离戒毒两种方式，前者是自愿性措施，后者属于强制性措施。根据必要性原则，通过社区戒毒能够戒除毒瘾的，则不得强制隔离戒毒。

(3)当事人选择的措施。有多个相同有效性手段可供选择时，除情况紧急等特别情形外，原则上该选择权应赋予相对人。相对人选择的手段，对于该相对人而言，应是侵害最小的手段。比如，《中华人民共和国城乡规划法》(以下简称《城乡规划法》) 第 65 条规定："在乡、村庄规划区内未依法取得乡村建设规划许可证或者未按照乡村建设规划许可证的规定进行建设的，由乡、镇人民政府责令停止建设、限期改正；逾期不改正的，可以拆除。"乡镇人民政府责令限期改正，实质是将改正手段的选择权赋予乡村建设违法行为人；若乡村建设违法行为人逾期不改正的，则采取何种措施纠正该乡村建设违法行为，由乡镇人民政府决定，该政府甚至可以采取拆除措施。

3. 衡量性原则

衡量性原则，又称狭义比例原则、相当性原则、法益相称性原则，是指行政机关采取的方法对相对人权益造成的侵害不得与欲达成的行政目的显失均衡，两者之间应当保持恰当的比例关系。衡量性原则要求行政机关所采取的手段，不能给相对人权益带来超过行政目的之价值的侵害，即行政手段对相对人权益的损害必须小于该行政目的之价值。这意味着行政手段造成的侵害越大，其所追求的行政目的之价值应当越高。通俗地讲，衡量性原则就是要求"不能为了芝麻丢了大西瓜"。

旁评附注　外来务工人员子女"积分制入学"政策的合法性判断

为切实保障进城务工人员子女平等接受教育的权利，全国大多城市正在推行务工人员子女"积分制入学"政策。以 N 市 B 区为例，该区在《2014 年义务教育段外来务工人员子女就学公告》中明确对外来务工人员子女"积分制入学"政策目的是"为切实保障外来务工人员子女受教育权利，科学合理地配置教育资源，规范有序推进外来务工人员子女就学工作"；并规定了新生申请就学，除其父母或其他监护人必须满足六项基本条件外，[①]申请就学的新生，其父母或其他监护人必须参加积分制管理，并达到所在街道(乡镇)积分分数线者方可就读。

---

① 这六项基本条件为：(1)子女在户籍所在地无监护条件；(2)在该区取得临时居住证；(3)无违反计划生育政策；(4)在该区依法缴纳基本养老保险或外来工社会保险；(5)在该区具有相对固定住所(有房产证、有效的租房证明或居住证明)；(6)在该区有稳定职业。

“积分制入学”政策是否有违平等原则，侵犯部分学生的“平等受教育权”呢？“积分制”的积分措施与实现该政策目的间是否符合比例原则的要求？下面根据B区积分制办法和相关法律政策试评论如下：

(1)“积分制”入学政策没有侵犯学生的“平等受教育权”？根据“积分制”政策的规定，未达到积分条件的学生就不能在流入地就近入学。这部分人员通常会主张个人的平等受教育权受到了侵犯。但是，法律上的平等并不是结果的平等。在教育资源紧张有限的情况下，政府对非本地户籍人员子女实行“积分制”办法，恰恰是保障他们公平、有序和谐地享受基本教育公共服务的措施。为实现受教育权的实质平等，政府设计一些竞争性条件，使满足条件者优先享受优质的教育服务，并不违反宪法平等权的要求。B区政府制定的“积分制”入学政策从整体上看是针对所有外来务工人员子女平等适用，没有排除特定个人于政策之外。而且，数量不多的未达到积分要求的学生，还可以选择其他教育资源更为宽裕的地方去上学，其受教育权不会受到实质性的剥夺。因而“积分制”政策本身不会侵犯学生的“平等受教育权”。

(2)“积分制”的积分措施①与实现政策目的是否遵循了比例原则？该“积分制”的积分内容中“父母亲的文化程度和职称等条件”所占权重过大，而这些条件是受教育者(外来人员子女)个人无法选择、也无法通过自身努力达到的，因此，受教育者能否享受优质教育资源实际上就演变为一场“拼爹”的竞争。这在实际效果上就具有对低素质父母的子女的歧视对待。平等的受教育权要求保障受教育者基于自身努力可以争取优质的教育资源的机会。“积分制”的实施办法偏重受教育者父母的条件，是对外来务工人员子女的不平等对待。而且，“积分制”入学政策明确地将政策目的定位为“切实保障外来务工人员子女受教育权利，科学合理地配置教育资源，规范有序推进外来务工人员子女就学工作”。但管理办法的积分标准多数地方体现政府对优质人才的倾斜和优惠，而且父母的因素在积分中占比重过大，原本以保障“外来务工人员子女受教育权利”为首要目的的政策，实际上被异化为一项“引进优质人才”的人才政策。因此，积分的具体措施并不是实现政策目的的必要手段，具体措施不恰当。

---

① 该区的积分制管理办法中的几项主要积分内容为：文化程度40分，职业资格或专业技术资格45分，计划生育35分，居住年限20分，社会保险20分。

四、信赖保护原则

行政法上的信赖保护原则，是指相对人基于对行政机关的决定或意思表示的信赖而对自己将来的行为进行筹划和安排，由此产生的信赖利益应受法律保护。该原则是由传统法理中的诚实信用原则、法律安定性原则以及人民基本权利保障原则等综合演化而成。①

1.信赖保护的要件

信赖保护原则的适用，通说认为应当具备三个要件②：(1)信赖基础。即行政机关必须做出了与行政相对人利益相关的行为，包括具体行政行为、行政立法行为、行政指导行为等，这些行为构成相对人信赖的基础。(2)信赖表现。行政相对人因信赖行政机关的先期行为而采取了对自己生活作出安排和对财产进行处置的行为。如果相对人纯属观望或期待而没有表现已生信赖事实的，则因欠缺信赖表现而不在保护范围。(3)信赖值得保护。行政相对人的信赖必须值得保护，如果这种信赖有瑕疵而不值得保护时，即无信赖保护原则的适用。例如，以欺诈、胁迫或贿赂方法而使行政机关作出行政行为的，或对重要事项提供不正确资料或不完全陈述而致使行政机关依该资料或陈述作出行政行为的，或明知行政行为违法或因重大过失而不知行政行为违法的，就属于信赖不值得保护的情形。

2.信赖保护的法律效果③

信赖保护的法律效果，可分为存续保护与财产保护，且两者之间存在选择上的关系。(1)存续保护。是指不论现存法律状况是否合法，为稳定人民所信赖的法律状况，维持原来的信赖基础。这主要适用于对授益行政行为的撤销(或废止)方面。即在不得撤销的情形下(撤销对公益有重大危害者、信赖利益显然大于撤销所欲维护的公益者)，让违法的授益行政行为继续存在。(2)财产保护。即以适当的财产补偿来减轻行政相对人因合理信赖所造成的损失。

---

① 杨解君：《行政法与行政诉讼法》，法律出版社 2009 年版，第 65 页；应松年主编：《行政法与行政诉讼法》(上)，中国法制出版社 2009 年版，第 65 页。

② 参见李震山：《行政法导论》(修订 7 版)，中国台北：三民书局 2007 年版，第 299—300 页；王周户等编著：《行政法》，法律出版社 2007 年版，第 94－95 页；季宏编：《行政法与行政诉讼法》，知识产权出版社 2009 年版，第 55 页；杨解君：《行政法与行政诉讼法》，法律出版社 2009 年版，第 65 页。

③ 参见李震山：《行政法导论》(修订 7 版)，中国台北：三民书局 2007 年版，第 299－301 页。

如授益行政行为因违法而必须被撤销的，受益人因信赖该行政行为而遭受的财产损失，就应给予合理的补偿。尽管我国现行法律没有明确关于撤销违法授益行政行为的补偿制度，但存在着因变更或撤回行政行为的补偿制度。我国《行政许可法》第8条第2款规定："行政许可所依据的法律、法规、规章修改或者废止，或者准予行政许可所依据的客观情况发生重大变化的，为了公共利益的需要，行政机关可以依法变更或者撤回已经生效的行政许可。由此给公民、法人或者其他组织造成财产损失的，行政机关应当依法给予补偿。"

问题探讨 **采取"存续保护"和"财产保护"的判断标准是什么？**

判断采取"存续保护"还是"财产保护"，首先，应当考虑信赖基础是否对相对人有利，若对相对人有利，原则上应当采取存续保护方式；若对相对人不利，则撤销、变更或者废止不存在损害相对人信赖利益的问题，故行政机关原则上可以自由裁量是否撤销、变更或者废止。其次，应当权衡"信赖利益"与"废弃所获利益"。在信赖基础对相对人有利时，本应采取"存续保护"方式。但是，若变更、撤销或撤回信赖基础所代表的利益大于相对人的信赖利益的，则应变更、撤销或撤回该信赖基础，但应当根据具体情形采取"财产保护"措施。①

① 季宏编著：《行政法与行政诉讼法》，知识产权出版社2009年版，第55—56页。

第三章　行政法的渊源

第一节　正式渊源

一、法律渊源的内涵

"渊源"一词,在汉语中的本意是来源、本源。"法的渊源"或"法律渊源"这一概念在我国法理学中,一般限于法的效力渊源,且仅是就形式意义而言的。其涵义是指"一定的国家机关依照法定职权和程序制定或认可的具有不同法律效力和地位的法的不同表现形式"①。

行政法的法源即行政法规范的载体形式。凡载有行政法规范的各种法律文件或其他行政法的形式均为行政法的法源。行政法是由分散于宪法、法律、法规、规章等众多法律文件中的行政法规范所组成。这些具体表现行政法规范的形式即行政法的渊源。按照这种理解,法的渊源主要限于制定法和习惯法。而事实上在法律实践中起到法律渊源作用的远不止这些,比如法理、惯例和判例等。

从更加广义的角度来理解法律渊源,它既包括通常意义上的制定或认可的法,也包括那些对行政与行政审判具有重大影响的法理、惯例和判例等。前者即"正式渊源",是指"那些可以从体现于为权威法律文件的明确文本形式中得到的渊源";后者即"非正式渊源",是指"那些具有法律意义的资料和值得考虑的材料,而这些资料和值得考虑的材料尚未在正式法律文件中得到权威性的或至少是明文的阐述与体现"。②

---

① 李龙主编:《法理学》,武汉大学出版社 1996 年版,第 314 页。

② [美]E. 博登海默著:《法理学:法律哲学与法律方法》,邓正来译,中国政法大学出版社 1999 年版,第 414 页。

二、我国行政法的正式法源

我国行政法的正式渊源主要包括宪法、法律、行政法规、地方性法规。行政规章和法律解释等。此外还包括部分行政规范、国际条约等。

(一)宪法

作为部门法的宪法与作为法律渊源的宪法是不同的，后者即《中华人民共和国宪法》，是国家的根本大法，具有最高法律地位和法律效力。它是所有部门法的根本渊源，也是行政法的根本渊源。它作为行政法的渊源，主要表现在两个方面：第一，宪法是行政立法的依据。所有重要的行政立法，特别是行政法律的制定，都要以宪法为依据。第二，宪法中规定行政权力、义务，调整行政关系的法律规范，如有关国家行政机关活动原则的规范，有关行政机关组织和职权的规范，有关公民申诉、控告、检举权和赔偿权的规范等，则是行政法的直接渊源。

案例思考

2002年成都市武侯区人民法院审理一宗涉及身高歧视侵犯宪法平等权案件。案中原告为四川大学1998级学生蒋韬。2001年12月23日，中国人民银行成都分行在《四川日报》、《成都商报》等媒体上发布《招录行员启事》，其中第一条规定了"招录对象"："2002年普通高等院校全日制应届毕业生，具有大学本科及以上学历的经济、金融、计算机、法律、人力资源管理、外语等相关专业的学生，男性身高168厘米以上，女性身高155厘米以上，生源地不限。"[①]蒋韬看了启事后，认为成都分行的招录广告，是对包括自己在内的因身高不符合上述条件的报名者的身高歧视，侵犯了原告享有的宪法赋予的担任国家公职的平等权，向成都市武侯区人民法院提起行政诉讼，请求法院依法确认被告的被诉具体行政行为违法。

问题：宪法作为行政法渊源的意义何在？法院能否援引宪法判案？

① 以上案情及处理均参见《中国人民银行成都分行招录行员启事》，载《成都商报》2001年12月23日第1版。

(二)法律

法律有广义和狭义之分。广义的法律是指所有的规范性法律文件。这里仅指狭义上的法律,即国家最高权力机关制定的规范性文件,包括全国人民代表大会制定的基本法律和全国人民代表大会常务委员会制定的一般法律。法律的效力低于宪法,而高于行政法规、地方性法规和规章。法律也是各个部门法的法源,其中规定行政管理活动、调整行政关系的法律规范则属我国行政法的法源。如全国人民代表大会制定的《中华人民共和国国务院组织法》、《地方各级人民代表大会和地方各级人民政府组织法》、《中华人民共和国行政处罚法》;全国人民代表大会常务委员会制定的《中华人民共和国治安管理处罚条例》、《中华人民共和国税收征收管理法》等都属行政法的法源。

(三)行政法规

行政法规特指国务院制定的规范性法律文件。其效力低于宪法和法律,但高于地方性法规和规章。行政法规是我国行政法最主要的法源,而且大多数行政法规也属行政法的范畴,它集中地规定和表现了行政法规范的内容,例如国务院2003年5月公布的《突发公共卫生事件应急条例》就是对具体行政管理活动的直接规范。但也有少量调整民事关系的规范属民法的范畴,所以不能把行政法规等同于行政法,也不能等同于行政法规范。

旁评附注　较大的市地方性法规的批准问题

根据《立法法》第63条,较大的市地方性法规须经省、自治区人大常委会批准后施行。必须注意的是,较大的市不仅制定地方性法规需要经批准,该地方性法规的修改、补充或废止,也同样应经批准。较大的市地方性法规须经批准,同宪法没有赋予较大的市制定地方性法规的权限以及地方性法规所具有相对较大的立法权限有关。在现代国家,按照民主法治原则,通常只有宪法才有资格确定哪个国家机关享有立法权。在宪法没有规定较大的市有权制定地方性法规的情形下,《地方各级人民代表大会和地方各级人民政府组织法》和《立法法》赋予较大的市有权制定地方性法规,不得不格外慎重。通过批准制度,将较大的市地方性法规升格为相当于省级地方性法规,可以符合宪法规定的精神。另外,地方性法规制定需遵循的"体现地方特色"和"不抵触原则"赋予地方性法规较大的立法权限。若不对此进行较为严格的制约,就难免出现有损"法制的统一和尊严"的情形。

批准就意味着审查。根据《立法法》第63条第2款,此种审查应是合法性审查。也就是说，省、自治区人大常委会对报请批准的较大的市的地方性法规无须审查其是否“体现地方特色”，仅需审查其同宪法、法律、行政法规和本省、自治区的地方性法规是否相抵触。

(四)地方性法规和自治条例、单行条例

地方性法规是指享有地方性法规制定权的地方国家权力机关依照法定权限，在不同宪法、法律和行政法规相抵触的前提下，制定的在本行政区域内实施的规范性法律文件。① 享有地方性法规制定权的地方国家权力机关包括省、自治区、直辖市的人民代表大会及其常务委员会和较大市(包括省、自治区人民政府所在地的市、经济特区所在地的市和经国务院批准的较大的市)的人民代表大会及其常务委员会。地方性法规的效力低于宪法、法律和行政法规，不仅不能与它们相抵触，而且地方性法规仅在本行政区域内有效。其中规定行政管理活动，调整行政关系的法律规范属我国行政法的法源。

自治条例和单行条例是指民族自治地方的人民代表大会，依照法定权限并结合当地民族的政治、经济、文化的特点，制定的规范性法律文件。自治条例和单行条例要报上一级人大常委会批准后生效，并报全国人大常委会和国务院备案。自治条例及单行条例中的多数法律规范属于行政法规范，它们只在相应的地域内有效。自治条例和单行条例可以依照当地民族的特点，对法律和行政法规的规定作出变通规定，但不得违背法律或者行政法规的基本原则，不得对宪法和民族区域自治法的规定以及其他有关法律、行政法规专门就民族自治地方所作的规定作出变通规定。

(五)行政规章

行政规章分为部门规章和地方政府规章两类。部门规章是指国务院各部、委(包括审计署、中国人民银行)和直属机构制定的规章。地方政府规章是

---

① 依据《立法法》规定，地方性法规可以就下列事项作出规定：(1)为执行法律、行政法规的规定，需要根据本行政区域的实际情况作具体规定的事项；(2)属于地方性事务需要制定地方性法规的事项。此外，除《立法法》第8条规定的法律保留事项外，国家尚未制定法律或者行政法规的，省、自治区、直辖市和较大的市根据本地方的具体情况和实际需要，可以先行制定地方性法规，或者根据特别授权指定地方性法规，如1981年11月26日第五届全国人民代表大会常务委员会第二十一次会议通过的《全国人民代表大会常务委员会关于授权广东省、福建省人民代表大会及其常务委员会制定所属经济特区的各项单行经济法规的决议》。在国家制定的法律或者行政法规生效后，地方性法规同法律或者行政法规相抵触的规定无效，制定机关应当及时予以修改或者废止。地方性法规要报全国人大常委会及国务院备案。

有关地方人民政府，包括省、自治区、直辖市人民政府和较大市的人民政府（包括省、自治区人民政府所在地的市人民政府、经济特区所在地的市人民政府和经国务院批准的较大的市人民政府）制定的规章。前者如民政部于2003年3月发布的《台湾同胞投资企业协会管理暂行办法》。后者如杭州市人民政府188号令决定2003年1月施行的《杭州市老年人优待办法》。

概念辨析　部门规章与地方政府规章的区别

（1）制定根据不同。部门规章的制定根据是“法律和国务院的行政法规、决定、命令”；而地方政府规章的制定根据是“法律、行政法规和本省、自治区、直辖市的地方性法规”。国务院的决定、命令可以作为部门规章的制定根据，但不可作为地方政府规章的制定根据。

（2）规定事项不同。部门规章规定的事项应当属于执行法律或者国务院的行政法规、决定、命令规定的事项，即部门规章仅享有执行性或补充性立法权。而地方政府规章不仅可以就“为执行法律、行政法规、地方性法规的规定需要制定规章的事项”作出规定，还可以就“属于本行政区域的具体行政管理事项”作出规定，即地方政府规章不仅享有执行性或补充性立法权，还享有自主性立法权。

（3）性质不同。部门规章，本质上属于“中央行政立法”，因此有权对属于中央宏观调控的事项、需要全国统一的市场活动规则及对外贸易和外商投资等事项作出规定；地方政府规章本质上属于“地方行政立法”，因此制定时应当“根据本行政区域的实际情况作出具体规定”。

（4）地位不同。部门规章与地方政府规章之间具有同等效力，在各自的权限范围内施行，即效力相当。但两者与地方性法规的效力关系不同，部门规章与地方性法规的效力等级相当；而地方政府规章的效力低于本级的地方性法规。

（六）国际条约和协定

我国参加和批准的国际条约或与其他国家签订的协定，如果其内容涉及我国公民的行政权益或国内行政管理的，这些条约与协定同样是我国行政法的渊源，但声明保留的条款除外。例如，1980年9月29日《中华人民共和国全国人民代表大会常务委员会关于批准联合国〈消除对妇女一切形式的歧视公约〉的决定》，就与《中华人民共和国妇女权益法》一起，成为我国维护妇女、儿童行政管理法律规范的一部分，对我国各级行政机关、公民、法人和其他组织都具有行政法的效力，从而成为我国行政法的渊源之一。

(七)法律解释

法律解释有正式的法律解释与非正式的法律解释。正式的法律解释是指有权的国家机关对法律意义的阐明，其中凡涉及对行政法规范的解释，都是行政法的正式渊源之一。按照1981年6月10日第五届全国人民代表大会常务委员会第十九次会议通过的《关于加强法律解释工作的决议》的规定，法律解释具体包括下列四种：立法解释，即全国人民代表大会常务委员会对法律条文本身所作的解释；司法解释，即最高人民法院和最高人民检察院对司法工作中具体应用法律的问题所作的解释；行政解释，即国务院及其主管部门对非司法工作中的法律、法规的应用问题所作的解释；地方解释，即有关地方权力机关对地方性法规条文的解释及有关地方人民政府对地方性法规、规章如何具体应用的解释。

三、正式法源的位阶与适用规则

(一)法源位阶概述

法源位阶就是各法源的效力等级。三个影响因素分出了法源效力的高低：(1)制定主体。法规范制定主体的地位高低影响了法源效力高低，派生出“上位法优于下位法”规则。(2)适用范围。根据法规范适用范围的不同，派生出“特别法优于普通法”规则。(3)制定时间。法规范的产生时间往往影响法源在适用时的效力，派生出“后法优于前法”规则。

(二)我国正式法源的位阶分布

根据《宪法》、《立法法》已有的相关规定，从各正式法源的制定主体、派生关系和制定依据来看，法源位阶可用下图近似表示：

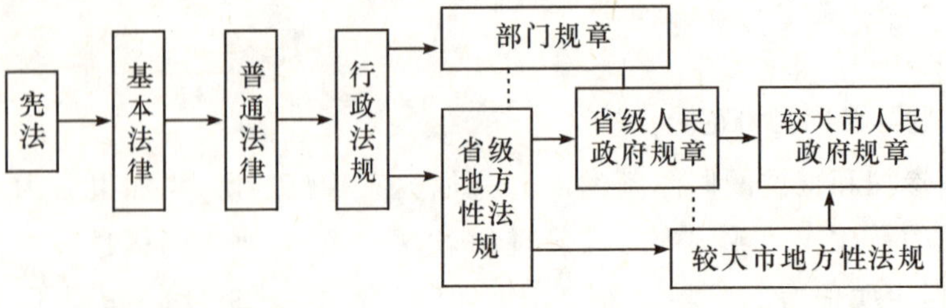

图例：“→”表示“高于”；“—”表示“相等”；“…”表示“相近”。

如图所示，从宪法开始，由于制定主体的不同，效力等级基本上是从上到下依次递减的。大致体现出三层规律：(1)宪法高于其他法；(2)中央法高于地方法;(3)人大法高于政府法。

(三)冲突与适用

确立法源位阶可以解决法规范之间发生冲突时,如何适用的问题。现有的成文法源之间若有冲突,在适用时就要运用冲突规则来解决了。

1. 不同位阶法律规范的适用规则①

不同位阶的法的规定相冲突或不一致的,则优先适用上位阶的法。这种优先适用的顺序,应与它们的效力层级保持一致,一般而论其顺序依次是:法律、行政法规、地方性法规和规章。

案例思考

《法制日报》(2001年2月24日)刊载:国务院颁布了《水利建设基金筹集和使用管理暂行办法》(以下简称"暂行办法"),规定地方水利建设基金从"政府性基金(收费、附加)中提取3%",应提取水利基金的项目包括"地方交通及公安部门的驾驶员培训费"。据此,河南省政府制定了一个"实施办法"(以下称54号文件),却去掉了"地方交通及公安部门"这个限定词。根据这一省政府文件,安阳市审计局责令两驾校(一个为运输总公司驾驶员培训学校,另一个为物质勘探大队驾驶员培训学校)缴纳约十四万元的"水利建设基金"。审计局认为该规定表明:所有驾校收取的培训费,都在水利基金的收缴范围。河南省政府的文件是对国务院文件的"细化",收缴的依据应该是省政府的文件。而两驾校则认为:"暂行办法"是国务院颁行的行政法规,而河南省政府的"文件"属于地方政府规章,应严格以国务院的法规为依据。同时,它还认为河南省政府"文件"同样规定:"水利基金的来源是政府性基金",而政府性基金是凭借国家赋予的行政权力或垄断地位收取的费用,驾校的收费则没有任何强制性,不属于政府性基金。因此,两驾校不服,先向安阳市政府申请复议,安阳市政府作出了维持审计局的决定,两驾校遂向法院提起行政诉讼。

问题:试根据行政法正式法源的适用规则,分析法院应如何正确对待审计局作出决定的依据?

---

① 从行政适用法律的实务而言,若不同位阶的法的规定间无抵触或不相容之处,以先适用下位阶规范为原则。因为当它们之间并无抵触时,则它们均为法制体系内所应有的规定,应有同样的拘束作用,在拘束方面无所谓高低、强弱之分,而规范意旨较具体、清楚的下位规范自然应予以优先适用。

2.相同制定主体的同位阶法律规范的适用规则

在处理行政事件时，若同时存在几种法律形式，且均处于相同的位阶时，行政法的适用大体上可遵循如下顺序及原则：

(1)后法优于前法(或称新法优于旧法)。如果不同的行政法律规范对某一事项皆有规定的，则后法或者修正后的法优先适用。

(2)特别法优于普通法。不同的行政法律规范对同一事项都有规定的，应优先适用特别规定。

(3)前法之特别法优于后法之普通法。特别法优于普通法之原则，不因法律的修改而有改变。换言之，变通法修改后，仍应优先适用未修正的特别法。

3.相同制定主体的不同位阶法律规范适用的裁决规则

针对同一行政事件，若不同制定机关制定的法律规范并无明确的位次顺序，则法律规范的适用应遵循《立法法》规定的裁决规则：

(1)地方性法规、规章之间不一致时，由有关机关依照下列规定的权限作出裁决：a.同一机关制定的新的一般规定与旧的特别规定不一致时，由制定机关裁决；b.地方性法规与部门规章之间对同一事项的规定不一致，不能确定如何适用时，由国务院提出意见，国务院认为应当适用地方性法规的，应当决定在该地方适用地方性法规的规定；认为应当适用部门规章的，应当提请全国人民代表大会常务委员会裁决。

(2)部门规章之间、部门规章与地方政府规章之间对同一事项的规定不一致时，由国务院裁决。

(3)根据授权制定的法规与法律不一致，不能确定如何适用时，由全国人民代表大会常务委员会裁决。

(4)法律之间对同一事项的新的一般规定与旧的特别规定不一致，不能确定如何适用时，由全国人民代表大会常务委员会裁决。行政法规之间对同一事项的新的一般规定与旧的特别规定不一致，不能确定如何适用时，由国务院裁决。

问题探讨　其他规范性文件在法源上的地位如何？

其他规范性文件是指由行政主体制定的除行政法规、规章以外的具有普遍约束力的行政规范性文件，包括命令、通告、公告、批复等一系列规范性文件形式。目前其他规范性文件还不能归入我国行政法通说上承认的成文法源。根据制定的主体不同，其他规范性文件可以分为三类：

(1)是有行政立法权的行政机关制定的除行政法规、规章以外的规范性文件，如国务院发布的具有普遍约束力的决定、命令，国务院各部委制定的除规章外的规范性文件。

(2)是不具有地方政府规章制定权的地方人民政府发布的规范性文件。这类规范性文件是大量的,它们调整着广泛的社会关系。

(3)是不具有规章制定权的各级政府的工作部门发布的规范性文件,如国务院的直属机构和某些国家局(如国家行政管理总局、国家烟草局等)制定的规范性文件(它们并没有规章制定权,对这类规范性实践中往往将它视为规章)。

当这些其他规范性文件具有影响国民权利义务的外部法律效果时,其是否应认为是行政法上的法源之一呢?我们不妨从比较法视角作一考察:德国学说承认法律具有形式意义上的法律和实质意义上的法律,实质意义上的法律可以通过多种形式载体予以表现,其他规范性文件即属其中。① 日本学者们肯定校规等内部规定经常具有外部化效果,并作为司法审查的评价基准。②可见,因其他规范性文件在行政管理中起着无可否认的作用,我们应该重视其他规范性文件在行政法上的法源地位。

当然,我们必须对其他规范性文件的制定依据、内容和程序予以完善,并加强对其他规范性文件的监督。如规定其在制定依据上必须依据法律、法规或规章,在内容上不得为公民或组织创设权利义务,在程序上应经过起草、调查、必要的讨论和磋商、听取意见、审核和签批、公布等阶段,对其他规范性文件的监督可实行行政监督,也应加强和完善司法监督,而将其纳入司法审查的范围。

第二节　非正式法源

行政法的渊源不仅限于正式渊源,还包括法理、惯例和判例等非正式渊源。非正式渊源在行政法律体系中的比重越来越大,对行政管理和行政权行使的指导意义亦越来越深刻。在法制尚不发达时,行政民主化还未被普遍接受,行政人员多依据传统习俗行事,以习惯法为主要法源。而随着行政的法律化和民主化进一步提高,单一的习惯法已难以适应行政管理的态势,制定法日渐成为主要的行政法渊源。但在现代国家,国家的任务繁重,机械地制定法又

---

① [德]哈特穆特·毛雷尔:《行政法学总论》,高家伟译,法律出版社 2000 年版,第 56 页。

② [日]盐野宏:《行政法》,杨建顺译,法律出版社 1999 年版,第 73 页。

不足以适应需要，而不得不辅以法理、惯例和判例等为补充。

就我国情况而言，随着经济体制的转轨和政府职能的转变，行政体制、行政管理和行政权力运用都需要新的观念指导。单一的制定法均不能完全承担约束、指导、监督行政权的任务，亦不得不辅之以法理、惯例和判例等行政法渊源。

一、法理和惯例

法理通常指"事物的当然之理"或"法之一般原理"，[①]实际上就是我们所说的法的基本精神或基本理念，如正义标准、诚信原则等。经常为西方国家法院司法审查引用的自然公正原则、合理原则、比例原则、信赖保护原则等等，均源于法理，并通过学说予以确定。当然，这些原则在为法院适用后，即转换成判例法规范。惯例或习惯经过有权的国家机关以一定方式认可后便可上升为法，也具有了法律效力。行政惯例或习惯在相对固定后，往往也以判例法或成文法取而代之。例如，法国在 19 世纪，公产不能转让曾为一行政惯例，后为判例取代。[②] 法理和惯例在我国作为行政法的渊源并不缺乏实例，如法院在"田水诉北京科技大学案"的司法推理过程中运用了"程序正当原则"等。[③]

二、行政判例

行政判例是指可作为先例据以断案的法院判决。由于判例对于法院以后审理类似案件具有普遍约束力，因而便成为法的一种渊源。在以判例法为主要法源的英美法系国家，行政法原则主要通过法官的判例来确立。在大陆法系国家，虽以成文法为主要法源，但在行政法中法院的判例仍起着重要作用。尤其在法国，其行政法上许多重要原则和制度几乎都是从行政法院的行政判例中产生。

除了法理、惯例和判例外，经常提及的非正式法源还有如下几类：行政伦理、行政技术准则、行政法的一般原则、公共政策、公共道德、比较法、其他部门法中的准则等等。

与正式法源相比，非正式法源在效力上一般难说有强制的拘束力，其效力更多地体现为说服力，各类法律关系主体可以援用来作为证明自己观点的论

---

① 孙国华、未景文主编：《法理学》，中国人民大学出版社 1999 年版，策 259 页。

② 王名扬：《法国行政法》，中国政法大学出版社 1988 年版，第 322 页。

③ 参见《最高人民法院公报》1999 年第 4 期。

据。非正式法源与自由裁量权具有密切的关联，在行政执法和司法审判中执法。司法的主体对非正式法源的选择运用，体现了这类法源的间接适用效力。

案例思考

2002年8月12日，公安部在北京等地推出“2002”式个性化机动车车牌。但好景不长，个性化车牌发放了10天之后，北京市车管所贴出告示暂停“2002”式车牌的发放。什么原因导致个性化车牌昙花一现呢？对此，车管所给出的解释是技术原因。但舆论认为，在短短几个工作日的时间里，个性化车牌遭受了强大的争议声浪，正是因为这样的背景，人们大多认为在“技术原因”的背后，或许还有更多个性车牌暂停的理由。事实上，在个性化车牌发放期间，许多另类的车牌号不断涌现。例如，有使用驰名商标或注册名称的IBM、163-COM、BMW等；有取国家名称或著名组织的英文缩写的，如CHN、NSA、FBI和WTO等；有利用某些国家或地区灾难性事件的，如USA-911；有的使用的车牌号涉嫌有伤风化，如SEX等。根据公安部“公交管〔2002〕85号”《关于开展启用“2002”式机动车号牌试点工作的通知》的规定，上述现象并未明文禁止。上述个性化车牌，严重地违反了公序良俗，被认为是主管部门对“个性化车牌”紧急叫停的主要原因。

问题：公序良俗是否可以成为行政法的非正式法源？其拘束力如何？

第四章 行政主体

第一节 行政法主体与行政主体

一、行政法主体的涵义

行政法主体即行政法律关系主体或行政法律关系当事人，指行政法律规范调整的各种行政关系的参加人(组织和个人)，包括行政主体和行政相对方。

行政组织行使行政管理职能过程中，行政关系随之发生，参加的主体除了行政组织外，还有行政相对人、其他行政组织或者与行政组织所属公职人员。其中，行政组织与行政相对人之间的管理与被管理关系，是各种行政管理规则所调整的主要领域。另外，在行政管理活动中，上下级行政机关之间，平行行政机关之间，行政机关与所属机构、派出机构之间，行政机关与其委托行使某种特定行政职权的组织之间，也可能发生直接或者间接的内部行政关系，行政法也会对其予以调整。然而，任何行政活动，都必须通过组织内部人员实施。因此行政组织与其内部人员之间的社会关系，也是行政法所关注的内部行政关系。

虽然行政法更关心对外部行政关系的调整，但是，内部行政关系是否妥善，也会影响到行政组织对外部行政相对人的管理。但并非所有的行政关系，都受到法律的规范，因此参加行政关系的主体不一定都是行政法主体，而行政法律关系参加者则都是行政法主体。所以，讨论行政法主体必须以具体的行政法律关系为前提，拥有法定行政权力或义务的主体只是具有成为行政法主体可能性的主体，或者说只是一种静态的行政法主体；只有当两个以上的主体之间实际发生行政法意欲调整的行政关系时，动态的行政法主体才得以产生。人们通常讨论的行政法主体和本书涉及的行政法主体一般指动态的行政法主体。例如，国务院拥有大量行政职权，是不折不扣的潜在的、静态的行政法主体。但我们不能简单地认为国务院永远都是行政法主体，因为国务院既可以通过行政管理活动与行政相对人构成行政法律关系，也可以通过民事行为与其他主体构成民事法律关系。再如，在外部行政管理关系中，行政法主体就只能是作为管理方的行政组织和作为被管理方的行政相对人，而行政组织内部的工作人员则不是，因为在对社会主体的管理过程中，行政组织内部的工作人员只是代表行政组织而已。但是在行政组织和其内部的工作人员之间的内部行政法律关系中，内部的工作人员就是行政法主体。

概念辨析 行政法主体、行政主体、行政机关与公务员

1.行政法主体与行政主体

任何法律关系都是在双方当事人之间发生的，行政法律关系也是如此。行政法律关系的一方当事人是行政主体，另一方当事人是行政相对人。可见，行政主体只是行政法律关系主体的一方当事人。两者的关系是，行政主体必定是行政法律关系主体，但行政法律关系主体不单指行政主体，还包括行政相对人。

行政主体是所有行政法主体中最重要的主体，它是外部行政管理关系中的主导者，而外部行政管理关系又是行政法最注重的行政法律关系。

2.行政主体与行政机关

(1)行政主体主要由行政机关充当。设置行政机关并赋予其行政权力的目的就是由其处理社会公共行政事务，行政机关通常都能够以自己的名义实施行政权力，并以自己的名义承担由此产生的法律责任。一个国家的行政权力主要或者绝大多数情况下是由行政机关承担的，因此，行政机关是行政主体的主要充当者。但是，在行政管理活动中，行政机关并不是唯一的行政主体，行政机关以外的社会组织，如果得到法律、法规、规章的授权，也拥有一定的行政职权，具有与行政机关同样的法律地位。

(2)行政机关并不是在任何情况下都是行政主体。如有些政府临时设置的机关只负责管理内部事务，并不对外行使职权，也不承担相应的责任，因此不能成为行政主体。同时，在民事法律关系中，行政机关可以成为民事法律关系的主体；在行政法律关系中，行政机关既可以是行政主体，也可以是行政相对人。换言之，当行政机关行使行政权时，则为行政主体；当行政机关以本机关的名义从事民事活动时，其身份是民事法律关系主体；以被管理者的身份参加行政法律关系时，其身份是行政相对人。

3. 行政主体与公务员

公务员是代表行政主体执行公务的工作人员。行政主体与公务员联系紧密，不可分割，但二者不能等同。行政主体是组织，无法自行实施行政管理活动，而必须由其内部的工作人员即公务员来完成。没有公务员，行政主体就成为毫无意义的空壳，而公务员也不能离开行政主体而存在。离开行政主体，公务员就成为一个普通的公民，而不能代表行政主体执行公务，否则个人就要承担相应的法律责任。但公务员并不是行政主体，不能以自己的名义，而只能以其所在行政机关的名义作出行政行为，并由行政机关来承担行为的后果。比如，县公安局警察甲在巡逻过程中发现乙殴打丙，故当场对乙作出罚款 200 元决定，并予以收缴。在该案中，乙、丙都属于行政管理相对人，县公安局属于行政主体，而甲属于行政公务人员。尽管罚款决定是甲直接作出的，但行政法律关系发生在县公安局与乙、丙之间，而非甲与乙、丙间。当然警察甲与县公安局之间存在行政职务关系，该关系属于“机关与公务员之间的人事关系”。

二、行政主体的内涵

所谓行政主体，是指享有国家行政权力，能以自己的名义从事行政管理活动，并独立承担由此产生的法律责任的组织。行政主体具有以下法律特征：

1. 组织

行政主体一般表现为组织形式，组织在一定条件下可以成为行政主体。个人通常不能成为行政主体。尽管具体行政行为大多由行政公务人员作出，但他们一般应以行政主体而不应以个人名义实施。权力主体通常是组织，而不是个人，国家权力不能成为个人的“私有财产”，这是民主政治的根本要求。

问题探讨　自然人能否成为行政主体？

根据《中华人民共和国海商法》第 35 条的规定，“船长在其职权范围内发布的命令，船员、旅客和其他在船人员都必须执行”；根据《中华人民共和国民用航空法》第 46 条第 1 款的规定，“飞行中，对于任何破坏民用航空器、扰乱民用航空器内秩序、危害民用航空器所载人员或者财产安全以及其他危及飞行安全的行为，在保证安全的前提下，机长有权采取必要的适当措施”。这里的“船长”和“机长”是否属于“行政主体”？

2.职权

行政主体必须是行使行政职权的组织。并不是所有的组织或者个人都能成为行政主体,它要求必须是行使行政职权(或与行政职权的行使相关联)的主体。非运用行政职权的行为主体,有可能表现为三种形态:一是行使其他国家职权即立法职权、司法职权的行为主体,它们是立法主体或司法主体,如行使立法权的国家权力机关、行使审判权的人民法院、行使检察权的人民检察院不能成为行政主体;二是民事行为的主体即民事主体,如行政机关为民事行为时就不能构成行政主体;三是与行使行政职权无关的工作人员个人行为,其行为主体是纯粹的个人行为主体而不构成行政主体。

旁评附注 内设机构一般不是行政主体

行政主体行使职权,主要是对外针对行政相对人作出的处理决定。相对而言,其并不关注行政组织内部的活动,在行政主体之间展开的行为。例如,下级行政主体对上级行政主体的请示,上级行政主体对下级行政主体请示的批复,都不属于对外行使行政职权。负责行政机关内部事务管理的辅助性机关,以及咨询性的行政机关或事业单位,一般不能成为行政主体,例如负责管理中央国家机关事务工作的国务院机关事务管理局,作为办事机构协助总理办理法制工作事项的国务院法制办公室、作为国务院直属政策研究和咨询机构的国务院发展研究中心等,都不对外行使行政职权,因此都不构成行政主体。

3.名义

行政主体必须能够以自己的名义行使行政职权。所谓"以自己的名义",是指能够依照自己的意志作出决定,能对外以自己的名义独立实施行政行为。能否以自己的名义实施行政管理,反映了它是否享有相对独立的法律人格。只有独立的法律人格,才可能独立地对外发布决定和命令,独立采取行政措施等。这一特征将行政主体与行政机关的内部机构和受行政机关委托执行某些行政管理任务的组织区别开来。例如,县(区)公安局的治安科是公安局的内部行政机构,其本身并不享有独立的法律人格,不是适格的行政主体,在其作出治安行政处罚决定时,也只能盖县(区)公安局的公章。受行政机关委托执行某些行政管理任务的组织,如城市的治安联防组织,不能以自己的名义、而只能以委托的行政机关的名义作出行政决定,也不是适格的行政主体。

4.责任

行政主体必须能够独立承担一定的法律后果。行政主体能够对自己作出的具体行政行为承担法律后果，它们在行政复议中能够充当行政复议被申请人，在行政诉讼中能够充当行政诉讼被告，在行政赔偿中能够充当行政赔偿义务机关。

总之，行政主体的重要特征是以实施者的独立名义从事行政活动和承担相关法律责任。不过，具有上述特征的组织，仅是具有行政主体资格。具有行政主体资格的组织在具体案件中是否是行政主体，还必须考虑其是否实施行政行为。具有行政主体资格的组织具体实施了行政职权，就成为了具体案件中的行政主体。

案例思考

张老太家住北京市朝阳区某大超市附近，她和老伴是这家超市的常客。2004年春节前的一天，张老太与老伴前往超市买东西。按惯例，张老太负责挑选，老伴负责推车交钱，眼看东西已经挑选得差不多了，老伴就推着满载货物的小车去交钱。这时，患有糖尿病的张老太看到放在出口货物架上的杏干，心想都说糖尿病吃点杏子好，于是顺手拿了一包。一看老伴已经交完钱出去了，心里一着急，拿着杏干就往外走，岂料刚走出超市门，就被超市保安抓住了。保安人员说："我们超市有规定，5元以下商品未交款拿走者要罚500元。"张老太身上没有带那么多钱，只得将身上的100元钱和身份证押在了那里。次日，张老太又带了400元钱到超市，有关人员又将400元扣下。回到家里，张老太茶饭不香，夜不能寐，张老太连春节都没过好。后她向当地工商部门投诉。经过工商人员干预，超市负责人退还了张老太的罚款。

问题："超市"是否具有行政处罚（罚款）的主体资格？

三、行政主体的范围

在实践中，行政主体的范围十分广泛。概括地说，行政主体包括国家行政机关和法定授权的组织两大类。

具有行政主体资格的行政机关有：(1)国务院；(2)国务院组成部门；(3)国务院直属机构；(4)国务院部、委管理的国家局；(5)地方各级人民政府；(6)地方各级人民政府的职能部门；(7)县级以上地方各级人民政府的派出机关。

具有行政主体资格的法定授权组织有：(1)经法律、法规授权的行政机关的内部机构、临时机构；(2)经法律、法规授权的行政机关的派出机构；(3)经法律、法规授权的企事业单位、社会团体、基层群众性自治组织等。

四、行政主体的分类

1.职权行政主体与授权行政主体

这是根据行政职权来源的不同所作的划分。职权行政主体是依据宪法和组织法的规定，在其成立时应具有行政职权并取得行政主体资格的组织。如中央和地方各级人民政府及其工作部门。授权行政主体是因宪法、组织法以外的法律、法规和规章的规定而获得行政职权、取得行政主体资格的组织，如行政机关的内部机构、派出机构，以及经法律、法规授权的企事业单位等。

职权行政主体和授权行政主体的区别在于：(1)职权行政主体取得行政主体资格的依据是宪法和组织法；授权行政主体取得行政主体资格的依据是宪法和组织法以外的单行法律和法规。(2)职权行政主体的组织形式是国家行政机关；授权行政主体的组织形式或者为行政机关的内部机构、临时机构和派出机构，或者为行政机关以外的社会组织，如企事业单位、社会团体等。(3)职权行政主体自成立之日起就取得行政主体资格；而授权行政主体通常是在成立之后，经法律、法规授权才取得行政主体资格。

2.中央行政主体和地方行政主体

这是在行政机关成为行政主体的条件下，根据管辖范围的不同所作的划分。中央行政主体是指行使职权的范围及于全国的组织。如国务院、国务院各部门等。地方行政主体是指行使行政职权的范围及于本行政区域的组织。如地方各级人民政府及其工作部门等。需要注意的是，地方行政主体不仅仅代表地方进行管理，在更多的时候是代表国家行使行政职权。

区分中央行政主体和地方行政主体的意义有两个方面：(1)明确各类行政主体的管辖范围，有利于确定行政行为的有效性。(2)明确行政主体各自的职权范围及相互关系，有利于行政的统一和协调。

3.外部行政主体和内部行政主体

这是根据行政主体行使行政职权时与行政相对人是否存有隶属关系所作的划分。外部行政主体有权按地域或公务对社会上的相对人实施行政管理；而内部行政主体则限于按隶属关系对内部行政相对人进行管理，如政府机关事务管理局。某些行政主体在不同的行政法律关系中，既可以是外部行政主体，又可以是内部行政主体。如地方各级人民政府，它有权对地域管辖范围内的行政相对人实施管理，此时它是外部行政主体；同时它有权对隶属于它的政府工作部门实施领导和监督，此时它是内部行政主体。

外部行政主体与内部行政主体划分的意义在于：(1)有利于确定行政行为

的有效性。没有获得法定授权，内部行政主体一般不能实施外部行政行为。(2)有利于确定行政救济的途径。(3)有利于确定行政诉讼中的被告。

第二节 行政机关

一、中央行政机关

中央行政机关是指管理全国范围内行政事务、行使行政职权的行政机关，包括国务院和国务院各部委、国务院直属机构和国务院办事机构等。

1. 国务院

国务院即中央人民政府，是最高国家权力机关的执行机关，也是最高国家行政机关。国务院依法享有管理全国性行政事务的职权，可以制定行政法规，采取行政措施，因此，国务院是一个行政主体。根据《宪法》第89条规定，国务院的职权有：根据宪法和法律，规定行政措施，制定行政法规，发布决定和命令；领导并监督各部、委的行政工作和地方各级行政机关的行政工作，改变或者撤销它们不适当的命令、指示、规章和决定；领导和管理全国各项行政工作；国家最高权力机关授予的其他职权。

2. 国务院各部、委

国务院各部、各委员会。国务院各部、各委员会是国务院的工作部门或职能机关，依法负责与管理本部门所辖的行政事务，具有制定规章、发布决定和命令等方面的权力，同时还有对地方各级人民政府中的相应职能部门行政工作的领导权或业务指导权。

国务院各部委的设立经国务院总理提出，由全国人大决定，在全国人大闭会期间，由全国人大常委会决定。国务院的行政职能，根据性质的不同分配给各部委承担。因此，各部委必须按照国务院的行政法规、决定、命令行使权力，执行国务院的行政法规、决定、命令，但在自己的职权范围内就自己所管辖的事项，各部委可以成为行政主体，以自己的名义实施活动，并承担由此产生的责任。

3. 国务院直属机构

国务院直属机构是国务院依照组织法规定并根据需要而设立的行政机关，主管各项专门行政事务，并依照其他法律、法规行使一定的行政职权。虽然直属机构的行政级别低于部、委，而且在类别名称上叫“机构”，但其仍然属于独立的职能部门，并依组织法在成立时就取得独立的主体法律地位，因而具有行政主体资格，如国家土地管理总局、国家工商行政管理总局、国家物价局、国家海洋局等。

直属机构是国务院主管各项专门业务的机构。国务院直属机构由国务院根据工作需要和精简的原则设立，无须全国人大或全国人大常委会批准。直属机构具有自己主管的专门行政事务，它可以在主管的事项范围内，根据法律、行政法规的授权，制定本部门职权范围内的规章(多数是法律、行政法规的实施细则或办法)，以及对本部门职权范围内的公共事务实施行政管理，依法作出相应的行政行为。

4.国务院各部委管理的国家局

国务院部、委归口管理的国家局是国务院依照组织法所规定的权限和根据行政事务的需要设立的行政主管职能部门。因其行政事务与一定的部或委的职能有联系，便由相应的部或委对其行使行政领导权或职能主管权。如，根据 2008 年的国务院机构改革方案，国家能源局由国家发展和改革委员会管理，国家烟草专卖局由工业和信息化部管理，国家民用航空局由交通运输部管理，国家邮政局由交通运输部管理，国家公务员局由人力资源和社会保障部管理，国家食品药品监督管理局由卫生部管理等。

部委管理的国家局并非主管部委的内设司局，其在成立时就在法律地位、组织、负责人的任免、资金与预算、监督机制等方面具有相对独立的地位。主管部委主要通过由部委负责人或部门会议的形式，对国家局工作中的重大方针政策、工作部署等事项实施管理。但《立法法》中只规定了国务院具有行政管理职能的直属机构的规章制定权，因此根据《立法法》的规定，国务院部委管理的国家局无规章制定权。对在部委管理国家局管理范围之内的事项，只能以主管部委的名义颁布规章。

5.国务院直属特设机构

国务院直属特设机构为国务院国有资产监督管理委员会。根据 2003 年 3 月 10 日举行的十届全国人大一次会议第三次全体会议通过的《关于国务院机构改革方案的决定》，在深化国有资产管理体制改革的背景下，设立了作为国务院直属特设机构的国务院国有资产监督管理委员会。根据《中华人民共和国企业国有资产法》的规定，国务院国有资产监督管理委员会根据国务院的授权，代表国务院对国家出资企业履行出资人职责。

6.国务院直属事业单位

部分国务院直属事业单位具有行政执法或政府监管的职能。例如，中国地震局是管理全国地震工作，依法承担《中华人民共和国防震减灾法》赋予的行政执法职责的国务院直属事业单位；国家气象局是依据《中华人民共和国气象法》的规定，承担全国气象行政管理职能的国务院直属事业单位。

近年来，在证券、保险、银行和电力等监管领域，将相应的政府监管机构定性为事业单位，例如，中国证券业监督管理委员会依据《中华人民共和国证券法》的规定，依法对全国证券市场实行集中统一监督管理；中国保险监督管理委员会依据《中华人民共和国保险法》的规定，对保险业实施监督管理；中国银行业监督管理委员会负责对全国银行业金融机构及其业务活动监督管理的工作；国家电力监管委员会依照《电力监管条例》和国务院有关规定，履行电力监管和行政执法职能。将证监会、保监会、银监会和电监会等政府监管机构定性为事业单位，有利于采取灵活的财务会计和工资福利等制度，吸纳专业人才，提高监管绩效。

7. 国务院办事机构

国务院办事机构是在国务院内部设立的，协助总理办理专门事项的辅助性机构。国务院办事机构的设立、合并及撤销，由国务院决定，其行政首长由国务院总理任免。

国务院办事机构是国务院根据工作需要设立，协助总理办理专门事项、直接向总理负责的机构，如国务院外事办公室、侨务办公室、国务院研究室等。它们只负责某一方面事务的调查研究、政策分析、组织协调等工作，以及承办上级交办的有关事宜，自身没有行使对外管理的独立权限，不能对外发布规范性文件，通常情况下不具有行政主体资格。

8. 国务院议事协调机构

国务院议事协调机构承担跨国务院行政机构的重要业务工作的组织协调任务。应严格控制国务院议事协调机构的设立，可以交由现有机构承担职能的或者由现有机构进行协调可以解决问题的，不另设立议事协调机构。在现有的国务院议事协调机构中，只有国务院三峡工程建设委员会、国务院南水北调工程建设委员会专门设立了办事机构，并明确工作任务完成后撤销。其余国务院议事协调机构的具体工作都多由国务院特定部门承担。

二、地方行政机关

地方各级人民政府由地方各级权力机关产生，是地方各级权力机关的执行机关，也是地方各级国家行政机关，受国务院统一领导，负责组织和管理本地区域内的一切行政事务。地方各级人民政府依法独立行使行政职权，并对权力行使的后果承担法律责任。地方行政机关一般分为三级：省、自治区、直辖市的人民政府；县、自治县、县级市人民政府；乡、民族乡、镇人民政府。在某些地方，省级地方行政机关与县级地方行政机关之间还设有一级人民政府，即自治州人民政府、设区的市的市级人民政府。此外，我国地方行政机关还包括特别行政区政府，如香港特别行政区政府。

1.地方各级人民政府

我国地方各级人民政府分为省自治区、直辖市市(自治州、直辖市的区、较大的市的区)、县(自治县、市)、乡(民族乡、镇)四级，实行首长负责制。地方各级人民政府的法定职权主要有：对本级权力机关的决议和上级行政机关的决议和命令，以及上级行政机关交办的事项的执行权；决定、命令的发布权和规章的制定权；县级以上人民政府领导所属各工作部门和下级人民政府的工作，管理本行政区域内的经济、城建、教育、文化等各项行政事务等。

根据《地方各级人民代表大会和地方各级人民政府组织法》的规定，省、自治区、直辖市的人民政府的厅、局、委员会等工作部门的设立、增加、减少或者合并，由本级人民政府报请国务院批准，并报本级人民代表大会常务委员会备案。自治州、县、自治县、市、市辖区的人民政府的局、科等工作部门的设立、增加、减少或者合并，由本级人民政府报请上一级人民政府批准，并报本级人民代表大会常务委员会备案。地方各级人民政府的各工作部门受人民政府统一领导，并且依照法律或者行政法规的规定受上级人民政府主管部门的业务指导或者领导。

2.地方各级人民政府的派出机关

地方人民政府的派出机关是指地方人民政府依法在一定行政区域内设立的行政机关。这类派出机关不是一级人民政府，却行使着一定区域内行政事务的组织与管理权，并能以自己名义作出行政行为和对行为后果承担法律责任，因而也具有行政主体资格和法律地位。派出机关包括三种类型：省、自治区人民政府经国务院批准设立的行政公署；县、自治区人民政府经省、自治区、直辖市人民政府批准设立的区公所；市辖区、不设区的市人民政府经上一级人民政府批准设立的街道办事处。随着行政体制改革的深入，行政公署和区公所将逐步消失，街道办事处是目前派出机关的主要类型。

地方人民政府的派出机关的法定职权主要有：第一，就辖区内行政事务的决定权。第二，对本区域内行政事务的管理权。第三，行政公署作为省级人民政府的派出机关，还拥有对所辖职能部门和下级人民政府的领导和监督权。

3.地方各级人民政府的职能部门

职能部门是指县级以上地方各级人民政府依宪法和有关法律的规定，根据工作需要而设立的行使专门权限和管理专门行政事务的行政机关。它是地方各级人民政府的组成部分，都受本级人民政府的领导，对本级人民政府负责。同时，它依照有关法律、法规的规定，独立享有并行使相应的行政职权，包括对自己管理的行政事务发布决定和命令，就主管事务进行一定范围和方式的处理（如颁发行政许可证照、对违法行为采取制止、纠正措施和依法进行处罚等），并以自己名义承担相应法律后果。

4. 民族自治地方行政机关

民族自治地方的行政机关是指中国境内各少数民族自治区、自治州（盟）、自治县（旗）的人民政府及其所属的厅、委、局、科、办等工作部门。它是自治机关的组成部分，是民族区域自治地方人民代表大会的执行机关。根据我国《宪法》、《地方组织法》和《民族区域自治法》的规定，民族自治地方的行政机关同样行使一般地方的行政机关所行使的各项职权；此外，民族自治地方的行政机关还与当地的人大一道行使所辖区域内的民族自治权。

5. 特别行政区行政机关

特别行政区是指在我国版图内，根据宪法和法律的规定所设立的具有高度自治权，实行特殊社会制度的行政区域。它是我国地方制度的组成部分，是一级地方行政区，直辖于中央人民政府。在特别行政区不实行社会主义制度和政策，保持原有的资本主义制度和生活方式。特别行政区享有高度的自治权，除外交和国防事务等属于中央政府管辖外，特别行政区享有行政管理权、立法权、独立的司法权及终审权。特别行政区政府是特别行政区行政机关，其首长是特别行政区行政长官。香港特别行政区政府设司、局、处、署，澳门特别行政区政府设司、局、厅、处。

三、行政机关之间的关系

行政机关之间的关系，是指作为行政主体的行政机关相互之间在行政组织系统中和在行使行政职权过程中所形成的行政关系。行政机关之间的关系，有纵向关系与横向关系（以及其他关系）之分。行政机关之间因职责权限出现的纠纷属于内部行政争议，原则上按行政程序由行政系统解决，不受司法机关管辖。

1. 行政机关间关系的类型

(1)纵向关系。它主要表现为领导关系、指导关系（对这两种关系人们往往称为隶属性关系）和监督关系。

在领导关系中，上级行政机关对下级行政机关有命令权、指挥权和监督权，上级行政机关有权对下级行政机关不适当的决定、命令等行为予以改变或撤销，而下级行政机关不得违背或不执行上级行政机关的决定和命令等，否则就要承担一定的法律后果。根据《组织法》的规定，行政机关中的领导关系有两种类型：一种是垂直领导关系；另一种是双重领导关系。在垂直领导关系中，下级行政机关一般只接受一个上级行政机关的领导，如地方海关只接受国家海关总署的领导等，因而又称单一领导关系。在双重领导关系中，下级行政机关同时接受两个上级行政机关的领导，如教育部门既要接受本级人民政府的领导，又要接受上级教育部门的领导。双重领导关系主要适用于地方各级人民政府的职能部门。

旁评附注　垂直管理模式的利与弊

20 世纪 90 年代后期以来，我国开始在一些部门推行垂直管理。垂直管理是指上级政府部门对下级政府部门在特定行政领域的直接控制。一般而言，上级政府部门对下级政府部门的人事任免、经费保障、工资福利和日常工作有着支配性的地位。在推行垂直管理的领域和层级，上级政府工作部门对下级政府工作部门是领导与被领导的关系。

垂直管理分为完全的垂直管理和省以下垂直管理两种：(1)完全的垂直管理部门包括银行、证券、保险、电力、海关、铁路、邮政等。在这些行政领域，国务院行业主管部门对下级部门是领导与被领导的关系。[①](2)省以下垂直管理包括工商、国土、质检等。在这些行政领域，省级相应的主管部门和下级对口部门之间是领导与被领导的关系。

垂直管理体制的推行旨在有效规制社会风险，革除行政执法中的地方保护主义，同时优化和改善行政执法队伍的整体素质，加强行政执法基础设施的建设，以及优化和整合行政执法资源。但垂直管理的模式也暴露出了不少的问题，如过多职能部门被“垂直”，被划归上级部门领导，往往会弱化权力的制约和控制机制，削弱地方政府机构和职能的完整性，弱

① 目前，这种领导关系已经得到了法律的确认与保障，例如，《中华人民共和国银行业监督管理法》第 8 条规定，国务院银行业监督管理机构根据履行职责的需要设立派出机构。国务院银行业监督管理机构对派出机构实行统一领导和管理，据此中国银行业监督管理委员和 31 个省、直辖市、自治区以及 5 个计划单列市所设的 36 个银监局，是领导与被领导的关系。类似的，在《中华人民共和国证券法》第 7 条、《中华人民共和国保险法》第 9 条、《电力监管条例》第 6 条、《中华人民共和国海关法》第 3 条、《中华人民共和国铁路法》第 3 条以及《中华人民共和国邮政法》第 4 条中，都规定了上级工作部门对下级部门的领导关系。

化了地方政府可问责的基础。

在指导关系中，上级行政机关对下级行政机关只有业务上的指导权和监督权，没有对下级行政机关的直接命令和指挥权。前者无权直接改变和撤销后者的行政行为，后者拒绝服从前者的命令一般不引起法律责任的问题。比如国家体育总局与省、市体育运动委员会之间的关系就属于指导关系。在指导关系中，指导方可以采取鼓励、建议、劝告和权威影响等方式，促使被指导方接受指导，但是不能代位行使被指导方的行政权限和作出具体决定。

在监督关系中，存在着两种情况，其一是与纵向的领导或指导相关联的监督关系，其二是专门行使一定行政监督职权的行政机关，与被监督机关及其人员之间的监督关系，如行政监察部门、审计机关对有关机关及其人员的监督。

(2)横向关系。横向关系是指没有隶属关系的行政机关之间的关系。两个行政机关之间不论是否处于同一级别，只要它们之间没有隶属关系，即属横向关系。没有隶属关系的行政机关之间一般存在公务协助关系，即某一行政机关经其他行政机关的要求，为其提供补充性协助而发生的关系。

行政公务协助，是由行政职能的统一性和行政机关共同使命的基本要求所决定的。国家行政职能要由各类、各种行政机关分别实施，在具体的行政活动中，经常会出现跨地域的，或涉及几个职能机关的事务，因此，就需要有行政机关之间的公务协助。公务协助关系，一般发生于无隶属关系的行政机关之间。它既可以发生在同一行政职能性质的同级行政机关之间，如市级公安机关之间；也可以发生在不同行政职能性质的同级行政机关之间，如市级公安机关与同级机关之间；它还可以发生在同一行政职能，或不同行政职能的不同级行政机关之间，如市级公安机关与县级公安机关之间。公务协助关系，可以分为法定公务协助关系和非法定公务协助关系。法定公务协助关系，是由法律、法规明确规定的一种公务协助关系，即法律、法规对公务协助的条件、主体、内容和程序等，都作出了明确的规定，公务协助依法进行即可。在法定公务协助关系中一方行政机关有请求另一方行政机关进行公务协助的权利，被请求的行政机关有公务协助的义务，不得拒绝协助或不予协助，否则，就要承担相应的法律责任。非法定公务协助关系，是法律、法规对公务协助的条件、主体、内容和程序等并没有作出规定，被请求行政机关一方是否执行另一方行政机关的公务协助请求，根据实际情况，由双方协商解决。是否执行的决定权在被请求行政机关一方。目前，我国法律尚未对公务协助关系作出统一规定，只是在一些单行法律、法规中作了粗略的规定，如《中华人民共和国价格法》规定：工商行政管理、审计、财务、税务、公安、标准、计量以及银行等部门，应当积极配合物价检查机构做好价格监督检查和处理价格违法行为的工作。

旁评附注 行政协助关系的法治化

行政协助关系涉及行政机关之间的职责权限，是引发行政权限纠纷的原因之一，应该在法律上对行政协助关系作出统一的规定。我国《行政程序法》(试拟稿)第 14 条规定：行政机关之间应当根据行政的整体性、统一性，相互提供协助，共同完成行政管理任务。有下列情形之一的，行政机关可以请求其他行政机关协助：

(1)独自行使职权难以达到行政目的的；

(2)行政机关不能自行调查执行公务需要的事实资料的；

(3)执行公务所必需的文书、资料、信息为其他行政机关所掌握，行政机关自行收集难以获得的；

(4)其他必须请求行政协助的情形。

行政协助应当向能直接协助该事务的行政机关请求。被请求协助的行政机关应当即时实施协助，没有正当理由的，不得推诿拒绝协助。拒绝协助时应将理由通知请求协助的行政机关。因协助发生争议时。由请求机关与协助机关的共同上一级机关作出裁决，由协助机关自行承担责任。行政协助所需费用由请求机关承担。我国《行政程序法》的早日出台将会有利于公务协助的顺利实施，也将有利于保障和维护行政的整体性和统一性。

2.行政权限的争议

尽管根据行政组织法的规定，行政机关之间的职责权限划分都应当明确，但是在具体行政管理活动中，由于对法律理解的不同以及部门利益的驱动等原因，不同的行政机关在执行法律、从事行政管理活动的过程中不可避免会产生一些纠纷。这些纠纷大多集中在行政职权分配和行政权限划分问题上，概括而言，即行政权限争议。在具体的行政实践中，行政权限争议表现为两种情形：一种是积极的权限争议，另一种是消极的权限争议。前者即两个或多个行政机关都认为自己对某项行政事务有管辖权，并积极实施各自的行政职权，从而发生职权冲突；后者即两个或多个行政机关都认为某项行政事务不属于自己管辖，并都不去实施各自的行政职权，从而出现管辖的“真空地带”。由于世界各国政治体制和法律制度的差异，其立法、行政和司法部门的法律地位和职能分工也不尽相同，各国对于行政权限争议的解决机制并没有统一的模式。

从比较法角度来考察，目前对于行政权限争议的解决主要有三种途径，即议会途径、司法途径和行政途径。议会途径以英国为代表，由议会作为中间人裁决行政机关之间的权限争议；司法途径以日本为代表，由法院作为中间人裁决行政机关之间的权限争议；行政途径以我国为代表，由行政机关（一般为共同的上级机关）自身作为中间人裁决行政机关之间的权限争议。我国的人民代表大会制虽然不以权力分立和制衡原则作为理论基础，但仍然强调在保障权力统一的前提出申请下，由不同的国家机关分工行使。从我国行政诉讼法把内部行政行为排除在司法审查之外的具体规定来看，即反映出了欲保证行政系统的统一性和相对独立性、保证行政效率和对行政机关尊重的思想基础和立法宗旨。因此，我国对行政主体之间的权限争议，原则上按行政程序由行政系统解决，不受司法机关管辖。①

我国行政机关之间的权限争议处理规则分为两种情形：其一，具有隶属关系的双方的争议，由其中的上一级行政主管机关或人民政府处理、解决。这种争议产生的原因，主要是因为下级行政机关对上级行政机关的决定、被授权组织对主管行政机关的决定有异议。有异议的一方可以向上一级行政主管机关或人民政府提出要求解决争议的请求，但在异议尚未得到解决之前，仍然必须执行上级机关或主管机关的决定。其二，非隶属关系的双方的争议，由争议双方的共同上一级行政主管机关或人民政府处理。若是同一职能性质的行政机关之间的争议，则由其共同上级主管机关处理；若是不同职能性质的行政机关之间的争议或地方各级人民政府之间的争议，则由其共同上一级人民政府处理。

案例思考

我国野生动物管理的划分标准是：陆地动物归林业部门管理，水生动物归海洋渔业部门管理。但鳄鱼是两栖类的爬行动物，时而登陆，时而入水，该归谁管？政府部门间一直没有定论。国家林业局于2001年发布《国家林业局关于加强鳄类管理的通知》（林护发〔2001〕215号），明确凡属非原产我国的鳄类资源，一律按国家一级重点保护物种进行管理；而同年渔业行政主管部门发布的《关于加强鳄鱼管理的紧急通知》（农渔发〔2001〕18号）则表明，对凡属非原产我国的鳄鱼按国家二级重点保护水生野生动物进行管理。在国际上，鳄鱼及其产品的贸易受《濒危野生动植物种国际贸易公约》（CITES）严格控制，除确属人工繁殖的以外，CITES禁止国家间进行附录1所规定的物种及其产品的

① 行政机关相互之间就权限发生争议的不能向人民法院起诉，但并不排除法院在审理行政案件过程中对行政职权争议的判断与认定，如对越权行为的认定，从而判决撤销越权行为。

商业性贸易。初期，默认的主管部门是林业局，早期申办的养殖场均属林字系。从2004年开始，各省渔业部门审批开办的小型鳄鱼养殖场突然遍地开花。如以广东省为例，早期的养殖场持广东省林业局核发的驯繁证，后期的养殖场的驯繁证则多是广东省海洋渔业局核发的。

问题：在这一事件中，林业部门与海洋渔业部门之间的权限冲突关系应如何处理？

第三节 其他行政主体

一、其他行政主体的含义与特点

其他行政主体，是指除行政机关以外依照法律、法规具体授权规定而取得行政主体资格的组织。

其他行政主体的主要特点：

(1)是指行政机关以外的组织，既包括行政组织系统外的社会组织(如某些社会团体)，也包括行政组织系统内的组织机构(如某些职能部门设立的派出机构)。

(2)是依照有关法律或法规的授权规定取得行政主体资格的。如公安派出所是依照治安管理处罚法的有关规定取得行政主体资格，税务所是依照《税收征收管理法》的有关规定取得行政主体资格，工商管理所是依照《工商行政管理所条例》的有关规定取得行政主体资格。

(3)其行政主体资格的取得是依照法律或法规授予某项或某方面行政职权的规定而取得，在此之前，其可能是行政机关的内设机构，或可能只是普通社会组织。其行政主体资格随法律、法规的具体授权而取得，同时也将随着这些授权规定的废止或修改导致被取消授权而消灭。

问题探讨 **大学中的内部机构能否成为行政主体？**

各大学内部都设有若干学院、机构或委员会。除大学以自己的名义作出管理活动外，大学中的学院有些时候也作出对学生的处分、学校职称评定委员会对教师职称予以评定、学院甚至以自己的名义发放文凭证件等诸如此类的情形。在这类情形中，应如何认定行政主体呢？作为大学里的学院可以自己的名义对外吗？如果它们的行为违法或无效，其责任主体应如何确定呢？

二、其他行政主体的范围

1. 行政机构

行政机构是行政机关根据行政工作的需要，在行政机关内设立若干工作机构，以协助或按照内部分工委托办理该机关的各项行政事务。行政机关设立的工作机构一般都不拥有独立的职权与职责，不具有行政主体资格。行政机构是行政机关内设的构成单位，属于内部组织机构，只能以其所属机关名义对外行使职权，而不得以自己的名义对外实施管理行为。但由于专业上、技术上和行政事务复杂等因素，为提高行政效率和维护公共利益、社会秩序，行政机构在获得法律、法规的明确授权之下可以具有行政主体资格。如《行政复议法》第15条第2项规定："对政府部门依法设置的派出机构依照法律、法规或者规章规定，以自己的名义作出的具体行政行为不服的，向设立该派出机构的部门或者该部门的本级地方人民政府申请行政复议。"因此，经过法律、法规或者规章授权的行政机构，具有行政主体资格。

行政机构的行政主体资格不是统一取得的，而且也不是所有行政机构都能通过授权方式取得行政主体资格的。一方面，关键在于某一行政机构是否通过行政授权而取得了独立的行政职权和职责；另一方面，只有那些按照机构设置与编制方案承担着相应行政职能的行政机构，才有可能被授予相应职权和取得相应行政主体资格，而对于那些属于内部事务的机构就不可能被授权和取得行政主体资格，前者如公安机关内的消防监督机构，后者如公安机关内的人事机构。因此，不是所有的行政机构都具有行政主体资格。同时，行政机构通过行政授权取得行政主体资格，并不意味着其同时或必然取得其他法律上的权利能力和行为能力，如民事法律中的法人资格。一般说来，行政机构在未取得行政主体资格前，只是行政机关的内部机构，因而不具备独立从事民事活动的能力。通过行政授权，使得行政机构具有行政主体的法律地位，但其法人资格和地位是否取得，还应具备其他法律条件。

我国目前取得行政主体资格的行政机构主要有以下几种：

(1)行政机关的某些内部机构。行政机关的内部机构既包括各级人民政府所属的内部机构及临时设置机构，也包括政府职能部门的内部机构。如《水污染防治法》第4条规定的各级交通部门的航政机关，《内河交通安全管理条例》第3条规定的各级交通管理部门设置的港航监督机构等，都是依法获得授权而取得行政主体资格的内部行政机构。

(2)政府职能部门的某些派出机构。派出机构是由政府向职能部门根据行政工作的需要在一定区域内设置的代表该职能部门管理某项或某方面行政事务的派出工作机构，如公安派出所、税务所、财政所等。

旁评附注 **内设机构、派出机构作为行政主体的情形**

行政机关的内设机构、派出机构，不具有独立法律地位。但是，它们获得法定授权而具有独立行政职权的，则在授权范围内享有相对独立于所属行政机关的法律地位。如《治安管理处罚法》第91条规定："治安管理处罚由县级以上人民政府公安机关决定；其中警告、五百元以下的罚款可以由公安派出所决定"；《税收征收管理法》第74条规定："本法规定的行政处罚，罚款额在二千元以下的，可以由税务所决定"；《工商行政管理所条例》第8条规定："工商所的具体行政行为是区、县工商局的具体行政行为，但有下列情况之一的，工商所可以以自己的名义作出具体行政行为：(一)对个体工商户违法行为的处罚；(二)对集市贸易中违法行为的处罚；(三)法律、法规和规章规定工商所以自己的名义作出的其他具体行政行为。前款第(一)、(二)项处罚不包括吊销营业执照"。如果这些内设机构或派出机构行使法律法规授权的行政职权违法(如公安派出所对行政相对人罚款1000元)，则该机构独立承担法律责任。

(3)行政机关中依据行政授权专门设立的行政机构。对某些专业性、技术性强的行政事务，法律、法规往往直接明确规定行政机关内应当设立一定的专门管理机构，并授予其相应独立的职权与职责，负责该项行政事务的管理职能，从而使该专门机构直接获得了行政主体资格。如《专利法》第41条规定："国务院专利行政部门设立专利复审委员会。专利申请人对国务院专利行政部门驳回申请的决定不服的，可以自收到通知之日起三个月内，向专利复审委员会请求复审。专利复审委员会复审后，作出决定，并通知专利申请人。"再如《商标法》第2条规定："国务院工商行政管理部门商标局主管全国商标注册和管理的工作。国务院工商行政管理部门设立商标评审委员会，负责处理商标争议事宜。"因而该委员会具有行政主体资格。

2. 公务组织

公务组织是国家依法设立的专门从事某项管理公共事务职能的组织。国家对某些具有经营性、技术性或者社会性的行政事务，为了更方便和有效地管理，往往由行政机关设立一些具有管理公共事务职能的公务组织，如中国银行业监督管理委员会、中国证券监督管理委员会、中国保险监督管理委员会、国家电力监督管理委员会、全国社会保障基金理事会等。这些公务组织通过法律、法规授权享有一定的职权并履行职责，以完成自己的公共事务管理职能，并能独立承担法律责任，成为行政法上的行政主体。

公务组织具有下列特征：

(1)公务组织由行政机关决定设立并直接归属行政机关领导或指导。由于公务组织是国家为完成某项公共事务管理职能而专门设立，故应由行政机关决定并与行政机关之间有一定隶属关系。

(2)公务组织属于事业组织，不是行政组织。但应当注意，公务组织是事业组织，但事业组织不等于就是公务组织。

(3)公务组织是专门设立从事某方面专业性、技术性和事务性的行政公务活动。

(4)公务组织从事某项公共事务管理与处理的行政法上的权力能力和行为能力及行政主体资格，主要是依据法律、法规授权而获得。由于公务组织不是行政机关组织，因而其不是依靠自身组织性质和地位取得行政主体资格的。一般只有在法律、法规授权的情况下，公务组织才能取得行政主体资格。

随着市场经济体制的建立与发展，行政执法体制也将逐步完善。因而有关公务组织的行政执法能力与地位，也正处于理顺与规范的过程。目前关于公务组织有两种情况：一种是由国务院决定成立的某些全国性公务组织，由于在决定其成立时，国务院就已经赋予其某方面的范围内的行政管理职能与权力，即授权决定，因而直接取得行政主体资格，如中国银行业监督管理委员会、中国证券监督管理委员会、中国保险监督管理委员会等。另一种是各级行政机关根据行政工作需要设立的各种公务组织，如民用航空管理部门设立的空中交通管制单位、工商管理机关设立的公平交易局等。在一般情况下受行政机关委托而代表行政机关实施管理活动，但在法律、法规授权下也可以取得行政主体资格，如根据《中华人民共和国民用航空法》第7章第2节“飞行管理”、第3节“飞行保障”中有关条文规定，一个划定的管制空域内的空中交通管制单位(某个空中交通管制局)就被赋予负责该空域内的航空器的空中交通管制。

3.社会组织

经过法律、法规特别授权规定，某些事业单位、企业单位、社会团体等社会组织，也可取得某项或某方面行政职权而成为行政主体。这些社会组织在得到法定授权前，只是一个普通的法人组织(其法人资格取得的法定程序可能不同)，只有在得到授权以后，才取得一定管理领域的行政主体资格。同时，这些社会组织在取得行政主体资格后，其原来所拥有的法人资格、能力及活动范围，并未受到影响或改变。

概念辨析　公务组织与行政机构、社会组织的区别

公务组织与行政机构的区别：二者组织机构的性质不同，行政机构属国家行政机关组织系统，是行政机关一定职位和编制的载体与反映，而公务组织不是行政机关组织系统，不属行政编制；在一般情况下(即非授权时)，行政机构不需要具体行政委托手续，就当然能够代表行政机关实施管理行为，而公务组织需要行政机关的特定委托表示和一定的委托手续，方能代表行政机关实施行政管理行为。

公务组织与社会组织的区别：社会组织在授权之前，是以一定的普通法人组织成立的(事业的或企业的或社团的)，有关行政机关与其成立是一种批准管理关系，而公务组织虽然在性质上也是事业性组织，但其是行政机关决定成立的专门公共职能组织，有关行政机关与其之间是一种领导隶属性关系；社会组织在取得授权后，具有双重性质的身份与活动，即从事行政管理活动和其原有法人组织性质的活动，而公务组织的活动性质基本上是单一的，即或是授权的行政活动，或是委托的行政活动。

哪些社会组织能够成为行政授权的对象而取得行政主体资格，取决于法律、法规的授权规定。目前，法律、法规授权成为行政主体的社会组织有以下几种类型：

(1)被授权行使特定行政职权的事业单位。例如，卫生防疫站、食品卫生检查所是事业单位，但《公共场所卫生管理条例》第 3 章“卫生监督”、第 4 章“罚则”中有关条文的规定，就授予了卫生防疫机构(站)拥有公共场所卫生监督工作的职权与资格，还有《食品卫生法》第 36 条规定：“国务院和省、自治区、直辖市人民政府的卫生行政部门，根据需要可以确定具备条件的单位作为食品卫生检验单位，进行食品卫生检验并出具检验报告。”据此，卫生防疫站、食品卫生检验所等可能被确定为食品卫生检验单位，取得食品卫生检验资格并出具食品卫生检验合格证。

案例思考

2002年10月初，重庆邮电学院大二女生李某经诊断怀孕，于10月9日做了手术。学校依据原国家教委颁布的《高等学校学生行为准则》、1990年《全国普通高等学校学生管理规定》及该校《学生违纪处罚条例》等相关规定，以"品行恶劣，道德败坏"为由，给予两名当事学生勒令退学处分。两名学生不服学校的处分，以"定性错误、于法无据"为由，将母校告上法庭，要求学校撤销作出的勒令退学的行政处分决定。重庆市南岸区法院审理后认为，该案不属于法院受理范围，故驳回原告的起诉。2003年1月19日，原告向重庆市中级法院提起上诉，但再次被裁定驳回。

问题：本案中重庆邮电学院是否属于行政主体？其在本案中是否应当作被告？

(2)被授予行使特定行政职权的企业单位。例如，烟草专卖法第14条授权全国烟草总公司根据国务院计划部门下达的年度总产量计划向省级烟草公司下达分等级、分种类的卷烟产量指标及授权省级烟草公司向烟草制品生产企业下达分等级、分种类的卷烟产量指导；再如《国有企业财产监督管理条例》第14条规定国务院授权的全国性总公司对其所属企业履行依照法定条件和程序决定或者批准厂长(经理)的任免(聘任、解聘)和奖惩、对企业财产的保值状况实施监督等职责，根据该条例第12条规定，被授权的全国性总公司即成为国务院授权的监督机构之一，取得行政主体资格。

(3)被授权行使特定行政职权的社会团体。如《注册会计师法》第4条规定："注册会计师协会是由注册会计师组成的社会团体。中国注册会计师协会是注册会计师的全国组织，省、自治区、直辖市注册会计师协会是注册会计师的地方组织。"而该法第2章"考试和注册"有关条文规定，授权由中国注册会计师协会组织实施注册会计师全国统一考试，授权由省、自治区、直辖市注册会计师协会负责注册会计师的注册工作(包括受理申请、准予注册与不予注册、撤销注册等)。再如《消费者权益保护法》第32条授予消费者协会对商品和服务的监督、检查和受理消费者投诉并对投诉事项进行调查、调解等职权。

社会组织的行政主体资格是依据法律、法规的授权规定取得的，但并不是任何一个社会组织都能通过授权获得行政主体资格。授权规定应当遵循哪些规则，作为授权对象的社会组织应当具备哪些基本条件，尚无明确的统一规定。然而，有些法律、法规对某类行政职权的授权组织基本条件的规定，也许反映了授权规则的基本趋势，即被授权组织应当承担着一定的公共事务职能的组织。如《行政处罚法》第 17 条规定："法律、法规授权的具有管理公共事务职能的组织可以在法定的授权范围内实施行政处罚。"而《行政许可法》第 23 条也规定了"法律、法规授权的具有公共事务职能的组织，在法定授权范围内，以自己的名义实施行政许可"。

4. 自治组织

经过法律、法规特别授权规定，城市居民委员会和村民委员会等基层自治性组织也可取得某项或某方面行政职权而成为行政主体。这些自治性组织在行使自治权时，其与基层群众(村民或居民)之间的纠纷，适用民事诉讼相关规定；而在行使法律、法规授予的权力以及公权所认可的管理职能时，具有有限的行政管理权，此时可视为具有行政主体资格。具体实践中，我国村委会根据有关法律法规授权，在土地管理、户籍管理、婚姻生育管理等相关方面就行使着行政管理职权。[①]

问题探讨　村委会能否成为行政诉讼的被告？

20 世纪初，伴随着城市建设规模不断扩大和发展，农村土地不断被征用，全国各地发生了多起"农嫁女"案。村委会以村党支部、村民委员会、全体党员大会等方式通过的"村规民约"规定，出嫁女(即使户口仍在本村)不享有所征用的土地补偿和生活补助费的分配权利。多位合法权益受侵害的出嫁女于是将其村委会告上法庭。但有法院认为村委会以村规民约方式决定分配土地补偿费和生活补助费，是行使对本村公共事务的自治权，因此，不予受理；也有的法院认为，村委会与村民之间因收益分配产生的纠纷，属平等民事主体之间的纠纷，以民事诉讼方式解决。法院这样的态度实际上代表着我国传统行政法理论界的看法。长期以来，理论界将村委会一概排除在行政主体之外，认为村委会只是村民自治组织，所作出的行为不属于行政行为，因此村委会的行为不能适用于行政诉讼

① 《全国人民代表大会常务委员会关于〈中华人民共和国刑法〉第九十三条第二款的解释》规定，村委会等村基层组织人员"协助人民政府"从事国有土地的经营和管理、土地征用补偿费用的管理以及代征、代缴税款等七类行为为"其他依照法律从事公务的人员"，其利用职务上的便利，非法占有公共财物，构成犯罪的，适用贪污罪、挪用公款罪、受贿罪的规定。可见，我国的最高法律制定机关同样认为，村委会在从事特定行为时，承担着与国家行政机关同等的责任，也担负着同等的义务，其成员等同于国家行政机关工作人员，依法具有行政主体资格。

法，不能纳入司法审查范围。

但是，根据有关法律规定，村委会既行使管理本村公共事务的自治权，也行使有限的协助基层政府工作的行政管理权。《村民委员会组织法》第二条第2款规定："村民委员会办理本村的公共事务和公益事业，调解民间纠纷，协助维护社会治安，向人民政府反映村民的意见、要求和提出建议。"第四条第1款规定："乡、民族乡、镇的人民政府对村民委员会的工作给予指导、支持和帮助，但是不得干预依法属于村民自治范围内的事项。"同时，村委会协助乡、民族乡、镇的人民政府开展工作，向基层人民政府反映村民的意见、要求和提出建议。可见，法律除主要赋予村委会管理村民公共事务的自治权外，也赋予其行使有限的协助基层乡镇政府开展工作的行政权。这里的"协助"工作，主要包括征收公粮、税款、乡镇统筹等费用，审批宅基地，开具婚姻登记所需证明，国家计划生育政策的落实，宣传宪法、法律、法规和其他国家的政策并向人民政府反映村民的意见、要求和提出建议等方面。①

"农嫁女"案中的村委会到底在行使什么性质的权力呢？根据《土地管理法》第八条第二款："农村和城市郊区的土地，除由法律规定属于国家所有的以外，属于农民集体所有。"随后的第十条又列举："农民集体所有的土地依法属于村民所有的，由村集体经济组织或者村民委员会经营、管理；……"《农村土地承包法》第十二条也规定："农民集体所有的土地依法属于村农民集体所有的，由村集体经济组织或者村民委员会发包……国家所有依法由农民集体使用的农村土地，由使用该土地的农村集体经济组织、村民委员会或者村民小组发包。"由上述法律规定可见，村委会在土地管理方面获得了法律的直接授权，其行使的是行政权，而非自治权，因而村委会在这类案件中具有了行政主体的资格，并可以自己名义承担法律责任。该当案件应该适用行政诉讼规则解决，村委会充当行政诉讼中的被告。

---

① 以"协助"审批宅基地为例，村民如果想获准在宅基地上建房，如果不能获得村委会的审批同意文件，就不能向乡政府土地管理部门提出申请，这时，村委会的"协助"审批行为已经成了审批前置条件，成了事实上的审批行为，这种"协助"行为在很大程度上就已经具有了行政管理性质，完全可以认为是在行使有限的行政管理权限了。

三、行政授权与行政委托

1.行政授权

(1)行政授权的界定。行政授权,是指法律、法规将某项或某方面行政职权授予除行政机关以外的组织,被授权者以自己的名义实施行政管理活动和行使行政职权,并由自己对外承担行政活动的法律责任。行政授权与国家职能向社会转移、行政民主化的发展趋势相一致。无论从分权、民主、效率的精神考虑,还是从管理的实际需要出发,都决定了行政授权的必要性。

由于行政授权是将一些行政权力分散给某些社会组织承担,因此行政授权必须遵循一定的标准:一是被授权者适格。被授权者应是行政机关以外的具有能够承担并胜任相应公共事务条件和能力的组织。二是符合行政授权的范围。行政授权要受到一定范围的限制,超出范围的授权无效。三是授权内容明确。所授权力应明确具体,具有可操作性。四是授权期限法定。

(2)行政授权的特征。行政授权的特征有:

第一,被授权的行政职权来源于法律、法规。被授权者所获得的行政职权的内容、范围等,均被法律、法规明确规定。如《药品管理法实施办法》第 4 条中规定:“县以上地方各级卫生行政部门的药政机构主管所辖行政区的药品监督管理工作”,并在该条中规定了药品监督管理工作的七项职权。

第二,以行政职权为授权客体。行政授权的目的就在于使所授予的行政职权能够有一个合适的组织主体去行使,使该职权所包含和体现出来的行政事项得以实现。若无行政职权的授出,则授权的目的无法达到,行政授权也不会发生。

第三,以创设新的行政主体为授权的结果。授权的实质就在于在法律上产生了一种与所授权力相适应的权利、义务和责任主体,而且如果仅从结果去看,它既会使无行政主体资格的组织成为行政主体,也会使已有行政主体资格的组织具有新的行政职权、职责和法律责任。但由于行政法学中关注并研究的是前者而非后者法律意义的行政授权,因而这里不包括后一种含义的授权。

第四,被授权组织是指除行政机关外的组织,包括行政机构、公务组织以及社会组织。行政授权的法律意义在于对于行政主体资格的认定,使得被授权组织取得行政主体资格。因而行政授权对行政机关以外的组织具有决定性的法律意义。

问题探讨 被授权组织应当具备何种条件?

被授权组织,既是在授权范围内以自己名义从事行政管理活动的主体,同时又是独立的责任主体。作为行政主体的被授权组织,必须具备一定的条件,这些条件既包括授权方面的条件,也包括被授权组织自身所必须具备的条件,否则授权就不能成立。

一方面,在授权方面应具备相当的条件。授权必须符合法定的条件和要求才有法律效力,否则授权不为法律所认可,被授权组织行使行政职权就不具有合法性。这些条件包括:

(1)必须有法律、法规的明文授权规定,或者是法律、法规直接将一定的行政职权授予给某个社会组织,或者是有法律、法规关于授权的规定,有关行政机关依据授权规定而作出授权。

(2)必须由有权的主体予以授权。有权授予一定行政职权的主体包括法律、法规的制定机关和具有行政职权的行政机关。

(3)授出的行政职权具有可转让性,专有的权力不得授出。

(4)在法定范围内授权。授权主体不得超出其自身的职权范围和法定范围进行授权。

(5)授权的方式特别是行政机关的依法授权,必须以公开的书面公告方式进行。

另一方面,被授权组织必须满足相当的条件。一个组织被授予行政职权,表明它具有能力和资格接受授权。被授权组织一般来说应是公益性的法人或其他组织,并与授权的内容具有某种联系。如《行政处罚法》第17条规定:"法律、法规授权的具有管理公共事务职能的组织可以在法定授权范围内实施行政处罚权。"该规定表明行政处罚权的被授权组织必须已具有一定的管理公共事务职能。一般而言,一个组织只有同时具备下列条件才能作为被授权组织:

(1)必须是依法成立的组织,具有独立的法人地位,能够独立承担其行为的法律责任;

(2)相应组织应与所授权行使的行政职能无利害关系;

(3)具有熟悉有关法律、法规和有关技术知识的人员;

(4)具有与所授行政管理职能相应的技术、装备条件等。

2.行政委托

(1)行政委托的界定。行政委托是指当某些行政主体因受条件限制或由于存在特殊原因,无法直接行使某项行政管理职权,难以负担起某方面或某项行政管理任务时(例如人员不足、专业人员水平和技术装备暂时不适应行政管理的客观需要等),在其职权范围内依法将其行政职权或行政事项委托给有关行政机关、社会组织或者个人,受委托者以委托机关的名义实施管理行为和行使职权,并由委托机关承担法律责任。

(2)行政委托的特征。行政委托具有下列特征:

第一,行政委托的职权来源是行政机关的委托行为。被委托者所行使的职权是由委托机关委托行使的,被委托者获得了对被委托的行政权力的"行使权"。当然,这一委托行为应当有法律、法规或规章的依据。

第二,行政委托不发生职权、职责及法律后果的转移。因此,被委托者不因行使受委托的行政职权而取得行政主体资格。受委托者只负责对其受委托的事务的完成,而其行为的法律后果则由委托机关承担。委托行为仅改变了对一项行政事务的处理主体,但对产生该行政事务的行政法律关系本身没有改变。也就是说,委托行为改变了行为实施主体而非行政主体。

第三,受委托者必须以委托机关的名义实施行政行为。行政委托不是行政权力的转移,而是行政事项的转移,委托机关对于被委托的行政事项负行政法律责任。因而受委托组织在实施行政行为时应以委托机关的名义作出。

第四,行政委托对象应当是符合法定条件的有关主体。如《行政处罚法》第 19 条规定:"受委托组织必须符合以下条件:(一)依法成立的管理公共事务的事业组织;(二)具有熟悉有关法律、法规、规章和业务的工作人员;(三)对违法行为需要进行技术检查或者技术鉴定的,应当有条件组织进行相应的技术检查或者技术鉴定。"由于行政处罚是严重影响相对人权益的行政行为,因而行政处罚法对被委托主体作了十分严格的限制,即不允许将行政处罚权委托给个人,也对被委托组织规定了严格的条件要求。但是有些法律规范没有像行政处罚法那样对受委托者规定严格的法定条件。

一般来讲,行政委托应当具备以下条件:其一,必须为法律规范所规定;其二,委托管理确有必要;其三,受委托组织具备行使权力的必备要件。

概念辨析　行政授权与行政委托的联系与区别

基于公共利益的要求，二者都遵循相同的原则：(1)授权与委托法定原则。行政职权对公共利益有重大影响，既是行政主体的权力也是行政主体的职责，法律对行政权力的实施主体有着严格的条件要求，不得随便进行授权或委托。所以，无论行政授权还是行政委托都应当具有明确的法律依据，一方面解决该行为的合法性问题，另一方面使得授权与委托行为更为谨慎、合理。(2)授权与委托公开的原则。公开是行政法的一项基本原则，它也体现在行政授权与委托中。这一原则要求授权与委托时应将被授权或被委托的主体，以及授权与委托的内容等采用法定的公示方法公诸社会大众，使人们广泛了解，以利于行政主体顺利实施行政管理以及便于行政相对人配合。(3)不得再授权与再委托原则。行政职权是国家行政权力的一部分，该权力是一种公共权力。作为被授权与委托的主体，对该权力只有"行使权"，却并不像立法者那样具有"处分权"。因此，不允许被授权组织或者被委托组织再次进行授权或委托。

但两者仍然存在较大差别：

(1)权力的来源不同。授权的行政职权来源于法律、法规、规章的直接授予；而委托的行政职权来源于行政机关的委托，即由法律、法规将行政职权授予行政机关，行政机关再将该权力委托给某一非政府组织。前者是由于立法行为而产生的，而后者是因具体行政行为而产生。

(2)结果不同。授权使得被授权者有了行政职权与职责，可以独立承担行政法上的责任，授权的结果是产生了一个新的行政主体。而委托只不过是改变了行为的主体，但对行为的权力及效力来源与最后的效果及法律责任的归宿主体却没有任何改变。

(3)承担法律责任的主体不同。法律法规授权的组织既然是以自己的名义行使行政职权，也由其自己承担相应的法律责任；行政机关委托的组织是以委托的行政机关的名义行使行政职权，由行政机关承担法律责任。

(4)组织的性质不同。根据《行政处罚法》的规定，法律、法规、规章可以授予任何组织以行政职权，包括企业组织，但行政机关不能将行政职权委托给企业组织。

(3)行政委托的限制。现代国家的法治行政的核心在于国家通过法律配置行政职权，即实行职权法定主义。而职权法定背后的逻辑又是行政权力配置的专业化和科学化，即以专门化的事务划分作为行政机关权限安排的内在核心，并对专门化的事务配以专门化的人员和专门化的设备，从而以专门化的人员和设备保证相关专门化事务在处理上的科学化。

行政委托虽然没有改变行政权的最终归属，但毕竟改变了行政权的具体行使主体，因而一定程度上变更了行政机关内部原由法律设定的权力安排。因此，行政委托必须受到一定的限制，否则，一旦行政委托实质性地变更了行政权力的法定配置，不仅直接打破职权法定主义，而且会毁损法定职权配置背后的专业化逻辑，从而影响行政运行的合理化和科学化。

这些限制主要是：第一，专属职权不能“委托”。法律规定只能由特定行政机关专门行使的权力不允许“委托”，例如，公安机关专门行使人身自由限制的权力不得委托给其他机关。第二，行政权限不能“全部委托”。行政机关只能将部分行政权限交由受托机关（或人）行使，例如，县安全生产监督局只能委托乡镇安监所（站）日常巡查权和专项检查权等，而不能委托行政处罚权和行政强制权。第三，委托机关保留对委托职权行使的指挥、监督权。

行政委托的限制旨在保障在权力行使主体变更的前提之下，法定的权属机关不会完全放弃对相关事务的职责，从而保障法定职权配置及其内含的专业化逻辑从根本上仍能发挥效用。

案例思考

针对当前县级政府食品药品监管任务重、监管人员少，农村监管力量不足的现实状况，平阴县食品药品监管局积极探索，寻求农村监管突破口。该局提出了将食品药品监管执法委托到镇、街道的思路后，县政府高度重视，研究下发了《关于加强镇街食品安全监管工作的通知》等文件，决定将部分食品药品监管职能委托给镇、街道一级实施。2012年2月17日，在平阴县食品药品安全工作会议上，县食品药品监管局局长黄新来与各镇镇长、街道办事处主任签订了平阴县食品药品安全行政执法委托书。委托执法制度执行后，各镇街成立了以主要领导为组长的食品药品安全监管工作领导小组，设立食品药品监管站，站长由镇街分管领导兼任；每站至少配备1名专职人员、2名以上兼职人员，由委托单位审核并报县法制局确认后，参加公共法律知识及依法行政知识培训，办理行政执法证，开展对本辖区的日常巡查、专项检查等行政执法工作。

问题：试用行政委托限制的原理分析平阴县委托执法模式是否合法和可行？

第五章　行政公务人员

第一节　行政公务人员概述

一、行政公务人员的含义

行政公务人员，是指任职于行政机关或其他行政公务组织（包括被授权组织或受委托组织）中具体行使行政职权、执行国家公务而其行为后果归属于行政主体的工作人员。在行政机关系统中担任一定行政职务的公务员，是行政公务人员中最基本、最主要的组成部分，行政公务人员还包括在其他行政公务组织（被授权组织和受委托组织）中依法行使行政职权或从事行政管理活动的人员。

行政公务人员具有以下特征：

1.行政公务人员是个人而非组织

由于法律规范往往是将某项或某方面行政权力直接赋予一定组织，而非个人，因此行政公务人员并非行政职权的法律主体。行政公务人员只能以行政机关或所在的组织名义从事活动，而不能以个人的名义进行活动（如果以其个人的名义进行活动，则其行为属个人行为），行为所产生的效果无论是积极效果还是消极效果，名义上都归属于所在机关或组织，而不归属于行政公务人员个人。①

2.行政公务人员是行使行政职权、执行国家公务的个人

---

① 尽管行政救济法律制度从适用范围上把行政人员违法行使职权的行为包含在内，但从行政救济法律关系上却并未将行政公务人员作为一方当事人加以规定。

行政公务人员是个人，但个人未必是行政公务人员。如行政机关中公务员不能包括行政机关中的工勤人员，因为工勤人员不能行使行政职权、执行国家行政公务；同时，行政公务人员也有可能以民事主体身份参与社会活动。因此，判断一个公民是否为行政公务人员，除了要求该公民是这一组织中的成员外，主要看其是否行使行政职权、执行国家公务。

3.行政公务人员是代表国家以行政主体的名义实施行政职务的人员

作为一个法人的国家，并没有一个固定的形体，唯有靠行政公务人员组成国家机关以及由行政公务人员执行职务，才可显现出国家的意志，以彰显国家的存在。行政公务人员与国家之间存在一种抽象委托关系。按照法律规范要求，行政公务人员实施行政职务行为时，应当以行政主体名义并出示有效证件表明公务身份。

4.行政公务人员所实施的行政职务行为在法律效力的后果上归属于行政主体

行政公务人员是以行政主体的名义从事行政活动，其实施的行为是行政主体的行为，行为所产生的效果无论是积极效果还是消极效果名义上都归属于行政主体，而不归属于行政公务人员个人。这具体表现在：行政公务人员通过实施行政职务行为给相对人带来的权利义务，会产生约束行政主体的效果；行政公务人员因实施职务行为而引发行政诉讼等救济程序的启动，要由行政主体作为当事人参加和应对；行政公务人员因违法实施公务侵权行为所引起的赔偿责任，要由行政主体来承担。至于因违法实施行政职务要对行政公务人员追究法律责任，那也只是属于行政职务关系领域内的问题，应当是按监督与保障法律制度的有关规定适用的。

二、行政公务人员的范围

行政公务人员由国家行政机关中的公务员和其他行政公务组织中执行行政公务的工作人员两部分组成。

1.行政机关中的公务员

即各级行政机关中依法行使行政权、执行国家公务的除工勤人员以外的工作人员。公务员包括在行政机关的内部机构、派出机构和专门机构中担任行政职务的人员。至于其他国家机关中的工作人员，如检察机关中的检察人员、审判机关中的审判人员，根据我国现行法律的规定，属于一种特殊的公务员，他们具有双重身份，既是法官又是公务员、既是检察官又是公务员。

2.其他行政公务人员

即在其他行政公务组织中执行国家行政公务的人员。行使行政权的组织主体除了行政机关外，还包括被授权组织及受委托组织，这些组织中的人员虽不属公务员范围，但在执行国家行政公务中同样也可以成为行政公务人员。从他们从事行政活动时的角色来看，他们与在行政机关中工作的公务员并没有区别，因而具有相同的行政公务人员地位。一般而言，被授权组织和受委托组织中内部的工作人员是行政公务人员，但是并非其内部的所有工作人员皆为行政公务人员，只有那些在被授权组织和受委托组织中担任职务并实际从事行政公务活动的人员才是行政公务人员。因为各类社会组织在得到法定授权或委托之前，并不行使行政职权，所从事的是该组织章程范围的社会事务，在得到法定授权或委托后，除从事法定授权或委托所确定的一部分行政事务外，仍然还要从事原有的社会事务，而原有的社会事务并不属于授权或委托范围的行政事务。因此，被授权组织和受委托组织中的人员，只有在法定授权或委托的权限范围内实际从事行政事务活动的情况下，才能成为行政公务人员。

概念辨析 行政公务人员与国家公务员

行政公务人员是个法学概念，国家公务员则是个法律概念；行政公务人员是个动态概念，它依公务行为而定，而公务员是个静态概念，它依编制而确定。

两者是交叉关系：一方面，国家公务员包含着行政公务人员的一部分，即行政机关中的国家公务员会成为行政公务人员，但其他国家机关中的国家公务员则不会；而另一方面，行政公务人员不以国家公务员为限，行政公务人员＝行政机关中的国家公务员（主要构成部分）＋被授权公务组织和社会组织的执行行政公务的工作人员。

第二节 行政公务人员的法律地位

一、行政职务关系

行政职务关系，是指行政公务人员基于一定的行政职务而在任职期间与行政主体之间产生的权利义务关系。行政职务关系具有下列特征：

1. 行政职务关系，是行政公务人员与行政机关（或其他行政公务组织和社会组织）之间的内部行政法律关系。

行政职务关系的双方当事人都属于行政权力系统内部主体，虽都代表国家，行使一定的权力，但行政机关（或其他行政公务组织和社会组织）总是处于主导地位，有权对行政公务人员进行一定的管理和监督，双方的权利义务总是处于不对等的地位。行政职务关系的内容即行政职权与行政职责，均属于行政组织系统内的权利义务；行政职务关系的保障手段，如行政处分与行政申诉，也都是行政系统内的特定方式与程序。这明显不同于外部行政法律关系。

2. 行政职务关系，是一种法定的权力义务关系。行政职权是一种国家权力，通过一系列法律条件和手续定位到行政机关（或其他公务组织和社会组织）。

公民依法定的途径和程序而进入公务员队伍（或其他公务组织、社会组织中的工作人员），行政机关（或其他公务组织、社会组织）依法授予其相应的职权和职责。作为行政公务人员必须代表行政机关依法行使与其行政职务相称的职权，不得滥用职权或超越职权范围，否则将被追究法律责任。

3. 行政职务关系，是以职务为中介的关系。

行政职务关系的形成必须以一定的职务存在为前提。其内容也多是围绕行政职务而展开。行政法的核心是对行政权的规范，行政职务关系的核心是规范与界定行政公务人员代表国家以行政主体的名义行使行政职权和履行行政职责的行为，故其内容表现为行政职务及与行政职务有关的权利义务，即行政职权与行政职责。

4. 行政职务关系，是一种特殊的劳动关系。

担任行政职务，从事行政管理和实施国家公务，其本身也是一种劳动。行政公务人员通过这种劳动，从其所任职的国家行政机关领取工资报酬，享受各种保险、津贴、补助等福利待遇，使其本人和家人能获得维系生活的物质条件。但行政职务关系并非一般的劳动关系，行政公务人员不同于一般的劳动者，而仅为某个单位实施劳动，行政公务人员是人民的公仆，其职责是为全体人民服务。行政职务关系的发生、变更、消灭以及行政职务关系的内容都不完全等同于一般的劳动关系。

二、行政公务人员的多重身份

一般而言，行政公务人员具有双重身份或地位。行政公务人员是具有中华人民共和国国籍的公民，在他未进入行政公务人员系统时，只是普通的公民，一旦进入公务员队伍，行政公务人员就既具有公民的身份又具有公务员身份。至于非行政机关系统的被授权组织或受委托组织中的工作人员，实则具有三重身份:一是公民;二是该组织中的内部成员;三是在该组织获得授权或委托后,其组织中的从事行政公务的人员又具有了行政公务人员的身份。

与行政公务人员的双重(或三重)身份相适应,行政公务人员的行为也具有双重(或三重)性:一是行政公务人员以个人名义进行的活动属于个人行为;二是行政公务人员以行政主体的名义所实施的行政管理活动属行政公务行为;另外,非行政机关的被授权组织和受委托组织中的工作人员以该组织名义从事的非行政公务行为,是该组织的单位行为。

由于行政公务人员身份的双重性(或三重性),行政公务行为问题的提出就成为必然。行政主体与行政公务人员构成了行政职务关系的双方当事人,并以此为法律基础形成行政公务人员代表行政主体执行公务的资格。取得行政公务人员资格后,行政公务人员原来所具有的公民身份和其他身份并未从法律上自然丧失。因此会出现两种情况:一种情况是以公民身份或其他身份实施个人行为或者其他性质的行为,结果或者产生其他性质法律关系而成为其中的法律关系主体,或者产生行政法律关系仅成为其中的行政相对人;另一种情况是以行政公务人员身份代表行政主体实施行政公务行为,产生行政主体与行政相对人或者另一行政主体之间的行政法律关系,此时,行政公务人员只是行政主体的代表,不具有与行政相对人之间产生的行政法律关系中的主体资格与地位。由于行政公务人员的身份及其行为的多重性,因此,有必要对其所为的行为性质予以区分和确认。

三、行政公务人员的权利义务

行政公务人员的法律地位主要是通过其法定的权利和义务体现出来的。行政公务人员的权利和义务包含两个层次:一是作为普通公民所具有的权利和义务;二是作为行政公务人员基于其行政职务而具有的权利和义务。①

1. 行政公务人员的权利

行政公务人员的权利,是指国家法律对行政公务人员可以享有某种利益或者可以作出某种行为的许可和保障。行政公务人员享有下列权利:

(1)身份保障权,即作为行政公务人员的身份和职务受法律保障,非因法定事由、非经法定程序,不被免职、降职、辞退或者处分;

(2)执行职务权,即行政公务人员有权依法执行职务,获得履行职责应当具有的工作条件;

---

① 石佑启主编:《行政法与行政诉讼法》,中国人民大学出版社2008年版,第46—47页。

(3)工资福利权,即行政公务人员有权获得工资报酬,享受福利、保险待遇;

(4)参加培训权,即行政公务人员有权参加政治理论和业务知识的培训;

(5)批评建议权,即行政公务人员有权对行政机关工作和领导人员提出批评和建议;

(6)申诉、控告权,即行政公务人员的合法权益被侵犯或受到不公平待遇时,有权向有关机关提出申诉或控告;

(7)辞职权,即行政公务人员因主观或客观原因不愿意继续担任现职或公职时,有权根据法定条件和法定程序辞职;

(8)宪法和法律规定的其他权利。

2.行政公务人员的义务

行政公务人员的义务,是指国家法律对行政公务人员必须作出一定行为或不得作出一定行为的约束和限制,即国家通过法律规定行政公务人员所应该履行的某种职责,其目的是为了保证行政公务人员能在国家法律规定的范围内准确行使职权,忠实执行国家公务,不得滥用权力。行政公务人员必须履行下列义务:

(1)遵守宪法和法律的义务,即行政公务人员必须遵守宪法和法律,不得违宪、违法;

(2)依法执行职务的义务,即行政公务人员必须按照规定的权限和程序认真履行职责,努力提高工作效率;

(3)接受监督的义务,即行政公务人员依法行使职权,全心全意为人民服务,同时必须接受国家、社会和公民的监督;

(4)服从命令的义务,即行政公务人员执行职务,必须服从和执行上级依法作出的决定和命令;

(5)保守秘密的义务,即行政公务人员对其所了解并利用的属于国家秘密和工作秘密的资料应当保守秘密,防止泄密;

(6)忠于职守的义务,即行政公务人员在从事公务的过程中,要坚持原则,忠于职守,勤勉工作,尽职尽责;

(7)维护国家利益的义务,即行政公务人员必须随时注意维护国家的安全、荣誉和利益;

(8)廉洁奉公,不得从事与职务相悖的活动的义务,即行政公务人员应当公正廉洁、克己奉公,不得利用职权谋取私利,不得从事与公共利益相悖的活动,如不得经商、办企业和参与其他营利性的经营活动;

(9)宪法和法律规定的其他义务。

第三节　行政公务行为

一、行政公务行为的含义

行政公务行为，是指行政公务人员以行政主体的名义代表国家行使行政职权和履行行政职责的行为。行政公务行为是行政公务人员执行行政公务的行为，同时也是行政公务人员代表行政主体实施的行为，其法律上的行为主体是行政主体，行为效力及后果均归属于行政主体。

概念辨析　行政公务行为与行政行为的区别与联系

行政公务行为是个法学概念，而行政行为是个法律概念；前者的目的在于区分行政公务人员的个人行为与公务行为，后者的目的在于将行政行为与民事行为和其他非行政行为进行区分。

但两者之间又有着紧密的联系：行政行为名义上是行政主体行使行政职权产生具有法律意义和法律后果的行为，但行政主体只是一个抽象的组织体，行政行为实际上是行政公务人员以行政主体的名义来具体行使行政职权、履行行政职责的行为。因此，行政行为必然是行政公务人员实施行政公务行为的表现形式或者结果。但是，行政行为的成立及其存在是要符合一定要件的。尽管行政公务人员可能实施了一定的行政公务行为，但在不符合要件的情况下，仍不能构成行政行为。

二、行政公务行为认定的法律意义

行政公务人员以自然人的身份所进行的行为是个人行为，以公务员的身份所进行的行为是公务行为。换言之，行政公务人员的行为并非都是执行国家公务的行为。在行政实践和司法实践中，正确识别行政公务人员实施的各种行为的属性，即确定其行为是否系公务行为，具有极其重要的法律意义：

1.可以确定行为的效力

行政公务人员以行政主体代表的身份实施的公务行为，具有行政法上的法律效力(公定力、拘束力和执行力等)；例如行政公务人员向行政相对人发布行政命令实施听政处罚、采取行政强制措施，行政相对人有服从和遵守的义务。在非经有权机关予以撤销和宣告无效之前，其行为的法律效力将一直存续。而若以公民身份实施的个人行为，其与普通公民实施的个人行为无异，当然也就不具有行政法上特殊的法律效力。

2.可以确定行为争议的救济途径

对于行政公务人员实施的公务行为，行政相对方不服引起行政争议，可以通过依法申请行政复议、提起行政诉讼或者申请国家赔偿的方式获得救济。如果公务员实施的行为不是公务行为，由此所引起的争议和纠纷一般通过仲裁、民事诉讼或者刑事诉讼的途径获得救济。

3.可以确定行为后果的法律责任

在行政公务行为中，行政主体与行政相对方是双方当事人；行政公务人员只是代表行政主体实施公务管理活动。因此，行政公务人员对其执行公务中的违法、失职行为不直接向行政相对方承担损害赔偿责任，而是由行政主体承担法律责任。当然，若行政公务人员在执行公务中有故意或重大过失，行政主体可以依法行使行政追偿权。但如果属于个人行为，则其行为后果由其本人承担，行政主体并不为行政公务人员的个人行为承担任何法律责任。

三、行政公务行为的认定标准

一般来讲，行政公务人员在特定的时间、地点和条件下，只能以一种身份实施一种性质的行为。但实践并非如此，如警察在休假期间抓小偷的行为、税收征管员超越地域管辖权征税的行为、卫生检疫人员未出示公务标志实施的检疫行为等，都与正常的执行公务的情况有所不同。即在执行公务的过程中出现了勤务内时间与勤务外时间、地域管辖权内与地域管辖权外、公民身份与行政区域公务人员身份的交叉，这些情况的出现无疑为行政公务行为性质的认定带来了难度。

西方关于公务行为与个人行为区分的标准有客观说和主观说①。客观说又称形式说或外表标准说。该学说认为公务行为的确定应以行政公务人员行为的外部特征为标准，在客观上、外形上、社会观念上属于职务范围的行为，都是公务行为。主观说是以行政公务人员行为时的意图和目的为标准的学说。该学说又分为行政机关说和行政公务人员主观说。前说认为某一行为是否属于公务行为应以行政机关的意思表示为准，必须是在执行行政机关的命令或委托事项的范围内。后说认为是否是公务行为应重点考察公务人员主观上的

① 参见王周户等编著：《行政法》，法律出版社 2007 年版，第 138－139 页。

意思，只要其行为的意图和目的是执行职务，就可以认定其为公务行为。缺少这种意图和目的，即使外人看起来有公务行为的象征，也不能认定为公务行为。

公务人员的行为非常复杂，单纯采用某一个标准难以将行政公务行为与个人行为或其他行为分开。主观说和客观说都是单一标准说，被移植于中国后，行政法学理论界进行了不同程度的修正，最终称其为综合标准说。综合标准说认为，对行政公务人员行为是否属于公务行为的确定，应综合考虑各种标准，结合具体情况进行判断。

概括而言，判断是否为行政公务的标准包括以下几个方面①：

1.时间要素

公务人员在上班期间所为的行为通常被认为是公务行为，下班后所为的行为通常被认为是非执行公务的个人行为。但这种划分无法解释公务人员在上班期间从事个人行为以及公务人员在下班后继续执行公务的事实。

2.职权要素

行政公务人员在其职权范围内所为的行为属公务行为，超越职权范围的行为属个人行为。这种区分标准设想所有的公务人员都能依法行政，都不会出现行政恣意和越权的情况；认为公务人员出现越权行为当然就是纯粹的个人行为，应由公务人员自己负责。但实际上，在许多场会下，行政公务人员的越权行为不过是执行行政机关的命令或者行政机关放任行政公务人员的越权行为。在这种情况下，公务人员超越职权直接或间接地体现了行政机关的意志，行政机关不能为公务人员的越权行为免责。

3.公益要素

公务人员的公务行为是以维护和促进公共利益为根本目标的，因此，公务人员的行为是否具有公益目的可以在很大程度上反映其行为的性质。如公务人员挪用行政机关公款为个人私利经商的行为即属个人行为，其一切法律后果由行政公务人员个人承担。与职权标准比较而言，公益标准使公务行为的范围更加宽泛。因为依此标准判断，城管监察人员的粗暴执法行为，虽然存在手段上的越权状态，但由于其行为目的是为了维护公共秩序的良好状态，即涉及公益目的，所以也属于公务行为。所以，公益标准拓宽了公务行为的范围，这在一定程度上就等于拓展了行政相对方权利救济的途径。

---

① 参见崔卓兰主编：《行政法》，科学出版社2004年版，第90－92页。

4. 主观意志要素

公务人员实施某种行为如果主观的意志和目的是执行职务，则认定为公务行为；如果公务人员主观上没有执行职务的意图和目的，即使依社会一般人的见解有执行职务的表征，也不能认定是公务行为。但问题是公务人员的主观真意究竟为何只有行政公务人员自己最清楚。如果公务人员故意掩盖其行为的私人目的性，而谎称是为了执行公务，那么仅以行政机关或行政公务人员的解释来判断其行为性质，就可能得到错误的答案。

5. 公务标志要素。

公务人员在勤务场所佩戴或出示能表明其身份的公务标志的行为，一般可以认为是公务行为，反之则不属于公务行为。公务标志是公务人员在实施行政行为时设置的一种外形标记，通过公务标志来判断行政公务人员身份和其行为性质是比较便捷有效的方法。但问题是行政公务人员在佩戴公务标志时，从事的并非都是公务行为，如身穿制服的警察在餐馆吃饭时与他人发生口角、并将其打伤的行为就属于个人行为。所以，单纯依公务标志的判断，有时也并不准确。

因此，在判断行政公务人员的行为是否属于公务行为，并不存在一个普适性的标准。面对行政公务人员的多重身份和不同性质的行为以及现实公务活动的复杂多样性，必须根据个案的具体情况进行全面、综合的分析。

问题探讨　如何以综合的多元标准来认定职务行为？

现实中公务人员的行为是职务行为还是个人行为，仅凭单一标准往往难以认定。例如，警察下班后身穿便衣外出散步，遇歹徒抢劫路人，于是与其搏斗并将其制服。警察行为是职务行为还是个人行为？另一场合，工商管理人员下班回家途中，还身穿制服，去集市买菜，后以小摊贩缺斤少两为由，与其发生争执并殴打对方。该工商管理人员行为的性质又作如何认定？

前已述及，以主观标准来认定职务行为难免会给判断者随心所欲的机会，而单纯依据客观标准又会使审查之门过宽。故理论和实务界普遍赞成“客观标准为主，主观标准为辅”的综合判断方法。然而，这样也会导致一个难题，即主、客标准究竟在判断中各自占多大份量？分别在判断过程中的哪个环节发挥作用？

通常来说，我们首先以客观标准衡量。抽象的客观标准可分解为职权、时空、名义等具体标准。个案中运用如下：

(1)是否具有职权？职务行为必须是侵权主体根据法定职权实施的

行为，而不是普通人的行为。行为人是否行使职权是判断行为性质的首要标准。这里的行使职权应作完整的理解，它既包括行使职权本身（合法行使职权、超越职权和滥用职权[①]等），又包括行使职权紧密相关的行为。[②] 职权标准将与行使职权无关的个人行为直接排除于职务行为范畴之外。

(2) 发生于何时何地？国家机关的职权都具有明显的时空界限，超出时空范围的行为通常就不是执行职务行为。[③] 通常，国家机关工作人员在上班时间和工作地点实施的行为大多为执行职务的行为，工作时间和地点以外的行为是个人行为。[④]

(3)行为的名义是谁？通常，国家工作人员执行职务时以其着装，佩戴标志和出示证件，来表明其行为代表的身份和实施的名义。没有身份表明和身份外观的公务人员行为是个人行为，但特殊公务人员（便衣警察、安全机关工作人员）除外。

然而，单纯从行为外观上的三个标准来认定的话，未免会将具有个人目的的行为都归入到职务行为范畴中；而任何依法定职权的职务行为都是追求公益目的，将明显具有个人目的的行为认定为职务行为显然是荒唐可笑的。例如，执法人员在上班时间以国家公务人员的身份和名义，到一家企业进行工作检查时，顺手牵羊拿走一件精美的工艺品，该行为虽然符合职权标准、时空标准和名义标准，但是，该行为的目的与公共利益毫无关系，完全是为了达到公务人员个人目的而为的，因此很难说它是职务行为。为防止这种极端现象发生，实有必要在客观标准适用之后，再根据主观标准即行为目的标准来进行矫正。笔者认为，鉴于考察行为目的具有判断的主观性和认知的复杂性，而在个案中，有些行为可能纯粹追求个

---

① 例如，工商行政管理局违法对某企业给予吊销营业执照的行政处罚，虽工商局的处罚行为违法，仍不影响处罚行为的执行职务性质。同样，如果税务局为了让企业及时纳税而没收了企业的营业执照，虽然该行为明显越权，也不影响其行为性质为职务行为。又如，卫生管理机关的工作人员对食品进行检验，误将合乎卫生标准的食品认为不符合标准，并将食品和厂家的名称公布，卫生管理机关的工作人员的行为虽有错误，但仍在职权范围内，属于职务行为。

② 例如，警察逮捕犯罪嫌疑人，并对其进行刑讯逼供。刑讯逼供并非警察行使其职权本身的行为，但它以行使职权为目的，与行使职权密切关联。

③ 例如，浙江的工商管理人员到上海的农贸市场给予罚款的行为，其虽是在行使职权，但该行为已超出职权的时空范围，所以不能视为职务行为。

④ 但时空标准仅是发挥相对的作用，对于某些特殊的主体如警察，即使下班后在非工作地点实施的某些行为（如制止打架斗殴）仍然属于职务行为。

人目的，而有些则夹杂了公益目的和个人目的，为判断的准确以及最大限度地保护受害人权益起见，实务中，主观标准只能在行为性质认定中起着参考和辅助作用而不能是决定性作用。具体来说，如果公务人员行为发生时，其个人目的不明显，需要事后查证的，只要该行为符合行为外观的上述具体标准，都认定它是职务行为①。但如果公务人员行为的个人目的非常明显，现场即可确认的，则应认定为个人行为。

① 如警察赵某，为制止两人斗殴，遂拔枪射击其中和他曾有过矛盾的甲某腿部，致使甲某受伤。此案赵某的个人目的需要调查核实才能证明，因此，其行为应认定为职务行为。

第六章　行政相对人

第一节　行政相对人概述

一、行政相对人的概念与特征

1.行政相对人的涵义

行政相对人是指在行政法律关系中与行政主体相对应、对行政主体享有权利和承担义务组织和个人。

2.行政相对人的法律特征

一般来说，行政相对人具有以下几个特征：

(1)行政相对人是组织和个人在行政活动中的一种特定身份。组织包括国家组织、企事业单位、社会团体以及其他社会组织和在中国境内的外国组织；个人包括我国公民和在我国境内的外国人、无国籍人。它们都可成为行政关系相对应一方的主体。但组织和个人作为行政相对人的身份并不是永恒的、固定不变的，而是相对的、动态的。当组织和个人不与行政主体发生行政法上的关系时，他们不称为行政相对人，如在民事活动中他们就只能称为民事主体。只有与行政主体实际形成行政法律关系时，他们才能称之为行政相对人，一旦他们脱离这一具体的行政法律关系，行政相对人的身份就可能丧失或者发生变化。例如，税务机关在接受卫生机关的卫生检查时成为行政相对人，而税务机关在行使征税权时则是行政主体。

(2)行政相对人是具有独立法律人格的另一方主体。行政相对人虽是被管理一方，但“被管理”地位并不意味着它只负有义务，而不享有权利。实际上，行政相对人既有义务也有权利(如申诉权、控告权等)，只是与行政主体相比较，它处于被管理一方。换言之，行政相对人是与行政主体相对的、具有独立法律人格的另一方主体；而不是处于消极被动地位的行政管理客体。即使是在行政管理关系中，行政相对人与行政主体也不存在高低尊卑之别。因为在此领域，虽然行政主体有实施管理的权力，相对人有服从管理的义务，但这并不意味着行政主体可以无视或者抹杀相对人的独立法律人格和"主体性"特征。在行政管理关系中，相对人仍然具有与行政主体进行平等对话和交涉的自主性和独立性。例如，在行政处罚关系中，行政主体实施行政处罚有向相对人说明理由的义务，相对人有陈述、申辩和要求听证的权利。

(3)行政相对人在行政法律关系中的法律地位具有相对性。行政相对人只反映所表明的主体在某一具体行政关系中的法律地位，并不表明其在所有行政关系中的地位。在这个行政关系中的相对人可能是另一个行政关系中的行政主体，而在别的行政关系中的行政主体则可能成为这个行政关系中的行政相对人。行政相对人法律地位的这种流动性，是行政法律关系多元化的必然结果。当代中国的行政法律关系在类型上除了行政主体对行政相对人的直接管理关系以外，还包括行政主体对行政相对人的服从关系、行政主体与相对人的合作关系、行政主体对相对人的行政赔偿和补偿关系、行政相对人对行政主体的监督关系。由此可见，行政管理关系只是行政法律关系的部分内容，所以将行政相对人的法律地位定位于"被管理者"地位是不正确的。

(4)行政相对人是与行政主体之间有特定行政法律关系的人，即行政相对人是行政主体行使行政职权时对其权益有法律上利害影响的人。这种影响有时是直接的，如行政奖励、行政许可等直接有利的影响或者行政处罚、行政强制等直接有害的影响；有时影响是间接发生的，如公民甲借了乙的汽车去搞运输，结果因违法而被运输管理部门扣了汽车及货物，那么扣车的行政职权对公民乙的权益的影响就是间接的。

问题探讨 行政相对人是否为行政管理的客体？

"行政相对人"是一个行政法学上的学理概念，用来指称各种类型与行政主体相对应的公民、法人和其他组织一方。其在具体的法律领域和语境可分别明确为"纳税人"、"被处罚人"和"许可申请人"等。对这一概念的使用和含义，不同的国家有不同的理解。如美国《行政法》中没有"相对人"这一概念，而是用"私方当事人"；德国《行政程序法》中使用"另一方当事人"。这除了语言上的问题之外，还取决于这样的事实：传统的行政法理论把社会组织和公民（即行政相对人）看成行政法律关系的客体，看成一种消极、纯粹的管理对象。随着民主政治的不断发展，人们主体意识的不断增强，行政管理相对人，即社会组织和个人，不再被单纯地看成管理对象，它们赢得了行政法律关系主体地位。

在我国的20世纪80年代初期，行政法与当时的计划经济体制相适应，被认为是有关行政管理的法。这种工具主义的行政法观念，将政府（行政主体）视为具有支配地位的行政管理主体，将相对人视为行政管理的客体或对象，不承认相对人具有独立的法律人格。因此，行政法学理论在主体上只限于对行政主体的研究，相对人被冷落一旁。但是，伴随我国政治、经济体制改革和行政法治的发展，行政相对人的地位得到了很大的提高。市场经济体制的建立使行政相对人由政府的附庸成为独立自主的市场主体；民主政治和行政法治的完善，使行政相对人享有了更多的政治权利、民主权利。行政相对人地位的变化给行政法学研究行政相对人提供了实证基础和契机。

二、行政相对人的基本类型

1.个人相对人与组织相对人

根据行政相对人是否有一定的组织体，行政相对人分为个人相对人与组织相对人。个人相对人不一定是单个个人，数量众多的个人之间如无组织上的联系仍为个人相对人而非组织相对人。公民、外国人和无国籍人均是个人相对人，非执行公务时的国家公务员也可能构成个人相对人。组织相对人不仅包括各种法人组织，还包括非法人组织。个人相对人与组织相对人的权利义务不同。

划分个人相对人与组织相对人的意义在于：首先，他们有各自不同的行政相对人资格。有些行政行为的作用对象只能是组织相对人。比如责令停产停业的行政处罚对象，而有些行政行为的作用对象只能是个人相对人，比如行政拘留的对象。其次，他们有不同的权利义务、不同的行为方式和不同的法律责任。因此，区分两类相对人，有助于正确判断他们行为的合法性和承担责任的方式。

2.直接相对人与间接相对人

根据行政主体行政行为的约束和影响的方式不同，行政相对人可分为直接行政相对人和间接行政相对人。前者是行政主体所作出的行政行为的直接对象，其权益受到行政行为的直接影响；后者是行政主体行政行为的间接对象，其权益受到行政行为的间接影响。

直接行政相对人又称行政行为明指的相对人，如行政处罚的对象、行政征收的对象即为直接行政相对人。间接行政相对人，是指受到行政主体的行政行为的结果影响的相对人。具体而言，行政主体在作出一个行政行为时，主观上并没有指向他的目的，但作出行政行为之后，该行为在客观结果上却影响了其权益。在美国，前者称为直接利害关系人，后者称为间接利害关系人。德国、日本等将间接行政相对人称为“与行政行为有利害关系的第三人”或“有利害关系者”。这些国家的法律均赋予间接行政相对人参与行政听证等权利。

3.抽象相对人与具体相对人

根据行政主体行为影响其权益是否产生实际效果，行政相对人可以分为抽象相对人和具体相对人。前者是指行政行为对其权益尚未产生实际影响而仅仅具有潜在影响的相对人；后者是指行政行为对其权益已经产生实际影响的相对人。一般抽象行政行为的相对人属于抽象相对人，具体行政行为的相对人属于具体相对人，但某些抽象行政行为不经过具体行政行为也会对相对人权益产生实际影响，如行政机关以限制或者禁止方式规定某种产品质量标准或者包装标准，虽然是抽象行政行为，但将直接影响相对人的市场销售，从而对其权益产生实际影响，因此某些抽象行政行为也可能产生和形成具体相对人。

这两类相对人的区别之意义在于：两种不同的行政相对人，其权利救济途径不同。具体相对人（特定相对人）的权益受到侵犯时，通常可通过行政复议或行政诉讼途径获得救济。而目前在我国，尚未建立抽象相对人（不待定相对人）单纯针对抽象行政行为申请行政复议和提起行政诉讼的法律制度。相对人不服抽象行政行为的，一般只能通过向有关机关提出申述、建议的方式寻求救济。

4.权利相对人与义务相对人

根据行政主体与相对人在具体法律关系中的地位不同，可以将行政相对人分为权利相对人和义务相对人。从权利义务不可分离的角度讲，任何一个行政相对人都既是权利主体又是义务主体。但在具体不同的法律关系中，行政相对人可以在此种法律关系中只是权利的享有者，而在彼种有关联的法律关系中则只是义务的承受者，因而在此基础上能作出不同的区分。权利相对人是向行政主体主张权利并要求其履行相应义务的相对人，通常是行政行为的受益人；义务相对人是受行政主体权力约束并向其履行义务的相对人，通常是行政行为的损益人。

区分这两类不同的行政相对人，有利于确立他们各自在与行政主体相互关系中的地位，明确他们各自的权利、义务和责任，并使之依法行使权利和履行义务。

此外,行政相对人还可分为:行政主体的内部相对人和外部相对人;程序上的行政相对人和实体上的行政相对人;作为行为的相对人和不作为行为的相对人等,这些分类对从不同角度认识行政相对人的身份、权利义务、行为以及救济渠道等都有意义。

第二节 行政相对人范围

依照法律、法规的规定,公民、法人和其他组织能够成为行政相对人。在特殊情况下,在我国的外国人、无国籍人、外国组织也可成为行政相对人。

一、公民、法人和其他组织

1.公民

这里的"公民"是指具有中华人民共和国国籍的人,即中华人民共和国公民。公民是最主要、最经常、最广泛的行政相对人。行政主体实施行政管理的绝大多数领域,都将公民纳入行政管理的对象。因此,公民是行政法律关系中最常见的主体之一。

公民在行政法律关系中的地位是通过其与政府之间的权利和义务的内容体现出来的。宪法和法律是规定公民享受权利和履行义务的根本和基本的法律规范依据,行政法规和地方性法规是目前公民享受权利和履行义务的主要法律规范依据。作为被管理者,在不同的行政管理领域,依据各自相应的法律、法规规定,公民具有与各个行政机关相对应的权利和义务。甚至在有些领域,如治安、户籍、出入境等方面,只有公民才能成为行政相对人。

旁评附注 公民成为行政相对人的法定条件

公民能否成为特定行政法律关系中的行政相对人,还要受某些法定因素的限制。这些情况大致有:首先,年龄限制。如因14岁以下儿童不具备辨别法律的能力,故不能成为治安管理法律关系的相对人;再如不满16周岁的公民不能成为居民身份证管理关系中的相对人。其次,精神能力限制。如精神病患者不能成为行政处罚法律关系中的相对人。最后,生理限制。如《治安管理处罚法》中规定,又聋又哑的人或者盲人,由于生理缺陷的原因而违反治安管理的不予处罚。年龄、精神和生理状态均可能影响公民的行为能力。在公民不具备相应的行为能力时就不能成为行政相对人。

2.法人

法人是与自然人相对称的一个法律概念。它是具有民事权利能力与民事行为能力,依法独立享有民事权利和承担民事义务的组织。法人的主体资格从其成立时产生,到其终止时消灭,在此期间法人都可以成为行政法律关系中的相对人。法人作为被管理者,与有关行政机关的行政法律关系主要表现为:第一,在组织成立和法人资格取得方面,与批准登记机关之间形成的权利与义务关系;第二,在其业务活动过程中与相关职能部门之间所形成的权利义务关系;第三,在行使监督权利和救济权利时与相应的行政机关之间形成的权利义务关系。

能够成为行政相对人的法人包括企业法人、事业法人、社团法人和机关法人。企业法人、事业法人和社团法人是经常性和普遍性的行政相对人,其法律地位和身份使其在社会活动过程中要接受政府有关部门的管理,形成行政管理关系。机关法人是具备法人资格条件的国家机关。国家机关由于职能及其职权职责性质的关系,一般不作为行政相对人,但在一定条件下也能成为行政相对人。如国家机关可以成为审计、物价、土地、城建等行政管理领域的行政相对人。

3.其他组织

其他组织,是指由主管机关批准成立或认可能够从事一定的经营、生产或其他活动但不具备法人资格的社会组织或经济组织。随着经济的发展,许多国家都出现了一些介于公民个人和法人之间的组织形态,被称为“非法人组织”、“非法人单位”、“其他经济组织”等,我国行政法律制度将其称为“其他组织”。其他组织在行政管理活动中,作为行政法上的权利义务主体,也是行政法律关系中的行政相对人。

其他组织主要包括:(1)经国家主管部门批准或认可的从事一定生产或经营活动的经济实体。主要有个人合伙组织、合伙型联营组织、企业法人的分支机构等。(2)经主管机关批准或认可的正处于筹备阶段的企业、事业单位和社会团体。

二、外国人和外国组织

外国人包括具有外国国籍的人以及无国籍的人。外国组织指在外国成立的具有独立法人资格的主体在我国设立的不具有法人资格的分支机构。某些特殊情况下,在我国境内依照我国法律规定享有行政法权利,承担行政法义务,参加行政诉讼时具有行政相对人同等诉讼权利与义务的外国人和外国组织,也可成为我国行政法的主体，即行政相对人。外国人和外国组织作为行政相对人时，原则上与我国的公民、法人、其他组织享有同等的行政法上的权利与义务。这一原则与WTO的一个重要原则，即平等对待原则在精神上是一致的。

例如，《中华人民共和国外国人入境出境管理法》是专门调整关于外国人进出我国国境行为的行政管理关系的法律，在这一法律关系中，外国人就成为我国国境管理机关的相对一方。此外，在治安管理、征收个人所得税等行政管理领域，外国人都能成为行政相对人。但是，将外国人、无国籍人和外国组织作为我国的行政相对人对待，使其具有行政相对人的权利和义务，即实行同等原则的同时，也应依法实行对等原则，即如果我国公民在某国受到某方面的权利限制，则该国公民在我国也要受到相应的权利限制。

第三节　行政相对人的法律地位

行政相对人的法律地位是行政相对人在行政法上的权利与义务的综合体现。尽管行政相对人的具体法律地位，会因其在不同行政法律关系中所享有的权利和承担的义务不同而有一定的差别，但依据行政法律规范的规定，总体而言，行政相对人具有如下的权利和义务。

一、行政相对人的权利

1. 参政权利

指行政相对人通过法定形式、法定途径参与行政管理的权利。包括依法通过提供建议、参加讨论及评议等活动形式，对国家政策、法规和规章的制定，重大决策、管理体制改革，如何提高行政管理活动的社会效益与行政效率，国家公务员的评价等；依法发表看法和意见，提出批评，向有关机关和部门进行检举、揭发、控告的权利。

2. 受益权利

指行政相对人有要求行政主体实施一定行为以满足自己某种利益的权利，如依法要求实施某种社会优待，对国家机关掌握的除国家秘密、商业秘密及知识产权外的有关技术资料的掌握与使用权利；要求发给有关证照或进行登记权，指颁发许可证、营业执照等行政许可证件或申报专利、商标注册、结婚登记、户口登记、姓名或名称变更登记等。

3.程序权利

在涉及国家行政管理的问题上,行政相对人参与的程序主要有行政程序和救济程序。行政程序是行政主体作出涉及行政相对人权益的行政决定的过程,为形成行政决定的“事前程序”。救济程序是对违法行政决定造成损害后予以的补救过程,为“事后程序”。[①] 行政相对人所享有的程序权利具体包括:了解权,即有权了解有关事实、情节及有关问题的说明;申辩权,即对有关事实、情节的辩解与反驳权利;听证权,即对有关案件事实、证据以听证会形式,要求行政主体予以说明并允许行政相对人申辩、质证的权利;要求回避权,即要求因某种因素可能影响处理决定公正性的行政公务人员回避的权利;申请复议、提起诉讼和请求赔偿的权利。

4.基于公民、法人和其他组织身份所享有的其他法律权益

基于公民、法人和其他组织身份所享有的法律权益,是行政相对人在进入某项行政法律关系前,就已依照其他法律、法规取得,在进入该行政法领域后,除非法律、法规另有规定,行政法规范也予以认可和保护。这方面的权利包括:(1)人身权。人身权是与人身不可分离而没有直接经济内容的权益,可以分为人格权和身份权两大类。人格权具体包括人身自由权、生命健康权、私生活秘密权、荣誉权、名称权、姓名权、肖像权等;身份权具体包括亲权、监护权、婚姻自主权、发明权、发现权等。(2)财产权。财产权是指具有一定物质内容的直接体现为经济利益的权益,包括物权(所有权、地上权、地役权、抵押权、质权、留置权、典权等)、经营权、继承权、知识产权等,而每一种财产权又包括占有权、使用权、收益权和处分权等。(3)其他权利。其他权利包括言论、出版、结社、集会、游行示威、宗教信仰自由等政治权利、劳动与休息权利、受教育权利等。

案例思考

在河南省打工的孙文流在工地遭到负责人的毒打,致使左臂和右腿重度骨折。他爬行了6个月,终于回到了700公里以外的山东老家。从2003年7月到2004年2月长达6个月的时间里,孙文流爬过了几十座城市和村庄。期间,他两次得到好心群众给予的食物帮助,也多次得到经过地的相关政府的帮助。如孙文流经过豫龙镇时,镇党委书记王志明亲自协调派出所将孙文流送到了镇卫生院,在卫生院,孙文流得到了10天左右的免费救助。后来,民政所把孙文流送到了郑州市火车站,还给他买了火车票。然而,孙文流最终未能在郑州顺利坐上火车,

---

① 应松年主编:《行政法与行政诉讼法》,中国法制出版社2009年版,第211页。

因为车站的工作人员嫌他身体残疾活动不方便，不让他上车，他被迫再次选择爬行，一直爬到河南省兰考县。当爬到河南省的兰考县时，他得到一辆简易的滑板车。借助这辆简易滑轮车，孙文流从孟州爬到了郑州，从开封爬到了兰考，从兰考滑回了临沂。在这场漫长的旅程中，他的左臂和右腿也畸形愈合了。

问题：试分析本案孙文流享有行政法上的哪些具体权利？相关行政主体应承担哪些行政法上的义务？

二、行政相对人的义务

行政相对人在行政法上的义务，分为一般义务和具体义务。

行政相对人在行政法的一般义务就是要遵守国家行政管理秩序。具体包括下面内容：

(1)遵守行政法规范的义务。主要是指遵守有关规定行政管理秩序的法律、法规、规章及其他行政性规范的义务。

(2)服从行政管理的义务。行政相对人即使认为行政主体的行政行为不合法或不合理，在经过法定程序变更或撤销前，行政相对人也不得拒绝执行。

(3)协助行政管理的义务。行政主体及行政公务人员在执行职务过程中，行政相对人具有相关的公务协助义务。

(4)遵循法定程序要求的义务。行政相对人在请求行政主体为一定行为或行政主体要求其为一定行为时，应遵循法定的步骤、手续和时限等的要求。

行政相对人在行政法上的具体义务，其内容表现为两个方面。一方面，其与行政主体及行政公务人员所拥有的行政职权内容相对应；另一方面，其多规定于具体的单行法律、法规之中，以及列于规章及其他行政性规范中为行政相对人规定的义务，但后者不得与法律、法规相违背或者相抵触。

案例思考

贺某原有宅基地100平方米。2000年8月，贺某以拆除原房为条件，申请新占地建房。由于县人民政府土地管理部门经办人员的故意刁难，贺某只好通过请客送礼的手段获得县人民政府的批准。2001年1月，贺某新房竣工，但却拒绝拆除旧房。他认为，既然人民政府土地管理部门的工作人员可以“不仁”，他就以“不义”报复，不履行其作为审批条件的拆旧房的承诺。2001年6月，县人民政府土地管理部门作出拆除贺某旧房的行政处罚决定。贺某不服，向人民法院提起行政诉讼。

问题：根据行政相对人的法律地位理论，分析贺某行为是否正当。

第七章　行政行为基本理论

“行政行为”一词最早出现于法国行政法学中，但作为一个学理概念最早由德国行政法学家奥托·梅耶提出，他认为，“行政行为在具体情况中决定臣民的权利义务”。① 我国1989年制定的《中华人民共和国行政诉讼法》首次将具体行政行为作为法律用语使用。1991年《最高人民法院关于贯彻执行〈中华人民共和国行政诉讼法〉若干问题的意见（试行）》的第1条，对具体行政行为的内涵作了司法上的界定。2000年《最高人民法院关于执行〈中华人民共和国行政诉讼法〉若干问题的解释》中直接使用了行政行为这一术语。

第一节　行政行为的基本含义

一、行政行为的内涵

关于行政行为的内涵，主要有四种不同的观点：

(1)最广义说。该说认为行政行为包括一切与国家行政管理有关的行为，既包括国家行政机关及其公务人员的行为，又包括公民、法人和其他组织等引起行政法律关系产生、变更和消灭的行为。该说将行政法律关系主体在行政管理中的一切行为都囊括进来，外延非常宽泛。

(2)广义说。该说认为行政行为指行政机关所为的一切行为，从机关角度将行政行为区别于其他国家机关的行为。该说虽在主体方面作出一定的限定，但未将行政机关的非法律行为、民事法律行为排除在行政行为之外，从而对行政行为的界定也失之过宽。

---

① [德]奥托.梅耶:《德国行政法》，刘飞译，商务印书馆2002年版，第97页。

(3)狭义说。该说认为行政行为指行政机关在行政管理中所为的一切具有法律意义的行为。该说将行政机关以外的其他行政主体实施的行政行为排除在外,亦不全面。

(4)最狭义说。该说认为行政行为仅指单方的外部的采取具体措施的行为,相当于行政处理行为或具体行政行为,虽然满足于行政诉讼制度的需要,但排除了抽象行为、双方或多方行为,也存在一定的问题。①

行政行为是指行政主体行使行政职权或履行行政职责所作出的能够产生行政法律效果的行为。行政行为的概念包含以下几层含义:

(1)行政行为是行政主体所为的行为。行政主体包括行政机关和法律、法规和规章授权的组织。行政机关的公务员与法律法规授权组织的工作人员以及行政机关委托的组织,以行政主体的名义实施的行为,被视为行政主体的行为。其他主体如政党、社会团体、立法机关、司法机关、企事业单位、公民个人等的行为都不是行政行为。

(2)行政行为是行使行政职权,进行行政管理的行为。行政机关虽然可以以多种身份进行活动,包括以民事主体的身份进行民事活动、以行政相对人的身份进行行政活动、以行政主体的身份进行行政管理活动。判断行政主体所为的活动中哪些属于行政行为,关键是看该行为是否以行政职权为依据。只有以行政主体身份行使行政职权、进行行政管理活动的,才是行政行为。

案例思考

王某与其父在某县某镇居住,有私房一间。1969 年"文化大革命"时期王某被当做反革命分子押送劳改农场。1976 年其父病故,该私房一直无人居住,后被镇政府作为仓库使用。1980 年王某的冤案平反,自愿留在农场任技术人员。1992 年,王某返家,向镇政府提出退还其所占用的私房,镇政府一直以该仓库属于政府财产为由未予归还。1993 年 6 月 2 日,王某以镇政府为被告,向某县人民法院提起行政诉讼,请求法院认定镇政府侵占房屋的行政行为违法,并判决镇政府退还所占的房屋。

问题:镇政府占用王某房屋的行为是否为行政行为?法院该如何判决?

(3)行政行为是行政主体实施的能够产生行政法律效果的行为。所谓能

① 参见陈伯礼等著:《行政法与行政诉讼法》,武汉大学出版社 2011 年版,第 68—69 页。

够产生行政法律效果，是指行政主体的行为能对行政相对人的权利、义务产生影响，包括有利的影响，如给行政相对人发放许可证、提供行政物质帮助等；也包括不利的影响，如对违法的行政相对人给予行政处罚等。行政主体单纯的工作汇报、通知、调查、劝告，如气象局的气象资料分析预报、统计局公布统计数字、司法行政部门的法律宣传活动及其他事实行为等，虽与其职权有关，但不会对相对人的权利义务产生影响，不产生法律效果，属于行政主体的事实行为，而不是行政行为。另外，一些尚在行政主体内部运作的行为，因尚未对行政相对人产生法律上的拘束力，所以也不属于行政行为。

旁评附注 关于假行政行为①

假行政行为在行政法学上又称假象行政行为或非行政行为，它不具备行政行为的成立要件，但具有行政行为的某些类似特征。

它与违法行政行为也不能等同。违法行政行为具备行政行为的成立要件而不具备行政行为的合法要件；假行政行为根本不具备行政行为的成立要件。

假行政行为主要有两种表现形态：(1)不具备行政权能的行为。也就是说，一些不具备行政权能或行政主体资格的组织或个人实施了本该由行政主体实施的或类似于行政行为的行为。这种行为由于不具备行政行为的主体要件，因此不是行政行为而是假行政行为。譬如，一家公司对行人吐痰行为给予“行政罚款”；一家学校“吊销”或“扣留”在其门口所设摊位的营业执照；一位保管自行车的老太太对寄存自行车过时取车者“行政罚款”等等。另外，假冒行政主体或行政公务人员所作的行为也属于此类假行政行为。(2)没有运用行政权的行为。行政权的享有者即行政机关和其他社会组织都具有多重身份。当他们没有运用行政权，而基于其他权利所作的行为如民事行为，不是行政行为。尽管当代部分大陆法系行政法学者认为，行政机关和国有企事业单位所作的民事法律行为属于行政私法行为，但并未得到立法和判例的普遍承认。这种权利和行政权统一于同一机关和组织所做的行为，如行政机关因建造办公楼所做的征地、拆迁行为，在主体上就具有行政行为的假象，是一种假行政行为。

---

① 参见叶必丰:《假行政行为》，载《判例与研究》1998 年第 4 期；周佑勇:《行政法原论》(第 2 版)，中国方正出版社 2005 年版，第 177—179 页。

二、行政行为的特征

行政行为与民事行为相比而言，具有以下特征：

(1)行政行为具有法律从属性。在法治国家，一切国家权力都来源于法律，并且受法律拘束。行政权作为一种主要的国家权力也必须处于法律的统治之下。行政行为的法律从属性表现在以下几方面：一是行政行为的权限和内容必须符合法律，没有法律法规的规定，行政行为即为超越权限的行为；二是行政行为必须符合法定程序的规定，行政机关不得任意行使职权；三是行政行为从属于立法行为，行政主体所创制的行政性规范只是一种准立法行为，是从属性的立法行为，是为执行法律规范而制定的规范；四是行政行为不具有终局性，应当受到法律的监督，行政行为一经作出，就具有法律效力，但是这种效力并非最终的效力，相对人不服的，可以通过相应的途径寻求救济。[①]

(2)行政行为具有自由裁量性。由于立法技术的局限性和现代国家行政管理的专业性、技术性、适应性、多变性等因素，任何调整行政法律关系的法律规范都不可能对行政事务管理规定得事无巨细、详尽无遗，加之行政实践复杂多变且每一事项都有其特殊性，法律无法完全预料这些情况并规定处理办法，所以法律上一般赋予行政机关一定程度和范围内的自由裁量权，由行政机关在法律规定的范围和幅度内自行决定，作出行政行为。因此，几乎所有行政行为都是行政主体自由裁量行使职权的结果。行政行为的裁量性和从属法律性，二者是对立统一的关系。裁量性是在法律范围内的载量，绝不是毫无限制的自由裁量；从属法律性是充分发挥其主观能动性，紧紧围绕相应法律的立法目的，积极、灵活地执行法律、适用法律，实现立法目的。行政行为的主观因素，是考察行政行为是否合理的基础。

(3)行政行为具有单方意志性。与民事法律行为由双方当事人意思表示一致而成立不同的是，行政主体在实施行政行为时，不必与行政相对人协商或征得其同意即可依法自主作出。行政主体作出的行政行为是对抽象的法律规范的具体表达(即执法行为)，因此，在行为过程中必然附加了行政主体的意志，即行政主体必须根据社会现实的具体情况作出相应的判断和选择，如应不应当作出行为，何时作出行为，以什么方式作出行为等。但是法治行政原则意味着对行政主体的真正约束机制是法律本身，而并非是其他的组织和个人，只要行政主体是在法定职权、授权或委托范围内作出行政行为，就具有相对独立

---

① 陈伯礼等著：《行政法与行政诉讼法》，武汉大学出版社 2011 年版，第 70—71 页。

的自由意志，无需与行政相对人协商或征得对方的同意。尽管行政民主化的发展，使行政相对人可以广泛参与行政程序或行政行为的实施，即参与意思表示，但这种意思表示仍然取决于行政主体的接受和采纳。在当代的一种特殊行政行为方式——行政合同，尽管以行政主体和相对人一方的合意为基础，但在行政合同的缔结、变更与履行等诸方面，行政主体均有与民事合同主体不同的单方意志性。

(4)行政行为具有国家强制性。行政行为是抽象的法律规范的动态的、外在的具体表现形式，因此，处于静态的法律规范的强制性仅仅表现为一种观念上的强制性，只有在法律的实施过程中，也即行政行为的过程中，法律的强制性才能真正体现出来，所以法律的强制性也必然体现为行政行为的强制性。具体而言，行政相对人对行政行为必须服从和配合，如果行政相对人拒不履行行政行为所施加的义务，行政主体就可依法强制其履行或者申请人民法院强制执行。而民事行为则不具有此种国家强制的特性。行政行为的强制性与单方意志性是紧密联系的。行政行为的强制性是行政行为单方性的结果；行政行为单方意志性是行政行为强制性的前提。需要注意的是，行政行为的强制性只是意味着国家强制力是行政行为目标实现的最终担保手段，并不是说为达成行政目的就必然依赖国家强制力。

案例思考

某县工商行政管理局决定将原有的办公楼修葺一新，并购置了一些办公家具，便于2008年6月与该县居美家具公司签订了一份关于购买办公家具的合同。合同签订后，居美家具公司按照合同规定送货上门。县工商局认为该批家具质量不够好，便以此为由要求降低价格。居美家具公司不肯降价，认为家具完全符合合同的约定，县工商局应履行合同，收货付款。双方争执不下。县工商局即以居美家具公司从事非法经营活动为由，吊销了居美家具公司的营业执照，并处罚款7000元。居美家具公司不服，向县人民法院提起行政诉讼：一是要求县工商局履行合同，并偿付违约金；二是请求撤销县工商局对其作出的吊销营业执照和罚款的行政处罚决定。县法院经审查驳回了居美家具公司的第一项要求，受理了第二项要求。

问题：县法院的决定是否正确？为什么？

第二节　行政行为的分类

对行政行为进行科学的分类，不仅有助于认识各类行政行为的具体特征，分析特定行政行为是否合法、有效，而且也是为立法和司法建立相应的法律规制标准和救济机制的现实需要。因此，对行政行为类型的划分，历来是行政法学的重点研究对象。

一、抽象行政行为和具体行政行为

根据行政行为实施的对象及适用力的不同，可以将行政行为分为抽象行政行为和具体行政行为。

抽象行政行为是指行政主体针对不特定的行政管理对象实施的行政行为，包括行政主体制定行政法规和行政规章的行为，也包括行政主体制定行政措施，发布行政命令、通知、通告、决议、决定的行为等。具体行政行为是指国家行政主体针对特定的行政管理对象实施的行政行为，包括行政许可、行政强制、行政处罚等行为，通常以具体、完整的行政决定的形式表现出来。

抽象行政行为和具体行政行为的区别是长期困扰行政法理论和实务界的一个难题。理论和实务界通常从以下三个方面进行区分：

(1)看该行政行为终结时相对人是否明确、固定。所谓明确是指相对人是否可以被个别化为具体的组织或个人；所谓固定是指行政行为终结时相对人的范围已经封闭，不可能扩大或缩小。行政行为终结时相对人不能被个别化、固定化的，即为抽象行政行为。据此，禁止通行的红灯命令行为是具体行政行为。表面上看，从红灯亮到灭有一个持续的时间，该命令拘束的对象似乎不确定。但实际上，该命令是一种持续性作出的行政行为，它是多个具体行政行为的集合，针对每一个相对人的红灯命令，都是一个相对人明确的具体行政行为。

(2)看适用效力是“一次性消费”还是反复使用。具体行政行为通常只针对特定事的特定人产生效力。离开了特定事的特定人，具体行政行为将丧失存在的意义。抽象行政行为通常针对某类事的某类人产生效力。这里的某类事是指符合一定特征的同一类型事项。这里的某类人是指符合一定条件的自然人、法人或其他组织。这类人可能随时在增加或减少，只要符合一定的条件，某一自然人、法人或其他组织就必须受该抽象行政行为的拘束。所以，抽象行政行为具有反复适用的特点。

(3)抽象行政行为的通常表现形式是具有普遍约束力的行政规范性文件。当然不能据此推断:表现为行政规范性文件的一定是抽象行政行为;或抽象行政行为一定表现为行政规范性文件。①

抽象行政行为与具体行政行为有时会同时在一个法律文件中出现。比如,行政机关将属于李四的树列为国有的古树名木并禁止任何人破坏的行政决定,就是一个集两种行为于一身的行政行为。将李四的树征为国有并确定为古树名木的行为,对象确定,是具体行政行为;禁止任何人破坏古树的命令,相对人不确定,是抽象行政行为。又如《国务院办公厅关于湖南省怀化市社队煤矿三起重大伤亡事故的通报》,既对三起事故的责任人员作通报批评,又对如何防止类似事故作了五项普遍性规定。通报批评是具体行政行为,普遍性规定是抽象行政行为。

抽象行政行为与具体行政行为的划分,对于法律制度构建及其适用具有重要的意义。首先,它有助于确定和判断行政复议和行政诉讼的受案范围。因为只有具体行政行为才有可能进行复议和诉讼,而抽象行政行为原则上是排除在外的,两种行政行为之间的法律救济与监督途径是有区别的。其次,抽象行政行为与具体行政行为在主体、内容及效力的法律规定等方面也是不相同的。一般来说,抽象行政行为的主体要件比较严格,行为内容较广泛、概括,法律效力具有普遍性和相对稳定性,而具体行政行为的主体具有一定普遍性,即所有行政主体均可为之,内容较具体和具有专门针对性。②

案例思考

甲市人民政府在召集有关职能部门、城市公共交通运营公司召开协调会后,下发了甲市人民政府《会议纪要》,明确:城市公交公司的运营范围,界定在经批准的城市规划区内;城市公交公司在城市规划区内开通的线路要保证正常运营,免缴交通规费,在规划区范围内,原由交通部门负责的对城市公交公司违法运营的查处,交由建设部门负责。《会议纪要》下发后,甲市城区交通局按照《会议纪要》的要求,中止了对城市公交公司违法运营的查处。田某、孙某和王某是经交通部门批准的三家运输经营户,他们运营的线路与《会议纪要》规定免缴交通规费的城市公交公司的两条运营线路重叠,但依《会议纪要》,不能享受免缴

① 应松年主编:《行政法与行政诉讼法》(第二版),法律出版社2009年版,第115页。
② 参见王周户等编著:《行政法》,法律出版社2007年版,第173—174页。

交通规费的优惠。三人不服,向法院提起诉讼,要求撤销《会议纪要》中关于城市公交公司免缴交通规费的规定,并请求确认市政府《会议纪要》关于中止城区交通局对城市公交公司违法运营查处的内容违法。

问题:甲市人民政府《会议纪要》所作出的城市公交公司免缴交通规费的内容是具体行政行为还是抽象行政行为?

二、内部行政行为和外部行政行为

根据行政行为的作用对象和效力的范围的标准,可将行政行为分为内部行政行为与外部行政行为。

内部行政行为是指行政主体在内部行政管理过程中所作的,只针对行政组织内部的人员、事务产生法律效力的行政行为。如行政机关对其所属公务员所作的奖惩、任免等决定即是内部行政行为。外部行政行为,是指行政主体针对不属于本系统的行政相对方(社会上的公民、法人或其他组织)就行政主体自身以外的事务所作的行政行为。如行政机关实施的行政处罚、行政许可和行政强制等行为。如果说内部行政行为体现了行政主体的自我组织和管理,外部行政行为则体现了国家对社会的公共管理。

案例思考

秦某于1999年3月经合法程序被某村村民选举为村委会主任。2001年9月9日早晨,某镇党委、政府通知秦某去镇政府开会。会上镇党委、政府以未完成"三提五统"、农业结构调整不力为由,暂停了他的村委会主任职务,而且村委会公章也当场被镇党委、政府收回。很快,镇党委、政府指定了村委会负责人,并通过高音喇叭向某村村民宣布。秦某被停职后多次去找镇领导为自己申辩,也先后9次去法院状告镇政府,但都没有任何结果。他又把"状子"递到了中级人民法院,市中院指定某区人民法院审理此案。

问题:镇政府的行为是内部行为还是外部行为?

划分外部行政行为与内部行政行为的法律意义在于:首先,内部行政行为的主体资格,法律没有严格要求,而外部行政行为的主体资格,法律规定了严格的条件。因而某些具有内部行政行为主体资格的组织,不一定具有外部行政行为主体资格。其次,外部行政行为与内部行政行为的适用对象、采用方式、手段并不相同，因而采取的救济途径也是不同的。内部行政行为只能通过内部申诉等途径予以救济，而外部行政行为在符合法定条件下，可适用行政复议和诉讼程序。

问题探讨 内部行政行为是否一概不可诉？①

《行政诉讼法》第12条规定，人民法院不受理行政相对人对“行政机关对行政机关工作人员的奖惩、任免等决定”提起的诉讼。对此，《若干问题的解释》第4条指出：“行政诉讼法第12条第(3)项规定的‘行政机关对行政机关工作人员的奖惩、任免等决定’，是指行政机关作出的涉及该行政机关公务员权利义务的决定。”

内部行政行为是行政主体在内部行政活动中对行政组织内部及其工作人员作出的行政行为。它通常包括两类：一类是上级行政机关或工作人员与下级行政机关或工作人员间的工作关系。如上级行政机关对下级行政机关的命令、指示、批复等。这类行政行为的可诉性，《行政诉讼法》没有作明确排除，但司法实践通常将其排除出行政诉讼的受案范围。另一类是行政机关与行政机关工作人员间的人事管理关系。如行政机关对其工作人员的奖惩、任免、考核、调动、加薪等。这类行政行为已被《行政诉讼法》排除于行政诉讼的受案范围之外。

但需注意的是，《行政诉讼法》和《若干问题的解释》只明确排除了“行政机关作出的涉及该行政机关公务员权利义务的决定”，不能据此认为行政机关对非公务员的行政机关工作人员作出的权利义务决定一定可诉或不可诉；得到法律、法规、规章授权的非行政机关组织体因行使行政权与其内部工作人员之间发生的权利义务关系，从理论和《行政诉讼法》的立法精神上分析，应被排除在行政诉讼的受案范围之外；同时包含内部行政行为和外部行政行为的决定，应允许相对人对外部具体行政行为依法提起行政诉讼。

三、作为行政行为和不作为行政行为

根据行政行为是作为还是不作为的标准，行政行为可分为作为行政行为与不作为行政行为。作为行政行为即指以积极作为的方式来改变原法律状态行为，如公安机关履行保护公民人身权财产权积极出警和行政许可机关赋予

---

① 参见应松年主编：《行政法与行政诉讼法》(第2版)，法律出版社2009年版，第116—117页。

公民权益办理许可证等行为。不作为行政行为则是行政主体消极维持现有法律状态，常表现为不履行法定职责的行政行为，如行政主体拒绝颁发许可证和对行政相对人的申请不答复的行为，都是不作为的行政行为。

划分作为方式与不作为方式的行政行为，有利于明确行政行为的范围。人们通常会认为，行政行为就是一种行政决定，而决定都是以作为方式来表现的，因而认为只有作为方式的行为才属于行政行为，才会影响相对人权益。其实在法定条件下，某些不作为方式也直接影响相对人权益，产生相应法律后果，也就构成法律上的行为即行政行为，如对行政相对人的请求不予答复或者拒绝颁发营业执照，此类消极维持现有法律状态、不履行法定职责的行为，同样会侵犯相对人的合法权益。

划分作为行政行为和不作为行政行为的法律意义在于：从理论上全面认识行政行为的存在方式，使行政主体或行政公务人员知道即使什么都不做，也能对其提起行政诉讼，从而促使行政主体或行政公务人员积极履行行政职责和对相对人权益的保护。正是这个原因，《若干问题的解释》最早的草案稿第1条第1款曾这样表述："公民、法人或者其他组织对具有国家行政管理职权的机关和组织及其工作人员实施的与行使行政管理职权有关的行政行为以及相应的不作为，属于人民法院的受案范围。"

四、单方行政行为和双方行政行为

根据行政相对人是否参与决定行政行为内容的标准，行政行为可以分为单方行政行为和双方行政行为。

单方行政行为是行政主体单方面决定无须相对人同意即可作出的行政行为，例如行政处罚、行政强制等。有些行政行为，如颁发许可证或执照，虽然需要相对人的申请，但是否颁发仍由行政主体作最后决定，因此仍属单方行政行为。除非法律作特殊规定，行政机关实施行政行为，大多采取单方行政行为的形式。

双方行政行为是指行政主体之间或行政主体与相对人之间经协商一致而成立的行政行为。我国在行政管理中单方行政行为运用较多，但近年来行政机关对双方行政行为运用增多，例如目前人事管理中普遍采用的招聘合同即属于双方行政行为。

五、行政法律行为和行政事实行为[①]

根据行政行为是否直接产生法律效果的标准，可将行政行为划分为行政法律行为与行政事实行为。

所谓行政法律行为，是指直接产生法律效果(即以一个权利义务关系的产生、变更和消灭为目的)的行政行为。所谓行政事实行为，是指行政主体基于行政职能或完成行政任务的需要而作出的不以一定法律效果为直接目的的行为。

在行政事实行为的界定和性质上，如果行政主体所为的事实行为完全不发生法律效果，就没有必要将其纳入行政法中探讨。只有将不直接发生法律效果的行为，称之为“事实行为”或“行政事实行为”并将其纳入行政法的调控和规范，才具有意义。如警察的巡逻、盘问、例行检查等活动，虽无直接的法律效果(但间接亦会对行政相对人的权利义务产生影响)，但必须受到行政法的规范。行政事实行为与行政法律行为的区别，主要体现在与法律效果的关系上。行政法律行为直接以产生、变更和消灭权利义务为目的，直接发生法律效果；行政事实行为并不直接发生法律效果(但并非完全不发生法律效果)，而是发生间接法律效果，即其效果的发生非由于行为本身所引起，而系由于与行为相牵连的外界事实或行为所引起。事实行为本身虽不直接发生法律效果，但它对法律行为的产生过程和实施过程具有重要作用。如作出决定前的调查、搜集资料、撰拟文书的行为，这些事实行为本身就构成了行政法律行为的一部分。行政事实行为与行政法律行为相比较，并非不受行政法律规范调整，而只是法律效果有别。行政事实行为不发生有效与无效等效力问题，只发生行政机关、被授权组织及行政公务人员的违法与否及责任问题。

旁评附注　行政事实行为的表现形式

从对行政法有意义的角度上看，应主要是那些与行政行为相关的行为，或称“职务相关行为”，包括辅助行为、阶段行为和衍生行为等。

(1)辅助行为，主要是资料性或技术性行为，例如在许可、登记行为中的资料检查、立档备案行为等；

(2)阶段行为，即构成行政行为的某个特定阶段的事实行为，如对扣押物品的保管；

---

① 杨解君:《行政法与行政诉讼法》，清华大学出版社 2009 年版，第 172－173。

(3)衍生行为或相关行为，主要是指公务员在执行公务过程中，基于临时需要或滥用职权而作出的事实行为，一般表现为对人身或财产的强制，例如，警察在讯问违法行为人时对被讯问人采取殴打、刑讯逼供的行为等。

将行政事实行为与行政法律行为区分开来，具有重要的诉讼价值。在行政诉讼中，法院对行政行为的审查包括对事实行为的审查，确认事实行为是否违法也是认定侵权赔偿责任的前提。

六、依职权行政行为和依申请行政行为

根据行政行为的实施是否必须由行政相对人的申请的标准，行政行为可划分为依职权行政行为和依申请行政行为。

依职权行政行为是指行政主体根据其职权，而无须行政相对人的意思表示，如申请、要求等，就能主动实施的行政行为，如税务机关依法征税的行为、交通警察机关依法处罚违章行为的行为等。依申请行政行为是指行政主体只有在行政相对人提出申请或要求后才能实施的行政行为，如工商机关发放营业执照的行为、民政部门发放抚恤金的行为等。

在现代社会，随着给付行政理念的兴起，行政的运作方式与风格也悄悄地发生了变动，行政不再仅仅是一种“高权者的命令”，而逐渐强调相对人的参与及配合，重视私人在行政活动中的作用，这突出表现为各国在其行政程序法中纷纷将行政程序的启动机制分为依职权和依申请两种形式并规定相应的法律效果。

划分依职权行政行为和依申请行政行为的法律意义在于：其一，行为的效力状态不同。在没有相对人申请或提出申请后又撤回的情况下，如果行政主体主动作出依申请行政行为，虽然原则上并不必然导致该行政行为的无效，有时允许以补办申请的方式补正该瑕疵，但未补正前，行政行为的效力未定；而依职权的行政行为，只要有一定法律事实的产生，行政主体便可主动作出，其行政行为具有法律效力；其二，举证责任的不同。在我国行政诉讼实务中，就举证责任而言，在一定程度上，对依职权行政行为与依申请行政行为采行不同的标准。例如，根据《最高人民法院关于行政诉讼证据若干问题的规定》(2002年10月1日起施行，以下简称《证据若干问题的规定》)第4条第2款的规定，在依申请行政行为的情形下，原告起诉被告不作为的，须提供其在行政程序中曾经提出申请的证据材料(除非原告因被告受理申请的登记制度不完备等正当事由不能提供相关证据材料并能够作出合理说明的)；相反，如果原告起诉

被告依职权行政行为的不作为的，则不必提供这类证据材料。

七、羁束行政行为和裁量行政行为

根据行政机关在作出行政行为时能否进行主观判断为标准，行政行为可划分为羁束行政行为和裁量行政行为。

羁束行政行为是指法律对行政机关所进行的行政行为作了明确具体的规定，行政机关只能依照法律的明确规定实施的行政行为。如行政机关发放居民身份证的行为，《中华人民共和国居民身份证法》对居民身份证发放的条件和期限已经作了非常明确的规定，行政机关只能按照法律的规定实施；又如税务机关严格按法律规定的税种、税率征税，不能有任何变动。

裁量行政行为是指法律对行政机关所进行的行政行为没有作出明确的规定，而只是规定了实施该行政行为的原则、幅度、精神和条件等，行政机关依据这些原则、幅度、精神、条件等而实施的行政行为。如公安机关在治安管理处罚中的罚款，可根据案件的具体事实、情节等情况，在法律规定的200元以下幅度内自由选择具体数额。

划分这两种行政行为的法律意义在于：其一，有助于把握司法权和和行政权的关系以及完善行政诉讼法律制度。在行政诉讼制度中，司法审判对行政监督与审查的有限因素之一，就是自由裁量行政权的存在及其本身的特殊性。其二，有利于对行政合法性原则和行政合理性原则的产生与发展及其精神和要求的理解、掌握，以及对行政行为的有效性、合法性的确认和行政责任追究的完善。

第三节　行政行为的内容和形式

一、行政行为的内容

行政行为的内容，是指行政主体意思表示的具体内容，即行政主体对行政相对人的权利义务或法律事实进行了怎么样的处理以及由此产生的影响状态。就行政行为的整体而言，其内容十分广泛复杂，但都关涉一定的权利、义务或利益；就单个不同的行政行为而言，则其内容各异。根据各类行政行为对行政相对人的影响及其引起的法律效果的不同，我们将行政行为的内容归纳为如下几类。

1. 设定权利或者义务

行政主体给行为对象设定一定的权利义务，实际上在行政主体与行为对象之间以及行为对象与他人之间创设了一种新的法律关系。

设定一定的权利，不仅表现为给行为对象人设立了一种法律上的权能、权利，还表现为由此带来的某种利益。所谓权能是指赋予行为对象从未具有的权利能力和行为能力，使其具有从事某种活动或行为的资格（如给予律师资格，发给驾驶执照、营业执照等）。而此处的权利是指赋予相对人新的从未享受过的权利（如赋予相对人自主经营权）。此处的利益是指基于某种权利所得到的利益，往往表现为一次性即告结束（如依法发给奖金的行为）。

设定一定的义务，指行政主体依法要求相对人作为一定的行为（通常称"命令"，如责令相对人拆除违法建筑物）或不作为一定的行为（通常称"禁令"，如禁止相对人排放污染物），不仅有单纯行为上的义务（如接受审计检查等），也有财产义务（如命令相对人缴纳税款）。

2. 变更权利或者义务

变更权利义务是指行政行为改变了行为对象人原来的法律地位以及权利义务关系，具体表现为三种情况：一是使相对人原有的权利义务予以减少或缩小，如减税决定；二是使相对人原有的权利义务予以扩大或增加，如扩大相对人的经营范围，增加纳税税种、税率等；三是使相对人原有的权利义务予以恢复，如暂扣驾驶执照决定的撤销，减税决定的撤销等。

3. 消灭权利或者义务

消灭权利义务即消灭或废除已经存在的法律关系。消灭权利，指行政行为的内容是行政主体依法消灭相对人已有的某种权利和权能，既包括对权利的撤销，如商标专用权、专利权之撤销，也包括对权利的剥夺，如没收财物；既包括消灭权利，也包括消灭权能（或能力或资格），如吊销许可证、执照等。

消灭义务，指行政行为的内容是消灭相对人已负有的作为义务或不作为义务。对作为义务的消灭，通常称为"免除"，如免税决定；对不作为义务的消灭，即对禁令的解除，亦称"许可"。

4. 确认权利义务或者法律事实

确认权利义务是指行政主体通过行政行为对某种法律关系是否存在及存在范围的认定，如县级人民政府对土地所有权或使用权所作出的确认决定等。

确认法律事实，是指行政主体通过行政行为对某种法律关系有重大影响的事实是否存在，依法加以确认。如道路交通事故鉴定结论，就是对交通事故加以确认，其结果将影响肇事者与受害者之间的民事法律关系。

虽然确认权利义务或者法律事实为内容的行政行为，没有创设新的权利义务，也没有变更或消灭权利义务，但这种内容的行政行为，使特定的权利义务关系或法律事实从不稳定或不明确状态趋于稳定或明确，会间接地影响相对人的权利义务。所以，行政确认也应当被认为是一种具有法律意义的行为，即行政行为。

概念辨析 **确认法律事实与确认权利义务的联系与区别**

确认法律事实必然影响法律关系，但确认法律事实并不等于确认法律关系。当事人之间是否存在某种法律关系，在事实的认定之中并不能完全或者必然就得到确认，如对医疗事故中伤残等级的确认，并不能确认责任关系如何。法律关系的确认是以法律事实确认为前提的，在有些法律关系确认之中，也同时包含着对法律事实的确认，如土地确权行为，但对有些法律关系的确认和法律事实的确认，法律要求是分开的，不能相互取代或交错在一起，如《道路交通事故处理办法》就是如此规定的。

应该指出，上述分类并非绝对的、相互排斥的，某一行政行为有时可能同时产生多种效果，包含几项内容，如罚款行为就包含着剥夺财产权利和科以财产的缴纳义务。

二、行政行为的形式

行政行为通过对外部的表示而成立。只有行政行为的意思决定，而没有行政行为的外部表示，行政行为不能成立。例如，对于行政相对人的违法行为，行政主管部门在内部达成共识，决定给予相对人罚款的行政处罚，但没有向相对人送达行政处罚决定书，则可认为此时具体的行政处罚行为还不存在，行政相对人此时即使知晓自己必然受到处罚，也不能通过法律途径寻求救济。所以，有内容必有形式，一定的内容必须通过一定的形式表现出来。这种外在形式即行政主体意思表示的形式。不同的内容有不同的形式，归纳起来包括明示和默示两种形式。

1. 明示形式

这是指行政主体以语言或文字等方法直接表现行政行为内容的形式。明示具有表意直接、明确的特点，不易产生纠纷，具有广泛的适用性。它主要有口头形式和书面形式两种。(1)口头形式，即行政主体借助于语言来进行意思表示的形式，如口头宣布命令、电话发布通知等。这种形式的优点是简便、易行、直接、迅速，缺点是缺少文字依据，发生争议时不易处理。所以，它仅适用于比较简单的具体行政行为，抽象行政行为及内容复杂、后果重大的具体行政行为则不应采用。(2)书面形式，即行政主体借助于文字来进行意思表示的形式。这是行政行为最常用的一种表示方式，实践中大部分的行政行为都是采用这种表示方式作出。如行政处罚决定必须制作处罚决定书，口头处罚无效。这种方式的最大优点是内容明确且便于保存与重现。一旦发生纠纷，裁决机关只要审查该书面决定即可作出判断。实践中书面形式的具体表现亦多种多样，可分为一般书面形式与特殊书面形式，前者如行政处罚决定书，后者如鉴证形式、公证书形式等。若法律对某一种行政行为明确规定为必须采取某一形式，则无此形式要件的行政行为将被视为违法。

此外，动作形式、自动化装置和定式化标记也属于明示的行政行为。动作形式即指行政主体借助于执法人员的不同肢体动作来实现其意思表示的方式，其最典型的形态就是交通警察的指挥手势。自动化装置即行政主体通过一定的机械设备并通过预先设定的控制程序自动传达某种具有法律约束力的信息的方式，其最常见的形态是设置在十字路口的交通信号灯。定式化标记即行政主体通过某种法定的符号、标记而为意思表示的方式，其常见的形态如设置在人行横道上的斑马线等。①

2.默示形式

默示方式是指行政主体通过特定意义的沉默行为，通常表现为不作为行为来进行意思表示，而相对方根据法律规范的明确规定即可推定其内心意思(拒绝或同意)的形式。如我国《行政许可法》第50条规定，被许可人申请延续其行政许可，行政机关逾期未作决定的，视为准予延续。此处“准予延续”的意思表示即是通过默示的方式作出的。再如，《集会游行示威法》第9条规定：“主管机关接到集会、游行、示威申请书后，应当在申请举行日期的三日前，将许可或者不许可的决定书面通知其负责人。不许可的，应当说明理由，逾期不通知的，视为许可。”在这里“逾期不通知”也是“许可”的一种默示形式。

由于默示方式具有被推定的直接法律效果，因此该种表示方式只有在法律有明确规定时方能实施，而不能将行政主体的所有不作为或沉默都推定为承诺的意思表示。

---

① 参见胡建淼主编:《行政法与行政诉讼法》，中国法制出版社2010年版，第95页。

第四节　行政行为的效力

一、行政行为效力的含义与内容

行政行为的效力是指行政行为一经作出，在没有被法定机关经过规定程序确认为违法并撤销其效力之前，它所具有的法律效果，这种法律效果表现为它产生特定的法律约束力或强制力。行政行为的效力的内容包括公定力、确定力和执行力。

1.公定力

行政行为的公定力，是指行政行为一经作出，无论是否合法，具有被推定为合法而要求任何机关、组织和个人表示尊重的一种法律效力。换言之，公定力是一种被推定或假定的法律效力。行政行为(除非有重大、明显的瑕疵情形)在经由法定程序由法定机关使之失效之前，都应被推定为合法、有效，至于事实上是否真正合法、有效，则在所不问。

行政行为的推定公定力与行政行为真正合法与否不是一回事，确认行政行为公定力是为了维护公共利益、稳定行政管理秩序、尊重行政主体的地位和作用，试想如果任何组织和个人对行政行为的合法性都有判断权，自由否定行政行为的合法性和效力，将会出现对于自己有利的行政行为就执行，对自己不利的行政行为不予执行的混乱场面。

公定力表现为一种尊重的义务，它要求一切机关、组织或个人对行政主体所作的行政行为(除非有重大、明显的瑕疵情形)表示尊重，不能任意予以否定。简言之，法的安定性原则要求承认行政行为的公定力，即使该行政行为可能存在瑕疵；但是，在行政行为具有重大、明显瑕疵的情形下，则不再适用法的安定性原则，而应当适用实质的正当性原则。因此，公定力的适用范围应当是有一定限制的。

2.确定力

行政行为的确定力，是指已生效行政行为对行政主体和行政相对人所具有的不受任意改变(撤销、变更、废止、注销、吊销等)的法律效力。由于具体行政行为是行政主体向相对人所作的设定、变更或消灭权利义务的一种承诺，因此，行政行为的确定力是法的安定性原则和诚实信用原则的具体要求和体现。

确定力包括对行政主体的确定力和对行政相对人的确定力两个方面。对行政主体的确定力也称为实质确定力，对行政相对人的确定力也称为形式确定力。前者是指行政主体不得任意改变自己所作的具体行政行为，否则应承担相应的法律责任；目的是防止行政主体任意更改或撤销已生效的行政行为，导致行政相对人权益受到损害；行政主体要改变或撤销已发生确定力的具体行政行为，必须经过作出该具体行为时的同样程序。后者是指行政相对人不得任意请求改变已生效的行政行为，否则其请求将不被视为有效请求，而不予受理。例如，一般说来，如果超过法定的复议、诉讼时限，对特定行政行为而言，行政相对人就不能再获得行政复议或行政诉讼上的救济。

不过，行政行为的确定力往往是相对的，基于法定事由，经过法定程序，行政行为可以依法被改变。一方面，行政相对人可以在法定救济期限内通过行政复议或行政诉讼请求救济；另一方面，行政主体自身发现行政行为确有违法情形，可依法改变，并且对由此给行政相对人带来的损失依法承担相应的赔偿责任。

3. 执行力

行政行为的执行力，是指已生效的行政行为要求行政主体和行政相对人对其内容予以实现的法律效力。它是针对行政主体和相对人双方的，而非仅针对相对人，双方主体都具有实现行政行为内容的权利义务。

执行力是实现行政行为内容的效力，这里的实现方式包括自行履行和强制履行。其中对行政相对人的强制履行，包括行政强制执行和司法强制执行；对行政主体的强制履行通常由行政相对人通过行政复议、行政诉讼来实现。

就执行力的根据来说，早期，学者们通常认为，行政行为是一项主权者的命令或法律要求，可以把某种义务单方面强加给相对人，并认为行政主体的这种优越性一直延伸至执行，行政主体可以强制实施其所创制的意图，使用其本身的力量来实现包含于行政行为中的承诺。现代行政法学则认为，根据法治原则，行政权都应来源于法律。因此，执行力的行使亦须得到法律的另行授予。

理解行政行为的执行力，必须注意如下几点：一是并非所有行政行为都必须强制执行（如行政处罚中的警告、绝大部分行政许可行为等，都与强制执行无关）；二是并非行政行为在任何情况下都必须强制执行，换言之，强制执行的前提是行政相对人拒不履行其应履行的义务；三是并不是行政行为成立后就必须予以执行，除了行政行为成立、生效后应立即执行的一般情况外，也存在一些例外情况；四是有些行政主体不具有强制执行手段，其行政行为需要申请人民法院强制执行。

二、行政行为的生效规则

行政行为的生效规则，是指行政行为成立后自何时开始发生法律效力的法定规律。行政行为并非一旦作出就生效。对行政机关而言，行政行为的成立和行政行为效力的开始时间应当是一致的，行政行为一旦作出就立即生效；而对相对人而言，行政行为只有在为相对人知晓时才开始生效。行政行为在生效期间上的差异便构成了行政行为的生效规则。

旁评附注 行政行为的生效时间

一般而言，行政行为自成立时候起就同时对行政主体开始生效，如《行政许可法》第44条规定："行政机关作出准予行政许可的决定，应当自作出决定之日起十日内向申请人颁发、送达行政许可证件，或者加贴标签、加盖检验、检测、检疫印章。"正是行政许可决定自成立（作出）时起就对行政机关开始生效，才会产生行政机关应在法定期限内送达的约束性义务，也正是这样的生效模式，才会产生自行政行为成立时起，行政机关不得随意改变的实质确定力。但对于行政相对人来说，行政行为成立后，只有符合一定的生效规则，才能发生法律效力。而这种生效规则的核心要求，就是行政行为内容为行政相对人所知晓，或者在法律上被视为知晓，才能开始生效。因而对相对人而言，行政行为开始生效一般都晚于对行政机关的生效时间。所以，行政行为的生效规则主要是对行政相对人的。

一般说来，行政行为的生效规则大致可分为以下四种：

1. 即时生效

即时生效指行政行为一经作出即具有效力，对相对人立即生效。这种情况一般来说适用于紧急情况下所作出的需要立即实施的行为，作出行政行为和行政行为开始生效的时间是一致的，其适用范围相对较窄，适用条件相对较为严格。例如，对醉酒的人实施人身约束，人身约束行为一经作出，立即生效。还比如收容审查、即时强制、戒严令等。

2. 告知生效

告知生效是指行政机关将行政行为的内容采取公告或宣告等有效形式，使相对人知悉、明了行政行为的内容，该行政行为对相对人才能开始生效。通常公告、通告等都附有生效时间，故又属于附条件生效。与受领生效不同，告知生效所适用的对象是不特定的多数人和住所地不明确的具体的行政相对人。在这种情况下，行政行为的内容无法一一告知或难以具体告知。所以，告知生效的关键问题是采取有效的告知形式，足以使相对人对行政行为的内容有所了解。有效的告知形式主要有公告、布告、通告、无线广播、电视播放等。

3.受领生效

受领是指行政行为告知相对人，并为相对人接受、知悉和领会。受领生效是指行政行为须经相对人受领后方能生效。受领即接受、领会，但受领并不意味着必须得到行政相对人的同意。相对人的同意与否并不影响行政行为的生效。例如，行政处罚决定书，被送达给行政相对人后，即使行政相对人对处罚决定有异议，行政处罚行为也已经产生法律效力。送达生效是指表达行政行为内容的法律文书，一经送达给行政相对人，即发生法律效力，行政相对人的同意与否并不影响行政行为的生效。受领生效，一般适用于特定人为行为对象的行政行为，行政行为的对象明确、具体，一般是采用送达的方式。送达包括直接送达、留置送达、转交送达、邮寄送达、委托送达等方式。

4.附条件生效

附条件生效又称为延迟生效，是指行政行为的生效附有一定的期限或其他条件，在所附期限来到或条件消除时，行政行为才开始生效。例如，《土地管理法》规定，土地确权的裁决行为，在 30 日内及行政相对人在 30 日内提起诉讼以后而法院未作出裁判以前的时间内，暂时不能生效。又如《中华人民共和国行政许可法》于 2003 年 8 月 27 日通过并发布，但并非立即生效，而是到 2004 年 7 月 1 日才开始生效。

三、行政行为的失效规则

1.行政行为的无效

无效行政行为是指因具有重大、明显的瑕疵或法定的无效情形，无需有权机关确认并宣告，自始不发生法律效力的行政行为。对于无效的行政行为，相对人没有必须服从的义务，并且请求权利救济可不受时效限制。行政主体可能会运用行政权力使无效行政行为产生一定事实上的约束力，但由于不具有法律效力，故对当事人无任何形式上和程序上的约束力，当事人有权予以拒绝。

行政行为具有如下几种情形的，可以视为无效[①]：

---

① 参见陈伯礼等著：《行政法与行政诉讼法》，武汉大学出版社 2011 年版，第 98 页；王周户等编著：《行政法》，法律出版社 2007 年版，第 183－184 页。

(1)行政行为具有特别重大且明显的违法情形,如政府命令有爆炸危险而停止供气的煤气供应站恢复供气。

(2)行政主体不明确或明显超越相应行政主体职权的行政行为,如公安机关吊销企业营业执照,行政主体实施行政行为不表明身份,在行政决定上不署相应行政主体的名称、不加盖有效公章等明显越权行为。

(3)行政主体受胁迫或欺骗作出的行政行为,如在行政相对人的威胁或欺骗(提供虚假证明或伪造证件等)下而颁发许可证的行政行为。

(4)行政行为的实施将导致犯罪,如某乡政府为招待外商,下令村民捕杀国家珍稀保护动物。

(5)不可能实现的行政行为,如北方某县为了发展林果业,决定大量种植当地气候根本不适宜种植的热带水果。

(6)法律法规明确规定行政行为无效的,如《行政处罚法》第 3 条第 2 款规定:"没有法定依据或者不遵守法定程序的,行政处罚无效。"

一般认为,行政行为无效会导致如下法律效果[①]:

(1)无效行政行为自始无效。这应从时间上来界定它的效力。无效起自于作出行政行为之日,行政行为成立之日就是无效之时。

(2)无须有权机关确认或宣告无效,任何人均可忽视其存在。若该行政行为令相对人承担相应的义务,则相对人无须遵守,若因此义务违反而涉及刑事责任时,法院应根据独立意志裁定该行政行为无效。若该行政行为赋予相对人享有相应的权利,则任何人都可以漠视其权利的存在,若因此权利存在而发生侵害该权利的民事诉讼时,法院也应根据独立意志裁定因该行政行为而赋予的权利无效。

(3)作出该无效行政行为的机关或其他有权机关得随时宣告或确认该行为无效;权利人随时可以请求有权机关宣告或确认该行政行为无效。

(4)一般说来,行政行为被宣布无效后,被无效行政行为改变的状态应尽可能恢复原状。例如,行政主体通过相应行为从相对人处所获取的一切财物(如罚没款物等)均应返还,对相对人所课以的一切义务均应取消,对相对人所造成的一切实际损失,均应赔偿。至于行政相对人通过无效行政行为而获得的利益、好处是否均应收回,则应视相对人对行政主体作出无效行为是否具有过错而定。如果相对人有过错,其所获得的利益、好处无疑应予收回;如果相对人并无过错,根据信赖保护原则,对其获得的利益、好处,亦可不予收回;如

① 应松年主编:《行政法与行政诉讼法》(第 2 版),法律出版社 2009 年版,第 123—124 页。

果为了公共利益必须收回的，则因此给善意相对人所造成的损害，行政主体应予补偿。

2.行政行为的撤销[①]

行政行为的撤销，是指因行政行为违法或不当，由有权机关作出撤销决定从而使其失去法律效力。行政行为违法或不当是指行政行为自成立之时便具有瑕疵情形，而不是行政行为成立之后因法律或事实的变化而使行政行为违法或不当。

概念辨析 行政行为撤销与无效的区别

行政行为的撤销不同于行政行为的无效，主要表现为：(1)原因不同。行政行为撤销原因是行政行为有违法或不当，而行政行为无效原因则是行政行为有重大且明显瑕疵，构成行政行为无效的原因较撤销原因违法情形严重；(2)确认机关不同。作出行政行为撤销决定的机关必须是有权机关，可以是行政机关本身，有监督权的上级机关，也可以是法院；而确认行政行为无效的机关没有限制，任何人都可认定行政行为无效，并可以对无效的行政行为不予理睬，不予执行；(3)有无期限限制不同。对于可撤销的行政行为的确认有一定的期间限制，并非行政机关可任意随时撤销行政行为；公民提起行政复议或行政诉讼也有一定期间限制，过了法定期间，则不可再提起行政复议或诉讼，要求撤销行政行为。对于无效的行政行为确认没有期间限制，有权机关可以随时确认行政行为无效；公民可不受法定期限限制，随时提起诉讼要求法院确认行政行为无效；(4)法律后果不同。行政行为撤销之后，原则上溯及既往，行政行为从作出之日就失去法律效力，但也有自撤销之日起行政行为失去法律效力的情形。在被有权机关撤销之前，行政行为有法律效力，对相对人产生拘束力，相对人必须予以尊重并执行；行政行为无效是指行政行为自始便没有法律效力，任何人可以不予尊重，不予执行。

依照依法行政的原则，有瑕疵的行政行为应该予以撤销。但当该行政行为为授益行政行为时，如果毫无限制地予以撤销，将会严重影响相对人的利益，损害相对人对于行政行为的信赖或对公共利益有重大危害，因此，根据信

---

① 参见朱维究、王成栋主编：《一般行政法原理》，高等教育出版社2005年版，第326页。

赖保护原则及维护公共利益的要求，对授益行政行为在一定条件下又不能撤销。负担行政行为的撤销对行政相对人的利益影响，没有信赖保护的问题。因此，从依法行政和保护行政相对人的观点出发，原则上负担行政行为违法都应撤销。

旁评附注　授益行政行为撤销的特殊规则

对违法或不当的授益行政行为可否撤销当视具体情形而定。当相对人不存在值得保护的信赖时，行政机关可以对违法授益行政行为行使撤销权。相对人的信赖不值得保护的情形有：(1)相对人明知行政行为违法，或因重大过失而不知行政行为违法；(2)违法的行政行为是因为相对人的行为而导致，例如相对人故意隐瞒真实情况作虚假陈述，提供假资料等；(3)违法行政行为是在相对人的欺诈、胁迫或贿赂情况下作出的。以上情形下的授益行政行为之违法性，客观上归责于相对人，因而其信赖不值得保护，行政机关应撤销违法的授益行政行为。

但是，当相对人存在值得保护的信赖利益时，行政机关应依不同情形作出不同处理：(1)当相对人的信赖利益大于撤销行政行为而维护的公共利益时，授益行政行为不应予以撤销；(2)当相对人的信赖利益小于撤销违法行政行为而维护的公共利益时，违法的授益行政行为应该撤销，但是行政机关应该补偿因此而给相对人造成的财产损失；(3)对第三人有效力的授益行政行为的撤销。有些行政行为，对行政相对人而言是授益行政行为，而对第三人而言则是负担行政行为，例如，行政机关颁给甲建设许可证，乙为甲邻居，认为甲若建房会影响其相邻权，因此该许可行为对乙而言是负担行为。对于这种授益行政行为，乙当然有权提起行政复议或行政诉讼要求撤销。此类授益行政行为是否撤销应综合考虑和权衡公共利益、行政相对人和第三人的利益，如果认为第三人的权益较为重要，则应废弃对申请人的信赖保护，撤销该行政行为；如果认为申请人的信赖保护利益更为重要时，则按一般授益行政行为撤销的规则进行处理。

3.行政行为的废止

行政行为的废止，又称为行政行为的撤回，是指对合法有效的行政行为，由于发生新的情况而使之向后失去法律效力。由于科技发展迅速，社会情况不断发展变化，行政法律关系也应该适合公共利益的需要。如果已成立的行政行为，因情事变更，例如新的事由发生，法律、法规的变化等，使行政行为再继续存在已经不符合公共利益的需要，因而为了适合公共利益，应将已有效成立的行政行为废止。

概念辨析 行政行为废止与撤销的区别

行政行为废止不同于行政行为撤销，二者的区别为：(1)原因不同。行政行为废止是行政行为本身无瑕疵，因其继续存在已不符合公共利益而废止；行政行为撤销是行政行为成立时有瑕疵(违法或不当)，因而将其撤销。(2)宣告机关不同。行政行为是因为原合法有效的行政行为因新情况的变化不符合公共利益才需要废止，宣告废止的机关是作出行政行为的原行政机关；而行政行为的撤销是对本身成立时有瑕疵的行政行为予以撤销，宣告撤销的机关可以是作出行政行为的原行政机关，也可以是有监督权的上级机关以及法院。(3)法律后果不同。行政行为废止后，没有溯及力，只有向后失去法律效力；而行政行为的撤销原则上溯及既往，即该行政行为自始失去法律效力。

行政行为的废止是对一个合法的行政行为使其向后失去法律效力，从信赖保护的角度出发，如果公民对该行政行为存在值得保护的信赖，废止该行政行为就会损害公民的合法权益，因此，对行政行为废止不可随意，而应有不同的限制。一般来说，负担行政行为的废止，原则上属于行政裁量的范围，行政机关可以根据个案的具体情况运用自己的判断决定是否废止。不过，出于法治行政的考虑，负担行政行为的废止也不能超越有权主体的法定职权范围以及与现行法律相抵触。而对于授益行政行为的废止，从信赖保护观点出发，一个合法的授益行政行为理应维持其效力，只有在下列特定条件下才可予以废止：首先，行政机关废止授益行政行为需要法律依据，而不能由行政机关自由判断；其次，行政机关要在一定期限内行使废止权；最后，如果公民信赖行政行为的存在，因行政行为的废止而财产遭受损害的，应该给予补偿。

第五节 行政行为的程序

我国传统上只重视实体法而不重视程序法，认为“结果好，什么都好”。但随着现代国家的行政权力扩张，行政机关自由裁量权不断增加，仅依靠实体法律规则不足以控制行政权力。于是，现代国家普遍重视通过行政程序法制机制来对行政自由裁量进行预防性控制。先哲们对行政程序的法治保障作用多有赞美，如威廉·道格拉斯说："正是程序决定了法治与恣意的人治之间的基本区别"；F. 富兰克福特更是认为："自由的历史，基本上是奉行程序保障的历史。"

一、行政程序的涵义

一个行政行为总是由若干个步骤组成，而每一步骤又总要通过一定的方法（如会议方法或合议方法）和形式（如口头、书面或动作）进行。同时，所有步骤的展开总得占用一定时间，以及通过一定逻辑规律进行先后排列，也就是说，所有步骤的过程都是按照一定的时限和顺序展开的。因此，任何行政行为都是由以上步骤、方式、时限和顺序等要素构成。

行政程序就是指行政主体行使行政职权，实施行政行为所遵循的步骤、顺序、方式和时限。行政程序是行政行为的外在形式，是行政行为的空间表现形式和时间表现形式。

二、行政程序的法律价值

1. 有利于实现形式公正

行政程序具有超越实体法独立实现正义的价值功能。行政主体在行为过程中必须充分听取相对方意见，并在行政相对人平等参与的情况下作出决定，从而最大限度体现形式公正。同时，行政机关在实施行政行为时，要在程序上平等地对待相对人，排除各种可能造成不平等或偏见的因素。防止任何相对人享有特权或承担特别义务。

2. 有利于防止权力滥用

行政自由裁量权因其自由空间的广阔而容易被行政主体滥用。如果因此将自由裁量权减少到最小限度，甚至否定自由裁量权的存在，那会挫伤行政主体应有的积极性和能动性，导致机械执法。为保证自由裁量权的合理行使，行政程序是最好的方法，因为行政程序排斥恣意却并不排斥选择。行政程序中的公开、说明理由等制度可以较为有效地实现对自由裁量权的监控。

3. 有利于保障相对人的合法权益

行政程序虽不直接规定相对人实体上的权利和义务，但它通过规定相对人参与行政程序的权利（如听证制度）、行政机关说明理由的义务以及相对人遭受行政行为侵害时依法请求的方式和时限等，实质上保障了行政相对人的实体权利能够实实在在地实现。

4. 有利于监督行政主体依法行政

行政程序要求行政机关按照法律规定的方式、步骤、时限和顺序行使行政权力，同时赋予了当行政机关违法行使权力时，行政相对人申请救济的权利，实际上就使行政程序本身具有了控制行政权力的功能。例如行政主体处罚相对人，如果事先不听取被处罚人的意见，不给被处罚人辩解的机会，即使相对人违法行为完全符合被处罚条件，该处罚决定仍然无效。行政主体违反法定程序行使职权会导致行政责任的产生，从而为有权机关追究其违法责任提供法律依据。

5.有利于促进行政效率的提高

行政效率是行政权的生命。行政程序通过严格规定行政行为的时限，非因法定事由，行政机关延期作出决定是违法的行政行为，可以极大地提高行政效率。行政程序法确立的代理制度、不停止执行制度、紧急处置制度等有利于高效地行使行政权力，及时实现行政目的。同时，对行政行为顺序性的规定，其实质也是保证行政程序的合理运用，防止因时间上的差异而使行政程序徒有虚名。反之，如果没有法定程序的严格约束，行政机关在行使权力的时候，往往倾向于给自己行使权力设置若干前置的条件，从而导致权力的叠加和程序的繁琐，降低工作效率，造成老百姓办事的困难。

三、行政程序的重要制度

（一）听证制度

1.什么是听证制度

广义来说，行政主体在作出行政决定之前，听取相对人陈述意见和提供证据的过程都属于听证。但这里所指的听证制度是正式听证会，即指行政主体在作出重大行政决定之前必须通过法定的方式来听取利害相关人的意见，非经该程序不得作出任何行政决定。在听证程序中，行政主体告知行政相对人决定理由和听证权利，行政相对人向行政主体表达意见，提供证据，以及行政主体听取意见、接纳证据的一种法律制度。

2.听证制度适用的范围

听证是现代行政程序的核心制度，是相对人参与行政程序、监督行政行为的重要形式。但就法律层面而言，直接规定听证的并不多，目前规定听证程序的主要法律有：

(1)《行政处罚法》和《治安管理处罚法》规定行政机关在作出较重罚种（如作出责令停产停业、吊销许可证或者执照、较大数额罚款等）的行政处罚决定之前应举行听证；

(2)《价格法》规定政府价格行政主管部门在制定关系群众切身利益的公

用事业价格、公益性服务价格、自然垄断经营的商品价格的政府指导价和政府定价时，应建立听证会制度；

(3)《行政许可法》规定行政许可的设定，应由拟设定行政许可的起草单位采取听证会形式听取意见，并向制定机关说明设定该行政许可的必要性、对经济和社会可能产生的影响以及听取和采纳意见的情况；

(4)《立法法》规定行政法规在起草过程中，应当采取包括听证会在内的形式广泛听取有关机关、组织和公民的意见；

(5)《环境影响评价法》规定对可能造成不良环境影响并直接涉及公众环境权益的规划，专项规划的编制机关应当在该规划草案报送审批前举行听证会，征求有关单位、专家和公众对环境影响报告书草案的意见；

(6)《城乡规划法》规定对规划草案和规划实施情况评估，组织规划编制机关应举行听证会，征求专家和公众意见。

当然，听证制度的适应范围并不是越宽越好，太宽了会影响行政效率、加大行政成本。应当适用听证制度的范围一般为涉及重大公共利益的，或对老百姓的重大人身自由、财产权利产生直接影响的行政行为。但是如果举行听证会会危及到国家安全或公共利益，就不采用听证。还有一些紧急执行的行政行为也不必采用听证程序。

案例思考

2005 年 4 月 13 日，国家环境保护总局举行了“圆明园环境综合整治工程环境影响听证会”。2004 年 9 月，未经环境影响评价即在国家重点文物保护单位内违法铺设防渗膜的圆明园湖底防渗工程开始动工。这一事件引起了全社会的普遍关注。国家环境保护总局就圆明园湖底防渗工程的环境影响问题举行了公众听证会。参加听证会的代表包括 22 个相关单位、15 名专家、32 名各界代表，其中年龄最大者 80 岁，最小者 11 岁。这些代表来自各个行业和领域，具有广泛的代表性。该听证会的内容是防渗工程(环境整治工程)是否会给周围环境造成影响。国家环境保护总局最后根据有环境影响评价资格的清华大学的《圆明园东部湖底防渗工程环境影响报告书》的结论，作出要求圆明园东部湖底防渗工程必须进行全面整改的处理意见。而“圆明园环境整治工程环境影响听证会”对国家环保总局的行政处理决定未产生任何影响。

问题：听证是一种利益表达和判断方式，纯属科学判断的问题是否适宜于听证？

3.听证程序的基本内容

听证应按照法定的方式和公正的形式举行。听证程序的基本内容有：

(1)听证的启动。由谁提出听证程序，将直接影响到利害关系人的权利。依照现行有关法律法规的规定，有权提出听证程序的主体包括行政相对人、其他利害关系人以及行政主体。

(2)听证的组织。应举行听证会的，在作出行政决定之前，行政主管部门依法将决定的事实和理由告知利害关系人，在法定期限内通知利害关系人有关听证会的时间、地点、内容等事项。同时确定参加听证会的其他人员。听证原则上应公开进行(涉及国家秘密、商业秘密或者个人隐私者除外)。

(3)听证的保障。听证的代表要有广泛的代表性；听证的主持人要保证相对的独立、中立①；行政相对人可以委托代理人参加听证；行政相对人可以就行政机关提出作出决定的事实和法律依据，进行辩论和质证。

(4)听证的效力。听证过程必须以笔录的形式保存下来。理论上讲，行政笔录是作出行政决定的主要依据，没有记载的都不得作为作出行政处理决定的依据。②

(二)信息公开制度

1.什么是信息公开制度

政府信息，是指行政机关在履行职责过程中制作或者获取的，以一定形式记录、保存的信息。③ 所谓信息公开是指公民、法人或者其他组织有权从行政主体那里获取其掌握的各种信息资料。除法定保密事项外，行政主体有义务依相对人申请或主动公开各种记录和资料。

信息公开，对公民而言，是其对于政府持有信息的了解权、隐私权；对政府而言，是其向公民提供信息、为公民保护隐私的义务。信息公开的基本内容包括：行政主体通过合理方式向公众告知其办公地点、权限范围和活动方法；所有涉及相对人权利义务的行政立法规范和非立法性行政规范都应该以公布为生

---

① 根据现行相关法律的规定，听证的主持人和进行调查的行政机构实行分离，听证主持人一般由行政机关中法制部门的人员担任。

② 现有的行政行为法中，《行政许可法》已明确了“听证记录排他规则”(record exclusiveness)。根据该规则，在举行听证的案件中，行政机关应当根据听证笔录，作出行政许可决定，凡没有记载的，都不得成为作出行政许可决定的依据，行政许可决定必须在笔录中获得理由支持。这一规则有利于确立听证笔录在行政机关作出决定过程中的权威。但制定时间更早的《行政处罚法》没有明确这一制度，这是一个遗憾。

③ 引自《政府信息公开条例》第2条的规定。

效基础，未经公布的规范不产生拘束力；相对人有权申请查阅政府的记录和资料，除法定保密外，行政主体必须及时提供材料并为查阅提供其他方便；对无正当理由拒绝相对人查阅记录和资料的行为应保证相对人有畅通的救济渠道。

2.信息公开的依据

信息公开的宪法依据在于《宪法》第2条[①]关于公民“管理权”的规定和第27条[②]关于公民“监督权”的规定。公民行使对国家和社会事务的管理权和对国家机关及其公务员工作的监督权利，必须以公民对行政主体所掌握的信息“知情”为前提。这就要求政府工作透明公开，对公众开放行政权行使的过程，实行政务信息公开。只有这样，公民才可以参与到公共事务管理和公共政策形成过程中去，同时也可以在与自己利益有关的个案中有效地维护自己的权益。

信息公开的立法主要为2007年4月5日公布，2008年5月1日实施的《政府信息公开条例》。该条例确立了各级政府必须主动或依申请将政府掌握的信息，依照法定的范围、方式、程序向社会公开的要求。此外，其他单行法对政府信息公开也有一些原则性规定，如《行政处罚法》规定行政处罚遵循公开的原则，对违法行为给予行政处罚的规定必须公布；未经公布的，不得作为行政处罚的依据。《行政复议法》规定行政复议遵循公开的原则，申请人、第三人可以查阅申请人提出的书面答复、作出具体行政行为的证据、依据和其他有关材料，除涉及国家秘密、商业秘密或者个人隐私外，行政复议机关不得拒绝。《立法法》规定行政法规和规章在公布后，应当及时在政府公报和报纸上刊登。《行政许可法》也规定有关行政许可的规定应当公布；未经公布的，不得作为实施行政许可的依据。行政许可的实施和结果，除涉及国家秘密、商业秘密或者个人隐私的以外，应当公开。此外，《保守国家秘密法》、《档案法》对公民利用国家档案和保守国家秘密的相关问题作出了规定。

3.信息公开的范围

(1)公开的信息。政府的哪些信息应予公开，哪些则不应当公开呢？《政

---

① 《宪法》第2条第1款规定：“中华人民共和国的一切权力属于人民。”第3款规定：“人民依照法律规定，通过各种途径和形式，管理国家事务，管理经济和文化事业，管理社会事务。”

② 《宪法》第27条第2款规定：“一切国家机关和国家工作人员必须依靠人民的支持，经常保持同人民的密切联系，倾听人民的意见和建议，接受人民的监督，努力为人民服务。”

府信息公开条例》第9条[1]、第10条[2]、第11条[3]和第12条[4]在列举各级政府机关及其部门应主动公开的事项范围后，其第13条中规定政府依相对人申请公开的事项范围，即“公民、法人或者其他组织还可以根据自身生产、生活、科研等特殊需要，向国务院部门、地方各级人民政府及县级以上地方人民政府部门申请获取相关政府信息。”

主动公开的信息和依申请公开的信息均属政府信息公开的范围，二者没有实质性区别。只不过，主动公开的信息侧重于满足公众对政府信息的普通需求，而依申请公开的信息侧重于满足特定主体对政府信息的特殊需求。对于特定主体所需要的特殊信息依申请公开，可减轻行政机关主动公开的成本，提高了政府信息公开的效率。

(2)限制公开的信息。《政府信息公开条例》第23条规定：“行政机关认为申请公开的政府信息涉及商业秘密、个人隐私，公开后可能损害第三方合法权益的，应当书面征求第三方的意见；第三方不同意公开的，不得公开。但是，行

---

① 该条规定：“行政机关对符合下列基本要求之一的政府信息应当主动公开：(一)涉及公民、法人或者其他组织切身利益的；(二)需要社会公众广泛知晓或者参与的；(三)反映本行政机关机构设置、职能、办事程序等情况的；(四)其他依照法律、法规和国家有关规定应当主动公开的。”

② 该条规定：“县级以上各级人民政府及其部门应当依照本条例第九条的规定，在各自职责范围内确定主动公开的政府信息的具体内容，并重点公开下列政府信息：(一)行政法规、规章和规范性文件；(二)国民经济和社会发展规划、专项规划、区域规划及相关政策；(三)国民经济和社会发展统计信息；(四)财政预算、决算报告；(五)行政事业性收费的项目、依据、标准；(六)政府集中采购项目的目录、标准及实施情况；(七)行政许可的事项、依据、条件、数量、程序、期限以及申请行政许可需要提交的全部材料目录及办理情况；(八)重大建设项目的批准和实施情况；(九)扶贫、教育、医疗、社会保障、促进就业等方面的政策、措施及其实施情况；(十)突发公共事件的应急预案、预警信息及应对情况；(十一)环境保护、公共卫生、安全生产、食品药品、产品质量的监督检查情况。”

③ 该条规定：“设区的市级人民政府、县级人民政府及其部门重点公开的政府信息还应当包括下列内容：(一)城乡建设和管理的重大事项；(二)社会公益事业建设情况；(三)征收或者征用土地、房屋拆迁及其补偿、补助费用的发放、使用情况；(四)抢险救灾、优抚、救济、社会捐助等款物的管理、使用和分配情况。”

④ 该条规定：“乡(镇)人民政府应当依照本条例第九条的规定，在其职责范围内确定主动公开的政府信息的具体内容，并重点公开下列政府信息：(一)贯彻落实国家关于农村工作政策的情况；(二)财政收支、各类专项资金的管理和使用情况；(三)乡(镇)土地利用总体规划、宅基地使用的审核情况；(四)征收或者征用土地、房屋拆迁及其补偿、补助费用的发放、使用情况；(五)乡(镇)的债权债务、筹资筹劳情况；(六)抢险救灾、优抚、救济、社会捐助等款物的发放情况；(七)乡镇集体企业及其他乡镇经济实体承包、租赁、拍卖等情况；(八)执行计划生育政策的情况。”

政机关认为不公开可能对公共利益造成重大影响的，应当予以公开，并将决定公开的政府信息内容和理由书面通知第三方。”该条对涉及国家秘密、商业秘密、个人隐私的政府信息公开设置了“征求第三方同意”的限制性条件。

同时，《政府信息公开条例》第 8 条规定：“行政机关公开政府信息，不得危及国家安全、公共安全、经济安全和社会稳定。”也就是说政府信息即使是在公开的范围内，也有限制性条件，即这种信息的公开不得危及国家安全、公共安全、经济安全和社会稳定，比如，国防和外交方面的费用等信息。

政府信息公开的范围大小反映了一国政府行政管理与决策的透明度和对社会公众知情权保障的水平。政府信息公开范围由公开范围和限制公开范围两个方面共同界定。信息公开范围的积极规定旨在促进行政机关向社会和公众公开信息；而限制公开范围的消极规定则旨在保障国家利益、公共安全和个人隐私权利。

案例思考

2009 年 1 月 7 日，上海严义明律师事务所律师严义明向国家发改委提交了信息公开的申请，要求国家发改委公开 2008 年 11 月以来四万亿经济刺激的投资计划进展情况。国家发改委答复相关信息已经在网上公布，可上网查阅。2009 年 3 月，严律师以国家发改委公布的信息不详细、不符合其要求为由，向发改委申请行政复议，5 月遭发改委驳回。同月，严义明向北京市第一中级人民法院递交行政诉讼，得到不予受理的答复。6 月，严向北京市高级人民法院提起上诉。7 月，严收到北京市高级人民法院裁定书，维持一中院裁定不变。

就在严律师提出申请之后，发改委也作出了一些积极的回应。2009 年 3 月 1 日，全国人代会召开前夕，发改委副主任穆虹主动对媒体表示，4 万亿投资的信息，公众可登录国家发改委门户网站查询主动公开的信息；对于非主动公开信息，则可通过电话、传真、邮件、网站等方式，向国家发改委信息公开工作领导小组办公室提出公开申请，申请公开的政府信息涉及第三方权益的，国家发改委还要征求第三方意见。4 月 29 日，国家发改委在官方网站上公开了一些项目可行性研究报告的批准情况。严义明认为，这是一种“姿态上的进步”，但离法律要求还很远。5 月 21 日，国家发改委网站发布公告，首次公布了 4 万亿中央投资的资金来源结构、项目组成结构、项目保障体系、项目建设进展情况等信息。

问题：4 万亿经济刺激计划的投资信息是否属于信息公开的范围？为什么？

4.信息公开的程序

(1)主动公开范围的信息。行政机关应当自该信息形成或者变更之日起20个工作日内予以公开。但是,如果法律、法规对政府信息公开的期限另有规定的,从其规定。

(2)依申请公开的信息。其程序的基本内容有:

①由申请人提出申请。申请人既可以书面形式(包括数据电文形式),也可以口头形式(由受理该申请的行政机关代为填写政府信息公开申请)提出申请。

②由行政机关受理。行政机关受理申请后,应根据情况将案件归类,区分应当公开、不予公开、无权公开、信息不存在、申请不明确、应当公开与不应当公开内容混杂、涉及第三方利益等不同情形,对不同情形进行不同处理。

③处理期限。行政机关收到政府信息公开申请,能够当场答复的,应当当场予以答复,不能当场答复的,应当自收到申请之日起15个工作日内予以答复。如需延长答复期限的,应当经政府信息公开工作机构负责人同意,并告知申请人,延长答复的期限最长不得超过15个工作日。

(三)告知制度

告知是指行政主体在行使行政权的过程中,将应该让行政相对人知晓的事项通过一定的途径和方式告诉相对人的程序制度。告知既是行政主体的义务,也是行政相对人的权利。告知的内容包括行政主体调查的事实和作出决定的法律依据以及理由,行政相对人的权利义务等事项。例如《行政处罚法》第31条规定:"行政机关在作出行政处罚决定之前,应当告知当事人作出行政处罚决定的事实、理由及依据,并告知当事人依法享有的权利。"《行政强制法》第35条规定:"行政机关作出强制执行决定前,催告当事人履行义务的文书应当载明当事人依法享有的陈述权和申辩权。"

告知制度的法律价值在于它可以加强相对人与行政主体间的沟通和信任,也可以保障行政相对人及时参与和监督行政过程。当行政主体依职权实施可能损害相对人权益的行为时,应事先告知相对人。告知内容包括行政决定告知、行政执行告知、权利保护和权利救济告知等,如告知行政处罚决定、告知拒绝颁发许可证的决定、告知相对人可以查阅有关卷宗材料的权利、告知相对人在法定期限内提起行政诉讼的权利等等。

行政机关不履行"告知"义务可能带来的法律后果有:其一,导致行政行为无效。例如,《行政处罚法》第41条规定:"行政机关及其执法人员在作出行政处罚决定之前,不依照本法第31条、第32条的规定向当事人告知给予行政处罚的事实、理由和依据，或者拒绝听取当事人的陈述、申辩，行政处罚决定不能成立；当事人放弃陈述或者申辩权利的除外。"其二，行政行为虽有效但产生其他法律影响。例如，行政相对人不知道某行政行为已作出，或者知道该行政行为的存在但不知道救济权，那么行政复议和行政诉讼的申请、起诉期间将不以行政行为作出之日起计算，而原则上是以行政相对人知道该行政行为的存在或者知道行政复议申请权、行政诉讼起诉权之日起计算的。

旁评附注 "告知程序"的司法适用

"田永诉北京科技大学"案①和"刘燕文诉北京大学"案曾是极具冲击力的以高校为被告的案件。两起案件的司法审理都通过"正当程序"原理切入到"法定程序"的策略，以学校违反告知程序为依据，判决撤销学校的行政决定。

"田永诉北京科技大学"案最终以原告田永胜诉结局。北京市海淀区法院在判决书认定："按退学处理，涉及到被处理者的受教育权利，从充分保障当事人权益的原则出发，作出处理决定的单位应当将该处理决定直接向被处理者本人宣布、送达，允许被处理者本人提出申辩意见。北京科技大学没有照此原则办理，忽视当事人的申辩权利，这样的行政管理行为不具有合法性。"②"刘燕文诉北京大学"案中，海淀区法院与上一判决态度一脉相承，甚至更加明朗地认定："校学位委员会作出不予授予学位的决定，涉及学位申请者能否获得相应学位证书的权利，校学位委员会在作出否定决议前应当告知学位申请者，听取学位申请者的申辩意见；在作出不批准授予博士学位的决定后，从充分保障学位申请者的合法权益原则出发，校学位委员会应将此决定向本人送达或宣布。本案被告校学位委员会在作出不批准授予刘燕文博士学位前，未听取刘燕文的申辩意见；在作出决定之后，也未将决定向刘燕文实际送达，影响了刘燕文向有关部门

---

① 该案原告田永认为自己符合大学毕业生的法定条件，被告北京科技大学拒绝给其颁发毕业证、学位证是违法的，遂向法院提起行政诉讼。原告诉称他一直以在校生身份在被告北京科技大学参加学习和学校组织的一切活动，完成了学校制定的教学计划，并且学习成绩和毕业论文已经达到高等学校毕业生水平。然而在临近毕业时，被告才通知他所在的系，以他不具备学籍为由，拒绝给我颁发毕业证、学位证和办理毕业派遣手续。被告的这种作法违背了法律规定。请求法院判令被告为其颁发毕业证、学位证及办理毕业派遣手续。案件出自《最高人民法院公报》1994 年第 4 期。

② 北京市海淀区法院行政判决书，(1998)海行初字第 142 号。

提出申诉或提起诉讼权利的行使,该决定应予撤销。"①

虽然告知程序对于此两案中的行政行为而言,并非法律所明定的程序要求,但我国法院通过扩展"法定程序"内涵的策略,将"正当程序"的全部要求包括进来,于是,这种超越制定法的正当程序原则就渐渐生长为中国司法实践中审查行政行为合法性的重要根据。根据正当程序原理的要求,行政机关在作出一个对当事人不利的决定前,应当告知当事人依法所享有的程序权利。行政机关没有告知当事人相关的程序权利,导致当事人没有行使其陈述、申辩权利的,就构成行政行为被法院撤销的理由。②

(四)回避制度

回避制度,是指行政机关的公务员在行使职权过程中,遇有和自身有利害关系,或者其他可能影响行政行为公正的情况时,为保证实体处理结果和程序进展的公正性,该行政执法人员依法不参与该行政行为过程的一种法律制度。

回避制度体现了"任何人不应是涉及自己案件的审判员(法官)"的自然正义原则③,是实施公平程序的看得见的正义。确立回避制度与人们对法律公正的期待有关。在程序法律制度中设立回避制度是人们追求公正行为结果的需要。当人类选择了法律作为解决双方争议的一种手段时,程序的公正性成了人们关注的一个焦点,程序公正是人们在设计解决权益冲突制度的首选法律价值。程序公正的第一要义是,程序的主持人与程序的结果应当没有任何利害关系,否则,程序主持人可能会利用自己在程序中的优势地位。

目前,我国规定回避制度的行政立法不多,但《行政许可法》和《道路交通安全法》已经以立法的形式确立了回避制度,规定了申请回避的程序和应予回避的事由。《行政许可法》第 48 条规定,(行政许可)申请人、利害关系人认为(听证)主持人与该行政许可事项有直接利害关系的,有权申请回避。《道路交通安全法》第 83 条规定:"交通警察调查处理道路交通安全违法行为和交通事故,有下列情形之一的,应当回避:(一)是本案的当事人或者当事人的近亲属;(二)本人或者其近亲属与本案有利害关系;(三)与本案当事人有其他关系,可能影响案件的公正处理。"

---

① 北京市海淀区法院行政判决书,(1999)海行初字第 103 号。

② 参见何海波著:《行政诉讼法》,法律出版社 2011 年版,第 310—312 页。

③ 英国学说中"自然正义"的另一个原则为"任何人都不能在不给予公平的审判机会之前受到惩罚"。出自[英]威廉·韦德著:《行政法》,徐炳等泽,中国大百科全书出版社 1997 年版,第 10 页。

(五)审裁分离制度

审裁分离制度是指行政主体作出处理决定实行调查职能与裁决职能相分离,分别由其内部的不同机构或人员来行使的程序制度。

审裁分离制度有利于确保行政处理决定的公正性,进而保障行政相对人的合法权益。因为,如果行政执法人员既审查案件又裁决案件的话,那么他对案件裁决时必然会以他调查和审查案件时所获得的证据为基础,不利于他全面听取行政相对人提出的不同意见。

我国的《行政处罚法》和《行政许可法》确立了审裁分离制度。《行政处罚法》第 42 条规定,行政处罚的听证“由行政机关指定的非本案调查人员主持”。《行政许可法》第 48 条规定,“行政机关应当指定审查该行政许可申请的工作人员以外的人员为听证主持人”。必须提及的是,内部审裁分离仅仅是行政机关执行层级的分离,在行政机关决策层级则不发生审裁分离的问题。

(六)说明理由制度

说明理由制度,是指行政主体在作出对相对人不利影响的行政行为时,必须向行政相对人说明作出该行为的事实根据、法律依据以及进行自由裁量时所考虑的政策和公益因素等的程序。

说明理由制度主要适用于行政主体行使自由裁量权和作出对相对人不利的行政决定。说明理由制度是防止行政主体行使权力的恣意和专断的需要,也是现代国家行政民主化的要求。说明理由制度因其体现了最低限度程序正当性的要求,而成为现代法治国家重要的法律制度。我国几部主要的行为法也都规定了这一制度。比如《行政处罚法》第 39 条要求,行政处罚决定必须以书面形式作出,决定书必须包括当事人违反法律、法规或规章的事实和证据,行政处罚的种类和依据。《行政许可法》第 38 条规定:行政机关依法作出不予行政许可的书面决定的,应当说明理由,并告知申请人享有依法申请行政复议或者提起行政诉讼的权利。

行政行为说明理由的内容包括行政行为的合法性理由和行政行为的正当性理由。行政行为的合法性理由即用于支撑行政行为合法性的事实根据和法律依据;当行政行为对行政相对人合法权益造成不利影响时,除法律有特别规定外,行政主体必须将这一行政行为的事实根据和法律依据告诉行政相对人。行政行为的正当性理由即用于支撑行政行为自由裁量的事实根据和法律依据。当行政主体行使自由裁量权时,行政主体应当说明行政行为的正当性理由,包括行政主体作出决定时经过筛选确定的事实以及选择适用法律和其他相关因素的考量。

问题探讨 对相对人不利处理决定须遵循怎样的最低程序要求?

《监狱法》第五十八条规定,对罪犯的处罚包括警告、记过或者禁闭,但没有规定监狱警察怎样作出这些处罚,警察在选择处罚种类和处罚期限时都有自由裁量权。根据"最低程序正当性"的要求,警察在作出处罚决定前必须遵循哪些程序?

(七)时效制度

时效即行政主体完成行政行为某一步骤或全过程的法定期限以及超过期限将承担法律后果的法律制度。

时效制度的法律价值在于确定行政行为的合理期限,提高行政机关的行政效率和保护行政相对人的合法权益。一项法律程序如果运作过于迟缓,则会导致当事人无端地忍受程序上的漫长拖累;而如果过于急速,则又会使程序无法达到理性的要求。与此同时,法律程序如果不能产生最终的结果,也会使其运作过程遭到不当的拖长。目前很多法律都对当事人行为超过期限的法律后果作出了明确规定,有的规定行政主体逾期即视为同意的法律后果,如《行政许可法》规定,行政相对人提出行政许可的申请后,行政主体超过一定期限内未予答复,即视为同意对相对人的许可。但是,大多数立法却是朝相反方向设置,即规定行政主体逾期即视为拒绝或不作为的法律后果。

(八)案卷制度

案卷,是指有关行政案件事实的证据、调查或者听证记录等材料的总和。案卷制度是指行政决定只能以案卷体现的事实作为根据的一种法律制度。案卷制度排除以案卷以外的、没有经过法定程序认定的事实为根据作出行政决定,旨在确立认定程序和认定结果的权威性,促使行政主体按照法定程序形成的客观事实作出行政决定。

第八章　行政立法

第一节　行政立法概述

一、行政立法的含义与特征

从实质意义上说，行政立法是指国家机关制定有关行政管理的规范性文件的活动，这样的话权力机关也有行政立法活动；从形式意义上说，只有特定的国家行政机关制定的关于行政管理的规范性文件的活动，才称为行政立法。行政法学是在形式意义上研究使用“行政立法”这一概念的。

1.行政立法的含义

所谓行政立法，是指享有制定行政法规、规章权力的行政主体依法定职权和法定程序制定规范性文件的活动。它包含以下几层含义：

(1)行政立法的主体是行政机关。行政立法特指行政机关的立法活动。我国宪法不仅赋予权力机关法律、地方性法规的制定权，而且赋予行政机关行政法规、规章的制定权。行政立法是现代社会行政机关实施行政管理职能的一种重要的活动形式。

(2)行政立法的主体不是所有行政机关，而是享有制定行政法规和规章权力的行政机关。并非所有的行政机关都享有行政立法权，行政机关的立法权必须依据宪法、法律或者有权机关的授权才能获得，只有法律特别规定的行政机关才享有行政立法权。而且，行政立法主体必须在法定权限范围内进行立法。

旁评附注　**具有行政立法权的行政机关有哪些？**

按照宪法和组织法的规定，行政立法的主体包括以下行政机关：

(1)国务院。按照《宪法》第89条和2000年7月1日开始实施的《立法法》关于国务院的行政立法权限的规定，国务院有权依照职权或单行法的授权制定行政法规；

(2)国务院各部门。根据《宪法》第90条和国务院组织法第10条的规定，国务院各部委有权制定规章，而根据《立法法》第71条第1款的规定，国务院“具有行政管理职能的直属机构，可以根据法律和国务院的行政法规、决定、命令，在本部门的权限范围内，制定规章”，由此，部委规章扩大为部门规章，部门规章的制定主体不仅包括部委，还包括国务院具有行政管理职能的部门；

(3)两类地方政府。根据《地方组织法》第60条和《立法法》第73条的规定，省、自治区、直辖市人民政府和较大的市的人民政府可以根据法律、行政法规和本省、自治区、直辖市的地方性法规制定规章。

(3)行政立法以制定规范性文件为其活动特性。“行政”在其实质意义上是指对国家事务进行的组织管理活动，行政的基本方式是指挥和命令，而不是制定规范性文件的活动。但正如将“三权分立”奉为神灵的西方国家也不能把三权分得很清楚一样，法院除了审判以外，也会有制定规范的行为；行政机关除了行政管理以外，也会有裁决行为和制定规范的行为。行政立法正是适应现代社会对于行政管理的需要而产生的一种准立法活动。

2.行政立法的特征

行政立法既然是特定的行政机关进行的立法活动，它就既区别于对行政事务作出具体处理或者提出管理要求的一般行政行为，又有别于纯粹的权力机关立法行为，即行政立法兼具了行政和立法的双重属性。一方面，行政立法作为国家行政机关对社会公共事务进行管理的一种手段，它带有行政性质，是一种抽象行政行为；另一方面，国家行政机关作为立法主体，进行立法活动，又具有立法性质，属于准立法行为。

(1)行政立法在本质上仍然是一种行政行为，一种抽象行政行为。行政立法的行政性特征表现为：第一，行政立法的主体是国家行政机关。第二，行政立法的目的是履行国家行政机关作为执行机关的工作职能，即执行和实施权力机关所制定的法律、地方性法规。第三，行政立法的内容是国家行政管理事务以及与行政管理密切相关的事务，行政法规和行政规章规范所调整的对象主要是行政关系。因此，行政立法在性质上仍然是国家行政管理活动。

行政立法与其他行政行为是一种属种关系。行政行为按其所适用的对象不同，可以分为抽象行政行为和具体行政行为。行政立法是抽象行政行为的一种，它是抽象行政行为中具有较完整立法意义的行为。根据我国宪法和法律的规定，行政机关除可以制定行政法规和规章之外，还可以发布行政决定、命令，规定行政措施等，这些决定命令和行政措施虽然有一部分属于抽象行政行为，但他们在形式和内容上都不具备立法要素，有的为不享有行政立法权的机关制定的行政规范性文件。行政立法行为作为行政行为中抽象行政行为的一种，它既区别于具体行政行为，又区别于制定行政规范性文件行为。

概念辨析　行政立法、具体行政行为和制定规范性文件

1.行政立法与具体行政行为的区别

行政立法与具体行政行为的区别主要表现在：

(1)主体范围不同。行政立法的主体是享有行政立法权的特定行政机关，不是所有的行政机关都有行政立法权；而所有的行政机关和法律、法规授权的组织都享有实施一定的具体行政行为的权力。

(2)对象不同。行政立法的对象是普遍的，所针对的是不特定的人和事，而具体行政行为的对象是个别的，所针对的是特定的人和事。

(3)效力不同。行政立法通常可以反复、多次适用，而具体行政行为的效力则通常是一次性的。

(4)适用程序不同。行政立法的程序正式、严格；而具体行政行为的程序则相对简单、灵活。

2.行政立法与制定行政规范性文件的区别

行政立法与制定行政规范性文件行为的区别主要表现在：

(1)行政主体的范围不同。行政立法的主体是特定的行政机关，行政立法权只能由较高层次的行政机关行使；而制定行政规范性文件行为的主体较为广泛，几乎所有的国家行政机关都有权制定行政规范性文件。

(2)行为性质不同。行政立法不仅具有行政性质，还具有立法性质，所制定的法规、规章属于法的范畴；而制定行政规范性文件行为只具有行政性质，所制定的行政规范性文件也不属于法的范畴。

(3)权力的来源不同。行政立法活动是依宪法、法律或有权机关的授权进行的；而制定其他行政规范性文件的行为则是由各级、各类行政机关在其职权范围内进行。

(4)效力不同。行政立法所制定的行政法规、规章的效力高于行政机关所制定的行政规范性文件。

(5)制定程序不同。行政立法必须经过立项、起草、审查、决定、公布和解释等立法程序，而制定行政规范性文件则没有上述严格、正式的程序。

(2)行政立法在形式上具有立法性。行政立法的立法性特征表现为:第一,行政立法是有权的国家行政机关代表国家,以国家的名义创制法律规范的活动。第二,行政立法所制定的法律规范属于法的范畴,既具有法的基本特征,即普遍性、规范性、强制性,又具有法律规范的逻辑结构,即假定条件、行为模式、法律后果。它以国家强制力保障其实施。第三,行政立法活动的程序严格,而且具有立法的形式特征。第四,行政立法不同于权力机关的立法,属于准立法行为。在我国的立法体系中,行政立法的地位居于权力机关立法之下,属于从属性立法。行政立法所制定的行政法规居于法律之下,不得与宪法、法律相抵触;所制定的规章不得与法律、法规等上位法相抵触。

概念辨析 行政立法与权力机关立法的区别

作为从属性立法,行政立法与权力机关立法的区别主要表现在:

(1)立法的主体不同。权力机关立法的主体是有立法权的人民代表大会及其常务委员会;行政立法的主体是有行政法规、规章制定权的行政机关。

(2)立法权的来源不同。权力机关立法权直接来源于人民的授权,由宪法加以规定;而行政立法权的其中一部分来自宪法的规定,另一部分则来源于法律或有权机关的授权。

(3)立法的内容不同。权力机关立法的内容通常是有关国家政治、经济和社会生活中的基本制度和重大问题;而行政立法的内容通常是有关社会政治、经济等管理事务中的具体问题。

(4)立法的程序不同。权力机关立法程序正规、严格,立法过程注重民主参与;而行政立法程序相对简便、灵活,注重提高效率。

(5)立法的形式不同。最高国家权力机关立法主要以"法"的形式颁布,地方国家权力机关立法主要以"条例"的形式颁布;而行政立法通常以"条例"、"规定"、"办法"等形式颁布。

(6)效力等级不同。权力机关所立之法的效力高于其执行机关制定的行政法规、规章的效力,行政法规不得与法律相抵触,地方政府规章不得与地方性法规相抵触,否则无效。

二、行政立法的分类

根据不同的标准，行政立法可以分为不同的类别。

1.职权性行政立法与授权性行政立法

根据立法权的来源不同，可以把行政立法分为职权性行政立法与授权性行政立法。

职权性行政立法是指特定行政机关根据宪法和组织法赋予的职权，就其职权范围内的事项制定行政法规和规章的活动。根据宪法和组织法的规定，国务院、国务院各部委、省、自治区、直辖市人民政府和较大的市的人民政府，可以进行职权立法。行政主体通过职权立法所制定的行政法规、规章必须符合法律、法规的规定，不能变通法律、法规的规定。国务院的职权性行政立法源于《宪法》第 89 条第 1 项的规定，国务院有权"根据宪法和法律，规定行政措施，制定行政法规，发布决定和命令"。《立法法》第 56 条对国务院就宪法规定的行政管理职权的事项进行立法也予以了确认。同时，《宪法》第 90 条第 2 款，《地方组织法》第 60 条第 1 项，《立法法》第 71、73 条等对国务院各部委和具有行政管理职能的直属机构，以及特定的地方人民政府的职权性行政立法也作了规定。

授权性行政立法是指行政机关依据宪法和组织法以外的其他法律、法规的授权或者权力机关的专门决定授权而进行的立法活动。授权性行政立法可分为：

(1)一般授权性行政立法，即根据单行法律、法规中的条款授权某一行政机关，制定具体的实施细则或实施办法。如，国务院发布的《耕地占用税暂行条例》第 15 条规定，本条例"实施办法，由各省、自治区、直辖市人民政府根据本条例的规定，结合本地区的实际情况制定，并报财政部备案"。各省、自治区、直辖市人民政府制定的耕地占用税实施办法，就是一般授权性行政立法。

(2)特别授权性行政立法，即国家最高权力机关将应由法律规定的事项，以"决定"的形式，特别授予特定行政主体行使。被授权的行政立法主体既可以是职权立法的主体，也可以是本来不具有行政立法权的行政主体。行政主体通过授权立法所制定的行政法规可以修改法律的个别规定，或者对法律的有关规定作出补充；行政主体通过授权立法所制定的规章可以修改行政法规的个别规定或者对行政法规的有关规定作出补充。

概念辨析　职权立法与授权立法的区别

职权立法与授权立法在权力的来源、性质、效力等诸多方面有所区别。

(1)职权立法来源于宪法或组织法,行政机关通过宪法或组织法的确认或赋予而获得了立法权;授权立法来源于授权机关的特别授权或委托,授权机关将宪法或法律赋予自己的立法权通过授权或委托给行政机关,让其代理自己进行立法活动。

(2)职权立法权由于是由宪法或者法律直接赋予,且往往是随行政机关的产生而产生,因而它属于行政机关固有的权力;授权立法由于它本属于授权机关的权力,只是授权机关将自己的权力交被授权机关行使,因而可看作是行政机关的代理权力。

(3)职权立法是行政机关的固有权力,因而其效力等级低于权力机关的立法,与之相抵触的职权立法无效。授权立法的效力有两种情况:若是由上级行政机关授权,其效力等级则与职权立法相同,若是由权力机关授权,其效力等级与权力机关所立之法的效力等级相同。

2.中央行政立法和地方行政立法

根据行政立法的主体及适用范围的不同,可以分为中央行政立法和地方行政立法。

中央行政立法是指中央行政机关依法制定和发布行政法规和规章的活动。国务院和国务院各部委所进行的行政立法,以及国务院的某些直属机构所进行的授权立法,都是中央行政立法。中央行政立法调整全国范围内的普遍问题和由中央作出统一决定的重大问题,如全国性治安管理问题、资源问题、环境保护问题、国家安全问题等。

地方行政立法是指一定层级以上的地方人民政府制定和发布行政规章的活动。《立法法》第73条规定,省、自治区、直辖市和较大的市的人民政府可以根据法律、行政法规和本省、自治区、直辖市的地方性法规制定规章。地方行政立法包括省级政府制定的地方行政规章,较大市政府制定的地方行政规章,省会市政府制定的地方行政规章,经济特区市政府制定的地方行政规章。地方行政立法一方面要根据地方的实际情况,将法律、法规的规定具体化,确定实施细则和实施办法;另一方面又要对有关地方的特殊性问题作出具体规定,以调整区域性的特殊社会关系。地方行政立法的事项范围是各地方政府的地方性事务,其立法权也与各地方政府的行政区域范围相一致,当然,地方行政立法的效力和适用范围限于各地方行政区域,不得超越各自的行政区域范围。

3.执行性行政立法与创制性行政立法

根据行政立法的目的与内容的不同,可以分为执行性行政立法与创制性行政立法。

执行性行政立法,是行政立法机关为了执行法律、法规已创设的法律制度而进行的立法。执行性行政立法本身并不创设新的法律制度,而是执行法律、法规已经创设的法律制度,使之更具体化、明确化和更具可操作性。执行性行政立法一般在名称上称为“实施细则”、“实施办法”等。执行性行政立法不仅在立法目的上是为了执行法律、法规,而且其内容也应当反映出它确实是在执行法律、法规。例如,2006 年修订前的《义务教育法》第 17 条的授权规定,国务院教育主管部门有权制定该法的实施细则,便属于执行性行政立法。

创制性立法,是指行政机关为了填补法律和法规的空白,或者变通法律和法规的个别规定以实现行政职能而进行的立法。其中,为了填补法律、法规的空白而进行的创制性立法,即在还没有相应法律、法规规定的前提下,行政主体运用宪法和组织法所赋予的立法权所进行的创制性立法称为自主性立法。为了补充法律、法规的规定而进行的创制性立法,称为补充性立法。补充性立法应以法律、法规的特别授权为根据,所制定的行政法规和规章并不因授权法律、法规的失效而当然失效,只要不与新的法律、法规相抵触,其法律效力就可以继续保持。创制性行政立法通常称为“暂行条例”、“暂行规定”、“暂行办法”,或者“试行条例”、“试行规定”、“试行办法”。

三、行政立法的原则

行政立法原则是指行政立法主体制定行政法规、规章的过程中起指导作用的基本准则。根据我国的行政立法实践和《立法法》的相应规定,行政立法应遵循以下基本原则:

1.依法立法原则

行政立法必须依法进行。依法立法的基本要求是:(1)行政立法必须依照法定权限。行政机关或者根据宪法、有关组织法规定的权限立法,或者根据法律、法规的明文授权立法,依照授权的目的、范围行使权力。(2)行政立法的内容必须符合宪法、法律、法规的规定。行政法规不得与宪法、法律相抵触;规章不得与宪法、法律、行政法规或上层级的行政规章相抵触。(3)行政立法必须遵循法定程序。如国务院制定行政法规必须依照《立法法》、国务院组织法,以及《行政法规制定程序条例》等。

2. 民主立法原则

行政立法应当体现和表达人民群众的意愿，行政立法机关进行立法时，应当通过有效方式保障人民参与立法。民主立法原则的基本要求是：(1)行政立法应广泛发扬民主，凡涉及公民权益的行政立法草案应当提前公布，并附以立法说明，让人民群众有充分的时间对立法活动发表意见。(2)在程序上要建立公众有序参与制度，保证人民群众广泛地参与行政立法活动。(3)将听取人民意见作为立法的法定程序。(4)向人民公布对立法意见的处理结果。(5)设置专门的立法咨询机关和咨询程序。有关部门、单位专家和利害关系人可以针对特定问题表达自己的意见和观点，提出质疑和批评，从而保证行政立法的合理性和可行性。

旁评附注 行政立法的民主技术①

行政立法面临的基本问题便是法规与规章制定过程的民主化问题。在美国，为保障行政立法的民主化，普遍采用了三项立法的民主技术。即(1)与利益受到影响的当事人咨询和讨论(consultations and conferences)；(2)拟议制定的规章应先行公开(antecedent publicity)，利益受到影响的私人在立法公告(notices)之后有权进行评论(comments)；(3)听证技术(the hearing or auditive technique)，它被作为行政立法制定的补救措施和普遍措施。

反观我国，行政立法的民主程序仍不完善，我们必须重新思考行政立法过程中的民主问题，做到：

1. 建立和完善说明理由制度

按照行政立法程序，国务院部门和地方各级人民政府在行政立法时须说明立法的理由，但是现有的行政立法说明制度是内部性的，是下级对上级的汇报关系，并不向它所约束的利害关系人说明和负责，这意味着公众丧失了对行政立法的直接监督机会和权利。在行政立法中，行政主体应该说明或者解释制定的理由，包括行政立法的成本和效益分析、立法计划的提出、权利和义务设定的理由。同时，有关公众意见和公共档案应记录在卷，并对公众开放，公众可以查阅和复制。

2. 完善咨询制度

行政立法越来越深入行业内部，专业性、技术性越来越强，为保证行

① 参见姜明安、余凌云主编：《行政法》，科学出版社2010年版，第164—165页。

政立法制定的科学性和民主性，有必要建立咨询制度，可就专门性问题咨询有关的技术专家、管理专家、经济专家和法律专家。

3.完善协商制度

我国行政规范制定的协商制度局限在不同政府部门及其利益之间的协商，还不存在政府与利害关系人之间、利害关系人之间的协商立法。我国应借鉴美国经验，在行政立法中采用更为直接的民主立法程序，即通过利益关系人之间的意见整合和契约化的方式来达成行政立法的一致性，使行政立法的外在成本最小化，实现社会的"双赢"的目标。

4.建立公众的立法动议制度

动议是行政立法程序的启动和开端，由谁来提出行政立法，反映了行政民主的程度。宪政发达国家法律多规定由民众提出。[①] 我国行政立法的启动是行政机关的内部行政程序。在人民代表的议案和政协委员的提案之外，我国有关法规实际上建立了行政立法的动议机制。2001年《规章制定程序条例》、《法规规章备案条例》规定了异议程序：国家机关、社会团体、企业事业组织、公民认为规章同法律、行政法规相抵触的，可以向国务院书面提出审查的建议，由国务院法制机构研究处理。国家机关、社会团体、企业事业组织、公民认为较大的市的人民政府规章同法律、行政法规相抵触或者违反其他上位法的规定的，也可以向本省、自治区人民政府书面提出审查的建议，由省、自治区人民政府法制机构研究处理。

5.完善公众评论和听证制度

目前，我国大部分部门规章、地方政府规章除经有关部门协商制定以外，几乎不经过公众评论和听证程序。基于公正与效率统一的原则，对有关涉及公民、法人和其他组织权利和义务的规章，在发布前必须经过公众评论或听证程序，这一方面，有必要借鉴他国的经验。中国的行政立法意见征求制度与美国的行政立法"公告—评论"制度相似，但是，两者又有着实质区别。中国行政立法的意见征求通常是一次性的，主要限于对草案的意见征求且没有常规化，而完整的意见征求程序包括：(1)对立法动议的评论；(2)对草案的评论；(3)对草案的再评论；(4)对法案生效前的评论。在"告知"层次上，中国行政立法意见征求程序基本上属于"消息型"，止于告知草案的存在；而美国行政立法"公告—评论"程序则属于"信息

---

① 如美国《联邦行政程序法》第553条规定："各机关应该给予利害关系人要求发布、修改或废除某项规章的权力。"

型”，尽可能地向相对人披露所掌握的信息，包括立法背景、初步的成本效益分析结果、立法根据以及权利、法律冲突的解决办法。中美行政立法的意见采纳程序也是不同的。相较之下，美国行政立法意见采纳程序则要正式得多，意见征求后的信息采纳结果必须以法定的、常规的方式公告。

3. 统一立法原则

立法应遵循统一的原则。统一立法原则是多种立法主体并存，多项立法领域结合的必然要求。我国行政立法主体的多元化、政府职能的交叉使得行政法规、规章之间的冲突时有发生，进而造成执法中的混乱。因此，行政立法必须遵循统一立法原则，以体现社会主义法制的统一和尊严，保障法律的稳定性和连续性。统一立法原则的基本要求是：

(1)各立法主体必须在自己立法权限范围内活动，不得越权立法。对于立法权限不明或者立法权限交叉的，要与有关机关或共同的上级机关取得共识，使立法活动顺利进行，使法律体系统一完整。

(2)各立法主体在立法过程中必须把握行政立法的执行性这一基本特点，完整准确地体现“母法”的目的和精神，保证法律目的的一致性，以实现法制内容的统一性。

(3)各立法主体应及时掌握因客观情况变化而引起的立法滞后状况，及时对行政法律规范进行废、改、立，使之适应客观形势。

案例思考

《重庆市林业行政处罚条例》(以下简称《条例》)第 22 条第 1 款规定：“木材检查站扣留的木材或规定林产品，由林业主管部门按下列规定处理：(1)无木材或规定林产品运输证的，予以没收；属树种、材种、品名、数量、规格与运输证填写内容不符的，没收不符部分或超出部分。对没收实物有困难的，可收缴实物变价款，并出具专门收据。违反规定运输的林产品，按有关规定处理。”《行政处罚法》第 8 条第(3)项规定：“没收违法所得、没收非法财物。”对于无运输证的木材或规定林产品是否属于违法所得或非法财物，即《条例》第 22 条第 1 款第(1)项与《行政处罚法》第 8 条第(3)项的规定是否一致，重庆市高级人民法院审判委员会经讨论形成两种意见。一种意见认为，《条例》与《行政处罚法》相抵触。《条例》第 22 条第 1 款第(1)项关于“无木材或规定林产品运输证的，予以没收”的规定与《行政处罚法》第 8 条第(3)项关于“没收违法所得、没收非法财物"的规定以及《条例》总则第5条关于"没收非法财物"的规定不一致;无规定林产品运输证的,构成非法运输,但非法运输的合法林产品并不是违法所得或非法财物;《条例》第22条第1款第(1)项扩大了没收的范围,根据上位法优于下位法、总则优于分则的法律适用规则,应当适用《行政处罚法》第8条第(3)项规定和《条例》第5条的规定。另一种意见认为,《条例》与《行政处罚法》并不抵触。无木材或规定林产品运输证的,均构成非法运输;凡非法运输的林产品不论行为人对其所运物品是否享有合法所有权,均构成非法财物;法院只审查具体行政行为的合法性,对权力机关制定的地方性法规没有审查权;《条例》第22条第1款第(1)项并未扩大没收的范围,其与《行政处罚法》第8条第(3)项以及《条例》第5条的规定是一致的,应当适用《条例》第22条第1款第(1)项的规定。

问题:《条例》的规定是否违反《行政处罚法》?

4.科学立法原则

行政立法要贯穿科学思想以及运用科学技术方法的准则。科学立法原则要求:

(1)行政立法必须遵循客观规律。行政立法应顺应社会、历史的发展规律,对社会客观规律予以正确表述,而不是脱离实际凭空创造法律。

(2)行政立法必须采取科学、严谨的态度。"科学立法"要求立法者必须从实际出发,实事求是;必须从中国国情出发,并借鉴外国的立法经验,原则性与灵活性相统一。

(3)行政立法必须运用现代科学知识和科学技术。行政立法活动要跟上时代的步伐,立法要具有科学的预见性,就必须积极地运用科学程序和科学技术,否则立法的质量就会出现问题。

第二节 行政立法体制

行政立法体制是指国家行政立法机关的结构体系及其立法权限的划分。行政立法体制主要解决两个问题,一是谁享有行政立法权的问题,二是享有立法权的主体能立哪些法的问题,即各行政立法机关的立法范围和界限划分的问题。

一、行政立法体制的基本框架

从理论上来讲，行政立法主体除行政机关之外，还有可能包括受委托的组织，但我国现行的行政立法体制中，所有的行政立法主体都是行政机关，并且是各级人民政府。我国的行政立法主体可以根据其行政立法权来源不同分为两类：一是职权立法主体，二是授权立法主体。职权立法主体，即其行政立法权是由宪法、组织法或立法法直接予以规定；授权立法主体的行政立法权是由授权而来。在我国，这种授权的形式有两种：第一，通过授权决议的形式。例如，全国人大常委会1985年作出决议，《关于授权国务院在经济体制改革和对外开放方面可以制定暂行的规定或者条例的决定》，使国务院获得了大宗的立法权。第二，通过上位法的授权条款，这是我国最主要的授权方式，较为常见。

根据宪法、组织法以及立法法的规定，我国现行立法体制的基本框架大致为：

(1)国务院行使行政法规制定权。国务院根据宪法和法律制定行政法规，另外还有权向全国人大及其常委会提出法律议案，在实际中有对国务院各部委、直属机构制定的规章的批准权。

(2)国务院所属各部委和具有行政管理职能的直属机构行使部门规章制定权。国务院各部委以及中国人民银行、审计署和具有行政管理职能的直属机构，根据法律和国务院的行政法规、决定、命令，在本部门的权限范围内制定规章。

(3)省、自治区、直辖市人民政府，省、自治区人民政府所在地的市和经国务院批准的较大的市的人民政府有制定地方政府规章的权力。它们可以根据法律和国务院的行政法规制定规章。

(4)被全国人大授权的经济特区市的人民政府有制定政府规章的权力。根据全国人大的几次有关授权决定，深圳市、厦门市、汕头市和珠海市的人民政府有权制定政府规章并在各自的经济特区内实施。

二、行政立法权限

行政立法权限是指行政机关制定行政法规与行政规章在内容与形式上的权限范围，即行政法规与行政规章可以就哪些事项作出立法性的规定，包括纵向和横向两种关系。

1. 法律保留原则和法律优先原则①

行政机关行使行政立法权必须严格遵循法律保留原则。法律保留，即凡是由法律规定的事项，只能由法律规定，其他规范无权规定，否则构成违法。《立法法》第 8 条和第 9 条对法律保留事项作了具体规定，在这些法律保留的领域，行政立法不能自主立法，但可以根据法律进行执行性立法，即可以为执行上位法而制定具体的执行性规范。

在非法律保留领域，以法律优先为原则。也就是说，行政自主立法的内容不得与法律和宪法相抵触。例如，一些地方的地方性法规或政府规章曾规定，在行人违章而司机没有违章的情况下，司机撞死人不负责任。这样的内容与宪法和法律精神相抵触了，因此，地方性法规或政府规章没有作此规定的权限。同时，行政立法规范作了规定的，一旦法律就该事项作出规定，行政立法就应服从法律，要么废止，要么作出相应修改。

案例思考

2004 年 4 月 20 日，湖南省南县法院要对一件民事案件完成执行任务，因被执行人朱某在广东东莞，但具体地点不详，案件无法执行。法院为确定被执行人在东莞的电话，并最终锁定被执行人的所在地，于是决定：到省移动公司县分公司查询其儿子的手机通话记录。但移动公司县分公司根据《电信条例》规定，拒绝协助调查。该《条例》第 66 条规定："除因国家安全或者追查刑事犯罪的需要，由公安机关、安全机关或者检察机关对电信内容进行检查外，任何组织或者个人不得以任何理由对其内容进行检查。"

而法院却认为，该《条例》的第 66 条与《民事诉讼法》相抵触，《民事诉讼法》第 65 条规定："法院有权向有关单位和个人调查取证，有关单位和个人不得拒绝。"并认为，《电信条例》只是国务院的行政法规，不得与《民事诉讼法》相抵触。如有抵触，以法律为准。法院最终裁定：对移动公司罚款 3 万元，责令协助调查。

问题：试根据我国《宪法》第 40 条规定②，分析该案到底该适用《电信条例》还是《民事诉讼法》？

---

① 有关法律保留和法律优先原则的详细阐述，请参见本书第二章第二节内容中的"合法性原则"部分。

② 该条规定："公民的通信自由和通信秘密受法律的保护。除因国家安全或者追查刑事犯罪的需要，由公安机关或者检察机关对通信进行检查外，任何组织或者个人不得以任何理由侵犯公民通信自由和通信秘密。"

2.具体的行政立法权限划分

(1)国务院制定行政法规的立法权限。行政法规规定的事项有以下三个方面:第一,执行具体法律规定事项。国务院是全国人大的执行机关,为了执行全国人大及其常委会的法律,国务院可以根据法律制定实施细则等行政法规。这种立法属于执行性立法,必须与法律保持严格一致,不仅要符合法律的原则,而且不能超出法律规定之外创设任何新的权利和义务。第二,宪法规定职权事项,即《宪法》第89条规定的国务院行政管理职权的事项①。对国家专属立法权(法律绝对保留)的事项,只能由全国人民代表大会及其常委会制定法律,行政法规不能规定。第三,人大及其常委会授权立法的事项。应当由全国人民代表大会及其常委会制定的法律事项(法律相对保留事项),国务院可以根据全国人民代表大会及其常委会授权决定先制定行政法规。

旁评附注 行政法规与法律、地方性法规的权限划分

1.行政法规与法律的权限划分

法律的制定机关是全国人民代表大会及其常委会,是最高国家权力机关;行政法规的制定机关是国务院,是最高国家权力机关的执行机关。从立法权限的实体来说,法律可以创设新的实体权利义务,而行政法规只能使法律制定的实体权利义务具体化,除非法律有特别授权,否则不能创设新的权利义务。根据某个法律制定的实施细则只能是对这一法律的具体解释或补充,不能超出该法的规定去设置新的实体上的权利和义务。从立法权限的内容来说,法律调整的范围较行政法规调整的范围要宽。法律调整的范围包括国家政治、经济、文化、军事、外交、司法等基本制度,

---

① 《宪法》第89条规定的国务院行政管理职权,除去法律保留的事项,可制定行政法规的事项有:其一,规定各部和各委员会的任务和职责,统一领导各部和各委员会的工作,并且领导不属于各部和各委员会的全国性的行政工作;其二,统一领导全国地方各级国家行政机关的工作,规定中央和省、自治区、直辖市的国家行政机关的职权的具体划分;其三,编制和执行国民经济和社会发展计划和国家预算;其四,领导和管理经济工作和城乡建设;其五,领导和管理教育、科学、文化、卫生、体育和计划生育工作;其六,领导和管理民政、公安、司法行政和监察等工作;其七,管理对外事务,同外国缔结条约和协定;其八,领导和管理国防事业;其九,领导和管理民族事务,保障少数民族的平等权利和民族自治地方的自治权利;其十,保护华侨的正当的权利和利益,保护归侨和侨眷的合法的权利和利益;其十一,改变或者撤销各部、各委员会发布的不适当的命令、指示和规章;其十二,改变或者撤销地方各级国家行政机关的不适当的决定和命令;其十三,批准省、自治区、直辖市的区域划分,批准自治州、县、自治县、市的建置和区域划分;其十四,审定行政机构的编制,依照法律规定任免、培训、考核和奖惩行政人员;其十五,全国人民代表大会和全国人民代表大会常务委员会授予的其他职权。

公民的基本权利和义务，国家机关的组织和职权等；行政法规调整的范围仅限于国家行政管理事项。

2. 行政法规和地方性法规权限的划分

行政法规和地方性法规的权限划分实际上是中央行政机关和地方权力机关立法权限划分。由于中央和地方的分权是二者立法权限划分的前提，因而在目前情况下对中央和地方立法权限的划分不宜采取划定具体事项的办法，而应该采取比较原则的办法予以划分。一般来说，地方立法权限应该包括：

(1)为在本地区实施国家的法律，根据法律规定，制定法律的实施细则和办法，包括根据法律明文规定由地方性法规制定实施细则、办法和地方权力机关认为有必要结合本地实际情况制定该法的实施细则、办法。

(2)根据宪法原则，在国家立法还不成熟时，先于国家立法根据本地特点制定地方性法规，如计划生育、青少年保护等。

(3)地方经济文化建设和其他公共事务的规定。

(4)维护地方治安和社会秩序的规定。

(5)根据全国人民代表大会常委会的授权制定地方性法规。

(6)批准自治州、县人大制定的自治条例和单行条例，以及下级权力机关制定的地方性法规。在实体权限方面，可以创设地方范围内的一些实体权利义务，甚至可以在法律之前立法。在根据立法和法律制定时，地方性法规着重解决该实体权利义务的具体化，而行政法规则着重解决该权利义务的具体实现。

(2)国务院各部门制定部门规章的立法权限。部门规章规定的事项应属于执行法律或者国务院行政法规、决定、命令的事项，即国务院各部门规章制定的依据是法律和国务院的行政法规、决定、命令。对部门规章有两个限制：一个是只能在本部门的权限范围内制定规章，另一个是部门规章规定的事项只能是执行性事项，《立法法》第 71 条规定，部门规章应当属于执行法律或者国务院的行政法规、决定、命令的事项。结合《立法法》第 72 条规定来看，如果涉及两个以上国务院部门职权范围的事项，就不是本部门职权范围之内的了，应当提请国务院制定行政法规或者由国务院有关部门联合制定规章。

旁评附注　部门规章与行政法规权限的划分

国务院各部门是其职能机构，主管某一方面的业务，在确定制定行政法规还是规章问题上应该是：

(1)涉及全国性的几个部门关系的应制定行政法规，只涉及一个部门关系的应制定规章。

(2)法律未作规定，国务院也未发布过决定、命令的，需有授权才能制定规章。

(3)调整内容明确属于某部门职权范围内的，制定规章；调整内容是否属于部门职权或属于某一部门职权尚不明确的，应制定行政法规。

(4)需要在全国统一推行的政令，不管是否在部门职权范围内，都应制定行政法规。

(3)地方政府规章的立法权限。享有地方政府规章制定权的行政机关包括省、自治区、直辖市人民政府，省、自治区人民政府所在地的市、经济特区所在地的市、经国务院批准的较大的市①的人民政府。地方政府规章可以规定的事项是为执行法律、行政法规、地方性法规的规定需要制定规章的事项，以及属于本行政区域的具体行政管理事项。根据《立法法》第73条，地方政府规章可以就下列事项作出规定：①为执行法律、行政法规、地方性法规的规定需要制定规章的事项；②属于本行政区域的具体行政管理事项。由此可知，同是规章，地方规章的制定权要大于部门规章，这主要考虑到不同的地方政府间所面临的除了共同性的需要立法之外，还会有地方性的不同需求，如果地方人大对此立法经验不足或者来不及立法等，地方政府可以率先制定规章。

旁评附注　地方政府规章与地方性法规权限的划分

地方性法规和地方政府规章的区别有两点：首先，地方性法规的制定遵循的是不抵触原则，地方政府规章的制定遵循的是根据原则，即地方性法规可以在不与宪法、法律和行政法规相抵触的前提下，对法律尚未规定的问题先予规定，而地方政府规章则必须先有法律和行政法规的根据。其次，地方性法规是由权力机关制定的，地方政府规章是由政府制定的，不能干预司法机关的活动。因此，确定地方性法规和地方政府规章权限的原则是：

(1)法律需要进一步明确具体的，制定地方性法规，行政法规需要明确具体的，制定规章。

---

① 国务院先后4次批准19个城市为“较大的市”(其中重庆于1997年3月升格为直辖市)：1984年10月批准唐山、大同、包头、大连、鞍山、抚顺、吉林、齐齐哈尔、青岛、无锡、淮南、洛阳、重庆共13个市；1988年3月批准宁波市；1992年7月批准淄博、邯郸、本溪市；1993年4月批准苏州、徐州市。

(2)涉及司法机关活动规范的，制定地方性法规，调整行政机关自身活动规范的，制定规章。

(3)法律和行政法规未作规定的，需要创设新的实体权利义务的，制定地方性法规，不需要创设新的实体权利义务的，制定规章。

(4)本行政区域内的政治、经济、文化等方面的重大事项，制定地方性法规，其他事项制定规章。

第三节 行政立法程序

“行政立法”从动态过程来看，包括实体和程序两方面的内容。就实体而言，行政立法过程意味着行政立法权的配置、行政立法各主体之间的相互关系等；就程序而言，行政立法过程是行政主体在行使行政立法权过程中应当遵循的方式、步骤、形式、时限等时空形式。实体和程序是行政立法过程不可或缺的两个方面，缺一不可。在立法传统上一直重实体、轻程序的我国，在具有立法性质的行政立法领域强调程序尤为重要。目前我国还没有完整统一的法规和规章制定程序的法律，有关行政立法程序的规定散见于 2000 年 3 月制定的《中华人民共和国立法法》和 2001 年 11 月颁布并于 2002 年 1 月 1 日实施的《行政法规制定程序条例》和《规章制定程序条例》。结合这些法律法规及现行行政立法的实践，行政立法行为一般应遵循以下程序。

一、行政法规制定程序

国务院制定行政法规，需要经历立项、起草、审查、决定与公布、解释等程序。

1. 立项

立项是决定进行行政法规制定工作的程序，它解决国务院是否应当就特定行政管理事务制定行政法规的问题，是行政法规制定程序的第一个环节。行政事务复杂多变，哪些事情需要制定行政法规，在什么时间制定行政法规，需要对其必要性、可行性和及时性作出判断，这就是立项要解决的问题。

立项由国务院依职权决定，在程序上表现为年度立法计划的编制和调整。国务院法制机构负责拟订国务院年度立法工作计划，报国务院审批。年度立法工作计划在执行中可以根据实际情况予以调整。国务院有关部门有权报请立项，有关部门的立项申请是拟订国务院年度立法工作计划的重要根据。国务院有关部门的立项申请，应当说明立法项目所要解决的主要问题、依据的方针政策和拟确立的主要制度。立项申请应当在每年年初编制国务院年度立法工作计划之前向国务院提出。

2. 起草

起草是提出行政法规初期方案和草稿的程序，它是审查和决定程序的基础。起草工作由国务院组织，可以通过年度立法工作计划，确定为国务院的一个或者几个部门承担具体起草工作，也可以确定由国务院法制机构起草或者组织起草。

行政法规在起草过程中，应当广泛听取有关机关、组织和公民的意见。听取意见可以采取座谈会、论证会、听证会等多种形式。涉及其他部门的职责或者与其他部门关系紧密的规定，应当与有关部门协商一致；经过充分协商不能取得一致意见的，应当在上报行政法规草案送审稿时说明情况和理由。起草部门对涉及有关管理体制、方针政策等需要国务院决定的重大问题提出解决方案，报国务院决定。送审稿的报送应当由起草部门主要负责人签署。几个部门共同起草的，应当由该几个部门的主要负责人共同签署。报送时，应一并报送立法说明和国内外的有关立法材料、调研报告、考察报告等。

3. 审查

审查的对象是报送国务院的送审稿，审查的目的和工作结果是在对送审稿修改的基础上，形成行政法规草案和对草案的说明。负责审查的机构是国务院法制机构。国务院法制机构主要审查内容是否符合宪法、法律的规定和国家的方针政策；是否符合起草要求；是否与有关行政法规协调、衔接；是否正确处理有关机关、组织和公民对送审稿主要问题的意见等内容。

重要的行政法规送审稿，经报国务院同意，国务院法制机构可以公开征求意见，其形式包括发送征求、社会公布、实地听取以及会议听取等。发送征求意见的对象是国务院有关部门、地方人民政府、有关组织和专家。社会公布，是重要的行政法规送审稿报经国务院同意，向社会公布、征求意见。实地听取，是对行政法规送审稿涉及的主要问题，到基层进行实地调查研究，听取基层有关机关、组织和公民的意见。会议听取意见和论证，包括座谈会、论证会和听证会。座谈会、论证会适用于重大疑难问题，由有关单位和专家参加座谈会、论证会，听取意见和研究论证。听证会适用于直接涉及公民、法人或其他组织的切身利益的情形，听取有关机关和组织的意见。国务院法制机构应协调不同意见，力求达成一致意见；不能达成一致意见的，将争议的主要问题、有关部门的意见以及国务院法制机构的意见报国务院决定。

国务院法制部门对于以下四种情况，可以缓办或者退回有关部门：制定行政法规的基本条件不成熟的；有关部门对送审稿规定的主要制度存在较大争议的；起草部门未与有关部门协商的；上报送审稿有程序缺陷的。如没有缓办或者退回的情形，则国务院法制部门在认真研究各方面意见，与起草部门协商后，对行政法规送审稿进行修改，形成行政法规草案和对草案的说明。行政法规草案由国务院法制机构主要负责人提出提请国务院常务会议审议的建议。对调整范围单一、各方面意见一致或者依照法律制定的配套行政法规草案，可以采取传批方式，由国务院法制机构直接提请国务院审批。

4. 决定与公布

行政法规草案由国务院常务会议审议，或者由国务院审批。国务院常务会议审议行政法规时，由国务院法制机构或者起草机构作说明。国务院对行政法规草案提出审议意见后，由国务院法制机构对行政法规草案进行修改形成草案修改稿，报请总理签署国务院令公布施行。签署公布行政法规的国务院令应当载明该行政法规的施行日期。

行政法规的标准文本是在国务院公报上刊登的文本。行政法规签署公布后，应当及时在国务院公报和在全国范围内发行的报纸上刊登。国务院法制机构应当及时汇编出版行政法规的国家正式版本。行政法规应当自公布之日起 30 日后施行。但涉及国家安全、外汇汇率、货币政策的确定以及公布后不立即施行将有碍行政法规施行的，可以自公布之日起施行。行政法规在公布后的 10 日内由国务院办公厅报全国人民代表大会常务委员会备案。

5. 解释

对于行政法规条文本身需要进一步明确界限或者作出补偿规定的，由国务院解释。有权向国务院提出行政法规解释要求的，是国务院各部门和省、自治区、直辖市人民政府；国务院法制机构研究拟订行政法规解释草案，报国务院同意后，由国务院公布或者国务院授权其有关部门公布；行政法规的解释与行政法规具有同等效力。

对于行政工作中具体运用行政法规的问题，由省、自治区、直辖市人民政府法制机构以及国务院有关部门法制机构请求国务院法制机构解释；其中涉及重大问题的，由国务院法制机构提出意见，报国务院同意后答复。

二、行政规章制定程序

行政规章制定程序是指国务院部门规章和地方政府规章的立项、起草、审查、决定、公布等程序。修改和废止规章的程序，参照制定程序的有关规定进行。

1.立项

立项程序主要解决谁有权提议制定规章、拟议规章的论证和年度规章制订计划三个问题。我国行政规章制订的动议权采取封闭式的行政层级管理模式,排除了公众和私人的直接立法申请权。部门规章由国务院部门"内设机构"或者"其他机构"基于需要,向本部门报请立项。地方政府规章由人民政府"所属工作部门"或者"下级人民政府"基于需要,向隶属政府报请立项。在立项程序中,拟议规章论证采取说明制度,行政立法机关须说明事项包括制定规章的必要性、所要解决的主要问题、拟议确立的主要制度等。行政规章制订计划的拟定权,由国务院的部门法制机构和地方政府法制机构享有和行使,但是,某项拟议规章是否被列入年度计划或者调整、增加规章项目,由本部门或者本级人民政府批准。

2.起草

行政规章起草程序主要涉及草拟权的归属、专家的草拟权、意见听取、听证会、不同行政主体权益冲突和草案送审稿理由说明等问题。

行政规章草拟权通常由国务院部门或者地方人民政府行使,由其内设机构或者其他机构具体实施,专家也可以被委托组织起草规章。规章制定的意见听取环节,可以采取书面征求意见、座谈会、论证会、听证会等多种形式。听取对象可以是普通公民、专家、利害关系人、利益相关的行政组织。如果草拟规章涉及利害关系人意见重大分歧的,规章草拟机关应当向社会公布草拟规章内容,并征求意见,也可以举行听证会。听证会依照下列程序组织:(1)听证会公开举行,起草单位应当在举行听证会的30日前公布听证会的时间、地点和内容;(2)参加听证会的有关机关、组织和公民对起草的规章,有权利提问和发表意见;(3)听证会应当制作笔录,如实记录发言人的主要观点和理由;(4)起草单位应当认真研究听证会反映的各种意见,起草的规章在报送审查时,应当说明对听证会意见的处理情况及其理由。

问题探讨 立法如何集中民意?

在"开门立法"中,谁的声音得到了表达?谁的意见得到了听取?在潮水般的民意面前,立法者将如何采信信息和意见、平衡不同的意义?①

部门权益冲突或者地方权益冲突始终反映在规章草拟过程之中,在起草

① 姜明安、余凌云主编:《行政法》,科学出版社2010年版,第169页。

中须协调不同行政主体之间的权益冲突。《规章制定程序条例》第16和17条充分注意到了我国的国情，规定：起草部门规章，涉及国务院其他部门的职责或者与国务院其他部门关系紧密的，起草单位应当充分征求国务院其他部门的意见。起草地方政府规章，涉及本级人民政府其他部门的职责或者与其他部门关系紧密的，起草单位应当充分征求其他部门的意见。起草单位与其他部门有不同意见的，应当充分协商；经过充分协商不能取得一致意见的，起草单位应当在上报规章草案送审稿时说明情况和理由。

最后，行政规章草拟稿送审权归属于规章起草单位，报送的内容包括三个组成部分：起草单位签署的草案及其理由说明、主要问题的分歧意见和案卷（汇总的意见、听证会笔录、调研报告、国内外有关立法资料等）。

3. 审查

审查是对送审稿进行修改形成部门规章草案的程序。审查主体是规章制定部门的法制机构。法制机构根据《规章制定程序条例》的要求进行审查，并可以缓办或者退回起草单位。审查过程中应听取建议和协调。法制机构在审查过程中应当就规章送审稿涉及的主要问题，听取基层有关机关、组织和公民的意见；涉及重大问题的应当召开由有关单位、专家参加的座谈会、论证会，听取意见、研究论证；直接涉及公民、法人或其他组织切身利益，有关机关、组织或者公民对其有重大意见分歧，起草单位在起草过程中未向社会公布，也未举行听证会的，法制机构经过本部门批准，可以向社会公布，也可以举行听证会。

规章草案稿的形成需在充分的意见听取后作出，草案说明应当包括制定规章拟议解决的主要问题、确立的主要措施以及与有关部门的协调情况等。规章草案和理由说明由法制机构主要负责人签署，并且它有权提出提请本部门或者本级人民政府有关会议审议的建议。

草案决议程序主要涉及行政规章草案稿及其修改稿的通过权，即草案稿最后变成法律规范。其中，部门规章应当经部务会议或者委员会会议决定，地方政府规章应当经政府常务会议或者全体决定。

4. 公布与生效

部门规章或地方政府规章经过决定程序后应报经本部门或地方政府首长签署命令予以公布，向社会公开使公众知道。公布行政规章的命令应当载明该规章的制定机关，序号，规章名称，通过日期、施行日期，部门首长或者省长、自治区主席、市长署名以及公布日期。部门联合规章由联合制定的部门首长共同署名公布，使用主办机关的命令序号。部门规章签署公布后，部门公报或者国务院公报和全国范围内发行的有关报纸应当及时予以刊登。地方政府规章签署公布后，本级人民政府公报和本行政区域范围内发行的报纸应当及时刊登。在部门公报或者国务院公报和地方人民政府公报上刊登的规章文本为标准文本。

旁评附注 行政规章生效方式的演变及其意义

由于长期受错误思想的影响，行政规章被视为国家秘密和行政机关内部物品而非公共物品，因此，行政规章的公共知晓方式一直沿着某种陋习运行着。例如，1985 年财政部发布《乡（镇）财政管理试行办法》，称“本办法自文到之日起试行”。1987 年，全国控制社会集团购买力办公室、国家计委、国家经委、财政部、中国人民银行、商业部、公安部联合发布《关于违反控制社会集团购买力的处理暂行办法》第 12 条规定：“本办法自通知到达之日起执行。”上述表述，表明“通知”或者“文”是发给行政机构而非行政相对人的，缺乏公共性和公开性，表明规章、行政法规与行政机关的内部公文没有被区分开来。

1988 年 6 月 3 日，是中国行政立法史上具有里程碑标志的一个日子，这一天，中华人民共和国总理正式发布了第一号国务院法规令：《中华人民共和国企业法人登记管理条例》，这是新中国第一个正式行政法规的发布，意义非凡。1988 年 7 月 1 日，地质矿业部发布《全国地质资料汇交管理办法》（第 1 号），这是我国最重要的法律文献《国务院公报》第一个记录在册的部门规章的发布令。

改进行政立法文件的发布形式，是我国经济改革和政治改革的产物，推动了中国法治建设。早在 1988 年 5 月 31 日，国务院办公厅就发布了《关于改进行政法规发布工作的通知》。2001 年《规章制定程序条例》规定：最后规章必须报请本部门首长或者省长、自治区主席、市长签署命令予以公布。

以往，我国的行政规章几乎不设立生效时间，采取“文到生效”的办法，有突然袭击的嫌疑，违反了法律公开性和公共性的特征，变相损害了私人权利。直到 2001 年，国务院才在《规章制定程序条例》和《行政法规规章备案条例》中首次规定了规章生效程序：规章应当自公布之日起 30 日后施行。但是，涉及国家安全、外汇汇率、货币政策的确定以及公布后不立即施行将有碍规章施行的，可以自公布之日起施行。

5. 备案与解释

规章自公布之日起 30 日内，由法制机构依照《立法法》和《法规规章制定条例》的规定向有关机关备案。部门规章应当在公布后的30日内报国务院备案。

规章解释权属于规章制定机关。规章解释由规章制定机关的法制机构参照规章送审稿审查程序提出意见，报请制定机关批准后公布。进行规章解释的情形是：规章的规定需要进一步明确具体含义的；规章制定后出现新的情况，需要明确使用规章依据的。规章的解释同规章具有同等效力。

第四节　行政立法的监督机制

由于行政立法制定的行政法规、规章具有普遍约束力和强制执行力，如果一旦制定不当或者违法，将会严重地损害公民或组织的合法权益，造成广泛的负面影响。因此，应当加强对行政立法的监督和审查，防止行政立法中的不当或违法，及时撤销不适当的法规、规章，以保障公民、组织的合法权益。

行政立法监督机制是指对行政立法的监督，而非指行政立法主体对他人的监督，其与行政检查监督的含义是完全不同的，行政检查监督是指行政机关作为监督主体对相对人的监督。对行政立法的监督可以从以下三个方面进行运作：

一、权力机关对行政立法的监督

人民代表大会常务委员会根据《立法法》、《行政法规、地方性法规、自治条例和单行条例、经济特区法规备案审查工作程序》、《各级人民代表大会常务委员会监督法》加强了对行政立法的监督，设置了备案和审查撤销两种机制。

《立法法》第89条规定，行政法规、规章应当在公布后的30日内进行备案，行政法规报全国人民代表大会常务委员会备案，部门规章和地方政府规章报国务院备案；地方政府规章应当同时报本级人民代表大会常务委员会备案；较大的市的人民政府制定的规章应当同时报省、自治区的人民代表大会常务委员会和人民政府备案。全国人民代表大会常务委员会有权撤销同宪法和法律相抵触的行政法规，地方人民代表大会常务委员会有权撤销本级人民政府制定的不适当的规章。

1.全国人大常委会对国务院的监督

行政法规是我国最重要的法律形式，这不仅因为行政法规的法律地位仅次于全国人大及其常委会制定的法律，还由于我国法律的制定一直奉行“宜粗不宜细”的原则，因此制定出的法律基本上是一种框架立法，许多可操作的细节需要下位法——往往是行政法规来规定。正因为行政法规在地位上和数量上的重要性，强调全国人大常委会对国务院行政法规的监督、审查是十分必要的。

按照《宪法》第 67 条的规定，全国人大常委会有权撤销国务院制定的同宪法、法律相抵触的行政法规、决定、命令。《立法法》第 88 条也规定，全国人大常委会有权撤销同宪法、法律相抵触的行政法规。而且《立法法》还增加了三项新规定：

(1)要求行政法规向全国人大常委会备案，且备案已经被确定为备案审查，通过这一途径，全国人大常委会可以审查报送备案的行政法规，如果发现行政法规与宪法相抵触，则可以撤销或改变行政法规。

(2)为立法监督安上了一个“启动装置”，即全国人大及其常委会以外的其他国家机关、社会团体、企事业组织以及公民个人都可以启动对行政立法的监督机制。

(3)明确了具体承办审查监督行政法规的机构即全国人大专门委员会。上述这些新的规定使全国人大常委会监督行政法规具有了可操作性。

案例思考

2003 年 3 月 17 日，就职于广州一服装公司的大学生孙志刚未携带身份证逛街时，被广州黄村街派出所以没有暂住证为由予以收容。3 月 18 日，孙被送往广州收容遣送中转站，后又被收容站送往广州收容人员救治站，并于 3 月 20 日死亡。中山大学中山医学院法医鉴定中心的鉴定表明，“综合分析，孙志刚符合大面积软组织损伤致创伤性休克死亡”——即孙志刚是被打死的。经过相关司法程序，相关责任人员的法律责任被追究。

通过本案，引发了其他法律问题。2003 年 5 月 14 日，三位法学博士将一份题为“关于审查《城市流浪乞讨人员收容遣送办法》的建议书”传真至全国人大常委会法制工作委员会，建议全国人大常委会对收容遣送制度进行违宪审查。三位博士指出，根据《中华人民共和国宪法》第 37 条规定，中华人民共和国公民的人身自由不受侵犯。任何公民，非经人民检察院批准或者决定或者人民法院决定，并由公安机关执行，不受逮捕。禁止非法拘禁和以其他方法剥夺或者限制公民的人身自由，禁止非法搜查公民的身体；《中华人民共和国行政处罚法》第 9 条规定，限制人身自由的行政处罚，只能由法律设定；《中华人民共和国立法法》第8条和第9条规定,对公民政治权利的剥夺、限制人身自由的强制措施和处罚,只能制定法律。因此,1982年由国务院颁布的收容遣送办法及其实施细则中限制公民人身自由的规定,违反了《宪法》、《行政处罚法》和《立法法》。所以建议对《城市流浪乞讨人员收容遣送办法》进行违宪和违法审查。

问题:普通公民是否可以直接"上书"全国人大常委会,建议对行政法规进行审查?

2.地方人大常委会对地方规章的监督

宪法规定,地方各级人民政府是国家各级权力机关的执行机关,是地方各级国家行政机关。由于地方各级人民政府向同级地方人大负责并报告工作,所以地方人大当然享有对同级政府的监督权。

地方政府组织法第44条第8项规定:县级以上地方人大常委会有权"撤销本级人民政府的不适当的决定和命令"。而《立法法》第88条第5项进一步明确,"地方人民代表大会常务委员会有权撤销本级人民政府制定的不适当的规章"。按照《立法法》的规定,规章不适当的情形包括以下五种:(1)超越权限;(2)违反上位法的规定;(3)规章之间对同一事项的规定不一致;(4)规章的规定不适当;(5)违背法定程序。

地方人大常委会对地方规章的改变或撤销,目前主要是通过备案审查程序来进行。在地方政府报送地方规章到同级人大常委会备案时,接受备案的地方人大常委会对该规章进行审查,发现该规章不适当的,可以撤销该规章。

二、行政系统内部的监督

行政系统内部的监督是我国制度设计最全面的监督体制,这种监督主要是行政机关上下级之间的层级监督。这种监督方式主要有国务院对部门规章和地方政府规章的监督,省级人民政府对较大的市的人民政府规章的监督。另外,行政机关组织的行政立法清理工作,将与法律或上位法的规定不一致或者相抵触的行政立法部分予以及时修改或废止,也是对行政立法监督的有效方式之一。但它不是直接使行政立法丧失效力的制度,而是属于行政机关间接行使监督权的一种方式,故此不作具体介绍。

1.国务院对部门规章和地方规章的监督

《宪法》第89条规定:国务院有权"改变或者撤销各部、委员会发布的不适当的命令、指示和规章";"改变或者撤销地方各级国家行政机关的不适当的决定和命令”。《立法法》第88条第3项确认了国务院的这一权限,“国务院有权改变或者撤销不适当的部门规章和地方政府规章”。

概念辨析 行政规章的撤销(或改变)与行政法规的撤销之区别

与撤销行政法规的情形不同的是:(1)国务院对不适当的规章除了撤销外,还可以“改变”;(2)行政法规被撤销是因为其与宪法、法律相抵触,而规章被国务院改变或者撤销是因为它“不适当”;(3)通往改变或者撤销的途径与行政法规不同。两者虽然都应该向国务院备案,由国务院进行审查监督,但不一样的是,行政法规可以由任何组织或公民向全国人大常委会提出审查要求或建议,从而启动违宪或违法审查机制,而规章没有这一途径。不过,人们可以其他制度间接地对规章提出质疑,如可以通过行政复议、行政诉讼审查具体行政行为的“依据”时,因复议机关或人民法院认为有关规章违法,则中止复议或诉讼,将有关规章送请国务院解释或裁决。

2.省级人民政府对较大的市人民政府规章的监督

较大的市的行政立法权是由于国务院将其确定为较大的市而拥有的,而非像经济特区那样是由全国人大或其常委会授权而拥有的。较大的市拥有行政立法权或具体说是规章制定权,并不能改变该市对省级政府行政层级上的从属地位。按照我国的行政体制,省级政府对较大的市的政府拥有固有的指挥权、命令权、监督权。

省级政府对较大的市的政府规章的监督,在很大程度上是通过较大的市向省级政府报送规章备案来实施的。备案审查的内容基本上与国务院对规章的审查相同。同时,《规章制定条例》第35条第2款规定:“国家机关、社会团体、企事业组织、公民认为较大的市的人民政府规章同法律、行政法规相抵触或者违反其他上位法的规定的,也可以向本省、自治区人民政府书面提出审查建议,由省、自治区人民政府法制机构研究处理。”

3.国务院的适用裁决以及其他监督

根据《立法法》的规定,国务院对规章之间的不一致可以进行裁决。发现规章之间不一致的途径可以是行政复议、行政诉讼,也可以是还没有涉及行政诉讼的时候,由适法者将规章不一致的情况报请国务院进行解释或裁决。

在行政复议或行政诉讼中,发现作为具体行政行为依据的部门规章与地方性法规之间对同一事项规定得不一致的,行政复议机关或人民法院应当中止复议或诉讼，送请国务院作出解释或裁决。国务院如果认为应当适用地方性法规，可以直接改变或撤销有关的部门规章；但如果国务院认为应当适用部门规章，国务院只能提请全国人大常委会裁决。

此外，根据《规章制定程序条例》第35条的规定，对于国家机关、社会团体、企事业组织、公民认为规章同法律、行政法规相抵触而向国务院提出的书面审查建议，由国务院法制机构研究处理。同样，《法规规章备案条例》第9条也将国务院法制机构的研究处理作为监督地方行政法规与行政法规相冲突时适用的方式。可见，国务院的行政立法监督除了适用裁决外，还有"研究处理"这一方式。

案例思考

1999年9月10日，杭州市文化局在与其他部门的联合执法检查中，认定旺实公司所属的"贝贝"网吧利用电子计算机从事游戏活动，依据《娱乐场所管理条例》当场查封、扣押4台电脑，并责令网吧停止游戏经营、没收14天的非法所得7000元，并处以两倍罚款14000元。旺实公司对杭州市文化局的处罚持有异议，要求复议机关予以撤销，同时要求对国家四部委的《关于规范"网吧"经营行为加强安全管理的通知》的合法性进行审查。2000年2月15日，国务院法制办公室经过审查后认为，国家四部委关于网吧"不得经营电脑游戏"的规定是合法的。杭州市文化局认定旺实公司从事经营电脑游戏的具体事实缺乏有力证据，《娱乐场所管理条例》没有赋予文化行政主管部门采取查封、扣押行政强制措施的权力，加上"贝贝"网吧不属娱乐场所，属于信息服务场所，所以杭州市文化局作出的《行政处罚决定书》不能成立，应予撤销。

问题：上级行政机关如何对行政立法进行监督？

三、司法机关对行政立法的监督

根据我国现行法律的规定，虽然法院不能直接审查行政立法，但却具有对规章的参照权。《行政诉讼法》第53条规定："人民法院审理行政案件，参照国务院部、委根据法律和国务院的行政法规、决定、命令制定、发布的规章以及省、自治区、直辖市和省、自治区的人民政府所在地的市和经国务院批准的较大的市人民政府根据法律和国务院的行政法规制定、发布的规章。人民法院认为地方人民政府制定、发布的规章与国务院部、委制定、发布的规章不一致的，以及国务院部、委制定、发布的规章之间不一致的，由最高人民法院送请国务院作出解释或者裁决。"也就是说，对符合法律、行政法规的规章，法院要参照审理，对不符合或不完全符合法律、行政法规原则精神的规章，法院可以有灵活处理的余地。这实际上是赋予人民法院一定裁量权，法院在审理依据规章作出的具体行政行为时，就可以对相应的规章进行评价，审查规章的合法性，对违法的规章不予适用，并报请有权机关处理，从而实现对行政立法的监督。

问题探讨 法院是否应该对行政立法进行司法审查?

一段时间以来，许多学者对人民法院运用司法审查制度控制行政权力寄予厚望。认为在以司法审查作为行政法核心机制的国家的人看来，没有司法审查自然就谈不上行政法；只有在司法审查制度行之有效的地方我们才能说它是一个法治国家。但是，对行政立法(抽象行政行为)实行司法审查制度却是个值得商榷的问题。这个问题即使在美国也存在争议。有美国学者抨击联邦行政程序法赋予法院对行政规章(administrative rules)制定权进行司法审查是没有根基的、没有逻辑的和未加思考的；因为对行政规章制定权进行司法审查产生了病态性后果：司法审查的威胁使行政规章制定程序僵化，使行政立法官员担心自己的责任而行动迟缓和胆怯；司法审查也破坏了行政议程，导致了资源的错误分配，降低了所颁布的行政规章的质量。

我国是否应该突破现行《行政诉讼法》及其司法解释确立的行政审判参照规章和援引规范性文件的制度，引进法院对行政立法(抽象行政行为)的积极审查制度呢?

第五节 其他规范性文件

行政立法是立法体系的重要组成部分，但在行政立法行为之外还存在大量行政机关制定的具有普遍约束力的决定、命令和行政措施等行为，《行政处罚法》第14条明确称之为"其他规范性文件"。其他规范性文件的制定虽然不是行政立法，但它与行政立法一样，都是抽象行政行为，只要不与法律、法规和规章抵触，也可以作为具体行政行为的依据。实际上我国大量具体行政行为是直接根据其他行政规范性文件作出的，因此，它在我国行政管理中具有重要的地位和作用。由于其他规范性文件的制定接近于行政立法，随着行政法制的发展，享有规章制定权的行政机关的数量将日益增加，今天的许多其他规范性文件明天就可能上升为规章而成为行政立法。基于这种考虑，故将“其他规范性文件”放在“行政立法”一章附带研究。

一、其他规范性文件的概念及其特征

其他规范性文件，是指国家行政机关制定的除行政法规、规章以外的具有普遍约束力的决定、命令，规定行政措施等。其他规范性文件具有以下特征：

1. 制定主体的广泛性

我国宪法和组织法几乎授予所有的行政机关都有行使制定行政规范性文件的权力。例如，《宪法》第 89 条规定，国务院可以规定行政措施，并发布决定和命令；第 90 条规定，各部委可以发布命令、指示。《地方组织法》第 59 条规定，县级以上地方各级人民政府可以规定行政措施，发布决定和命令。换言之，其他规范性文件的制定主体是各级各类国家行政机关，包括国务院、国务院各部委，各部委所属司、局、办，省、自治区、直辖市人民政府及其所属厅、局、办，省会市和较大的市人民政府及其所属部门，其他设区的市和不设区的市、县人民政府的工作部门及其派出机关（行政公署、区公所、街道办事处）、乡镇人民政府等都可以成为其他规范性文件的制定主体。可见，我国有权进行行政立法的行政机关只占少数，而有权发布其他行政规范性文件的行政机关则为大多数。

2. 效力的多级性与从属性

其他规范性文件的效力除了低位阶性外，还具有多级性和从属性。其他规范性文件数量众多，各自的效力与制定主体相对应，从上到下呈多层级特点，下级其他规范性文件不能与上级规范性文件的内容相抵触，并且分别从属于相应行政机关制定的行政法规、规章。其他规范性文件效力上的特征是由其制定主体的特征所决定的。

3. 规范性

其他规范性文件作为抽象行政行为，在其效力所及范围内普遍适用于管理相对人，具有执行力。即对于相应规范性文件制定主体所管辖的整个行政区域的公民、法人、其他组织具有约束力。

4. 表现形式的多样性

其他规范性文件的表现形式多样化主要是从其他规范性文件的名称角度而言。比起行政立法，其他规范性文件的名称更是五花八门，有命令、决定、指示公告等，不一而足。

概念辨析 其他规范性文件与行政立法的区别

其他规范性文件的制定是一种抽象行政行为。这一点它与行政法规、规章等行政立法具有相同的性质。但其与行政立法毕竟不同，它们的区别主要表现在：

(1)制定主体范围不同。行政立法的主体仅限于宪法和法律规定的享有行政立法权的特定行政机关，其他规范性文件的制定主体则极为广泛，不仅包括享有行政立法权的行政机关，还包括不享有行政立法权的其他行政机关，也就是说，其他规范性文件的制定主体是几乎所有的国家行政机关。

(2)效力高低不同。行政立法的效力高于其他规范性文件。法院审理行政案件时，以行政法规为依据，参照适用规章；对其他规范性文件，则不能依据、也不能参照适用；其他行政规范性文件应以法律、法规、规章为依据，不得与法律、法规、规章相抵触。

(3)规范的内容不同。行政立法可以在法定权限内对相对人设定某些权利和义务，而其他规范性文件无权作出涉及公民、法人或其他组织权利义务的规定，如行政法规和规章有一定的行政处罚设定权，而其他行政规范性文件无权设定行政处罚。能否作出影响公民基本权利义务的规定，是其他规范性文件与行政立法之间最重要的区别。

(4)制定程序不同。行政立法要遵循严格、正式的立法程序，而制定其他规范性文件的程序则相对简易得多。行政立法程序由《立法法》、《行政法规制定程序条例》、《规章制定程序条例》及有关法律、法规规定，其他规范性文件的制定程序由《国家行政机关公文处理办法》规定。

二、其他规范性文件的分类

根据不同的标准，其他规范性文件可作不同的分类。这里重点介绍根据制定主体的不同和根据规范内容与对象不同对其他规范性文件所作的分类。

1. 以制定主体为标准的分类

根据其他规范性文件制定主体的不同，可将其他规范性文件分为如下三类：

(1)享有行政法规、规章制定权的行政机关制定的行政规范性文件。这类行政规范性文件，其制定主体虽然是享有行政立法权的行政机关，但也不属于行政立法的范畴，因其不具备行政立法的法定标准。例如，国务院的行政法规必须经国务院常务会议或全体会议审议，经国务院总理签署，以国务院令发布，并且使用“条例”、“规定”、“办法”等法定名称。国务院的文件如果不具备上述形式要件，就不是行政法规，而只是行政规范性文件。地方人民政府的规章必须经享有规章制定权的相应地方人民政府常务会议或者全体会议讨论决定，经相应政府首长签署，以相应政府令发布。不具备这些条件，就不是规章，而是其他规范性文件。享有行政立法权的行政机关制定的其他规范性文件的效力低于其本身制定的行政立法，但高于其下级行政机关制定的规章。

(2)不享有地方政府规章制定权的地方人民政府发布的其他规范性文件。这类其他规范性文件的制定主体最为广泛。在各级地方人民政府中，目前只有较大市的人民政府享有规章制定权。其他数以千计的市、县和数以万计的乡、镇人民政府均只能发布其他规范性文件。这类其他规范性文件的数量远远超过行政法规和规章的数量，它们调整着广泛的社会关系。

(3)不具有规章制定权的各级政府的工作部门发布的其他规范性文件。这类规范性文件包括国务院的直属机构和某些国家局(如工商局、国家烟草局、国家商检局、海关总署等)制定的其他规范性文件和各级地方人民政府的工作部门制定的行政规范性文件。

2. 以规范内容和对象为标准的分类

根据其他规范性文件规范内容和对象的不同，可将其他规范性文件分为内部的其他规范性文件和外部的其他规范性文件。内部的其他规范性文件是指内容不涉及行政相对人权利义务仅仅适用于行政主体内部的其他规范性文件；外部的其他规范性文件是指内容涉及行政相对人权利义务与法律后果的、可能适用于外部行政相对人的所有其他规范性文件。

这种分类方法与行政行为分为内部行政行为和外部行政行为相对应，两者的主要区别有：第一，内容不同。外部型的其他规范性文件内容涉及行政相对人的权利和义务，内部型的其他规范性文件内容根本不涉及行政相对人的权利和义务。第二，适用对象不同。内部型的其他规范性文件仅仅适用于行政主体内部，而外部型的其他规范性文件可适用于行政相对人。第三，对行政的公开化提出了不同要求。既然外部型的其他规范性文件涉及行政相对人的权利和义务，那么就应在其行政管辖范围内予以公布，而内部型的其他规范性文件并无此要求。第四，制定程序和监控程序不同。制定内部型的其他规范性文件属于内部行政行为，对于内部行政行为一般在程序要求上较为宽松，在监控机制上只适用于内部监控，不适用于行政复议和司法审查；而外部型的其他规范性文件属于外部行政行为，由于涉及外部行政相对人，因此对其制定程序较为严格，因适用该规范性文件而产生的纠纷其救济程序一般也适用于行政复议和司法程序。

旁评附注 内部行政规则的外部化与法律控制①

内部型的其他规范性文件有时也称为"内部行政规则"，一般是行政机关对其公务员或者下级机关发布的法律规则，它们有别于具有直接对外效力的行政规定和行政解释。但是，内部行政规则可以产生行政实务上的惯例效果，形成私人的合法预期，如果行政机关不适用内部行政规则，则违反了平等原则和合法预期保护原则。例如，2001年武汉市蔡甸区公安分局"110接处警"未能按照武汉市公安局《110接处警工作规范》有关"城区出警民警必须5分钟赶到现场、郊区10分钟内赶到现场"之规定，延迟出警，其不作为被提起行政诉讼。该《110接处警工作规范》在形式上是行政机关的内部规定，但是这种"内部规定"只是在行政公文传达意义上才是内部的。就实际现状而言，"内部规定"内容复杂，法律效果不一，有些内部规定实际上规定了外部人员的法律地位，具有执行力。有些"内部规定"间接地对外部人员发生影响。在现实层面，内部行政规则事实上发生着直接对外效力。

在国外，把这种法律现象称为"行政规则的外部化现象"。即只拘束下级行政机关、不对国民产生外部效果的内部行政规则却对国民产生了不利影响，而又逃避了司法审查。内部行政规则的外部化是一个棘手的法治问题。在英国，部门通告对政府部门的组织和裁量权行使予以指导，对私人的权利义务产生影响，本身包含着"法律与非法律因素"；监狱规则、移民规则等非立法性规则也存在是否具有强制性法律效力的问题。尽管这些内部行政规则"在任何意义上都不属于立法的一种"，但是事实上被遵守。美国国会将解释性规章和政策说明排除在联邦行政程序的程序义务——通知和评论之外，认为它们不是立法性规则，但是，法院判例认为"任何重要的规则都可对私人当事人产生深远的影响"，此种规则具有约束力，行政机关不得免除责任。美国判例法通常认为，"行政机关所用的名称无关紧要，虽称为'命令'，它事实上起规章的效用。"因此，只要

① 参见姜明安、余凌云主编:《行政法》，科学出版社2010年版，第178页。

“通知”之类的内部行政规则对当事人的权利义务产生实质性影响，法院就可以承认或者否认其立法效力。

在日本，行政规则一般是指行政机关制定的不具有法规性质的规范，它不具有影响国民权利义务关系的法律效果，也不构成司法裁判标准，但是，训令、通知、纲要等行政规则都存在影响私人权利义务关系的“外部化现象”。虽然，通知本身成为具有外部效果的法源，从依法律行政原理来看，是不能承认的。“通知”有时对国民造成事实上的利益影响，严重时，“通知”也构成抗告诉讼的对象。在我国台湾地区，内部行政规则也不是法律规范，并不属于行政法的法源，它是指基于行政组织的层级监督权限，为规范行政体系内部事项而对公务员和下级机关下达的内部规范，对国民不直接发生效力，对行政法院也没有拘束力。但是，台湾地区的行政法规命令与行政规则“二分法”遭到了质疑，因为在现实层面，行政规则事实上发生直接对外效力。

三、其他规范性文件的作用和效力

其他行政规范性文件在行政执法中发挥着不可忽视的作用，具有一定的法律效力。

1. 其他规范性文件的作用

其他规范性文件的作用主要体现在如下几个方面：

(1)有利于促进政府依法行政。其他规范性文件通常是为执行法律、法规、规章而制定的，作为一种不同于行政立法的抽象行政行为，它介于行政立法与行政执法之间，常起着一种中介作用。其他规范性文件内容涉及立法、执法、监督等各个方面，是行政法制的重要组成部分。其对促进政府依法行政、完善行政法制的具体作用为：一方面，其他规范性文件可以使国家法律得以具体化，为国家法律制定实施细则或变通规定，使他们在情况各异的各地得以有效推行。另一方面，其他规范性文件可以对国家法律的某些欠缺或不便操作之处，加以进一步的补充，使其更加便于操作。

(2)有利于及时解决行政管理中出现的新问题。行政立法由于其立法程序较为严格，立法过程较为复杂，相对于瞬息万变的实际情况，行政立法往往具有滞后性，不能及时解决行政管理中出现的新问题。而其他规范性文件由于程序简单、所需时间较短，因此可以及时适应形势变更，作出应变，弥补行政立法的不足。其他规范性文件对于行政立法的互补性，是民主、政治体系不断完善、成熟的标志之一，更有利于社会问题的解决。

(3)有利于调动地方政府的积极性和发挥首创精神。从全国来看,各地区间的政治、经济、文化发展极不平衡,各部门各行业也都具有自己的特殊性。行政机关在法定职权范围内制定行政规范性文件,有利于充分调动其积极性,可以"因地制宜、因时制宜",采取灵活多样的方法进行管理。行政规范性文件在立法真空地带的试验性作用,有利于为行政法规、行政规章的制定积累有益的经验。这种作用对于正处于社会转型期的我国来说表现最为明显,由于经验的不足、立法时机的不成熟以及地区间的差异等原因,很多情况下都不能采取立法的方式、尤其是中央立法的方式来调整相关事项;这种情况下,实践中我们往往采用制定其他规范性文件的方式,待到时机成熟时再上升为法律。

旁评附注　其他规范性文件存在的主要问题

其他规范性文件在行政管理活动中发挥着无可否认的作用,但在实践中其他规范性文件也存在不少问题,这些问题主要有以下几点[①]:

(1)制定主体混乱,随意性大。无论是行政机关,还是企事业单位、社会团体,都大量地制定所谓有关行政管理的规范性文件。虽经几次清理,却禁而不止,且清理时一般仅涉及政府部门,对非行政机关制定的规范性文件无人过问。

(2)越权情况严重。既有上下级行政机关的纵向越权,也有同级行政机关的横向越权,很多部门、地方常不管法律、法规、规章有何规定,认为只要需要就可以制定。从本地方本部门的局部利益出发,通过制定其他规范性文件来炮制对付上级政策的所谓"对策",有些行政规范性文件直接侵犯公民权益,这就是群众反应强烈的"土政策"。如在治理"三乱"(乱收费、乱罚款、乱摊派)中就发现不少行政规范性文件设定了行政处罚或收费,并规定了相应的法律责任条款,侵犯公民利益。

(3)在制定程序上没有遵循必要的程序规则。有的部门、机关往往凭某位领导的一个指示甚至一句话,便匆匆起草一个规范性文件,其间没有经过周密的调查、考虑,更没有在一定范围内经过相关人员的必要讨论和磋商,听取意见,便草率发文或公布。公布前或公布后,也就没有"批准"或"备案"程序。

针对其他规范性文件存在的以上问题,必须在依据、内容和程序上予以完善。其他行政规范性文件,在制定依据上必须依据法律、法规或规章

① 应松年主编:《行政法与行政诉讼法学》(第2版),法律出版社2009年版,第151页。

的规定，在内容上不得为公民或组织设定权利义务，在程序上应经过起草、调查、必要的讨论和磋商、听取意见、审核和签批、公布等阶段。①

2.其他规范性文件的法律效力

其他行政规范性文件的法律效力，是指它们能为人们提供行为规则，具有普遍约束力。其主要体现在行政管理和行政诉讼两个领域。

(1)行政管理领域的法律效力。其他规范性文件在行政管理领域的法律效力主要表现在以下几个方面：

首先，行政管理相对方的个人、组织具有拘束力和强制执行力。行政规范性文件一经颁布，相应文件所调整的个人、组织必须服从、遵守，对相应文件所确定的义务必须履行。如果行政相对人违反行政规范性文件的规定，不履行相应义务，行政执行机关可以依法对其采取强制措施，强制其遵守和履行，或依法对其科以行政处罚，追究其行政法律责任。

其次，对行政机关本身具有确定力，对具体行政行为具有适用力。行政规范性文件一经发布，行政机关非经法定程序不得任意撤销、改变、废止。发布行政规范性文件的行政机关及其所属的下级行政执行机关，在实施具体行政行为时必须遵循相应文件的规定，在作出有关行政决定时必须适用相应文件的规定。行政机关在实施有关具体行政行为，作出有关行政决定时，如果违反相应行政规范性文件的规定，或者不适用相应行政规范性文件，或者适用错误，都可能导致相应行为、决定的违法和被撤销。

再次，是行政复议机关审理复议案件的依据。复议机关审理复议案件，不仅要以法律、法规、规章为依据，还要以上级行政机关依法制定和发布的具有普遍约束力的决定和命令为依据。但是，复议机关在审查具体行政行为时，如果发现所依据的相应决定命令与法律、法规、规章或较高层次的决定、命令相抵触，可在其职权范围内依法予以撤销或改变。如果相应复议机关无权撤销或改变，则提请上级行政机关或其他有权机关依法处理。

(2)行政诉讼领域的法律效力。其他规范性文件在行政诉讼领域的法律效力主要表现在以下几个方面：

首先，行政诉讼当事人可以以行政规范性文件作为论证相应具体行政行为违法或合法的依据。原告提起行政诉讼，指控具体行政行为违法，可以以相应具体行政行为违法、未适用或错误适用有关行政规范性文件为理由，也可以

① 参见杨解君：《行政法与行政诉讼法》，清华大学出版社 2009 年版，第 109—110 页。

以具体行政行为所适用的行政规范性文件本身违法为理由。同样，被告应诉也可以以相应具体行政行为是根据有关行政规范性文件作出的，且相应行政规范性文件符合法律、法规、规章的规定为理由，反驳原告的指控。

其次，人民法院审理行政案件，对具体行政行为的合法性进行审理时，应同时审查相应具体行政行为所依据的其他规范性文件的合法性。包括审查其他规范性文件的发布主体是否合法，发布的程序是否合法以及该文件的内容是否合法，如具体行政行为遵循和正确适用了相应文件，且又没有其他违法情形，法院就应该维持该具体行政行为。否则，法院就应该撤销该具体行政行为。但人民法院在判决书的正文中，不宜直接引用行政规范性文件的条文，可在判决的理由部分指出具体行政行为所依据的合法的行政规范性文件，因为人民法院没有对行政规范性文件的合法性加以直接评判的权力。法院对自己认为违法的行政规范性文件，应向相应文件的发布机关及其上级行政机关提出司法建议，要求其予以撤销或改变。

案例思考

2006年1月18日，某省人民政府发布《某省道路交通安全管理办法》，该办法规定，地级以上市人民政府可以决定对本行政区域内对电动自行车和其他安装有动力装置的非机动车不予登记、不准上道路行驶，但应当公开征求意见，报省人民政府批准。2006年10月11日，该省所辖某市人民政府经省人民政府批准，颁发通告，规定对该市辖区内电动自行车和其他安装有动力装置的非机动车不予登记、不予上道路行驶。2006年11月27日上午，原告张某到该市东华区公安局交通管理分局为其购买的电动自行车申请登记，被告知不予登记。张某对此不服，向东华区人民法院提起诉讼，要求责令被告东华区公安局交通管理分局为其电动自行车予以登记，张某认为《道路交通安全法》第18条规定"依法应当登记的非机动车，经公安机关交通管理部门登记后，方可上路行驶；依法应当登记的非机动车的种类，由各省、自治区、直辖市人民政府根据当地实际情况规定"，该项法律规定授权省级人民政府决定依法需要登记方可上路行驶的非机动车的种类，但没有授权其禁止非机动车上路行驶。因此《某省道路交通安全管理办法》违反了上位法的授权，不能作为被告不予登记的依据。

问题：试分析本案中某市人民政府所颁发的通告的法律效力。

第九章 行政许可

第一节 行政许可概述

一、行政许可的概念与特征

1. 行政许可的概念

现行《行政许可法》第 2 条规定:"本法所称行政许可,是指行政机关根据公民、法人或者其他组织的申请,经依法审查,准予其从事特定活动的行为。"依据《行政许可法》的这一规定,我们认为,行政许可是指行政主体根据行政相对人的申请,经依法审查,赋予特定的行政相对人从事某种活动或实施某种行为的权利或资格的行政行为。

在社会生活中,对于公民来说,凡是法律不禁止的,就是公民可以自由从事的。法律上禁止的行为,有的是要"禁绝"的,即任何人都不能从事;但有些法律上禁止的行为,则是出于公共利益、公共安全的考虑,加以一定的控制,其目的并不是要"禁绝",[①]具备一定条件、经有关行政机关批准仍然可以从事。这就是我们所说的行政许可。

2. 行政许可的特征

第一,行政许可是行政主体实施的一种具体行政行为。行政许可是行政主体对国家安全、公共安全、生产经营、市场营销、资源开发、环境保护、城市建设、文化教育、交通运输、对外贸易等等诸多关系到社会秩序稳定、正常的社会、经济事务实施有效管理的重要手段之一;是行政机关以颁发许可证或其他

① 张树义:《行政法与行政诉讼法学》(第 2 版),高等教育出版社 2007 年版,第 107 页。

许可文件的方式允许公民、法人和其他组织从事某种特定活动或实施某种特定行为的具体行政行为;是行政机关具体运用国家行政权力的表现。因此,作为行政相对人的权利主体不能成为行政许可主体。[①]

第二,行政许可是一种依申请的具体行政行为。根据行政行为是否可以主动实施为标准,行政行为可分为依职权的行为与依申请的行为。前者为主动的行政行为,如行政处罚;后者为被动的行政行为。行政许可即是行政机关依据公民、法人或者其他组织申请而作出的行政行为,是一种被动的行政行为,行政主体不能主动作出。无申请,即无行政许可。

第三,行政许可原则上是一种授益性行政行为。以行为的法律效果为标准,行政行为可分为授益性行政行为与负担性行政行为。行政许可准予申请人从事特定活动,申请人从而获得了从事特定活动的权利或者资格,行使许可的权利并获得相关利益。但是,这种授益性并不绝对排除在许可的同时附加一定的条件或义务。

第四,行政许可是针对相对人权利义务的外部行为。《行政许可法》第3条第2款规定:"有关行政机关对其他机关或者对其直接管理的事业单位的人事、财务、外事等事项的审批,不适用本法。"根据该款规定,行政许可是行政机关针对行政相对人的一种管理行为,是管理经济和社会事务的外部行为。至于行政机关对其他行政机关(包括党的机关、国家其他机关、人民团体等)或者对机关直接管理的事业单位(如教育行政部门直接管理的学校、文化行政部门直接管理的文艺团体、卫生行政部门直接管理的医疗单位等)的人事、财务、外事等事项的审批,则属于内部管理行为,不属于行政许可范围。

第五,行政许可是一项连续性的动态行政行为。行政许可作为一种法律制度是指许可的申请、审查、批准以及监督管理等一系列制度的总和。行政许可行为不应该只是简单的许可证核准与颁发行为,行政机关在依法须实施控制和管理的许可事项上的义务和责任应该而且必须贯穿于被许可事项的始终,不仅应包括准予(或不予)颁发许可证,而且还必然包括对被许可事项的监督、检查和管理,包括对被许可事项在实施过程中可能出现的中止、变更、撤销等事务的处理。将行政许可行为看作为一项过程性和连续性的行政行为,有助于克服长期以来重许可、轻监管甚至不监管的现象。

---

① 胡建淼主编:《行政法与行政诉讼法》,中国法制出版社2010年版,第135页。

概念辨析 行政许可与行政确认、登记和证明的区别与联系①

1. 行政许可与行政确认

行政确认是行政主体根据法律、法规的规定，依职权或应当事人的申请，对一定的法律事实、法律关系、权利、资格或法律地位等进行认定、甄别、证明并予以宣告的行政行为。它也是现实生活中广泛存在的一种行政行为。例如，在公安管理中对交通事故的车辆、物品、尸体、路况以及当事人的生理、精神状况的检验和鉴定；对交通事故等级的确认等。在司法行政管理中，对合同、委托、遗嘱、继承权、财产权、收养关系、亲属关系等民事法律关系的公证；对身份、学历、经历、出生死亡、婚姻状况等事实的证明等。在民政管理中对现役军人死亡性质、伤残性质的认定；对烈士纪念建筑物的等级、革命烈士的确认等。在劳动管理中对人员伤亡事故原因、责任的确认；对特别重大事故的技术鉴定等。卫生管理中对食品卫生质量的鉴定；对新药与进口药品的鉴定；对国境卫生鉴定；对医疗事故等级的鉴定等。在经济管理中，对产品标准化的行政认证和计量器具核定、产品质量认证；对商标和专利权的审定；对著作权属的确认，对动植物检疫的确认；对自然资源的所有权和使用权的确认等。

两者的区别：(1)行为的内容不同。行政许可的内容是依法准予相对人从事特定活动，一经许可，相对人就获得从事某种特定活动的权利或资格。而确认的内容只是行政主体认定相对人的权利义务或与之相关的法律事实是否存在，它并未创设新的权利义务，也没有变更或消灭原有的权利义务。(2)行为的效果不同。行政许可是允许被许可人今后可以从事某种特定活动，其法律效果具有后及性，未经许可而从事的行为将发生违法的后果，当事人将因此受到法律制裁。行政确认是对相对人既有的权利、资格或行为的法律认定，其法律效果具有前溯性，未被认可的行为或地位将发生无效的结果。

两者的联系：有的行政许可中也包括了确认这一阶段，有时存在“重合”或“并存”或相互“转化”的情形。如发放驾驶执照，即是对申请人具有驾驶能力和条件的确认，又是对申请人可以驾驶机动车辆的许可。

① 参见周佑勇：《行政法原论》，中国方正出版社2005年版，第275－276页。

2.行政许可与登记

登记，即行政主体应相对人申请，在政府有关登记簿册中记载相对人的某种情况或事实，并依法予以正式确认的行为。在实践中，“登记”被广泛地规定在法律、法规规定中，如婚姻登记、户口登记、社团登记、企业法人登记、房屋产权登记、土地使用权登记等等。

两者的区别：尽管“登记”被广泛使用，但它并非是与行政许可、行政确认、行政处罚等相独立、相并列的具体行政行为模式。具体来看，有些登记的性质属于确认式登记。它是行政机关仅为确认财产权及其他民事关系的登记，只是起到公示、证明、确认，对抗第三人的作用，因而不属于行政许可的范围，如物权登记。这类登记，不是为当事人创设一种公法上的权利，而是对当事人既有的民事法律关系予以确认。可以说，是法律关系成立在先，登记在后。其目的是为了维护法的安定性，特别是保护善意第三人利益，一经登记禁止行政机关自行撤销，必须经法院判决后登记机关才可撤销。

两者的联系：有些登记属于行政许可这一具体行政行为。对确认法人或者其他组织民事主体资格的注册，如公司设立的注册登记、社会团体的注册等则可归于行政许可，因为只有经行政机关的登记后，该组织才能取得拟制的人格化的法律地位。在这一法律关系中，登记在前，市场主体资格确立在后。

3.行政许可与证明

证明是行政主体应相对人的申请，对有关法律事实予以证明，以确认其法律效力的一种准行政行为。例如各种学历、学位证明、居民身份证明等。

两者的区别：许可不同于证明，许可是赋予相对人从事某种事项的权利或资格的行为，而单纯的证明仅是对某种事实的确认，属于一种确认行为。

两者的联系：许可也包含证明的效力，如发放驾驶执照、律师执照除了允许某人从事某种特定职业外，还有证明某人具有相应资格或能力的作用。

二、行政许可的性质和功能

1.行政许可的性质

在我国,对行政许可的性质还没有统一的认识。学理上的主要观点如下[①]:

(1)“特权”或“特许”说,将行政许可视为行政机关授予公民、法人的一种特权,许可的前提是对一般人的普遍禁止。批评意见认为,这种观点与法治国家的原则相悖,违反了人民主权原则和法律平等原则。[②]

(2)“赋权”说,即认为行政相对人本没有该项权利,只是因为行政机关的许可才获得了新的权利。反对意见认为,行政主体是无权“赋予”行政相对人以权利的,权利是法定的(包括享有权利和行使权利)。[③]

(3)“解禁”说或“权利恢复”说,即认为许可是对一般禁止行为的解除,是自由的恢复而不是权利的授予。一般认为此说合理性较为充分。

(4)“折中”说,即认为行政许可既是对行政相对人禁止义务的免除,又是对行政相对人权利或资格的授予。[④] 该说实则是“赋权”说的延伸,因而也就存在着与“赋权”说同样的缺憾。

(5)“验证”或“确认”说,认为行政许可是对权利人行使权利的条件和资格加以验证,并给予合法性证明。[⑤] 此说的缺点在于将许可与确认相混淆。

上述对行政许可性质的认识可谓观点纷纭,但归纳起来却不外乎如下两种的理论:第一种理论认为,行政许可是普遍禁止的解除,自由的恢复。被许可的事项,在没有此种限制以前是任何人都可以作为的行为,但是由于法律规定的结果,限制了当事人行使的自由,所以,许可是对自由的恢复,而非权利的设定。第二种理论认为,行政许可是一种权利的赋予,是一种授益性的行政行为。相对人本来没有此项权利,由于行政机关的允许和赋予,才使其获得了一

---

① 参见应松年主编:《行政法与行政诉讼法学》(第2版),法律出版社2009年版,第178—179页。

② 张吕好:“论行政许可的性质和作用”,载《法学杂志》1996年第2期,第21页。

③ 郭道晖:“对行政许可是‘赋权’行为的质疑——关于享有与行使权利的一点法理思考”,载《法学》1997年第11期,第8页。

④ 方世荣:“行政许可的涵义、性质及公正性问题探讨”,载《法律科学》1998年第2期,第31页。

⑤ 郭道晖:“对行政许可是‘赋权’行为的质疑——关于享有与行使权利的一点法理思考”,载《法学》1997年第11期,第8页。

般人所不能享有的特权。

以上两种理论中，第二种理论受到的批评居多。正如有的行政法专家所言，"应受许可的事项，在没有这种限制以前，是任何人都可以作为的行为，因为法令规定的结果，其自由受到限制，所以许可是自由的恢复，即不作为义务的解除，并非权利的设定。"[①]"如果政府给予个人某种东西，而在此之前他对此物并无'权利'，他只是得到了特许权，特许权可以任意收回，它不受正当程序的保护。因为接受施舍时，上诉人已经接受了给予施舍所依据的法律规定。"[②]其实，如果不是死抠字眼的话，我们认为，第二种理论即"许可赋权"论，其所赋"权利"实际上是指从事某种行为的权利，也即行为能力，而非权利能力。故其与第一种理论在本质上是一致的，只不过是认识角度有所不同而已。

当前，我国行政法学界的通说认为行政许可的性质是"自由权利的恢复"。行政许可的本质主要表现为对相对人是否符合法律、法规规定的权利资格和行使权利的条件进行审查核实，不是对相对人的授权。行政机关对于相对人提出的行政许可申请，必须受理并在法定期限内作出批准或者不批准的决定。行政许可对于行政机关来说更多的是一种职责，而不是一种可以随意处置的权利(权力)，行政许可的本质是公民自由权利的恢复。

问题探讨 行政许可为何主要不是"赋权"？[③]

许可的中文本意是准许、容许。行政许可作为行政机关依法管理经济、社会、文化等各方面事务的一种事前控制手段，其基本特点是准许某人做某事。问题在于，这种准许在性质上为什么不能认为是对被许可人的一种赋权呢？

为便于理解这个问题，我们不妨对权利作一番法理分析。

理论界通常把权利分成三种形态：应有权利(历史形成的非法定权利，如习惯权利、道德权利等)、法定权利(法律确认并予以保护的权利)、实在权利(权利人在一定条件下得以行使或者实现的权利)。权利运行有四个环节，即权利形成(社会自在)——权利赋予(国家法定)——权利行使(权利实现)——权利救济(行政与司法事后补救)。权利形成属于道德、习惯范畴，权利法定属于立法范畴，权利的转让或者行使属于权利人依法实现权利和有关机关依法办事范畴。研究、认识行政许可的性质，应

① 林纪东：《云五社会科学大辞典第 7 册 · 行政学》。
② [美]伯纳德. 施瓦茨著：《行政法》，徐炳译，群众出版社 1986 年版，第 194—197 页。
③ 参见汪永清主编：《行政许可法教程》，中国法制出版社 2011 年版，第 3—5 页。

当从下列环节着眼：

1.关于权利的取得

自然人、法人或者其他组织的权利，既可以通过法律授予（如公民的选举权、被选举权）、权利推定（如公民不受环境污染的权利）取得，也可以通过权利转移（如通过购买取得某种商品的所有权）取得。国家作为某种财产权或者资源的权利主体，可以依法向自然人、法人或者其他组织转让某些权利；自然人、法人或者其他组织只要得到国家的许可，也可以在国家某种权利的转移中依法取得某项权利。

2.关于权利的行使

权利在享有而未行使阶段，不涉及他人利益，也不涉及国家、社会的利益，不具有侵犯性。权利在行使或者实现过程中则有可能发生扩张，对他人的权利或者公共利益造成损害。因此，法律在赋予某种权利的同时，往往都要对权利的行使规定条件。这里需要强调：

(1)有些法定权利，由于不涉及他人利益或者公共利益，其行使是不另加法定条件的，如姓名权、肖像权、名誉权等。

(2)有些法定权利，在行使中可能发生权利扩张。对他人利益或者公共利益造成损害，因而其行使是有条件的，但是由于这种损害往往可以通过事后的赔偿加以扼制、补救，即这种权利在行使过程中是否符合法定原则，不需要第三方事先予以认可核实，如当事人订立合同的权利等就属于这类权利。

(3)有些法定权利，虽然其行使是有条件的，并且需要事先对其是否符合法定条件予以认可核实，但由于该权利行使可能产生的问题不需要最终通过国家强制力去解决，而是可以通过自律行为去解决，因此，行使该权利是否符合法定条件，可以由中介组织、行业协会去核实认可，如一般产品的生产权等。

(4)有些法定权利，由于其行使直接涉及公民生命财产安全、公共利益等，不仅需要有法定条件，而且还需由行政机关依法对当事人或者其行为是否符合法定条件事先予以认可核实，如集会游行示威的权利、开办私营企业的权利等。

3.关于权利、资格的确认

在现实生活中，有些权利（如设立企业）、资格（如律师资格）未经登记、认可，就不能取得合法地位，或者不能从事某项活动，或者不受法律保护。

可见，行政许可作为一种事前控制手段，除了国家作为所有权人实施的许可外，其本质主要表现为对相对人是否符合法律、法规规定的权利资格和行使权利的条件的审查核实，不是对相对人的授权，更不是高兴就给、不高兴就不给的一种施舍。这样认识行政许可，表明行政许可对行政机关来说不是一种可以随意处置的权利，而是一种责任。行政机关有责任为许可申请人实现其权利提供相关服务，比如，相对人提出许可申请，行政机关依法必须受理并在法定时间内作出批准或者不批准的答复；对已经批准发给许可证的，行政机关即应保护被许可人的合法权益并履行对被许可人应承担的义务及进行监督的责任；不履行或不积极履行这些职责的，就是失职。

2.行政许可的功能

行政许可作为一项重要的行政权力和管理方式，对维护公民人身财产安全和公共利益，加强经济宏观管理，保护并合理分配有限资源等，都有重要作用。但是，行政许可不是万能的，而且成本很高。要有效发挥行政许可的作用，必须正确认识、把握行政许可的功能。

综合经济学、行政管理学、法学等学科对行政许可功能的认识，借鉴国外通行做法，总结我国实践经验，我们认为，行政许可主要有三种功能①：一是控制危险；二是配置资源；三是证明或者提供某种信誉、信息。

第一，控制危险。这是行政许可最主要、最基本的作用。行政监督方式通常分为事前监督和事后监督，行政许可属于事前监督管理方式。作为一种具体行政行为，行政许可的直接目的是将那些对社会及公民来说是必要的或者是有益的，但同时又可能对社会或者公民个人带来某些不利甚至危害性的活动纳入规范化的管理，置于行政部门的直接监控之下。行政许可具有审查与监督两方面的内容，行政机关可以通过对自然人、法人或者其他组织的条件进行严格审查、对其活动进行必要的监督，排除可能对社会、个人带来危险的活动，维护社会秩序和自然人、法人或者其他社会组织的合法权益。

旁评附注 **行政许可作为事前监督的适用范围**

行政许可作为事前监督管理方式，由于其对可能发生的问题及解决

---

① 参见张兴祥：《中国行政许可法的理论与实务》，北京大学出版社 2003 年版，第 24—26 页；汪永清主编：《中华人民共和国行政许可法教程》，中国法制出版社 2003 年版，第 6—7 页；汪永清主编：《行政许可法教程》，中国法制出版社 2011 年版，第 5—7 页。

问题的条件的确定一般都是推定的，具有很强的主观性。因此，事前监督管理对经济、社会的有效性，往往受到人们的认识水平（比如对问题及问题发展趋势的判断是否准确）以及实施行政许可的一套制度是否健全有效（比如对被许可人的监督措施是否跟得上）等诸多因素的制约，成本很高，还易滋生腐败。事前监督管理方式是一种风险很高的管理手段，要慎用。从管理的有效性和成本看，一般来说，对可能发生系统性问题（通过事后补救难以消除影响或者需要付出更大代价的）的事项往往需要采取事前监督管理，而对可能发生的随机性、偶然性问题的事项采取事后监督管理即可。换言之，不是打上绝密的标签，就能使其绝密；不是说一经许可，就能控制危险。比如，运输爆炸物品要许可，就是因为运输爆炸物品可能发生系统性问题，有必要将监督关口前移，提前设防可能的危险发生。但对于一个普通的水杯，虽然它也有可能会发生爆炸，只不过这种情况的发生具有很大的偶然性，因而对水杯的生产和销售就不宜实行行政许可。

第二，配置资源。在市场经济条件下，市场在资源配置方面发挥基础作用。但是，在有限资源领域，完全靠市场自发调节来配置资源，不仅会导致资源配置的严重不公，而且还会导致资源配置的低效率（形成垄断）。因此，由政府通过许可的方式配置有限资源，已成为世界各国的通行做法。当然，行政许可配置有限资源，也要通过公开、公正、公平的方法，以达到配置资源的高效率，防止权力寻租。

第三，证明或者提供某种信誉、信息。在经济、社会生活中，为了使社会公众可以有效地获取信息，需要政府以许可的方式，确立相对人的特定主体资格或者特定身份，使相对人获得合法从事涉及公众利益的经济、社会活动的某种能力，以此向社会证明或者提供信誉、信息，以公信于民。行政机关对特定事项或者活动进行登记，社会公众通过对登记信息的查询，就可以明确知道取得行政许可的当事人在某些方面的能力、条件以及其他信息，降低了人们在社会生活中搜寻信息的成本，继而提高了经济、社会整体运行的效率。

三、行政许可的种类

为了从理论上对行政许可制度进行全面和总体的了解，有必要对行政许可进行种类划分。类型不同，其间规则也有区别。根据不同标准，行政许可可划分为不同的种类。

1.学理上的分类

(1)行为许可与资格许可。这是以许可的内容为标准进行的分类。行为许可,是指行政机关根据相对人的申请,允许其从事某种活动,采取某种行为的行政许可。其特点是不必经过严格的考试,主要目的是为保护公共利益的需要,限制相对人在规定领域的行为自由,只允许符合条件的相对人从事某种活动。如卫生管理部门核发的卫生许可证、环保部门发放的排污许可证等都是行政机关对相对人从事某种行为的允许证明。资格许可是指行政机关根据相对人的申请,通过考试考核的形式对合格者发放证明文书,允许持证人从事某一职业或者进行某种活动的行政许可。资格许可的目的是通过制定最低限度的标准限制某一行业的从业人员,以避免不适格人员从事某行业可能造成的损害。在我国,资格许可主要存在于专业性、技术性较强的行业和领域,其目的一是保障行为人,二是保护消费者的安全和利益。

资格许可与行为许可相比,有以下特征:一是获得资格许可一般要经过专门训练和考核才能取得,并非所有人都能够获得此类许可;二是并非所有取得资格许可的人都有从事某活动的行为自由,如果要从事某一行为,还必须在获得资格许可的基础上再次申领行为许可证。如获得律师资格的人要从事律师职业,还必须以律师资格为其前提条件向司法行政机关申请到律师执照才能够从事律师职业。从我国目前经济发展需要看,资格许可是提高各行从业人员素质,从而造就一批人才的重要途径之一。从国外情况看,这种资格许可大都由行业公会等社会中介组织负责和掌握。我国目前也开始授权或委托部分中介组织从事资格认证工作,但范围较窄,而且尚未有法律作统一规定。

(2)权利性许可和附义务许可。这是以许可是否附加必须履行的义务为标准的分类。权利性许可又称可以放弃的行政许可(或无条件放弃的许可),指被许可人在取得许可后并不承担作为义务,放弃所取得权利不必承担责任的许可,多数许可属于此类许可,如特殊刀具购买证,射击运动枪支购买证,个体户的营业执照、出国护照、驾驶执照、捕捞许可证、律师执照、倾废许可证等。附义务许可又称不可放弃(或有条件放弃)的许可,指行政许可证的持有人在获得该许可的同时,便承担了在一定期限内从事该项活动的义务,如果在此期限内没有从事该项活动,便会因此承担一定的法律责任。如获得建设用地许可后的两年内不进行建设,该建设用地将被收回。

(3)排他性许可和非排他性许可。这是以许可享有的程度为标准的分类。排他性许可,又称独占许可,是指某个人或组织获得许可后,其他任何人不得再申请或获得,如专利许可、商标许可。非排他性许可,又称共存许可,是指只要申请人提出申请并符合法定条件，许可机关均可给予的许可，如营业许可、驾驶执照。有的排他性许可还有数额限制，一旦满额，行政许可机关即不得准许申请人的申请。如开办电视台的许可就有数额的限制。非排他性许可则没有任何数额的限制。因此，也可将它们称为有数额限制的许可与无数额限制的许可。

(4)独立的许可与附文件的许可。这是根据许可能否单独使用为标准的分类。独立的许可，指相对人所获得的是单独的许可证或书面文件，无须其他文件对此加以说明，许可证自身已就持有人活动的范围、方式、时间等作了足够的规定，如卫生许可证、持枪证、驾驶执照等。这种独立的许可表明它不依附其他证照就可以独立存在、生效，是常见的许可形式。附文件的行政许可，指需要附加文件加以说明的许可证或书面文件，这种许可证或书面文件本身不足以说明持有人得到许可的全部内容，需要某些附加文件补充说明。例如，专利许可、商标许可、建设许可等都是附文件的行政许可。申领专利许可证须附专利附图、照片或专利说明；商标许可证书须附商标图样；建设许可证则须附有建设位置、建筑物高度、建筑密度、层数、环境协调等内容的设计图纸和文件。对于附文件的许可，没有所附文件则无法表明得到行政许可的具体而完整的内容。

2.法律上的分类

尽管《行政许可法》没有明确规定行政许可的具体种类，但它在具体制度设计时却按照行政许可事项的不同性质，将行政许可进行了分门别类的列项表述。据此，可将行政许可分为：

(1)普通许可。普通许可是指许可机关不需要特殊条件的一般许可。它是运用最为广泛的一种行政许可，适用于直接关系国家安全、经济安全、公共安全、人身健康、生命财产安全等特定活动，需要按照法定条件予以批准的事项。如卫生行政许可、集会游行示威许可、商业银行设立许可等。普通许可的功能主要是防止危险、保障安全，一般没有数量控制。

(2)特许。特许是行政机关代表国家向被许可人授予某种特殊权利的活动，主要适用于有限自然资源的开发利用、有限公共资源的配置、直接关系公共利益的垄断性企业的市场准入等。海域使用许可、无线电频率许可是典型的特许。特许的功能主要是分配稀缺资源，行政许可机关实施特许时一般都有行政裁量权，且有数量控制。对特许事项，除法律、行政法规另有规定外，行政机关原则上应当通过招标、拍卖等公开、公平的方式作出许可决定。

(3)认可。认可是行政机关对申请人是否具备特定技能进行认定的活动，主要适用于为公众提供服务、直接关系公共利益并且要求具备特殊信誉、特殊条件或者特殊技能的资格、资质等。认可的主要功能是提高从业水平或者证明某种技能、信誉，一般都要通过考试的方式并根据考试的结果决定是否认可，没有数量限制。资格、资质证具有人身专属性，与特定人的身份相联系，不能继承、转让。

(4)核准。核准是行政机关对某些事物是否达到特定技术标准、经济技术规范进行判断、确定的活动，主要适用于直接关系公共安全、人身健康、生命财产安全的重要设备设施的设计、建造、安装和使用，直接关系人身健康、生命财产安全的特定产品、物品的检验、检疫等。如消防产品验收、生猪屠宰检疫等。核准的功能也是为了防止危险、保障安全，一般是根据实地验收、检测结果决定是否核准，没有数量控制，许可机关实施核准没有裁量权。

(5)登记。登记是行政机关确立个人、企业或者其他组织特定主体资格的活动。登记的功能主要是确立申请人的某种法律主体资格，没有数量控制。许可机关一般只对申请人的申请材料进行形式审查，通常可以当场决定是否准予登记。实践中由于行政登记非常混乱，从行为性质和法律效果来看，有些登记属于行政许可，如工商企业注册登记、社团登记等；有的则不属于行政许可，如婚姻登记、产权登记之类。

第二节　行政许可的设定

在立法理论上，设定也可以称为创制、创设，是一种制度从无到有的创制活动。行政许可的设定，是指国家机关在其制定的有关法律、法规或规章中，自行创设或第一次规定需要经过行政许可的事项。行政许可虽然是行政管理的重要手段，但它限制、影响相对人权利，不能随意设定，只能对那些可以设定许可的事项由有权机关遵照法定程序设定。行政许可设定就是要解决：哪些事项可以通过设定行政许可来实施管理，哪些事项不能通过行政许可来管理；谁有权设定行政许可、谁无权设定行政许可；对可以设定行政许可的事项，有权设定的机关应当按照哪些程序设定。行政许可法对行政许可设定权的规范，其目的就在于合理地分配创设行政许可的立法权限，防止有关机关随意创设行政许可事项，以从根源上解决行政许可过多、过滥的问题。

一、行政许可的设定原则[①]

设定行政许可是极为严肃的法律行为，涉及管理者的职权与职责的配置，更是涉及行政相对人的权利义务的限制或增加。所以设定行政许可应当遵循一些重要的原则。我国行政许可法明确规定了以下三原则：

(1)设定行政许可应当遵循经济和社会发展规律。设定行政许可必须首先界定政府与市场、政府与社会的关系。凡是市场、社会自律能够解决的问题，政府就不应当干预，更不应当设定行政许可来干预；凡是市场、社会自律解决不了的问题，政府才能介入，才能决定是通过设定行政许可干预，还是通过事后监督干预。对可以设定行政许可的事项，也要进行成本效益评估，凡是设定行政许可也无法解决的问题，也不能设定行政许可。

(2)设定行政许可应当有利于公民、法人或者其他组织发挥积极性和主动性，维护公共利益和社会秩序。行政许可作为一项公权力，它的行使不可避免地会影响到公民、法人或者其他组织的权利。因此，凡是公民、法人或者其他组织能够自主决定，不致损害国家、社会、集体利益和他人合法自由和权利的，或者通过民事赔偿或追究其他民事责任能够解决并且不致造成难以挽回的重大损失的，都不应当设定行政许可，以充分发挥公民、法人或者其他组织的积极性。

(3)设定行政许可要有利于促进经济、社会和生态环境的协调发展，使经济、社会和生态环境，三者相辅相成，相互促进。设定行政许可时，必须注意评估是否有利于经济、社会和生态环境的协调发展。

二、可以设定行政许可的范围

行政许可的设定范围，是指哪些事项可以设定行政许可，哪些事项不能纳人行政许可的范围。这一问题直接涉及到行政权力和私人权利之间的关系，意味着行政主体在多大程度上可以干预或限制相对人的权利。因此，合理界定行政许可的范围相当重要。它直接涉及政府该管哪些，不该管哪些事项，即政府的职能定位问题。对此，《行政许可法》既规定了可以设定许可的事项，也规定了可以不设定行政许可的事项。

1.可以设定行政许可的事项

我国《行政许可法》将可以设定行政许可的事项概括为下列六项[②]：

---

① 参见《行政许可法》第11条。

② 参见《行政许可法》第12条。

(1)直接涉及国家安全、公共安全、经济宏观调控、生态环境保护以及直接关系人身健康、生命财产安全等特定活动,需要按照法定条件予以批准的事项。

(2)有限自然资源开发利用、公共资源配置以及直接关系公共利益的特定行业的市场准入等,需要赋予特定权利的事项。

(3)提供公众服务并且直接关系公共利益的职业、行业,需要确定具备特殊信誉、特殊条件或者特殊技能等资格、资质的事项。

(4)直接关系公共安全、人身健康、生命财产安全的重要设备、设施、产品、物品,需要按照技术标准、技术规范,通过检验、检测、检疫等方式进行审定的事项。

(5)企业或者其他组织的设立等,需要确定主体资格的事项。

(6)法律、行政法规规定可以设定行政许可的其他事项。

这些行政许可事项实际上主要涵盖了五类性质不同的事项,包括安全事项、特许事项、认可事项、核准事项、登记事项。其他事项则包括在最后的开放性规定(也称兜底条款或概括性条款)中。

2.不必设定行政许可的事项

有权设定行政许可,也不是对任何事项都设定行政许可。在界定行政许可范围的时候,通常根据各国经济和社会发展的实际情况,对可以设定行政许可的和不能设定行政许可的事项分别作出原则规定或者具体列举。

一般说来,不必设定行政许可的事项主要有:

(1)公民、法人或者其他组织可以自主决定的事项。与公共利益无关,可以由自然人、法人或者其他组织自主决定,不致损害国家、社会、集体利益和他人合法权益的事项,不得设定行政许可。只有当自然人、法人或者其他组织行使这些权利可能对公共利益或者他人利益造成损害,并且这种损害难以通过事后赔偿加以补救时,才能设定行政许可。

旁评附注　公民、法人或者其他组织能够自主决定的事项

从法理上讲,凡是法律不禁止的,就是公民、法人或者其他组织的权利。公民的权利包括民事权利、政治权利。民事权利包括人身权、财产权。人身权包括姓名权、肖像权、名誉权等;财产权包括物权、债权、知识产权等;政治权利包括选举权、被选举权等。法人或者其他组织的权利,主要包括名称权、商号权、身份权和财产权。其中,财产权包括物权、债权、知识产权等。原则上说,对民事权利,法律一般不能加以限制,如签合同、用工等,都是民事主体能够自主判断,可以自主决定的,由公民、法人或者其他组织自主决定。只有当这些民事权利的行使可能对他人利益或者公共利益造成损害，且这种损害难以通过事后赔偿加以扼制和补救时，才能设定行政许可。比如，当事人双方签订的合同涉及国有资源开发利用的，就应当由行政主管部门审批。

（2）市场竞争机制可以有效调节的事项。市场竞争机制最具有活力，在市场经济体制下，要求充分发挥市场在配置资源中的基础性作用，凡是市场竞争机制可以有效调节的事项，均不得设定行政许可。比如价格问题、一般企业的兼停并转问题、一般产品的产品质量问题等。只有对市场竞争机制解决不了的事项，如排污问题，才能设定行政许可。

（3）行业组织或者中介机构能够自行管理的事项。行业组织或者中介机构是联系市场主体和政府的桥梁，它具有自律性、服务性、公正性，能充分反映市场主体利益和要求等特点。因此，自律管理往往成本比较低，效率比较高。比如，对资格、资质的管理，国外大多数国家都交由行业协会管理，效果很好。由于我国市场竞争还不够有序，行业协会或者中介组织还不够公正、规范，政府包揽了许多资格、资质许可。随着市场经济体制的进一步完善，许多资格、资质可以交由行业协会管理。当然，交由行业协会管理的资格、资质就不是本法所称的行政许可，不能适用《行政许可法》的规定。

（4）行政机关采用事后监督等其他行政管理方式能够解决的事项。行政机关的管理手段是多种多样的，除行政许可这种事前监督的方式外，还有制定标准、处罚、订立行政合同等方式。采取哪种方式应当以管理成本高低和效果好坏作为标准。许可同其他管理手段相比较是一种事前的、具有较高管理成本的手段。因此，如果采用事后监督等其他行政管理方式，能够达到与行政许可相同的作用，甚至更好效果的，也不必设定行政许可。如对于经营销售一般生活用品和工业用品，就不需要用许可手段来管理，可以通过市场监督或行政处罚方法解决，有些还可以采用制定标准的方式解决。

案例思考

某省人大常委会为了落实《未成年人保护法》，通过并颁布了《〈未成年人保护法〉实施条例》，规定为了保障交通安全，对于骑自行车上学的中小学生，必须取得经所在学校统一培训、由当地教育主管部门发放的“中小学生骑自行车许可证”，每份许可证可收取工本费5元。此条例实施后，广大学生家长纷纷打电话或写信给省人大常委会要求修改此条例。

问题：中小学生骑自行车的行为是否属于《行政许可法》规定的应予规范的事项？

三、行政许可的设定权配置

行政许可法不仅要合理界定行政许可的设定范围，还必须科学地配置行政许可的设定权限，即哪些国家机关有权在其制定的规范性文件中设定行政许可，以及设定什么样的行政许可。如果行政许可的设定权限不明确或者随意设定，同样会导致行政许可过多、过滥的问题。因此，行政许可法针对法律、法规和规章等不同效力层次的规范性文件，分别规定了它们的许可设定权限。

1.行政许可的设定权限

行政许可只能由法律、行政法规、国务院决定、地方性法规、省级地方政府规章设定，除此之外的任何文件一律都不得设定行政许可。

法律是由国家最高权力机关即全国人大及其常委会制定的规范性文件，因此它可以设定上述各种依法可以设定行政许可的事项。行政法规是国家最高行政机关即国务院制定的规范性文件，其效力次于法律，因此对尚未制定法律的，行政法规可以设定行政许可。地方性法规是有权的地方权力机关制定的规范性文件，其效力低于法律、行政法规，因此《行政许可法》规定，对尚未制定法律、行政法规的，地方性法规可以设定行政许可。

同时，为了解决行政管理中可能出现的紧急情况，国务院在必要时，可以采用发布决定的方式设定行政许可。但在其实施后，除临时性行政许可事项外，国务院应当及时提请全国人民代表大会及其常务委员会制定法律，或者自行制定行政法规。尚未制定法律、行政法规和地方性法规的事项，因行政管理的需要，确需立即实施行政许可的，省、自治区、直辖市人民政府规章可以设定临时性的行政许可。临时性的行政许可实施满一年需要继续实施的，应当提请本级人民代表大会及其常务委员会制定地方性法规。这里的规章只能是省级地方政府规章，不包括较大市的政府规章和部门规章。

2.行政许可设定权的限制

行政许可法明确了哪些国家机关有权设定行政许可。但享有行政许可设定权的机关在行使设定权时，也并非可以为所欲为，其权力仍然存在着限制。行政许可设定权的限制表现在以下几方面：

(1)对地方性法律文件的限制。地方性法规和省、自治区、直辖市人民政府规章，不得设定应当由国家统一确定的公民、法人或者其他组织的资格、资质的行政许可；不得设定企业或者其他组织的设立登记及其前置性行政许可。其设定的行政许可，不得限制其他地区的个人或者企业到本地区从事生产经营和提供服务，不得限制其他地区的商品进入本地区市场。

(2)法律文件的限制。我国的行政许可法[①]特别强调,除了法律规定的设定依据外,其他规范性文件一律不得设定行政许可。根据行政许可法规定,其他规范性文件目前主要指三类规范性文件:一类是国务院部门规章,另一类是省级人民政府规章以外的其他地方政府规章,第三类是除了行政法规和规章之外的"其他行政规范性文件"。

案例思考

2008年9月,河北省成安县委发布〔2007〕18号文件,即"县委县政府关于秋季秸秆还田和禁烧工作的实施意见",其中明确规定"确需放倒、撂倒玉米秸秆的农户,需持有成安县秸秆还田和禁烧指挥部统一印制的《秸秆放倒证》的,并做到当天放倒,当天清运。否则,按影响农机统一作业论处"。发放《秸秆放倒证》不只是成安一县,附近的肥乡县也同样发了文件,只是名称叫《秸秆放倒许可证》,而且还多出了一个《准运证》。

问题:本案中的县委县政府的文件制定行为是否合法?

(3)对规定权的限制。设定权的行使是创设行政许可,是从无到有;规定权则是在创设行政许可的基础上进一步细化规定,是从粗到细,从抽象到具体。根据《行政许可法》第16条的规定[②],法规、规章对实施上位法设定的行政许可作出具体规定,而规章以下的其他规范性无权作出具体规定。同时,法规、规章对实施上位法设定的行政许可作出的具体规定,不得增设行政许可;对行政许可条件作出的具体规定,不得增设违反上位法的其他条件。

旁评附注 对下位法不得增设违反上位法的其他条件的理解

下位法在作具体规定时,不得增设违反上位法的其他条件,以防止下位法层层加码,随意侵犯相对人的权利和自由。如《律师法》第5条规定:"律师执业,应当取得律师资格和执业证书。"据此,从事律师职业需要两个行政许可,一个是参加统一司法考试,取得律师资格;另一个是到司法

① 见《行政许可法》第17条。

② 该条规定:"行政法规可以在法律设定的行政许可事项范围内,对实施该行政许可作出具体规定。地方性法规可以在法律、行政法规设定的行政许可事项范围内,对实施该行政许可作出具体规定。规章可以在上位法设定的行政许可事项范围内,对实施该行政许可作出具体规定。"

行政部门注册，取得执业证书。后来司法部和中国证监会又联合发文，规定律师从事证券业务，还应当取得证券律师资格，这样，律师要从事证券法律业务，就需要三个行政许可。这种情况就属于下位法增设了行政许可的种类。因此，该项许可被国务院取消。

但是，“对行政许可条件作出的具体规定，不得增设违反上位法的其他条件”的规定，并不禁止下位法增设行政许可条件，其禁止的是“增设违反上位法的其他条件”。如果下位法仅仅是对上位法规定的行政许可条件进行具体化，或者下位法增设行政许可条件获得上位法授权且在授权范围内，则不属于“增设违反上位法的其他条件”。例如，《建筑法》第 8 条第 1 款规定：“申请领取施工许可证，应当具备下列条件：……（八）法律、行政法规规定的其他条件。”该款第(8)项“法律、行政法规规定的其他条件”授予行政法规增设其他条件的权限，行政法规在该款规定的七个条件之外，为保证建筑工程的质量和安全而增设其他条件的，不属于“增设违反上位法的其他条件”。

四、行政许可的设定规则

为了进一步完善行政许可的设定制度，《行政许可法》还规定了设定行政许可的一些具体规则，包括行政许可设定内容、设定程序及设定评价等方面的具体要求。

1. 行政许可的设定内容

《行政许可法》第 18 条规定：“设定行政许可，应当规定行政许可的实施机关、条件、程序、期限。”按照此条规定，设定行政许可，应当包括以下基本内容：第一，行政许可的实施机关；第二，行政许可的条件，即申请人获得行政许可所应当达到的标准和要求，包括实质性条件和程序性条件；第三，行政许可的程序，即行政许可主体实施行政许可必须遵循的方式、步骤和时限。

2. 行政许可的设定程序

《行政许可法》第 19 条规定：“起草法律草案、法规草案和省、自治区、直辖市人民政府规章草案，拟设定行政许可的，起草单位应当采取听证会、论证会等形式听取意见，并向制定机关说明设定该行政许可的必要性、对经济和社会可能产生的影响以及听取和采纳意见的情况。”此条是对相关立法涉及行政许可设定内容时，作出的特别规定，意味着全国人大及其常委会、国务院、省级人民政府在立法过程中，凡是设定行政许可事项的，都应当遵循这一特别要求。

3.行政许可的评价

某一行政许可事项存在的合理性不是静止不动的，设定行政许可的必要性、范围的大小应当随经济社会环境的变化而变更。因此，立法要随之对所设立的行政许可进行调整。而是否应当对已设立的行政许可进行及时修改或废止，需要有一定的制度来对此加以判断。这一制度就是行政许可评价制度。根据《行政许可法》第20条的规定，行政许可的设定机关应当定期对其设定的行政许可进行评价；对已设定的行政许可，认为通过《行政许可法》第13条所列方式能够解决的，应当对设定该行政许可的规定及时予以修改或者废止。行政许可的实施机关可以对已设定的行政许可的实施情况及存在的必要性适时进行评价，并将意见报告该行政许可的设定机关。公民、法人或者其他组织可以向行政许可的设定机关和实施机关就行政许可的设定和实施提出意见和建议。

第三节　行政许可的实施

一、行政许可的实施机关

行政许可的实施机关与行政许可的设定机关不同，行政许可的设定机关是有权通过行政立法创设行政许可的机关，行政许可的实施机关即有权实施行政许可的机关。按照“自己不能作自己的法官”的法理，行政许可的设定机关不能同时又是行政许可的实施机关，即行政许可的设定权与实施权的分开。根据《行政许可法》的有关规定，行政许可的实施机关包括：具有法定许可权的行政机关，法律法规授权的组织和行政机关委托的机关以及经特别决定而获得许可权的行政机关。

1.具有法定许可权的行政机关

行政机关是最主要的行政许可实施机关，但并非所有的行政机关在任何领域都具有行政许可的实施权。行政许可权是一项特定的行政职权，行政机关是否享有这种权力必须有法律法规的明确授权，未经法律法规的明确授权，行政机关不得实施行政许可。而一旦法律法规授予某个行政机关一定的行政许可权，则该行政机关就成为具有法定行政许可权的行政机关，可以在其法定职权范围内实施该项行政许可。如根据《渔业法》的规定，国务院和县级以上地方政府的渔业管理部门是“捕捞许可证”的颁发机关；根据《企业法人登记管理条例》的规定，各级工商行政管理局是企业法人登记的主管机关。

旁评附注 行政机关成为行政许可实施机关的必要条件

(1)必须是履行外部行政管理职能的行政机关。行政许可是一种外部行为，这一特征决定了行政许可主体必须是具有承担外部行政管理职能的行政机关。承担内部管理职能的行政机关，如人事部门、决策咨询机关、监察机关等，其主要职责是保证或监督外部行政机关更好地履行行政管理职能，因其不具备外部行政管理职能，因而不能成为行政许可的实施主体。

(2)必须有法律明确授予其一定的行政许可权。负有外部行政管理职能的行政机关依宪法和组织法的规定而享有外部行政管理职权，但这并不意味着它当然地享有行政许可权。行政许可权的获得还需要由法律法规明确地作出授权规定。未经法律法规的明确授权，行政机关不得成为行政许可的实施机关。在未授予行政许可权的情况下，这种具有外部行政管理职能的行政机关只是国家行政管理主体，而不是行政许可主体。

(3)法律授予的行政许可职权应当小于或者等于其外部行政管理职权及范围。它具体是指，实施许可的行政机关的许可职权性质，应当与其外部行政管理活动的性质相一致。例如，工商行政管理部门被授予的行政许可权只能是关于工商管理方面的活动，而不能是其他部门的管理领域，如物价、卫生等领域的行政许可。此外，许可权限的大小也应当与行政管理权限的范围相符合，下级行政机关不应被授予上级行政机关的许可职权。

2.法律法规授权的组织

得到法律、法规专门授权的组织，也可以成为行政许可的实施机关，以自己的名义实施行政许可。如《证券法》将公开发行股票的核准权授予中国证券监督管理委员会，证券监督管理委员会就可以自己的名义作出是否核准的决定。根据《行政许可法》的规定，法律法规授权的组织作为行政许可的实施机关必须符合一定条件，一是该组织必须是依法成立的具有管理公共事务职能的组织；二是得到了法律、法规的专门授权，即法律、法规已明确授予该组织行使有关的许可权；三是必须在法定的授权范围内实施行政许可，而不能超越授权范围，越权许可。

目前，在我国的行政许可制度中最常见的被授权组织主要是行政机构。行政机构本来不属于法律法规授权的“组织”的范畴之内，只是因为实践中某些行政机构通过法律法规的授权获得了对外行使行政职权的资格，在授权的领域范围内具有了独立的法律地位，但是由于不具备行政机关的性质，所以将其视为“法律法规授权的组织”。在行政许可授权领域，常见的行政机构包括行政机关内部所属的行政机构以及派出机构两种。此外，还有一类专业技术组织，可以根据法律法规的授权，对直接关系公共安全、人身健康、生命财产安全的设备、设施、产品、物品进行检验、检测、检疫。专业技术组织及其有关人员对所实施的检验、检测、检疫结论承担法律责任。

3.受委托而实施许可的行政机关

具有法定许可权的行政机关除了可以自行实施行政许可外，还可以在其法定职权范围内，依照法律、法规、规章的规定，委托其他行政机关实施行政许可。由此使受委托的行政机关也成为行政许可的实施机关。如《烟草专卖法》第16条规定：“经营烟草制品零售业务的企业或个人，由县级人民政府工商行政管理部门根据上一级烟草专卖行政主管部门的委托，审查批准发给烟草专卖零售许可证。”但委托与授权不同，在行政许可的委托中，委托的对象只能是其他行政机关，而不能是非行政机关的其他组织。同时，在委托许可中，委托机关与受委托机关之间是一种代理关系，因此受委托机关只能在委托范围内，以委托机关名义而不能以自己的名义实施行政许可；委托机关则应当对受委托机关实施行政许可的行为负责监督，并对该行为的后果承担法律责任。受委托机关不得再委托其他组织或者个人实施行政许可。

概念辨析　行政许可的委托与一般行政委托的区别

首先，最直接的差别是被委托主体性质的不同。一般委托的被委托主体既不是行政机关，也不是国家机关。它们的基本职能不是行使行政职能或其他国家职能，而是从事非国家职能性质的活动。但是我国《行政许可法》中的行政许可委托却将被委托主体限定在行政机关，形成一种行政机关内部的委托关系，即被委托主体本身就是行政机关，它们经常性的工作就是执行国家公务。

其次，被委托主体的法律地位也不相同。一般行政委托中的被委托组织，不是行政主体，在行使被委托的行政职权时，也不具有行政主体地位。而行政机关之间的委托，由于被委托主体本身就是行政机关，因而本身就具备行政主体的地位。但是，这种独立的主体地位，在其行使被委托的行政职权时并不体现出来，它以委托机关的名义进行活动，由此产生的法律责任也由委托机关承担。

最后，被委托主体的条件和范围要求不同。一般行政委托中，不是任何组织都可以成为被委托的主体，被委托组织要求具备一定的条件才能够接受行政机关的行政委托；而行政机关之间的委托，被委托机关的主体条件一般没有限制，但是要求其职权范围与委托行使的行政事项有一定的相关性。

4. 经特别决定而获得许可权的行政机关

根据《行政许可法》第25条规定："经国务院批准，省、自治区、直辖市人民政府根据精简、统一、效能的原则，可以决定一个行政机关行使有关行政机关的行政许可权。"这个经特别决定而获得许可权的行政机关，常被称为综合执法机关，可以相对集中行使有关行政机关的行政许可权。综合实施行政许可的机关，不仅行使了自身的法定行政许可权，而且还行使了有关行政机关的行政许可权。在综合实施行政许可中，一旦一个行政机关行使了有关行政机关的行政许可权，则相关的行政机关不得再行使已被综合的行政许可权，否则容易导致行政许可的重复或者冲突。

问题探讨 相对集中行政(许可)职权是否违反了权力法定原则？

《行政许可法》颁布后，关于相对集中行政许可权制度的规定遭到一些人的质疑。有人认为，经过国务院批准，就可以由省一级人民政府决定变更行政机关的某些职权范围，实质上违反了宪法和组织法的规定。如《城市规划法》第32条规定："在城市规划区内新建、扩建和改建建筑物、构筑物、道路、管线和其他工程设施，必须持有关批准文件向城市规划行政主管部门提出申请，由城市规划行政主管部门根据城市规划提出的规划设计要求，核发建设工程规划许可证件。"这是法律对规划部门行政许可权所作的规定。若通过行政决定将该项行政职权移交给其他部门行使，实际上等于用行政决定改变了法律规定。

其实，这种质疑是站不住脚的。根据我国《宪法》和《地方各级人民代表大会和地方各级人民政府组织法》的规定，地方政府报经上一级政府批准后，有权设立和调整其工作部门，并确定其承担的职责；县级以上地方各级人民政府依照法律规定的权限，管理本行政区域内的经济、教育、科学、文化、卫生、体育事业、城乡建设和财政、民政、公安、民族事务、司法行政、监察、计划生育等行政工作，发布决定和命令，任免、培训、考核和奖惩行政工作人员；地方各级人民政府根据工作需要和精干的原则，设立必要的工作部门;省、自治区、直辖市的人民政府的厅、局、委员会等工作部门的设立、增加、减少或者合并,由本级人民政府报请国务院批准,并报本级人民代表大会常务委员会备案;自治州、县、自治县、市、市辖区的人民政府的局、科等工作部门的设立、增加、减少或者合并,由本级人民政府报请上一级人民政府批准,并报本级人民代表大会常务委员会备案。根据这些规定,地方政府对于行政执法机构的设置是可以作出调整的。实际上,省级人民政府决定由一个行政机关行使有关行政机关的行政许可权的行为,相当于机构的精简,涉及政府职能部门的调整、合并,与政府部门的设立、增加或者减少等行为在本质上是一样的。在《行政许可法》的制定过程中,有关起草单位认真研究了宪法和有关组织法的规定,专门组织有关专家进行了论证,在规定相对集中行政许可权的同时,在决定主体和程序上作出了严格限定,即只有经过国务院批准,省、自治区、直辖市人民政府才能实施这一制度,其他任何行政机关都无权擅自实施。

此外,有些行政许可需要几个行政机关共同来实施才能完成,这就涉及共同实施行政许可的问题。在共同实施行政许可中,主要有两种情况:(1)需要两个以上的平行部门共同完成的。对于这种情形,《行政许可法》规定,依法由地方人民政府两个以上部门分别实施的,本级人民政府可以确定一个部门受理行政许可申请并转告有关部门分别提出意见后统一办理,或者组织有关部门联合办理、集中办理。无论是统一办理,还是联合办理、集中办理,都是几个部门共同实施的行政许可。(2)需要上下级行政机关共同完成的。在这种共同实施行政许可中,由下级行政机关进行审查,上级行政机关决定许可。对这种上下级行政机关共同实施的行政许可,《行政许可法》亦作了相关程序的规定。该法第 35、43 条规定:依法应当先经下级行政机关审查后报上级行政机关决定的行政许可,下级行政机关应当在法定期限内将初步审查意见和全部申请材料直接报送上级行政机关,上级行政机关不得要求申请重复提供申请材料;下级行政机关应当自其受理行政许可申请之日起 20 日内审查完毕,由上级行政机关作出行政许可的决定。

旁评附注　综合执法机构的产生与性质

综合执法机构是指依法成立或依法经授权,行使两个或两个以上行政机关执法权的跨部门的机构。综合执法机构是机构改革的产物,它是对机构设置重复或臃肿、职能交叉或职责权限不清和行政效率不高的弊病的改革。

建立综合执法机构的法律制度及规范性法律文件依据是《行政处罚法》第16条和《行政许可法》第25条，《关于进一步推进相对集中行政处罚权工作的决定》和《关于清理整顿行政执法队伍实行综合行政执法试点工作的意见》。

综合执法机构是能依法以自己名义执法的机构。它与联合执法机构性质不一样：(1)联合执法机构属临时性，而综合执法机构是法定机构，具有稳定性。(2)联合执法机构不能以自己的名义作出行政行为，比如在行政处罚时，一般以各自行政机关的名义进行处罚，而综合执法机构能以自己的名义进行处罚。

二、行政许可的实施程序

行政许可的实施程序即实施行政许可必须遵循的具体方式、步骤、时限和顺序。它是规范行政许可行为，防止滥用权力、保证正确行使权力的重要环节。按照行政许可的实施程序适用的对象不同，行政许可的实施程序可分为两种，即行政许可实施的一般程序和特殊程序。行政许可实施的一般程序是指实施一般性的行政许可所必须遵循的程序，具体包括行政许可的申请与受理、审查与决定、听证程序以及行政许可的变更与延续程序。行政许可实施的特殊程序是指实施特殊种类的行政许可所必须遵循的程序。

1.行政许可的一般程序

(1)申请与受理。行政许可的申请程序因申请人行使自己的申请权而开始。行政许可的申请是指自然人、法人或者其他组织等行政许可申请人向行政机关提出从事依法需要取得行政许可的活动的意思表示。合法有效的申请行为应符合以下要件：第一，申请行为应向有行政许可权的行政机关提出。第二，申请人有明确的意思表示行为。公民、法人或者其他组织从事特定活动，依法需要取得行政许可的，应当向行政机关提出明确的申请。这种申请可以是书面的，也可以是口头的。第三，申请人应提交所需的有关材料。申请人申请行政许可，应当如实向行政机关提交有关材料和反映真实情况，并对其申请材料实质内容的真实性负责。

申请人的申请行为只要符合申请行为的有效构成要件，申请人的行为就是合法有效的，并引起行政许可机关的受理义务，一般行政许可申请自行政机关收到之日即为受理。但是，申请人的合法有效的申请行为并不代表申请人完全符合许可的条件和标准，并不必然导致行政许可机关必须发给申请人许可证。

行政机关收到申请人提出的许可申请后，必须对申请人提出的申请及附加材料进行程序性审查。经审查，根据不同的情形分别作出以下几种处理：一是予以受理。对于申请事项属于本行政机关职权范围，申请材料齐全、符合法定形式，或者申请人按照本行政机关的要求提交全部补正申请材料的，受理行政许可申请。二是要求当场更正。申请材料存在可以当场更正的错误的，应当允许申请人当场更正。三是限期补正。申请材料不齐全或者不符合法定形式的，应当当场或者在确定的时间内一次告知申请人需要补正的全部内容，逾期不告知的，自收到申请材料之日起即为受理。四是不予受理。申请事项依法不需要取得行政许可或是申请事项依法不属于受理行政机关职权范围，此时行政机关应当即时作出不予受理的决定，并告知申请人向有关行政机关申请。

(2)审查与决定。行政许可机关受理申请后，行政程序进入审查和决定阶段。审查有两种方式，即形式审查和实质审查。形式审查，是指行政机关对申请人提交的申请材料是否齐全、是否符合法定形式进行审查。审查合格后，行政机关能够当场作出决定的，当场就作出书面的行政许可决定。实质审查则要审查以下几个方面的内容：一是申请人是否具有相应的权利能力。例如申请律师执业证的申请人只能是参加司法考试合格的人员以及法律规定的其他人员。二是申请人是否具有相应的行为能力。三是申请是否符合法定的程序和形式。四是授予申请人许可证是否会损害公共利益和利害关系人利益。五是申请人的申请是否符合法律、法规规定的其他条件。

实践中一般有以下几种实质审查的方式：一是核查，即根据法定条件和程序对有关申请材料的实质内容核实是否符合实际情形；二为上级机关书面复查；三为听证核查，这是西方国家许可制度经常采用的一种方式，通常在行政许可决定前召开公众听证会(又称公听会)。我国目前的行政许可法也采取了这一方式。行政机关对行政许可申请进行审查时，发现行政许可事项直接关系他人重大利益的，应当告知该利害关系人。申请人、利害关系人有权进行陈述和申辩，行政机关应当听取申请人、利害关系人的意见。对于重大事项也规定了听证程序。

行政机关对行政许可申请进行审查后，除当场作出行政许可决定的外，应当在法定期限内按照规定程序作出行政许可决定，包括“准予行政许可”的决定和“不予行政许可”的决定两种。申请人的申请符合法定条件、标准的，行政机关应当依法作出准予行政许可的书面决定，反之，作出不予行政许可的书面决定。行政机关依法作出不予行政许可的书面决定的，应当说明理由，并告知申请人享有依法申请行政复议或者提起行政诉讼的权利。行政机关作出准予行政许可的决定，要以书面证件或其他特定的形式表现出来，并将其颁发给申请人，同时，还应当予以公开，公众有权查阅。

此外，《行政许可法》还对行政许可程序中的下列期限作出了明确规定：一是行政许可决定的期限。《行政许可法》第 42 条规定，除可以当场作出行政许可决定的外，行政机关应当自受理行政许可申请之日起 20 日内作出行政许可决定。20 日内不能作出决定的，经本行政机关负责人批准，可以延长 10 日，并应当将延长期限的理由告知申请人。但是，法律、法规另有规定的，依照其规定。行政许可采取统一办理或者联合办理、集中办理的，办理的时间不得超过 45 日；45 日内不能办理的，经本级人民政府负责人批准，可以延长 15 日，并应当将延长期限的理由告知申请人。二是逐级审查中初审的期限。第 43 条规定，依法应当先经下级行政机关审查后报上级行政机关决定的行政许可，下级行政机关应当自其受理行政许可申请之日起 20 日内审查完毕。但是，法律、法规另有规定的，依照其规定。三是颁发、送达行政许可证件的期限。第 44 条规定，行政机关作出准予行政许可的决定，应当自作出决定之日起 10 日内向申请人颁发、送达行政许可证件，或者加贴标签、加盖检验、检测、检疫印章。四是期限的扣除。第 45 条规定，行政机关作出行政许可决定，依法需要听证、招标、拍卖、检验、检测、检疫、鉴定和专家评审的，所需时间不计算在本节规定的期限内。行政机关应当将所需时间书面告知申请人。

案例思考

根据我国有关法律规定，工商机关对于公民申请个体营业执照的，应当在一个月内给予书面答复，作出准予或不准予从事该营业活动的行政决定。公民 A 欲在其居住的社区内开办一个面向社区居民经营日常用品的零售店，于是向该社区所在的 B 工商局依法提交了相应的申请材料，但过了一个月，A 仍未收到 B 工商局的任何书面答复。在此期间，A 曾多次通过熟人到 B 工商局及其上级行政机关询问此事，但均未提出正式的书面材料，也没有收到 B 工商局及其上级行政机关的正式书面答复。为此，A 欲寻求法律救济。

问题：B 工商局违反了《行政许可法》的哪些规定？A 寻求法律救济的途径有哪些？

(3)听证程序。听证可分为“非正式的听证”与“正式的听证”。“非正式的听证”即一般的听取当事人的意见。“正式的听证”即以举行专门听证会的形式听取当事人的意见；也就是说，行政机关在作出行政决定之前以举行专门听证会的形式听取当事人的陈述、申辩和质证的程序。这里的“听证”是指“正式的程序”。

听证制度是现代行政程序法的核心，西方发达国家的行政程序法中大多规定了听证制度，被认为是保障公民权益、防止行政专横、减少行政争议的有效途径，是相对于复议、诉讼而言的一种事前救济手段。在我国，《行政处罚法》第一次设置了听证程序。《行政许可法》再次将听证的适用范围扩展到行政许可领域。根据我国《行政许可法》的规定，适用听证程序的许可事项有：法律、法规、规章规定实施行政许可应当听证的事项，或者行政机关认为需要听证的其他涉及公共利益的重大行政许可事项。听证程序适用于行政相对人或其他利害关系人认为是否核发许可、变更许可、终止许可等将对其产生不利影响的许可行为。

听证的具体程序步骤一般分为：①申请。由申请人或利害关系人要求听证并在被告知有权要求听证之日起一定期限内提出听证申请。②组织听证。行政机关应当自收到申请人或者利害关系人听证申请之日起一定期限内组织听证。③通知有关事项。行政机关应当于举行听证前将举行听证的时间、地点通知申请人、利害关系人，必要时予以公告。④举行听证。行政机关应当指定审查该行政许可申请的工作人员以外的人员为听证主持人，审查行政许可申请的工作人员应当提供审查意见的证据、理由，申请人、利害关系人可以提出证据，并进行申辩和质证。

(4)变更和延续。变更和延续是行政许可决定的后续程序。被许可人在获得行政许可后，可能因为各种原因又要求变更行政许可事项，这种情况下应当向作出行政许可决定的行政机关提出申请。行政机关审查后，认为符合法定条件、标准的，即可以依法办理变更手续。如果被许可人需要延续依法取得的行政许可的有效期，也必须在该行政许可有效期届满前一定期限内向作出行政许可决定的行政机关提出申请，由行政机关决定是否予以延期。

这两种程序在中国尤其具有现实意义，其主要目的是为了更正以前行政许可机关监管不当的弊端。实践中，有的主管部门往往只“批”不“管”，一“批”之后就了事。对审批之后的项目执行情况缺乏后续的监管，导致审批的项目质量不高、发展不利、效益不好。也有的行政主管部门仅仅是通过所谓年审制度来监管许可证的使用。而西方发达国家基本上不存在这样的年审制度，对许可证使用的监控是通过平时的管理来实现的。而变更和延续就是建立在平时的监管基础上的两种程序。

2.行政许可的特别程序

由于行政许可种类较多,除普通许可之外,还涉及特许、认可、核准、登记等不同类型的许可,这几类行为在具体内容、功能、性质等方面与普通许可存在较大差异,其许可条件和方式也各不相同,因而除遵守行政许可的一般程序,在审查、决定环节中还需要有一些不同的特别程序,以确保行政机关合法、高效实施行政许可。

(1)特许程序。根据《行政许可法》第53条的规定,对于涉及稀缺资源分配的事项,即有限自然资源开发利用、公共资源配置以及直接关系公共利益的特定行业的市场准入等,需要赋予特定权利的事项,行政机关应当通过招标、拍卖等公平竞争的方式作出决定。但是,法律、行政法规另有规定的,依照其规定。所谓招标是指行政主体在一定范围内公开取得特许权的条件和要求,邀请众多投标人参加投标,并按照规定程序从投标人中选择合适的对象赋予特许权的行为。所谓拍卖,是指行政机关对某些特许事项以公开竞价的方式,将特定物品或者财产权利转让给最高出价人,并颁发特许证的行为。拍卖应遵循公开、公平、诚实信用的原则。行政机关按照招标、拍卖程序确定中标人、买受人后,应当作出准予行政许可的决定,并依法向中标人、买受人颁发行政许可证件。当然,招标、拍卖并非公平竞争的唯一方式,行政主体还可以适用其他的公平竞争方式作出特许决定,如采用专家委员会评审等。

(2)认可程序。根据《行政许可法》第54条的规定,对于涉及资格、资质的确定,需要认可的事项,行政机关依法应当通过考试、考核的方式作出决定。其中,对于赋予公民特定资格,依法应当举行国家考试的,行政机关根据考试成绩和其他法定条件作出行政许可决定;对于赋予法人或者其他组织特定的资格、资质的,行政机关根据申请人的专业人员构成、技术条件、经营业绩和管理水平等的考核结果作出行政许可决定。但是,法律、行政法规另有规定的,依照其规定。同时还规定,公民特定资格的考试依法由行政机关或者行业组织实施,公开举行。行政机关或者行业组织应当事先公布资格考试的报名条件、报考办法、考试科目以及考试大纲。但是,不得组织强制性的资格考试的考前培训,不得指定教材或者其他助考材料。

(3)核准程序。核准是指由行政机关按照技术标准、技术规范对某些事项依法进行检验、检测、检疫,并根据检验、检测、检疫的结果作出行政许可决定。核准主要适用直接关系公共安全、人身健康、生命财产安全的重要设备、设施的设计、建造、安装和使用,直接关系人身健康、生命财产安全的特定产品、物品的检验、检疫。这类行政许可事项，技术性较强，申请人能否取得行政许可，完全取决于相应的技术标准、技术规范。同时这类行政许可事项多与安全有关，需要行政机关进行检验、检测、检疫，对不符合或者未达到技术标准、技术规范的，不予行政许可，对符合或者达标的，给予行政许可。核准机构通常包括行政许可机关和符合法定条件的专业技术组织。核准的标准是相关技术标准、技术规范。这些技术标准、技术规范必须是事前公布的，具有客观性。在核准过程中，行政机关没有自由裁量权。

(4)登记程序。登记是确定企业或其他组织主体资格的一种许可程序。某些行政许可事项可以通过登记来确认，只要申请人提交的申请材料齐全、符合法定形式的，行政机关即当场予以登记，需要对申请材料的实质内容进行核实的，行政机关应当指派两名以上工作人员进行核查。通过登记的程序可以使相对人获得某种能力向公众提供证明或者信誉、信息。

(5)有数量限制的行政许可的实施程序。有数量限制的行政许可是指由于客观条件的限制，在一定的地域范围和时期内，行政主体对某类许可事项只能发放一定数量的行政许可证。《行政许可法》第 55 条规定："有数量限制的行政许可，两个或者两个以上申请人的申请均符合法定条件、标准的，行政机关应当根据受理行政许可申请的先后顺序作出准予行政许可的决定。但是，法律、行政法规另有规定的，依照其规定。"据此，对于实施有数量限制的行政许可，应当适用"受理在先"原则作出行政许可决定。受理的时间从行政主体正式受理申请人的申请之日起计算。当然，这里适用"受理在先"只是一般性原则，法律、行政法规另有规定的，依照其规定。如根据《行政许可法》第 53 条的规定，有限自然资源的开发利用、公共资源的配置以及直接关系公共利益的特定行业的市场准入等事项的行政许可应当通过招标、拍卖等公平竞争的方式作出决定。除此以外，法律、行政法规还可以规定行政主体适用其他方式作出行政许可决定，如采取择优、抓阄的方式等。

旁评附注　行政许可的特别程序之适用

特别程序是一般程序的例外，而一般程序是特别程序的补充。特别程序是关于行政许可实施程序的"特别法"，优先于一般程序而适用。之所以如此规定，是因为它们各有其自身的价值并具有功能的互补性。一般程序是行政许可行为所要遵循的基础程序，特别程序则只是适用于法律明确规定的事项，不得扩展适用。而实施这些事项的许可时，遇到在特别规定中没有规定的环节和情形，也适用于一般规定。当然，适用特别程序也不能脱离一般程序的精神，要遵守有关行政许可一般程序的基本原则与基本制度，不能因为适用特别程序而减少对公民合法权益的保护。这样，一方面通过特别程序抑制在特殊领域内许可制度的弊端，同时，一般程序也保证了许可行为能够公开、公正、顺利进行。

第四节　行政许可的监督检查

行政许可的目的在于防止不具备条件的人从事某种活动，由此可能对社会带来的危害。作为一种控制手段，其目的决定行政许可还必须延伸到许可之后。对已经批准发给许可证的，行政机关即应承担保证被许可人合法行使权利并对其进行监督的责任。对被许可人来说，其取得行政许可后即负有始终保持法律规定的取得行政许可的条件的义务。在我国的行政许可领域，重许可、轻监管的现象非常严重。一方面，对行政机关违法设定和实施行政许可缺乏监督；另一方面，在实施行政许可之后对被许可人疏于监督，许可证持有人非法转让、倒卖、出租、出借许可证现象严重。因此，行政许可法既规定了对行政机关设定和实施许可的监督，也规定了行政许可机关对被许可人的监督。①

一、对行政许可的监督

对行政许可的监督即对行政许可的设定和实施的监督，主要体现为：(1)对行政许可设定的监督。根据行政许可法的规定，除法律、行政法规、地方性法规和省级政府规章可以设定行政许可外，其他规范性文件一律不得设定行政许可。如果违反该规定设定行政许可，有关机关应当责令改正，或者依法予以撤销。这里的“有关机关”是指根据《立法法》的规定，有权撤销违法设定行政许可的规范性文件的机关。(2)对行政许可实施的监督。为了有效地监督行政许可权的合法行使，行政许可法明确规定：上级行政机关应当加强对下级行政机关实施行政许可的监督检查，及时纠正行政许可实施中的违法行为。也就是说，上级行政机关有义务对行政许可机关实施行政许可的活动进行事前、事中和事后的监督。除上级机关主动对行政许可机关实施层级监督外，行政监察机关、行政复议机关、人民法院等有权对行政许可机关实施行政许可的情况进行监督。

---

① 张树义：《行政法与行政诉讼法学》，高等教育出版社 2007 年版，第 125 页。

二、对被许可人的监督

长期以来，行政许可机关重视的往往是许可证的审核与发放，忽视对申请人获得行政许可之后从事相关活动的监督管理。针对这种重许可、轻监督的现象，《行政许可法》第61条的规定，行政机关应当建立健全监督制度，通过核查反映被许可人从事行政许可活动情况的有关材料，履行监督职责。行政机关应当经常性地以不同方式对被许可人从事行政许可活动的情况进行调查、了解与核实。在此过程中形成的材料不仅是行政机关将来作出相关行政行为的重要依据，而且也是公众对行政机关活动的结果进行评价和监督所不可缺少的信息，公众有权查阅这些材料。行政机关对被许可人的监督检查，主要通过书面审查材料的方式进行；必要时，可以进行实地检查、定期检验。当然，行政机关实施监督检查，不得妨碍被许可人正常的生产经营活动，不得索取或者收受被许可人的财物，不得谋取其他利益。行政机关监督检查时，被许可人应当如实提供有关情况和材料，接受行政机关依法开展的监督。

三、行政许可的撤销与注销

1. 行政许可的撤销

行政机关违法作出的行政许可决定，根据依法行政、有错必纠的原则，应当予以撤销。但行政机关作出的行政许可决定具有公定力，被许可人对行政许可决定合法性的信赖应当受到法律保护。同时，基于被许可人取得行政许可决定，他人据此而与被许可人开展生产、经营活动，对由此而形成的社会关系的稳定性也应予以考虑。因此，行政机关行使撤销权应当慎重，必须依法进行。对违法作出的行政许可决定，基于保护公共利益的需要，该撤销的，行政机关应当予以撤销；撤销可能对公共利益造成重大损害的，不予撤销；可以撤销可以不撤销的，行政机关应当衡量各种利益后决定是否行使撤销权。因行政机关的原因导致行政许可决定被撤销的，行政机关应当赔偿被许可人因此受到的损害。

问题探讨 **为何“可以撤销”、“应当予以撤销”或“不予撤销”？**[①]

行政机关违法作出行政许可决定，按照依法行政、有错必纠的原则，对作出的行政许可决定理应一律撤销，为什么《行政许可法》第69条第1

① 参见汪永清主编：《行政许可法教程》，中国法制出版社2011年版，第224－227页。

款规定，对出现撤销的事由，行政机关“可以撤销行政许可”而不是“应当撤销行政许可”；第2款规定了“应当予撤销”而不是“可以撤销”，第3款还规定了“不予撤销”？《行政许可法》作出如此规定，主要是考虑到撤销行政许可行为的复杂性，需要行政机关结合具体情况、考虑相关因素决定是否撤销行政许可。

一是要考虑是否撤销行政许可决定对相关各方利益的影响。撤销行政许可不仅涉及行政机关与被许可人的利益，有的还直接涉及第三人利益与社会公共利益。行政机关应当在撤销行政许可以维护行政行为的合法性体现的公共利益，不撤销行政许可以维护被许可人对行政行为合法性的信赖体现的个体利益，撤销或者不撤销行政许可以维护第三人的合法权益及公共利益之间平衡、抉择。原则上，行政行为作出之后不得撤销，即使是违法行政行为也不宜轻率地撤销，以维护政府行为的公信力，保护自然人、法人或者其他组织的信赖利益。但是，任何事情都不是绝对的，如果被许可人取得了不应当取得的许可，可能会给公共利益和他人的合法权益造成损害或者损害威胁，而这种应当撤销的行政许可给被许可人带来的利益无论在质上还是在量上都明显低于或者小于撤销行政许可决定带来的积极利益，根据“两利相权取其大、两害相权取其轻”的原则，行政机关应当作出撤销的决定。实践中经常出现行政机关作出行政许可决定后，发现行政许可决定是违法的。如行政机关对未达到规定年龄的未成年申请人发放了驾驶执照，申请人已经经营汽车客运多年，若干年后才发现这一事实，是否要撤销过去颁发的驾驶执照？再比如，某一公司申请在长江大堤附近进行房地产建设，而建设行政部门未征求水利行政机关的意见，作出准许开工建设的行政许可的决定，该公司投资3000万元建起房屋后，水利行政机关提出该行政许可违反《防洪法》，要求予以撤销。是否撤销行政许可决定，行政机关需要衡量撤销行政许可所保护的利益与不撤销行政许可所要保护的利益，当前者明显大于后者时才能撤销行政许可。过去，根据我国《行政诉讼法》的规定，行政行为违法的应当予以撤销，在行政管理实践中也是本着违法必究的原则，一发现行政行为违法的就要撤销行政行为。根据《行政许可法》的规定，今后行政机关需要慎重行使撤销权，必须权衡各种利益后作出合理的决定：撤销行政许可可能对公共利益造成重大危害的，不予撤销；撤销行政许可维护的公共利益明显小于维持行政许可决定保护的被许可人的利益及维护社会关系稳定所体现的利益的，不予撤销；只有当撤销行政许可保护的公共利益明显大于维持行政许可体现的利益时，行政机关才可以撤销行政许可。

二是要考虑引起行政许可决定违法的原因。行政机关作出的行政许可决定违法，其原因是多样的。有的是由被许可人的原因造成的，如被许可人以欺骗、贿赂等不正当手段取得行政许可；有的是由行政机关的原因造成的，如行政机关工作人员没有准确理解法律或者错误认定事实，对不符合法定条件的人准予行政许可。按照责任自负的原则，行政机关应当对其审查行为负责，申请人应当对其申请材料、提供情况的真实性负责，对被许可人以欺骗、贿赂等不正当手段取得行政许可的，行政机关应当予以撤销；对因行政机关审查不严造成行政许可决定违法的，则要结合利益衡量原则决定是否撤销，而不能一律予以撤销。

三是要考虑行政许可决定违法的性质及程度。行政许可决定违法表现形式多样，有的是实体违法，有的是程序违法。对程序违法但不影响行政许可决定正确性的，如果通过事后补正能够纠正行政许可程序违法的，显然没有必要撤销行政许可决定；如果申请人确实不符合条件，则有撤销行政许可的必要。例如，行政机关对不符合生产条件的申请人发放了药品生产许可证，如果不加以纠正，许可证持有人就可能会根据许可的权利生产出不符合要求的药品，这必然会损害人们的身体健康乃至生命，损害社会公共利益。所以，为了保障公共利益和他人的合法权益，必须及时予以撤销。

2.行政许可的注销

行政许可的注销是指基于特定事由的出现，而由行政机关依据法定程序收回行政许可证或者公告行政许可失去效力的活动，它是行政许可终止的一个最后的程序性活动。根据《行政许可法》第70条的规定，有下列情形之一的，行政机关应当依法办理有关行政许可的注销手续：

(1)行政许可有效期届满、要求延续的；

(2)赋予公民特定资格的行政许可，该公民死亡或者丧失行为能力的；

(3)法人或者其他组织依法终止的；

(4)行政许可依法被撤销、撤回，或者行政许可证件依法被吊销的；

(5)因不可抗力导致行政许可事项无法实施的；

(6)法律、法规规定的应当注销行政许可的其他情形。

第十章 行政处罚

第一节 行政处罚概述

行政处罚是一种重要的而且应用广泛的具体行政行为，其范围几乎涉及行政管理的各个领域，成为国家管理各项行政事务的一种重要法律手段。为了统一规范行政处罚的设定和实施，保障和监督行政机关有效实施行政管理，维护公共利益和社会秩序，保障公民、法人和其他组织的合法权益，第八届全国人民代表大会第四次会议于 1996 年 3 月 17 日通过《行政处罚法》，建立了行政处罚的基本法律制度。该法从立法上为行政处罚的设定和实施提供了基本法律依据。

一、行政处罚的概念和特征

1.行政处罚的概念

行政处罚是指行政主体对公民、法人或者其他组织违反行政管理秩序的行为，依法进行制裁的具体行政行为。其基本含义是：

(1)公民、法人或者其他组织有违反行政管理秩序的行为。行政管理秩序是行政机关与行政相对人之间的权利义务关系和行政机关在行政管理活动中形成的一种秩序。维护行政管理秩序是行政权存在和使用的重要目的，破坏行政管理秩序，就要受到制裁。行政处罚作为制裁和预防违法行为的重要手段，常常就被用作维持行政管理秩序的手段。行政管理秩序的特点是公共秩序，实质是公共利益，而不是私人利益；是社会秩序，而不是单位内部的秩序、家庭内部的秩序。因此，只有公民、法人或者其他组织破坏了公共秩序、社会秩序，损害了公共利益，才会受到处罚，如果只违反了单位内部秩序、家庭秩序，损害他人个人利益，就不受行政处罚。

(2)法律、法规或者规章明确规定公民、法人或者其他组织违反行政管理秩序、应当给予行政处罚的,才能给予行政处罚。行政处罚涉及公民、法人和其他组织的权益的限制和剥夺,属于对公民、法人和其他组织利益的不利处分,按照依法行政的原则,必须由具有权利义务创制权的法律规范设定。在我国,依照《立法法》的规定,只有法律、行政法规、地方性法规和规章具有权利义务的创制权,因此,只有法律、法规和规章规定对违反行政管理秩序行为给予行政处罚的,才能给予行政处罚。法律、法规和规章以外的规范性文件对违反行政管理秩序的行为不得创设行政处罚,自然也不是行政处罚的法定依据。

(3)行政处罚只能由行政机关依照法定程序实施。对公民、法人或者其他组织违反行政管理秩序的行为,由司法机关依照司法程序追究法律责任的,属于刑事处罚,只有由行政机关依照行政处罚程序追究行政法律责任的,才属于行政处罚。

2.行政处罚的特征

行政处罚作为一种具体行政行为,具有不同于其他具体行政行为的特征。

(1)目的的惩戒性。行政处罚是对已经违反行政管理秩序行为的制裁,目的是通过对行政相对人已经实施行为的否定,使行为人今后不再重犯,而不是以实现义务为目的。这是行政处罚与行政强制执行(包括执行罚)的主要区别。行政强制执行是指行政机关或者行政机关申请人民法院,对不履行行政决定的公民、法人或者其他组织,依法强制履行义务的行为。因此,行政强制执行是以实现行政义务为目的的。

(2)实施主体的行政性。行政处罚的实施主体是有行政处罚权的行政机关、法律法规授权的具有管理公共事务职能的组织和受委托的事业组织。这是行政处罚与刑罚的主要区别之一。刑罚的实施主体只能是司法机关,行政机关不能作为刑罚的实施主体。

(3)法律关系的外部性。行政处罚是对违反行政义务的公民、法人或者其他组织即行政相对人的制裁行为,因此,行政处罚是外部行政行为,有别于同属行政制裁的行政处分行为。在我国,行政处分是对违反法定义务的具有特定身份关系的人员给予的纪律制裁,是内部行政行为。行政处罚与行政处分在适用种类、对象、条件、程序以及救济途径上都不相同。

(4)违法行为的确定性。这是指应受处罚的行为应当是相对人已经实施的违法行为,是确定的,否则不能予以处罚。它有别于行政强制措施。行政强制措施是指行政机关在行政管理过程中,为制止违法行为、防止发生证据损毁、避免危害发生、控制危险扩大等情形,依法对公民人身自由实施暂时性限制，或者对公民、法人或者其他组织的财产实施暂时性控制的行为，性质是预防性、暂时性的，一旦目标实现，就应当解除强制措施。

(5)结果的损益性。行政处罚都是对实施违法行为的公民、法人或者其他组织的不利处分，是对相对人人身或者财产权的限制或者剥夺。它不仅有别于授益性的行政许可、给付行政，也有别于责任改正等行政命令，后者不造成相对人人身或者财产权利的损益。

概念辨析 行政处罚与相关概念

1.行政处罚与行政处分的联系与区别

两者的联系：两者都是国家行政机关作出的具有制裁性的行为。

两者的区别：行政处罚与行政处分根本性的区别在于前者是行政主体对存在于行政主体之外的社会成员(公民、法人或者其他社会组织)作出的行政行为，而行政处分是行政机关对其内部的构成成员作出的制裁。具体而言，存在以下的区别：

(1)主体不同。行政处罚是由依据法律、法规规定的拥有行政处罚权的行政主体作出的；行政处分则是由公务员所在机关或上级机关、监察机关等作出的。

(2)形式不同。行政处罚有警告、罚款、没收、责令停产停业、暂扣或者吊销执照或许可证、行政拘留等种类，其产生剥夺或限制行政相对人的权利或权利能力，或者科以行政相对人义务等法律后果。而行政处分有警告、记过、记大过、降级、撤职和开除6种。其产生的法律后果基本属于影响作为构成成员声誉、影响度、职务权限范围或等级，最多只是剥夺作为构成成员的身份，其不涉及作为社会成员的权利和义务。

(3)法律救济的途径不同。正是由于行政处罚和行政处分存在着上述的不同，所以，行政相对人对行政处罚不服时，可以申请行政复议或提起行政诉讼。但行政处分的当事人对此不服时，只能适用内部的申诉程序而不能适用行政复议或行政诉讼程序。

2.行政处罚与刑罚的联系与区别

两者的联系：二者都是国家机关对违法行为所追究的法律责任。

两者的区别：刑事处罚是司法机关对犯罪行为的制裁。两者的主要区别在于：

(1)主体不同。行政处罚由国家行政机关实施，刑事处罚则由国家司法机关实施。

(2)条件不同。行政处罚是行政主体对违反行政法律规范的行为人的制裁,而刑事处罚是司法主体对违反刑事法律规范的行为人的制裁。

(3)形式不同。行政处罚的形式有7种:警告、罚款、没收、责令停产停业、暂扣或吊销证照、行政拘留以及法律、行政法规规定的其他行政处罚形式。刑罚形式分主刑和附加刑。主刑形式有5种:管制、拘役、有期徒刑、无期徒刑和死刑。附加刑形式有4种:罚金、剥夺政治权利、没收财产、驱逐出境。

(4)性质不同。行政处罚属于一种具体行政行为,而刑事处罚是一种司法行为;前者是国家行政职权运行的体现,后者则是国家司法职权运行的体现。

3.行政处罚与行政执行罚的联系与区别

两者的联系:两者部带有惩罚的性质,尤其是两者中的罚款都表现为科以相对人以一定的金钱给付义务,都具有处罚的外在形式。

两者的区别:行政执行罚是指行政强制执行机关对拒不履行法定义务或拒不履行已生效的具体行政行为的义务人反复地科以新的金钱给付义务,以迫使其履行义务的执行方法。执行罚属于行政强制的范畴,是一种间接强制执行的手段。行政执行罚与行政处罚有着本质的不同,主要表现在:

(1)目的不同。行政处罚的目的是对违反行政管理秩序的相对人实施制裁,促使其以后不再重犯,并教育社会上的公民、法人及其他组织自觉守法;而行政执行罚的目的则在于迫使相对人履行行政法上的义务,属于行政强制。

(2)适用方式不同。针对违反行政法律规范的行为人的行政处罚是一次性,尤其是行政主体对相对人的同一个违法行为处以罚款时,必须遵循"一事不再罚原则",而行政执行罚则具有持续性,如果相对人拒不履行行政法上的义务,行政机关可以反复地、持续地处以执行罚,直至义务人履行了义务为止。

(3)形式不同。行政处罚的形式多种多样,有警告、罚款、没收、吊销许可证和执照、行政拘留等,而行政执行罚的形式,从我国目前的立法情况看,主要表现为征收滞纳金、征收滞报金、加处罚款等科以新的金钱给付义务的形式。

二、行政处罚的原则

行政处罚的原则，是指行政处罚的设定和实施所必须遵循的基本准则。它贯穿于行政处罚的全过程，对行政处罚的设定和实施具有普遍性的指导意义。根据《行政处罚法》的具体规定，行政处罚的原则有以下几项：

1. 处罚法定原则

由于行政处罚导致对人身自由、财产、营业以及荣誉权的剥夺、限制等后果，因此，行政主体在作出行政处罚时必须从法治主义出发，行政处罚必须具有法定依据是最为基本的要求。《行政处罚法》第 3 条第 1 款规定："公民、法人或者其他组织违反行政管理秩序的行为，应当给予行政处罚的，依照本法由法律、法规或者规章规定，并由行政机关依照本法规定的程序实施。"具体而言，处罚法定包含以下几个方面的内容：

(1)处罚的主体必须是法定的，且有法定的处罚权限。

(2)处罚的行为依据法定，法无明文规定不得处罚。

(3)行政处罚的程序法定。《行政处罚法》第 3 条第 2 款规定，不遵守法定程序的，行政处罚无效。

2. 过罚相当原则

这是我国行政法的比例原则在行政处罚领域的具体体现。《行政处罚法》第 4 条第 2 款规定，设定和实施行政处罚必须以事实为根据，与违法行为的事实、性质、情节以及社会危害程度相当。因此行政处罚的实施必须在违法行为对行政管理秩序不利的影响，以及其所破坏的管理秩序之间，加以考量。

3. 公开、公正原则

这一原则要求行政处罚必须做到客观、公平、合理。

公正即公平正直、没有偏私。公正原则是处罚合法原则的必要补充，即在合法的前提下做到合理。公正原则的具体内容为：

(1)坚持以事实为依据，违法行为是否存在，应该给予何种处罚，都必须是客观存在的，不能是主观想象或者臆测的。

(2)坚持法律面前人人平等，对所有的社会成员一视同仁，对所有的违法行为平等地追究责任，不得畸轻畸重；对同样的情形，都要作出同等处罚，做到不偏不倚。

公开，就是指公之于众，让人知晓和明白。公开原则是合法原则、公正原则的外在表现形式，具体是指处罚的过程是公开的、开放的。公开原则的具体内容包括：

(1)处罚依据必须是公开的，不能依据内部文件实施处罚。

(2)处罚程序公开，即立案、调查取证、处罚决定等过程必须公开。

(3)行为人有陈述和申辩的权利，听证必须公开进行。

(4)行政机关在作出处罚决定前，必须告知当事人作出处罚决定的事实、理由及依据，并告知当事人依法享有的权利。

4. 一事不再罚原则

《行政处罚法》第 24 条规定："对当事人的同一个违法行为，不得给予两次以上罚款的行政处罚。"这一规定是一事不再罚原则的具体体现。这一原则旨在解决实践中的多头处罚和重复处罚问题，其具体内容包括以下几个方面：

(1)针对一个违法行为，不能给予两次以上的同一种类的行政处罚。首先，针对一个违法行为，一个处罚主体或者多个处罚主体不能根据同一个法律规范再次作出处罚，如按照法规的规定，针对某企业的一个违法行为，工商行政管理部门作出了罚款的处罚后，技术监督部门不能再按此法规也作出罚款处罚。其次，针对一个违法行为，一个处罚主体或者多个处罚主体不能根据不同的法律规范作出同一种类的处罚。如针对某企业的一个违法行为，工商行政管理部门按本部门规章作出罚款决定后，技术监督部门则不能根据其他规章作出罚款的决定。一般情况下，一个违法行为触犯一个法律规范，但也会出现同时触犯两个或两个以上的法律规范，由于不同的法律规范调整不同的社会关系，因此其具有不同立法意图，设定不同的处罚种类，实现不同的处罚目的，因此，一个违法行为违反了不同的法律规范，应当根据不同的规范分别予以处罚，这不能说是违反了一事不再罚的原则。只有当不同的法律规范，针对一个违法行为作出给予同一种类的处罚规定时，说明它们对此违法进行处罚的所要实现的目的是一样的，没有区别，所以，只要处罚一次就实现了管理目的，不能多次处罚。

案例思考

案例 1：2002 年 11 月 27 日，某市石化分公司炼油厂工人王某在其班长的安排下未佩带任何个人防护用品，一个人带着阀门到分析间处理 AT104 放空阀。由于操作不当，致使大量含有丙烯腈的物料泄漏，造成王某中毒身亡。市石化分公司将此案上报到该市安全生产监督管理局。该市安全生产监督管理局组成了联合调查组对该案进行调查，于 2002 年 12 月 9 日作出了事故调查报告，并依据该省劳动安全条例作出对该公司罚款 1 万元的行政处罚决定。该公司同时将此案报送省卫生厅。2003年2月18日，省卫生厅调查后认为，该公司的行为违反了《职业病防治法》第31条、34条的规定，依据该法第70条的规定，对该单位作出罚款10万元的行政处罚决定。

案例2：2006年10月，某市卫生局根据群众举报对某医院进行立案查处，发现该医院存在以下违法违规事实：

(1)使用3名非卫生技术人员从事诊疗活动；

(2)超出核准登记的执业范围擅自开展皮肤(性病)科诊疗活动；

(3)医疗废物管理不规范、污水未经消毒处理直接排放。

根据以上违法事实和《医疗机构管理条例》、《医疗废物管理条例》的有关规定①，经过行政处罚事先告知和听证程序，市卫生局于2006年11月28日对该医院作出行政处罚决定：警告、罚款人民币1.8万元，吊销医疗机构执业许可证，并责令立即改正违法行为。

问题：案例1中的省卫生厅的行政处罚决定是否正确？案例2中的市卫生局的行政处罚决定是否违反了一事不再罚原则？

(2)违法行为构成犯罪的，人民法院判处拘役或者有期徒刑时，行政机关已实施了行政拘留的，应当依法折抵相应的刑期；人民法院判处罚金时，行政机关已实施了罚款的，应折抵相应罚金。行政处罚与刑罚都是国家对违法行为的法律制裁，因而不同类处罚则不能替代，同类处罚则应采取折抵竞合方法。

5.处罚与教育相结合原则

行政处罚不应以追究行政法律责任为唯一目的，而应坚持教育与处罚相结合，纠正违法行为，教育公民、法人或者其他组织等社会成员自觉守法。《行政处罚法》第5条规定："实施行政处罚，纠正违法行为，应当坚持处罚与教育相结合，教育公民、法人或者其他组织自觉守法。"《行政处罚法》第27条对依

① (1)使用3名非卫生技术人员从事诊疗活动，违反了《医疗机构管理条例》第28条的规定，依据该条例第48条和《医疗机构管理条例实施细则》第81条的规定，属于情节严重的情形，应责令立即改正，给予5000元罚款，可以吊销《医疗机构执业许可证》。(2)超出核准登记的执业范围擅自开展皮肤(性病)科诊疗活动，且给患者造成严重伤害，违反了《医疗机构管理条例》第27条的规定，依据该条例47条和《医疗机构管理条例实施细则》第80条第2款第2项的规定，应给予3000元罚款并吊销《医疗机构执业许可证》。(3)医疗废物管理不规范、污水未经消毒处理直接排放，违反了《医疗废物管理条例》第20条的规定，依据该条例第47条第5款的规定，应责令限期改正，给予警告，并处1万元罚款。

法从轻或者减轻或者免予行政处罚的规定，也是处罚与教育相结合原则的体现。

6. 保障相对人权利原则

《行政处罚法》第 6 条规定："公民、法人或者其他组织对行政机关所给予的行政处罚，享有陈述权、申辩权；对行政处罚不服的，有权依法申请行政复议或者提起行政诉讼。公民、法人或者其他组织因行政机关违法给予行政处罚受到损害的，有权依法提出赔偿要求。"这体现了保障相对人权利的原则。

第二节　行政处罚的种类

行政处罚种类是行政处罚的外在和具体形式，与公民、法人和其他组织的切身利益密切相关。划分行政处罚的种类是行政处罚实施的前提条件，对保证行政处罚的合法与有效具有重要作用。我国法律、法规、规章中规定的行政处罚种类繁多，实施行政处罚的机构林立、庞大，很容易导致滥施行政处罚。因此，对行政处罚的种类加以规范，以法的形式明确行政处罚的划分，不仅有利于依法实施行政处罚，避免行政机关无所适从，而且也有利于规范行政处罚立法行为。

在学理上，行政法学界根据行政处罚对行政相对人的权利义务所造成影响的性质和程度不同，分为申诫罚、财产罚、能力（行为）罚和人身罚四种。这是实质性的分类。同时，《行政处罚法》第 8 条对行政处罚的罚种也作出了规定，将该法规范的行政处罚分为警告、罚款、没收违法所得和非法财物、责令停产停业、暂扣或者吊销许可证或执照以及行政拘留等种类，并且还允许其他法律、行政法规设定除此之外的其他行政处罚种类。这些行政处罚的类别同时也是行政处罚的外在形式，因此，这也是形式性的分类。下面将从实质性分类的角度对《行政处罚法》第 8 条所规定的行政处罚的种类进行分析。

一、申诫罚

申诫罚又称声誉罚，是指行政主体对违反行政管理秩序但尚未构成犯罪的行政相对人在一定范围之内予以告诫和谴责，使其精神上产生压力，从而对自身违法行为的性质和后果有所认识的行政处罚。

1. 警告

在《行政处罚法》所规定的各种类的行政处罚中，警告是对行政相对人的权益所造成的影响最轻微的处罚形式，只是具有纯粹的精神制裁作用，一般适用于情节轻微或者未构成实际危害后果的违法行为，可以单处也可以并处。与其他行政处罚的方式相同，警告应以书面形式作出裁决，并必须向本人宣布并送交本人。但当处罚行为所依据的法律规范明文规定可以口头方式作出的，则不受书面方式的限制。例如，《道路交通安全法》第87条第2款规定："公安机关交通管理部门及其交通警察应当依据事实和本法的有关规定对道路交通安全违法行为予以处罚。对于情节轻微，未影响道路通行的，指出违法行为，给予口头警告后放行。"依据这条规定，行政主体可以对相应的行政相对人以口头方式作出警告处罚。

2. 通报批评

在《行政处罚法》以外的法律制度中，还存在着一些属于申诫罚性质、但在形式上不同于警告的行政处罚形式，例如通报批评或者公告。行政主体以广而告之的批评方式，通过报刊或政府公报等途径在一定范围内公布被处罚人的违法事实，以此造成对行政处罚的行政相对人的荣誉或信誉的影响。例如《产品质量法》第17条规定："依照本法规定进行监督抽查的产品质量不合格的，由实施监督抽查的产品质量监督部门责令其生产者、销售者限期改正。逾期不改正的，由省级以上人民政府产品质量监督部门予以公告。"

二、财产罚

财产罚是指行政主体剥夺违反行政法律规范的相对人的某种物质利益的行政处罚。它主要适用于有经济收入或有固定资产的相对人的违法行为，以营利为目的的违法行为或者给公共利益造成损失的违法行为。财产罚有多种表现形式，最主要的是罚款和没收。《行政处罚法》第8条第2项和第3项对此作了规定。

1. 罚款

罚款是指行政主体强制违法的行政相对人承担金钱给付义务的处罚形式。罚款是行政处罚中适用最广泛的一种形式，主要适用于以牟取非法经济利益为目的的行政违法行为，或者适用于通过剥夺违法者财产来补偿因违法行为造成的经济损失的领域。

罚款数额的主要设定方式包括：

(1)规定罚款的上限和下限；

(2)只规定罚款的上限而不规定罚款的下限；

(3)规定罚款的固定数额；

(4)规定罚款数额以某一特定数额或基数为基准，按照一定的倍数范围计算罚款数额；

(5)规定行政机关可以予以罚款，但不规定具体数额。

在许多情况下，行政机关拥有决定是否罚款的决定裁量权，以及选择如何确定罚款幅度的选择裁量权。因此行政机关有必要制定罚款数额细则，以作为裁量基准来实现对罚款裁量权的自我拘束。

2. 没收

没收是指行政主体将行政相对人的违法所得或非法财物的所有权予以剥夺、强制收归国有的处罚形式。《行政处罚法》规定的行政处罚种类中，没收包括没收违法所得、没收非法财物两个种类。没收违法所得，是指行政主体依法将作出违法行为的行政相对人的违法所得收归国有的处罚形式。违法所得是指该相对人因从事非法经营所获得的利益。

没收非法财物则是指行政主体将作出违法行为的行政相对人的违法工具、物品和违禁品等收归国有的处罚形式。非法财物是指该相对人用以从事违法活动的违法工具、物品或违禁品等。例如《药品管理法》第 76 条第 2 款规定："对生产者专门用于生产假药、劣药的原辅材料、包装材料、生产设备，予以没收。"再如《道路交通安全法》第 103 条第 3 款规定："擅自生产、销售未经国家机动车产品主管部门许可生产的机动车型的，没收非法生产、销售的机动车成品及配件……"

无论是没收违法所得还是没收财物，没收的对象并不是违法者的合法财产，没收的行为实质上具有追缴的性质，而非行政相对人因实施违法行为而付出的代价。

三、能力(行为)罚

能力罚又称行为罚，是行政主体限制、暂定或剥夺作出违法行为的行政相对人某种行为能力或资格的处罚措施。《行政处罚法》第 8 条第 4 项和第 5 项规定了能力罚中的两种主要形式，即责令停产停业、暂扣或者吊销许可证或执照。

1. 责令停产停业

责令停产停业是行政主体对作出违法行为的行政相对人作出的强制其停止生产活动或者营业活动的行政处罚形式。在责令停产停业的行政处罚中，停产的对象是行政相对人从事的生产活动。例如《食品卫生法》第 39 条、第 42 条、第 43 条、第 44 条和第 45 条都规定有"责令停止生产"的处罚。停业所指向的是行政相对人所从事的营业活动。

责令停产停业有如下几个特点：

(1)责令停产停业是限制违法者行为能力的处罚，不同于财产罚的是，它并不直接限制或剥夺违法者的财产权，而是通过限制其行为能力，间接影响财产权；

(2)责令停产停业是对违法者科处不作为义务的处罚，即禁止相对人继续从事相应的生产经营活动；

(3)责令停产停业是附条件的行政处罚，只是在一定时间内限制或剥夺相对人的生产经营权，但并未剥夺其从事生产经营的资格，一般附有限期改进或整顿的要求，当行政相对人纠正了违法状态后，行为能力或资格仍可得到回复；

(4)一般性的责令停产停业是对较为严重的违法行为适用的处罚。

2. 暂扣或者吊销许可证或执照

《行政处罚法》第 8 条第 5 项规定的暂扣或者吊销许可证或执照也是一种属于能力(行为)罚的行政处罚。这种行政处罚是行政主体在一定期间内限制作出违法行为的行政相对人的行为能力或资格，或者剥夺该相对人行为能力或资格的行政处罚形式。

在这种行政处罚中，暂扣许可证或执照是一定期间内中止行政相对人的行为能力或者资格的行政处罚。例如，《道路交通安全法》第 91 条第 1 款规定："饮酒后驾驶机动车的，处暂扣一个月以上三个月以下机动车驾驶证……"这里，作为行政相对人的机动车驾驶人受到暂扣处罚之后，在被处罚的期间之内，其不能合法驾驶机动车，即该相对人驾驶机动车的行为能力或资格受到限制。在《道路交通安全法》第 99 条第 1 款第 1 项中，被暂扣机动车驾驶证期间行政相对人所具有的驾驶机动车的行为能力或资格与该行为能力未曾取得或者已被消灭居于同样的地位。

吊销许可证或执照是剥夺行政相对人行为能力或者资格的行政处罚，相应行政相对人因此丧失原本合法拥有的行为能力或者资格。例如，《道路交通安全法》第 101 条第 1 款规定："违反道路交通安全法律、法规的规定，发生重大交通事故，构成犯罪的，依法追究刑事责任，并由公安机关交通管理部门吊销机动车驾驶证。"当行政相对人被吊销机动车驾驶证后，其原本所拥有的驾驶机动车的行为能力或资格就因此而消灭。

问题探讨 **责令改正是否属于行政处罚中的行为罚种类？**

《行政处罚法》第 23 条规定："行政机关实施行政处罚时，应当责令当事人改正或者限期改正违法行为。"关于这里的责令改正、限期改正以及其他法律所规定的诸如限期整改、限期拆除、限期治理、恢复植被等行为是否是行政处罚的形式，理论和实务上都存在争议。典型的观点有三种：

(1)行政处罚说，认为责令改正不仅要求相对人作出某种特定行为，还是对相对人的精神造成某种压力和损害以达到制裁的目的，是一种行为罚。

(2)行政强制说，认为限期整改主要针对法人单位作出，属于行政强制措施，因为整改过程将影响有关单位的生产和经营。这种观点较能获得实务部门的认同。

(3)行政命令说，认为责令改正为相对人设定作为或不作为的义务，但不能直接处分该义务。相对人倘若不遵守，则可能导致行政处罚或行政强制。我们认为，行政命令说的观点在理论上更为可取。责令改正与行政处罚针对的都是相对人的违反行政法秩序的行为，前提是相同的，目的也都是维护行政法秩序；但责令改正只是通过科以相对人某种义务从而恢复此前遭到破坏的行政法秩序所保护的状态，其性质在于补救而非制裁，又具有间接的强制力。

四、人身罚

人身罚，亦称自由罚，系指行政主体在一定期限内限制作出违法行为的行政相对人的人身自由的行政处罚形式。《行政处罚法》第 8 条第 6 项规定的行政拘留就是一种人身罚。此外，在我国，人身罚还包括其他法律规范设定的劳动教养和驱逐出境等类型。

1. 行政拘留

行政拘留是行政主体对作出违法行为的行政相对人作出的限制其一定期间人身自由的处罚形式。在我国目前的法律制度中，规定了行政拘留的法律有《治安管理处罚条例》和《国家安全法》。例如，根据《治安管理处罚条例》第 27 条第 2 项的规定，公安机关对醉酒后驾驶机动车辆的人，可以处 15 日以下的拘留。一旦该行政相对人被处拘留后，其在被拘留期间内人身自由受到限制。

2. 劳动教养

劳动教养也是一种在一定期限内限制人身自由的行政处罚。在我国现行的法律制度中，规定有劳动教养的主要是 1980 年国务院发布的《关于将强制劳动和收容审查两项措施统一于劳动教养的通知》。该规定指出："对于有轻微违法犯罪行为又不讲真实姓名、住址、来历不明的人,或者有轻微违法犯罪行为又流窜作案、多次作案、结伙作案嫌疑需收容查清罪行的人,送劳动教养场所专门编队进行审查。”同时,国务院《关于劳动教养问题的决定》规定了应受劳动教养处罚的违法行为和程序。1991年11月国务院发布的《中国的人权状况》白皮书都将劳动教养界定为行政处罚。实施劳动教养处罚的主体是大中城市设立的劳动教养委员会,劳动教养的期限是1—3年,必要时得延长1年。

3.限期离境、驱逐出境

限期离境、驱逐出境是公安、安全机关对违反我国行政法律规范的外国人、无国籍人采取的强令其离开中国国境的处罚形式。《行政处罚法》并没有明确规定这种处罚形式,《治安管理处罚法》将其作为附加罚规定,适用于违反治安管理的外国人。当然,限期离境和驱逐出境也可以单独适用。

案例思考

自2002年3月1日起,山西省长治市开展“不文明马甲”行动:对于随地吐痰者,必须在街上穿着写有“不文明”字样的马甲,直到抓到另一个随地吐痰者为止。采取这一行动的目的就是培养市民良好的道德风尚和卫生习惯。这一做法引起了群众的不同反映。有人认为,此举效果很好。也有人认为,这反映了不是市民素质低,而是政府有关工作人员素质太低。

问题:行政机关的行为是什么性质的行为?该处罚种类是否符合行政法规定?

第三节 行政处罚的设定

所谓设定,包含创设和规定之意。行政处罚的设定,即是指国家机关依职权和实际需要,在有关法律、法规或规章中,自行创设和规定行政处罚的权力。行政处罚的设定所要解决的是谁有权创设和规定行政处罚或者说行政处罚设定权的分配问题,属于一种立法性行为。行政处罚的设定是行政处罚法规定的首要问题,也是其必须要首先解决的问题,目的在于通过合理地分配行政处罚的设定的权限，以防止处罚设定主体上的混乱，从根源上解决处罚混乱的问题，从而保证行政处罚的严肃性和统一性，保证行政处罚在现实生活中得以统一、有效、正确地实施。①

根据《行政处罚法》第2章中第9条至第14条的规定，只有法律、行政法规、地方性法规、部门规章和地方政府规章这些法的渊源才能够依据相应的规定分别在各自权限之内设定行政处罚，除此之外，任何规范性文件不得设定行政处罚。《行政处罚法》针对法律、法规和规章等不同效力层次的规范性文件分别规定了它们的处罚设定权限。

案例思考

某县人民政府为确保辖区内某乡的水利工程如期竣工，根据上级指示，发布如下规定：该乡凡有劳动能力者除在校学生外，都必须上堤参加劳动。违反本规定者，缺工一天，罚款50元，罚款累计达到200元者，可以拘留10天。根据该规定，县人民政府对农民赵某作出了罚款200元，拘留10天的行政处罚决定。赵某不服，遂向该县人民法院提起行政诉讼。法院认为，县人民政府依据上级指示发布的规定是不能设定罚款和行政拘留的行政处罚的，其根据该规定作出的行政处罚决定应属无效。

问题：县人民政府能否依据上级指示设定行政处罚？

一、法律的设定权

法律可以设定各种行政处罚。在宪法之外的整个法的渊源体系中，由全国人民代表大会及其常务委员会制定的法律居于最高的地位，因此，在立法方面，无论在创设新的处罚种类和内容，还是制定执行其他法律已经设定了的处罚内容，法律都不受到限制。

法律不仅在行政处罚方面拥有广泛的立法范围，而且还保留特定的立法内容。在各种行政处罚之中，人身罚属于对行政相对人的权益损害最大的行政处罚，因此，为了制约设定人身罚的立法权限，保障相应行政相对人的人身自由及相关权益，《行政处罚法》第9条第2款规定："限制人身自由的行政处罚，只能由法律设定。"这项规定与《立法法》第8条设置的法律保留事项中的第5项所规定的"限制人身自由的强制措施和处罚"只能制定法律相一致。

① 参见周佑勇著：《行政法原论》，中国方正出版社2005年版，第304页。

二、行政法规的设定权

《行政处罚法》第10条规定："行政法规可以设定除限制人身自由以外的行政处罚。"如上所述，限制人身自由的处罚属于法律保留事项，因此，在行政法规的立法主体国务院在进行行政处罚方面的立法活动时，不能涉及该项事项。

在执行性的立法方面，法律对违法行为已经作出行政处罚规定，行政法规需要作出具体规定的，必须在法律规定的给予行政处罚的行为、种类和幅度的范围内规定。

三、地方性法规的设定权

地方性法规可以设定除限制人身自由、吊销企业营业执照以外的行政处罚。限制人身自由是对自然人的权益影响最重的行政处罚，对于法人而言，吊销企业营业执照是剥夺其行为能力或资格的最重的行政处罚。因此，《行政处罚法》将此创设的权限限制在法律和行政法规的层面上，同时也以此保障统一的市场中统一的企业资格制度。①

在执行性立法方面，法律、行政法规对违法行为已经作出行政处罚规定，地方性法规需要作出具体规定的，必须在法律、行政法规规定的给予行政处罚的行为种类和幅度的范围内规定。

案例思考

2004年6月8日，某县环保局的三位执法人员到刘某开办的豆腐加工厂征收排污费，三位工作人员没有着制式服装，没有出示工作证。刘某表示没有带钱，要求改天再交。执法人员指责刘某态度不好，其中一位执法人员拿出一张盖有某县环保局公章的行政处罚决定书给刘某，上面写着："你单位因拒交排污费，违反了环境保护法，现根据《省环境保护条例》第35条的规定，处以5000元罚款。"环保局认定行政相对人有"拒交排污费"的违法行为，而我国《环境保护法》仅仅规定了"不按国家规定缴纳超标准排污费"的法律责任，两者显然并不相同。最后，根据《环境保护法》的规定，该省人大常委会通过了《省环境保护条例》。

---

① 2003年颁布的《行政许可法》第15条第2款规定："地方性法规和省、自治区、直辖市人民政府规章，不得设定应当由国家统一确定的公民、法人或者其他组织的资格、资质的行政许可。"这也体现了同样的立法思想。

该条例第35条规定:“排放污染物的单位和个体工商户,应当承担治理污染法律、法规规定的其他责任,并依法按时缴纳排污费。”环保局认定行政相对人“拒交排污费”的事实可以适用该条例的这一规定。

刘某不服,认为《省环境保护条例》规定的“缴纳排污费”的内容属于超越《环境保护法》规定的给予行政处罚的行为,该《省环境保护条例》不能作为行政处罚的依据。遂于2004年6月13日向法院提起行政诉讼。

问题:《省环境保护条例》规定的“缴纳排污费”的内容是否具有法律效力?为什么?

四、部门规章的设定权

《立法法》第71条第1款规定国务院各部、委员会、中国人民银行、审计署和具有行政管理职能的直属机构根据法律和国务院的行政法规、决定、命令,有权在本部门的权限范围内制定部门规章。《行政处罚法》针对上述各个部门的行政处罚方面的立法权限作了规定。

《行政处罚法》第12条第1款规定,部门规章具有在执行性立法方面形式权限,即国务院各部等可以在法律、行政法规规定的给予行政处罚的行为种类和幅度的范围内作出具体规定。在创设性立法方面,该条第2款指出:“尚未制定法律、行政法规的,前款规定的国务院部、委员会制定的规章对违反行政管理秩序的行为,可以设定警告或者一定数量罚款的行政处罚。罚款的数额由国务院规定。”《国务院关于贯彻实施〈中华人民共和国行政处罚法〉的通知》已经对此作出规定:“国务院各部门制定的规章对非经营活动中的违法行为设定罚款不得超过1000元;对经营活动中的违法行为,有违法所得的,设定罚款不得超过违法所得的3倍,但是最高不得超过30000元,没有违法所得的,设定罚款不得超过10000元;超过上述限额的,应当报国务院批准。地方政府规章设定罚款的限额,由省、自治区、直辖市人大常委会规定,可以不受上述规定的限制。”

问题探讨　部门规章是否具有创设性立法权?

《立法法》第71条第1款规定,“部门规章规定的事项应当属于执行法律或者国务院的行政法规、决定、命令的事项”,即《立法法》规定部门规章只能是执行性立法。对于《立法法》第71条第2款与《行政处罚法》第12条第2款之间的矛盾,可以有两种规则加以认识:一是新法优于旧法的规则，即根据《立法法》第83条后句的规定，新的规定与旧的规定不一致的，适用新的规定。依此规则，《行政处罚法》第12条第2款的内容在《立法法》施行(2000年7月1日)之后即因与新法抵触而不能被适用。二是特别法优于一般法的规则，即根据《立法法》第83条前句的规定，同一机关制定的法律中特别规定与一般规定不一致的，适用特别规定。依此规则，如果《立法法》第71条第2款的规定属于一般规定，而《行政处罚法》第12条第2款的规定属于特别规定的，那么即使两者之间存在矛盾，在行政处罚的设定方面，部门规章依然拥有创设性的立法权限。在这种适用不同的规则可能出现不同的结论的情况下，需要在具体案件中，针对具体问题作出应该适用哪项规则的解释。

五、地方政府规章的设定权

《行政处罚法》第13条就地方政府规章在创设性立法和执行性立法的权限方面作出了规定。首先，省、自治区、直辖市人民政府和省、自治区人民政府所在地的市人民政府以及经国务院批准的较大的市的人民政府制定的规章，简称地方人民政府规章，在执行性立法方面可以在法律、法规规定的给予行政处罚的行为、种类和幅度的范围内作出具体规定。其次，在创设性立法方面，尚未制定法律、法规的，上述地方政府规章对违反行政管理秩序的行为，可以设定警告或者一定数量罚款的行政处罚。罚款的限额由省、自治区、直辖市人民代表大会常务委员会规定。

旁评附注 如何看待这些规范性文件设定的“处罚”？①

1. 各级党委的“红头文件”中的“处罚”。

中国共产党虽然是执政党，有权领导行政机关的活动，但按照党政分开的原则，党不直接规定公民、组织的权利、义务和责任，不直接对公民、组织行使国家行政权，这在改革开放以来已逐步形成为一种政治或宪法惯例。因此，党的红头文件既不能设定，也不能依照法律、法规、规章具体规定行政处罚。一些地方的基层党委仍然按照改革开放前党政不分的旧习惯直接规定(包括设定)行政处罚是错误的，不能发生法律效力。

2. 行政立法机关的命令、决定设定的“处罚”

有权制定行政法规和规章的行政机关依普通程序制定和发布的命

---

① 参见皮纯协、张成福主编：《行政法学》，中国人民大学出版社2002年版，第210－212页。

令、指示、决定应不具有行政法规和规章的法律地位，故而依照《行政处罚法》第十四条的规定不能设定行政处罚权。然而，在实际执法中，执法机关和相对人很难辨别有权制定行政法规和规章的机关发出的规范性文件究竟是按何种程序制定的，现行惯例是，只要规范性文件由有权制定行政法规或规章的机关发出，在适用时均视为具有行政法规或规章的效力，这样，有权制定行政法规或规章的行政机关制定的行政法规、规章以外的具有普遍约束力的命令、指示、决定事实上也就取得了设定行政处罚的权力，这是贯彻实施行政处罚法迫切需要解决的问题。

3. 村(乡)规民约设定的“处罚”

基层群众性自治组织的规范性文件不能设定行政处罚，这一点是确定无疑的。首先，基层群众性自治组织在性质上属于地方公共团体，而不是国家行政机关，基层群众性自治组织对其成员所进行的管理虽然也属于公共行政的范畴，但不是国家行政管理的组成部分。由于《行政处罚法》所规定的行政处罚是由国家行政执法主体对违反国家行政管理秩序者依法实施的行政制裁，故而即使基层群众性自治组织的规范性文件设定或规定了处罚条款，这种处罚也不是《行政处罚法》意义上的行政处罚，这就是说，基层群众性自治组织在依法行使自我管理权的情况下，其规范性文件能否设定或规定处罚措施，并不适用《行政处罚法》的规定。基层群众性自治组织在自我管理过程中能否设定或规定一定的处罚措施，取决于赋予它们自治权的相关法律的规定，而不取决于行政处罚法。其次，当基层群众性自治组织依照法律、法规授权或行政机关委托进行行政执法，享有一定的行政处罚权限时，它所制定的规范性文件如果涉及行政执法事务，则这类规范性文件应受《行政处罚法》第十四条的调整，即不得在其管理的行政执法事务上设定行政处罚。我国的群众性自治组织在乡村是村民委员会，在城市是居民委员会，调整这两类自治组织的法律——《村民委员会组织法(试行)》以及《城市居民委员会组织条例》均未规定它们有处罚权，因此，村民委员会、城市居民委员会不得在其规范性文件中设定或规定对违反“乡规民约”或“居民守则”者的处罚。从国外的经验看，地方公共团体都有一定的处罚设定或规定权，以使其管理活动具有一定的自我保障能力，我国也不妨在法律上认可基层群众性自治组织拥有轻微处罚权，一方面有利于充分发挥基层群众性自治组织的作用，另一方面也有利于消除实践中大量发生的居民委员会和村民委员会擅设处罚的现象。

4.企事业单位等社会组织设定的“处罚”

现实生活中，企事业单位自设处罚的现象很常见，一些同志认为，行政处罚法颁布实施以后，此类处罚统统无效，其实，这是对行政处罚法的误解。企事业单位等社会组织既不是国家行政机关，也没有行政执法权，它们所自定的处罚措施不是行政处罚，自然也就不能适用行政处罚法。究竟应如何看待那些由社会组织自定的“处罚”呢？社会组织自定的处罚可分为两类：一类以组织内部成员为适用对象；另一类以不特定的社会成员(公众)为适用对象，如规定“单位门前禁止停车，违者罚款”即是。前一类“处罚”，实际上是单位内部的纪律处分措施，由单位组织章程、规章制度所规定，或者通过劳动合同所约定，只要不超出国家有关法律许可的范围便是合法的。另一类以不特定社会成员为对象的“处罚”，虽然名为“处罚”，实际上并不具有处罚的强制性，因而名不副实，这类所谓的“处罚”实际上不过是对民事侵权人提出的一种权利赔偿请求，侵权人如不理睬，单位可请求有关行政机关处理，或向法院提起民事诉讼。单位若对违反规定者强行执行其所自定的“处罚”，即属违法。由此也可看到单位自定“处罚”的民事性质。

第四节 行政处罚的实施

行政处罚的实施是行政处罚法规定的，与行政处罚的设定相对应的另一重要内容。它包括行政处罚的实施机关、行政处罚的管辖和适用规则等内容。

一、行政处罚的实施机关

行政处罚的实施机关也就是有权实施行政处罚的机关，但不同于行政处罚的主体，后者只限于具有法定权限的行政机关和法律、法规授权的组织，具有行政主体资格。而实施机关还包括受委托的组织。

1.依法享有处罚权的行政机关

行政机关是最主要的行政处罚实施机关，但并非所有的行政机关在任何领域都具有行政处罚的实施权。只有依法享有处罚权的行政机关才能实施行政处罚。依法享有行政处罚权的行政机关应当在自己的职权范围内实施行政处罚。所谓“职权范围内”，一是指行政机关的主管业务范围，如公安机关的业务范围是管理社会公共安全，它只能对侵害社会公共安全的行为处罚，如果有人侵害了教育管理秩序，公安机关便无权处罚；二是指行政机关的处罚权范围，如法律规定某种违法行为应当处以200元以下罚款，行政机关就应当在法定的幅度内予以罚款处罚，而不得超过法定幅度或者处以行政拘留等其他种类的处罚措施。

2.法律、法规授予行政处罚权的组织

《行政处罚法》第17条规定："法律、法规授权的具有管理公共事务职能的组织可以在法定授权范围内实施行政处罚。"这类组织有两种：一是行政机构，行政机构不同于行政机关，它是行政机关的内部组成单位，原则上没有行政主体资格，不能独立地以自己的名义对相对人行使职权。但是，如果它获得法律、法规的授权，就能以自己的名义独立行使处罚权。二是具有公共管理职能的非行政组织，例如，卫生防疫站或卫生监督检验所依照食品卫生法的授权，可以对违反该法的相对人实施行政处罚。

3.受委托的组织

享有行政处罚权的行政机关和法律、法规授权的组织可以依法把自己的行政处罚权委托给其他组织，受委托的组织必须符合以下条件：

(1)依法成立的管理公共事务的事业组织；

(2)具有熟悉相关法律、法规、规章和业务的工作人员；

(3)对违法行为需要技术检查或者技术鉴定的，应当有条件组织进行相应的技术检查或者技术鉴定。

行政机关不得委托其他组织或者个人实施行政处罚，受委托组织不得再委托其他组织和个人实施行政处罚。受委托组织在委托范围内，以委托行政机关名义实施行政处罚，委托机关应当对受委托的组织实施的行政处罚负责监督，并对该行为的后果承担责任。

案例思考

据2012年8月21日《潇湘晨报》报道，湖南邵阳推出城管新办法，面向社会招聘1000名市容监督员，由这些市容监督员对违章停车等行为开具罚单。邵阳市城管局翻印的《市容环境监督员执法手册》规定，市容监督员的罚金将上缴给区财政，及时结算后，其中80%将返还奖励给监督员本人。

问题：城管的处罚权是否可以"转包"给个人？为什么？

4. 相对集中行政处罚权情况下行政处罚实施机关

我国《行政处罚法》第16条规定:"国务院或者经国务院授权的省、自治区、直辖市人民政府可以决定一个行政机关行使有关行政机关的行政处罚权,但限制人身自由的行政处罚权只能由公安机关行使。"该条为我国行政处罚权集中行使提供了法律依据。这个经国务院特别决定而集中行使有关行政机关行政处罚权的机关,通常称为综合执法机关。在行政执法过程中,几个相关的行政机关为了节省人力、精简机构,提高效率,减少职权纠纷,往往联合设立一个综合执法组织,由该组织综合行使这几个相关行政机关的部分职权,如有的城市设立的巡警队,就综合行使了治安、市容、交通等几个机关的部分职权。根据《行政处罚法》的上述规定,这种综合执法组织要获得行政处罚权成为行政处罚的实施机关,必须得到国务院或国务院授权的省、自治区、直辖市人民政府的特别决定,并且不得行使限制人身自由的处罚权。

旁评附注 相对集中行政处罚权推进的领域

2002年8月22日,国务院发布《关于进一步推行相对集中行政处罚权工作的决定》,授予省、自治区、直辖市可以决定在本行政区域内有计划、有步骤地开展相对集中行政处罚权工作,并对开展相对集中行政处罚权工作的指导思想、相对集中行政处罚权的范围、组织领导以及相关制度建设等提出了明确要求,相对集中行政处罚权工作进入全面推行阶段。

根据国务院《关于进一步推行相对集中行政处罚权工作的决定》,实践中,开展相对集中处罚权的领域主要是城市管理领域,主要包括:市容环境卫生管理方面法律、法规、规章规定的处罚权,强制拆除不符合城市容貌标准、环境卫生标准的建筑物或者设施;城市规划管理方面法律、法规、规章规定的全部或者部分行政处罚权;城市绿化管理方面法律、法规、规章规定的行政处罚权;市政管理方面法律、法规、规章规定的行政处罚权;环境保护管理方面的法律、法规、规章规定的部分行政处罚权;工商行政管理方面法律、法规、规章规定的对无照商贩的行政处罚权;公安交通管理方面法律、法规、规章规定的对侵占城市道路行为的行政处罚权;省、自治区、直辖市政府决定调整的城市管理领域的其他行政处罚权。截至2010年底,除经国务院批准的82个开展相对集中处罚权工作的城市外,又有190个设区的市级政府和804个县级政府开展了相对集中处罚权工作,相对集中处罚权的领域,有的从城市管理逐步扩展到文化、旅游、矿山安全、农业、林业、水科学领域,分散的执法力量逐步得到整合,在一定程度上解决了多头执法、交叉执法、重复执法问题。

二、行政处罚的管辖

行政处罚的管辖即行政处罚案件的管辖，是指行政处罚的实施机关之间对行政违法案件实施行政处罚时的权限分工。也就是说，一旦发生违反行政法规范的案件，应由哪个具体的机关来进行查处。这是实施行政处罚必须解决的首要问题，目的在于防止相互推诿或彼此相争而难以及时、有效、准确地实施行政处罚。根据《行政处罚法》第20、21条的规定，行政处罚的管辖包括职能管辖、地域管辖、级别管辖和指定管辖等几种情况。

1. 职能管辖

职能管辖是指从事不同管理职能的行政主体之间在实施行政处罚上的权限分工。如前所述，只有具有处罚权的行政主体才能实施行政处罚，但具有处罚权的行政主体也并非在任何领域都享有处罚权，职能不同的机关享有的处罚权是不同的。对此，各种行业性的行政法规范作了具体规定，如工商行政法规范规定工商管理机关对工商违法案件有权实施处罚，税务行政法规范规定税务行政机关对税收违法案件有权实施处罚等。总之，只有对某项违法案件具有处罚权的行政机关才能对该项违法案件实施处罚。《行政处罚法》明确规定，行政处罚由"有行政处罚权的行政机关管辖"，这就从原则上明确了行政处罚的职能管辖问题。

案例思考

1997年2月，经营烟酒的个体户范某先后从黑市购买万宝路牌、中华牌香烟十条。同年10月，该市公安局干警李某等驾摩托车来到范某住处，未说明理由，即强行用摩托车将范某带至市公安局进行讯问，同时将范某营业执照及酒类专卖许可证扣缴。随后，范某于12月以公安机关非法限制人身自由、扣缴营业执照及酒类专卖许可证为由，向区人民法院提起诉讼。

问题：法院对市公安局的行为应如何判决？请说明理由。

2. 地域管辖

地域管辖是指不同地区的行政主体之间在实施行政处罚上的权限分工。《行政处罚法》明确规定：行政处罚"由违法行为发生地"的行政机关管辖，即对违法案件，由违法行为发生地的行政机关实施行政处罚，违法行为发生在何地，就由当地有处罚权的行政机关管辖。也就是说《行政处罚法》规定的地域管辖以违法行为发生地为标准来确定，而不以当事人所在地或标的物所在地等为标准来确定。当然这只是一个原则性规定，“法律、行政法规另有规定的除外”。如国务院批准的《商标法实施细则》第35条规定，可由被许可人所在地工商管理机关处罚有关违法行为。

3. 级别管辖

级别管辖是指不同级别（或上下级）行政机关之间在实施行政处罚上的权限分工。《行政处罚法》明确规定，对违法行为由“县级以上地方人民政府”实施行政处罚，这就明确了行政处罚管辖在级别上只能是具有处罚权的县级以上地方人民政府及其职能部门，县级以下的行政机关就无权实施处罚。当然这只是一个原则性规定，“法律，行政法规另有规定的除外”。如《治安管理处罚条例》第33条规定：“警告、五十元以下的罚款可由公安派出所裁决，在农村，没有派出所的地方，可由公安机关委托乡镇人民政府裁决。”《税收征收管理法》第49条规定：“对个体户及未取得执照从事经营的单位、个人罚款在一千元以下的由税务所处罚。”至于县级以上行政机关之间的处罚权限分工问题，《行政处罚法》则未做规定，这就必须由单行法律、法规或规章来加以明确。

案例思考

杨某系某服装厂工人。2006年4月，杨某趁同事不注意，在工作车间内盗窃裙子4条，折合人民币300元。工厂发现裙子丢失后报案。随后，杨某被某公安派出所查获。公安派出所根据《治安管理处罚法》第四十九条的规定，对杨某作出拘留5日的行政处罚决定。杨某不服，向区公安分局提起行政复议。区公安分局在法定期限内作出了维持某公安派出所行政处罚决定的决定。杨某对此仍然不服，依法向区人民法院提起行政诉讼。

问题：公安派出所的行政处罚决定是否合法？为什么？

4. 指定管辖

指定管辖是指上级行政机关以决定的方式指定下一级机关对某一行政处罚行使管辖权。通常是由于两个以上的行政机关对处罚管辖发生争议或因特殊情况无法行使管辖权时，才由上级机关指定由谁来管辖。《行政处罚法》规定，对管辖发生争议的，应当报请它们的共同上一级行政机关指定管辖。

三、行政处罚的适用

行政处罚的适用是行政处罚的实施机关具体运用行政处罚法规范，根据违法行为相对人违法的事实、性质、情节以及社会危害程度对其作出是否处罚以及如何处罚的活动。

1.行政处罚的适用条件

(1)必须有违反行政法规范的行为。这是行政处罚的前提条件。只有违反行政法规范的行为，才适用行政处罚；违反刑事、民事等法律规范的行为，则适用刑事、民事等法律制裁。若相对人仅有违法的主观想法或设想，而行为尚未发生或实施的，也不能适用行政处罚。

(2)违法行为依法应受处罚。根据行政处罚法定原则的要求，违法行为只有在法律、法规或规章明文规定应受处罚的情况下才能适用行政处罚。法律、法规或规章未列为处罚范围的，或法律特别规定不应给予处罚的违法行为，不得适用行政处罚。法律、法规或规章以外的其他规范性文件擅自设定处罚的，违反该规范性文件的行为不得适用行政处罚。

(3)违法者具有责任能力。如果处罚对象是公民，则该公民还必须具有法律规定的责任能力。根据《行政处罚法》第25、26条的规定，年龄不满14周岁的公民，以及不能辨认或不能控制自己的行为时的精神病人作出的违法行为，不受行政处罚。

2.行政处罚的量罚情节

行政处罚适用过程中，应当在事实和证据的基础，根据违法行为的不同情节，决定对违法者是否处罚以及选择适用什么种类的处罚、什么程度的处罚。行政处罚的量罚情节包括罚与不罚情节、从轻或减轻处罚情节、从重或加重处罚的情节等。

(1)给予处罚或不予处罚的情节。给予处罚情节在法律规范上表现为“应当”处罚与“可以”处罚情节。“应当”情节是对行政机关行使行政处罚权的明确规定，是指必然发生对违法者适用行政处罚的结果。例如，《行政处罚法》和《治安管理处罚法》就某些具有特殊之处的行政违法行为，为了免除执法者的疑虑，明确规定应当予以处罚，例如，间歇性精神病人在精神正常的时候以及醉酒的人违反治安管理的。“可以”情节是指对违法者可能而不必然产生行政处罚适用的结果，既可以予以行政处罚，也可以不予行政处罚。行政机关在可以适用情节方面有较大的裁量权，必须在法定范围内，综合违法行为的性质和情节等作出处罚决定。

不予处罚是指行政处罚实施机关对某些具有违法行为的相对人，为更好地实现行政处罚的目的，依据法律、法规或规章规定的特定情形对其不予处罚。根据《行政处罚法》规定，不予处罚的情形有：第一，不具有责任能力的人的违法行为；第二，违法行为轻微并及时纠正，没有造成危害后果的；第三，违法行为超过追溯时效的。

(2)从轻或减轻处罚的情节。从轻处罚是指行政主体在法定的处罚方式和处罚幅度内，对行政违法行为人选择适用较轻的方式和幅度较低的处罚。从轻处罚并不是绝对要适用最轻的处罚方式和最低的处罚幅度，而是由行政机关在具体案件中，根据法定或酌定的从轻情节适当、合理地予以裁量。减轻处罚是指行政主体对违法相对人在法定的处罚幅度最低限以下适用行政处罚。减轻处罚中的一种特殊情形是免予处罚，即行政机关依照法律、法规的规定，考虑有法定的特殊情况存在，对本应处罚的违法行为人免除其处罚。

根据《行政处罚法》的规定，有下列情节的违法行为可以从轻或减轻处罚：第一，已满 14 周岁不满 18 周岁的人有违法行为的；第二，主动消除或者减轻违法行为危害后果的；第三，受他人胁迫有违法行为的；第四，配合行政机关查处违法行为有立功表现的；第五，其他法定情形的。①

(3)从重或加重处罚的情节。从重处罚是指行政主体在法定的处罚方式和处罚幅度内，对行政违法行为人选择适用较重的方式和幅度较高的处罚。从重处罚是与从轻处罚相对的，《行政处罚法》没有规定从重处罚；其他单行法律、法规中很多都有规定。例如，《治安管理处罚法》第 20 条规定，有下列违反治安管理情形的，从重处罚：有较严重后果的；教唆、胁迫、诱骗他人违反治安管理的；对报案人、控告人、举报人、证人打击报复的；六个月内曾受过治安管理处罚的。从重处罚必须是在法律、法规规定的范围内进行，超出法定范围即成为加重处罚。加重处罚是高于法定最高幅度的处罚，不符合处罚法定的原则，因此没有得到行政处罚法的承认。

旁评附注 **行政处罚的裁量技术②**

目前，我国不少法律、法规、规章对行政处罚的裁量幅度规定得很宽泛。比如，规定处违法所得 1 倍以上 5 倍以下的罚款；对违法者可以处 2 万元至 20 万元的罚款等等。不对这些宽泛的规定进行细化、量化，行政

① 例如，《治安管理处罚法》第 19 条第 4 项规定，“主动投案，向公安机关如实陈述自己的违法行为的”，属于“减轻处罚或不予处罚”的事由。

② 参见余凌云著：《行政法讲义》，清华大学出版社 2010 年版，第 292—294 页。

执法实践中很容易出现裁量适用不妥当的情况，引起人们对行政执法行为公正性、合理性的怀疑，影响政府的威信。为了量罚的准确与公正，行政执法部门较普遍地结合自己的工作实践，对有行政裁量幅度规定的法律、法规、规章进行梳理，找出裁量幅度过大、具体实施规定不明确的条款，对行政裁量权予以细化。其运用的关键技术是分格技术和量裁技术。

1. 分格技术

分格技术是在法律规定的比较大的裁量幅度之间，再详细地均等或者不均等划分为若干小格，同时，分别明确每个小格对应的违法行为及其情节。分格不是静态的、纯粹数理意义的划分，把一定的幅度再平均或者随机地划分为几个等分。法律意义上的分格必须要与法律要件结合在一起，具体搭建裁量决定的形成路径。

但问题是，有关要件和考量因素有的时候在法律上是已经规定好了的，但在很多情况下却是没有规定或者规定比较含糊，必须靠实践部门去发现、阐释、提炼和总结。确定之后，还必须按照公众和社会能够接受的结果，进行合理的排列组合。从这个意义上说，这个过程可以说是一种微观的立法活动，必须大量融入实践的经验和智慧。因此，我们大致可以把分格技术分成两种类型：一是执行性的，二是创造性的。所谓执行性的，就是在法律上已经规定好的“法律要件十量罚”的裁量结构之中，通过解释法律要件，进一步分档、细化量罚的幅度。所谓创造性的，就是在法定的裁量结构之中，加入了实践部门认为很重要的考虑因素，多是酌定考虑因素，再与处罚效果勾连，重新组合成一种新的裁量路径。

从裁量基准实践看，作为分格技术的划分标准的法律要件或考量因素，一般只是该违法行为的本质性要素或重要性要素，但却不是完全唯一性要素。那么，不管怎么排列组合，由于参与的变量过少，使得裁量过程(process of discretion)过于简约，未必总能反映客观实际、实现个案正义。从这个意义上讲，分格技术必然存在着不可避免的内在缺陷。

校正的方法就是必须把分格牢牢建立在“过罚相当”的基础上，必须放入考量因素系统之中综合权衡。第一，处罚幅度的确定必须依赖长期实践形成的行政惯例。第二，作为分格标准的考量因素只是要权重考虑的重要因素，同时还必须结合其他的考虑因素。

2. 量裁技术

量裁技术问题在分格技术中已有所涉及，但这并不影响它作为一项独立技术的品质，它是在具体解决量裁的细微结构中与分格技术的后端部分发生了关联。量裁技术要解决的问题，包括幅度的划分；从轻、从重、减轻的格次以及如何权衡等。它有多种样式，主要有等分、中间线、格内外浮动、累计制以及对立法未规定而实践又回避不了的量裁问题作出规定。

幅度划分的最简单方式就是等分。也就是把法律规定的较大处理幅度再平均划分为若干格次，连接不同要件，规定量裁的标准。比如，法律规定的收容教育期限为6个月到2年，金华市公安局就用每2个月为一个递进格次，确定为6个月、8个月、10个月、1年、1年2个月、1年4个月、1年6个月、1年8个月、1年10个月、2年。然后规定量裁掌握的标准："卖淫人员符合收容教育起点标准的，可予以收容教育6至8个月，卖淫每增加一人次可增加期限2个月；如卖淫人员患有性病的，在上述期限的基础上，再增加期限2至4个月，但最长期限不得超过2年。"在量裁幅度的划分上，还有一个很重要的技术——"中间线说"，这是借鉴了刑法的学说，是直接以法定刑幅度的平均值为从重、从轻的"分水岭"，凡从重处罚的应在平均值以上、最高刑以下量刑；反之，则在平均值以下、最低刑以上量刑。比如，"未经许可擅自从事机动车驾驶员培训"的法定处罚幅度是"2万—5万元"，则其量罚"分界点"为3.5万元。那么，按情节轻重就可将相应量裁幅度划分为：情节较轻的，罚款2万—3万元；情节较重的，罚款3万—4万元；情节严重的，罚款4万—5万元。裁量格次设定后，至于何谓情节"较轻"、"较重"、"严重"，则仍然把裁量权交给行政主体，由行政执法人员根据执法经验以及专业知识能动地加以认定。同时，在按"中间线"法设定上述裁量格次的过程中，若行政机关发现，设定后的裁量格次明显畸轻畸重，或与以往的实务案例明显不符，则可在比例原则的指导下，对上述"中间线"法得出的格次作出一定程度的"微调"。

3.行政处罚与刑罚的竞合

行政处罚与刑事处罚的竞合，是指行为人的违法行为，既违反了行政法律规范，又违反了刑事法律规范，因行为的双重违法性而应同时受到行政处罚和刑事处罚。

这种竞合可能出现在同一个法律规范中，如《道路交通安全法》第101条第1款规定，违反道路交通安全法律、法规的规定，发生重大交通事故构成犯罪的，依法追究刑事责任，并由公安机关交通管理部门吊销机动车驾驶证。行政处罚与刑事处罚竞合还可能出现于不同的法律规范之中。如企业的走私行为，既触犯了海关法和刑法的有关条文，应当被追究企业法人和直接责任人员的刑事责任，又违反了有关工商行政管理和其他行政管理法律法规，工商行政管理机关有权吊销其营业执照，其他有关主管机关也有权吊销许可证。

行政处罚与刑罚竞合在具体适用上应视不同情况具体对待：

(1)行政处罚种类与刑罚种类相类似的，实行“重罚吸收轻罚”和“罚刑相抵”原则。对于给予刑罚处罚就足以达到惩处和预防行政违法、犯罪目的的，就没有必要再由行政机关予以行政处罚。例如，对阻碍国家工作人员依法执行职务的行为人已给予刑罚处罚，就没必要再依据《治安管理处罚法》第 50 条的规定给予行为人以治安处罚。违法行为构成犯罪，人民法院判处拘役或者有期徒刑的，行政机关已经适用的行政拘留应当依法折抵相应刑期；判处罚金时，行政机关已经给予当事人罚款的，折抵相应罚金。

(2)行政处罚种类与刑罚种类不相类似的，实行“罚刑双重适用”原则，即对行为人除由人民法院判处刑罚外，有关行政机关还应予以行政处罚。这主要是因为刑罚与行政处罚的种类及功能的差异决定了在适用刑罚的同时还可以适用行政处罚以弥补刑罚不足。如对偷税、抗税的犯罪人，仅予刑罚处罚并不能挽回犯罪人给国家造成的损失及其所应履行的法定义务，税务机关还须责令其补缴税款，工商机关应吊销其营业执照等。

案例思考

张某因打伤李某被公安局处以行政拘留 15 天的处罚，张某不服，申请行政复议。不久，受害人李某向法院提起刑事自诉，法院经审理认为张某的行为已经构成犯罪，判决拘役 2 个月。

问题：张某拘役的时间应为多久？

4. 单处与并处

单处是指行政主体对违法相对人仅适用一种处罚方式，它是处罚适用的最简单的形式。单处可以是对法定的任何一种行政处罚方式的单独运用。在法律、法规没有明确规定可并处的情况下，行政主体一般应对违法相对人单独适用一项处罚，不能同时适用几项处罚。并处是指行政主体对相对人的某一违法行为依法同时适用两种或两种以上的行政处罚形式，它是相对于单处而言的，往往针对情节较严重的情形，是对违法者的从重处罚。并处必须在具备法定的条件下才能采用，不仅要有法律、法规明确规定“可以并处”，而且还须具备法定的情节和要件，否则不能采用并处。例如，《食品安全法》第 91 条规定：未按照要求进行食品运输的，由有关主管部门按照各自职责分工，责令改正，给予警告；拒不改正的，责令停产停业，并处2千元以上5万元以下罚款；情节严重的，由原发证部门吊销许可证。只有在相对人拒不改正的情况下，并处责令停产停业和罚款。

5. 追罚时效

行政处罚的追罚时效是指对违法行为人追究行政处罚责任的时间限制。超过一定的时限，行政主体则不能对行为人实施处罚。追罚时效制度的目的在于促使行政机关积极行使职权、履行职责。

《行政处罚法》第29条规定，违法行为在2年内未被发现的，不再给予行政处罚，法律另有规定的除外。也就是说，行政处罚的追罚时效为2年，法律另有规定的除外。如《海关法》规定，追究走私行为的处罚时效为3年。

追罚时效是从违法行为发生之日起计算，但如果违法行为有连续或继续状态的，则从行为终了之日起计算。

第五节　行政处罚程序

行政处罚的程序，是指行政处罚的实施机关实施行政处罚所应遵循的具体方式、步骤和次序。《行政处罚法》对行政处罚的程序作了统一、明确的规定，这既为行政机关实施行政处罚提供了一套具体的明确的操作手续，便于行政机关正确、及时、有效地实施行政处罚，同时也为行政机关实施行政处罚规定了一种程序规则。行政机关实施行政处罚必须严格遵守这种法定程序，程序违法的处罚也是无效的处罚。根据《行政处罚法》的规定，行政处罚的程序包括决定程序和执行程序。其中，决定程序又包括一般程序、简易程序和听证程序。

一、一般程序

一般程序是行政处罚的标准程序。一般程序由调查、审查和决定三个大的部分的程序制度组成。

1. 调查程序

《行政处罚法》第36条和第37条规定了调查程序制度，其中包括行政机关调查事实的程序以及调查过程中执法人员的行为准则、收集证据的方式与回避原则。

(1)调查程序的基本规范。《行政处罚法》第36条提出了行政主体在对行政相对人的违法行为进行调查时必须遵循的基本规范。该条规定，行政主体在发现公民、法人或者其他组织有依法应当给予行政处罚的行为的，必须全面、客观、公正地调查，收集有关证据。所谓全面调查，就是全面地收集和调查与案件事实相联系的一切证据和材料，不能在证据链上留有空缺；所谓客观调查，就是从实际出发，不能带有主观臆测性；所谓公正，就是全面收集证据的基础上，对证据材料作出客观全面的分析和公允的判断，防止片面性。

同时该条还规定了行政主体在进行调查过程中检查权和检查手段的发动和行使要件。当行政主体在调查中认为有必要时，依照法律、法规的规定，可以进行检查。即存在行政主体认为必要这项主观要件之外，还必须具有法律、法规的规定这项客观要件，否则不能使用检查权。

(2)调查过程中执法人员的行为准则。行政主体在进行调查或者检查时，代表行政主体行为的人员是执法人员，但单个的执法人员不能代表行政主体的行为。《行政处罚法》第 37 条第 1 款前句规定“执法人员不得少于两人”，此外，该款还要求执法人员在进行调查或者检查之前，应当向当事人或者有关人员出示证件，以此证明自身所具有的身份。

针对行政主体的调查或者检查，当事人或者有关人员应当如实回答询问，并协助调查或者检查，不得阻挠或者转移证据。

(3)调查程序中收集证据的方式。调查作为查明案件事实真相的一种手段，实质上也是行政机关获取证据的过程。依据《行政处罚法》第 37 条第 2 款的规定，行政处罚的主体在收集证据时，可以采取抽样取证的方法；在证据可能灭失或者以后难以取得的情况下，经行政机关负责人批准，可以先行登记保存，并应当在 7 日内及时作出处理决定，在此期间，当事人或者有关人员不得销毁或者转移证据。

(4)调查程序中的回避原则。为了保障调查过程中行政主体具有的公正性，《行政处罚法》第 37 条第 3 款规定：“执法人员与当事人有直接利害关系的，应当回避。”

2. 审查程序

在完成调查取证的程序之后，行政主体需要进行核实已经取得的证据，分析和研究相应的法律规范等活动，这就是行政处罚主体所必须经过的审查程序。《行政处罚法》第 38 条第 1 款对此做了规定。

3. 决定程序

当行政主体对作为事实的证据和作为根据的法律规范作出了充分的分析之后，需要对调查的案件中的当事人是否作出行政处罚以及作出怎样的行政处罚作出结论。《行政处罚法》第 38 条至第 40 条就行政处罚的决定程序作出了规定。

(1)决定的种类。案件调查终结后,行政机关负责人应当对调查结果进行审查,根据不同情况,分别作出决定。

依据《行政处罚法》第38条第三款的规定,行政处罚的决定有以下几种:

①对确有应受行政处罚的违法行为的,根据情节轻重及具体情况,作出行政处罚决定;

②违法行为轻微,依法可以不予行政处罚的,不予行政处罚;

③违法事实不能成立的,不得给予行政处罚;

④违法行为已构成犯罪的,移送司法机关。

一般情况下,基于我国行政机关实行首长负责制,因此,行政首长可单独作出决定。但是,对情节复杂或者重大违法行为给予较重的行政处罚,《行政处罚法》第38条第2款规定行政机关的负责人应当集体讨论决定。

(2)行政处罚决定的形式要件。当行政主体作出上述《行政处罚法》第38条第1款第1项规定的行政处罚决定时,依照该法第39条的规定,该行政主体应当制作行政处罚决定书。因此,除非法律规范明文规定可以采用其他形式之外,作为一种要式行政行为,行政决定必须采用书面方式。

(3)行政决定书的内容组成。行政处罚决定书应载明的内容由以下几个部分组成:

①当事人的姓名或者名称、地址;

②违反法律、法规或者规章的事实和证据;

③行政处罚的种类和依据;

④行政处罚的履行方式和期限;

⑤载明不服行政处罚决定,申请行政复议或者提起行政诉讼的途径和期限;

⑥作出行政处罚决定的行政机关名称和作出决定的日期;

⑦在行政处罚决定书上,必须盖有作出行政处罚决定的行政主体的印章。

(4)决定书的交付和送达。行政机关依照法定的程序和方式,将行政处罚决定书送交当事人的行为,称为行政处罚决定书的送达。行政处罚决定书一经送达,就产生的法律效果。当事人提起行政复议或行政诉讼的期限,从送达之日起计算。

行政处罚决定书应当在宣告后当场交付当事人;当事人不在场的,行政机关应在7日内依照民事诉讼法的规定,将行政处罚决定书送达当事人,送达方式包括直接送达、留置送达和邮寄送达。

二、简易程序

一般程序是行政主体从事行政处罚活动的标准程序，但在一些情况中，法律需要行政主体更有效率地作出行政处罚决定或者依照一般程序无法有效实施行政处罚，因此，《行政处罚法》在第33至第35条规定了简易程序。这些规定将上述一般程序的调查、审查和决定这三个大的程序环节简化为在“当场”这个短时间之内，省略其中的部分环节，由行政执法人员在现场作出处罚决定。

1. 简易程序的适用要件

适用简易程序必须符合法律规定的要件。根据《行政处罚法》第33条的规定，这些条件主要有：(1)违法事实确凿；(2)并有法定依据；(3)对公民处以50元以下、对法人或者其他组织处以1000元以下罚款或者警告的行政处罚。

案例思考

郭某是一名货车司机。一日，郭某拉煤从302国道某县交通局下设的某交通检查站经过，检查站上的执勤人员于某身着交通警察制服、佩戴执勤袖章将其拦下，未对货车进行检查，即向郭某出具了一张行政处罚决定书，并对郭某说：“交20元罚款再走。”郭某接过行政处罚决定书，只见决定书上印着如下文字：“根据有关规定，罚款20元。”决定书上印着某市某县交通局的印章。郭某遂问于某：“为什么要罚我？”于某头也不抬回答道：“你超载。”郭某反驳道：“我总共只拉了半车煤，怎么会超载？”于某听到这话，有些不耐烦，说道：“让你交你就交，啰嗦些什么？”郭某很生气，回答说：“你不说清楚怎么回事，我就是不交。”话刚说完，于某就又开出一张处罚决定书交给郭某，并说：“就你这态度，再罚20元。”郭某害怕再争辩下去，又要被罚款，于是只好交了40元罚款开车离去，于某也未向其出具收据。后郭某向某县人民法院提起行政诉讼，请求撤销某县交通局对其作出的行政处罚决定。

问题：某县交通局的行政处罚决定是否合法？为什么？

《行政处罚法》中规定的上述第3项适用要件是数额要件，且属于法律中的总则性规定，当其他单行法律规定的数额限定与此不同时，应该适用相应的特别规定。例如，《道路交通安全法》第107条第1款规定：“对道路交通违法行为人予以警告、200元以下罚款，交通警察可以当场作出行政处罚决定，并出具行政处罚决定书。”因此，适用该特别规定，行政主体在对道路交通违法行为人作出行政处罚且为200元以下的罚款时，可以适用《行政处罚法》中的简易程序。

2.简易程序的要点

《行政处罚法》第34条就适用简易程序时，行政主体必须遵守的义务作出了规定。

(1)标明身份和填写行政处罚决定书。执法人员当场作出行政处罚决定的，应当向当事人出示执法身份证件，填写预定格式、编有号码的行政处罚决定书，并将行政处罚决定书应当当场交付当事人。该行政处罚决定书应当载明当事人的违法行为、行政处罚依据、罚款数额、时间、地点以及行政机关名称，并由执法人员签名或者盖章。

(2)执法人员当场作出的行政处罚决定，应报所属行政机关备案。简易程序只是一般程序的简化，其并不因此影响被处罚的行政相对人在法律上获得救济(依法申请行政复议或者提起行政诉讼)的权利。

旁评附注　作为共同前置程序的告知和申辩程序

无论适用一般程序还是简易程序，在开始之时，都必须适用《行政处罚法》第31条和第32条规定的程序。这两条的内容属于各项程序实施时共同前置的程序。共同前置的程序具体如下：

1.行政主体承担的程序性义务

(1)告知义务。行政主体在作出行政处罚决定之前，应当告知当事人与该行政处罚有关的事项。这些事项具体是：其一，告知当事人作出行政处罚决定的事实、理由及依据。行政机关告知这些内容是以此证明将要作出行政处罚决定具有合法性和合理性，并以此要求当事人服从。反之，当事人知晓告知事项后可以明确了解自身行为的后果，判断行政主体将要作出的行政处罚决定是否会具有合法性或合理性。其二，告知当事人依法享有的权利。这些权利是指已经由法律规范所规定的获取法律救济的权利，如可以提出申请或者提起行政诉讼等方面的权利。行政主体并不能因为这些权利已经由法律规范明文规定而不履行告知义务。

(2)复核义务。当事人对行政主体所告知的行政处罚决定的事实、理由及依据有异议而进行陈述和申辩时，行政主体充分听取当事人的意见，对当事人提出的事实、理由和证据，应当进行复核；当事人提出的事实、理由或者证据成立的，行政机关应当采纳。

2.当事人享有的程序性权利

在行政主体作出行政处罚决定之前，当事人有权就案件涉及的事实和法律问题有不同认识时,进行陈述和申辩。行政主体不得因当事人申辩而加重处罚。

三、听证程序

听证程序并不是与上述一般程序、简易程序并列的独立程序,而是在一定条件下添加至一般程序中的一项特别程序,其构成一般程序中的一个环节。

听证程序是一种吸收了部分辩论、质证等司法程序要素的行政程序,是由行政主体进行的具有一定司法性质的行政程序。《行政处罚法》以维护行政处罚的当事人的权利和利益为目的,在我国首次建立起这种行政处罚的当事人在事前能够参与到行政主体对其自身作出行政处罚决定的过程中去的听证程序制度。

听证程序是指在作出行政处罚决定前由行政机关组织的并在听证主持人的主持下,举行有调查取证人员、作为拟定行政处罚对象的当事人(因行政法律在处罚决定作出之时才成立,才会产生行政法律关系中的行政相对人,因此,在听证程序中只有当事人)以及其他利害关系人参加的程序。

1.听证程序的适用范围

因为在行政处罚程序中导入了司法程序的要素,因此听证程序在一定程度上会影响行政的效率。为此,听证程序不能适用于所有的行政处罚案件,而只能适用于对行政相对人的权益影响重大的案件。根据《行政处罚法》第 42 条第 1 款的规定,行政处罚听证程序的范围限于责令停产停业、吊销许可证或者执照、较大数额罚款等行政处罚决定。当行政主体作出上述这些行政处罚决定之前,应当告知当事人有要求举行听证的权利;当事人要求听证的,行政机关应当组织听证。

从《行政处罚法》第 42 条第 1 款的内容而言,该条设定了两种类型的听证程序开始方式。一是基于法定义务所开始的听证。行政主体在作出该条明文列举出的责令停产停业、吊销许可证或者执照以及较大数额罚款这些行政处罚决定之前,只要当事人要求听证的,就必须举行开始听证程序;一是基于法律解释裁量开始的听证。在该款规定中,明文列举的处罚决定之后有“等”字规定,行政主体可以基于对该“等”字的解释,将听证程序的适用范围拓宽至明文列举的范围之外。例如,有些行政机关在作出没收处罚之前也在当事人申请之后举行听证。当然,行政主体也可以基于自身的认识,在必要时举行听证。

2.听证程序的内容

依照《行政处罚法》第 42 条的规定,行政处罚听证制度应该按照以下规定进行：

(1)听证的申请。当事人对符合法定条件的案件，有权向行政机关提出申请，并应在行政机关告知后3日内提出。

(2)听证通知。行政机关作出听证的决定后，应该在听证的7日前，通知当事人听证举行的时间和地点等有关事项。

(3)听证公开进行。行政处罚听证除涉及国家秘密、商业秘密或者个人隐私的案件外，公开举行。

(4)听证的主持和参与。听证由行政机关指定的非本案调查人员主持；当事人认为主持人与本案有直接利害关系的，有权申请回避。当事人可以亲自参加听证，也可以委托1至2人代理。举行听证时，听证主持人首先宣布听证开始、宣布听证事项和其他有关事项。然后由调查人员提出当事人违法的事实、证据和行政处罚建议，当事人可以针对上述内容进行申辩和质证。

(5)听证应当制作笔录。笔录应当交当事人审核无误后签字或者盖章。听证结束后，行政机关依照本法第38条的规定，作出决定。

旁评附注　听证笔录与“案卷排他”原则

根据《行政处罚法》的规定，听证应当制作笔录。听证笔录应当是听证过程的如实记录。听证本身不作出处罚决定，但听证又是法律程序，其法律意义主要就体现在听证笔录的效力上。听证笔录应当是行政机关作出行政处罚决定的直接依据。在西方各国行政程序法上，普遍针对听证效力确立了“案卷排他”原则，并将之确立为行政程序的一项基本制度，即行政机关的裁决决定只能以听证的案卷记录作为根据，不能在案卷以外、以当事人未知悉的或者未经论证的事实作为裁决的依据。

我国《行政处罚法》对于听证笔录的效力未作明确规定，没有确立案卷排他原则，这是《行政处罚法》的一大缺憾。如果行政处罚决定可以不以听证笔录作为依据，行政处罚听证的作用就会大打折扣或者毫无意义，相对人的听证权就会流于形式。下一步完善行政处罚制度时，应当在行政处罚听证程序制度中建立和执行案卷排他原则，凡经过听证程序的行政处罚，处罚决定均应当以听证笔录作为决定的依据。相对而言，我国《行政许可法》在这方面迈出了重要一步，该法第48条规定，“行政机关应当根据听证笔录，作出行政许可决定”，可以说在一定意义上确立了案卷排他原则。

四、行政处罚的执行程序

《行政处罚法》所规定的行政处罚执行程序，主要由以下四个部分组成。

1.行政相对人的履行期限

行政处罚决定书送达当事人后，当事人应自觉履行，否则行政主体或者根据行政机关申请的人民法院将依法强制执行。

2.不因救济程序而停止执行

当事人对行政处罚决定不服申请行政复议或者提起行政诉讼的，行政处罚不停止执行。这与《行政诉讼法》第 44 条、《行政复议法》第 21 条规定相一致。但是，法律另有规定的除外。

3.罚款的决定与收缴机构分离

根据《行政处罚法》第 46 条的规定，作出罚款决定的行政主体应当与收缴罚款的机构分离。作出行政处罚决定的行政主体及其执法人员不得自行收缴罚款。受处罚的当事人应当自收到行政处罚决定书之日起 15 日内，到指定的银行缴纳罚款。银行应当收受罚款，并将罚款直接上缴国库。

但是，有下列情形之一的，行政主体或执法人员可以当场收缴罚款：

(1)当场作出行政处罚决定，罚款 20 元以下的①。

(2)当场作出行政处罚决定后，不当场收缴事后难以执行的。例如，《治安管理处罚法》第 104 条第 3 项规定的“被处罚人在当地没有固定住所，不当场收缴事后难以执行的”情况就属于这项规定的情形。

(3)在边远、水上、交通不便地区，行政主体及其执法人员依法作出罚款决定后，当事人向指定的银行缴纳罚款确有困难，经当事人要求当场缴纳罚款的。这种情况不限于当场处罚。

行政主体及其执法人员当场收缴罚款的，必须向当事人出具省、自治区、直辖市财政部门统一制发的罚款收据。不出具财政部门统一制发的罚款收缴的，当事人有权拒绝缴纳罚款。执法人员当场收缴的罚款，应当自收缴罚款之日起 2 日内，交至行政主体；在水上当场收缴的罚款，应当自抵岸之日起 2 日内交至行政主体；行政主体应当在 2 日内将罚款缴付指定的银行。

---

① 由于《行政处罚法》属于行政处罚法律制度中的总则性规定，因此，其他单行法律如设定特别规定，该特别规定的效力就优于总则性规定。例如，《治安管理处罚法》第 104 条第 1 项规定对“被处 50 元以下罚款，被处罚人对罚款无异议的”，“人民警察可以当场收缴罚款”。这里的数额“50 元”的效力就优于《行政处罚法》第 47 条第 1 项规定的“20 元”的数额规定。

案例思考

1998年元旦到春节期间，根据上级统一部署，某县公安局广泛动员所属派出所和各乡镇联防队在全县范围内严厉打击非法聚赌活动。1月25日晚，有群众举报，某村村民王某在其家中召集了10多人进行聚赌。某乡派出所和该乡联防队接到举报后，立即组织力量前往王某家抓赌。根据派出所所长肖某的安排，派出所和联防队将王某家团团围住，肖某随后敲门进屋，大声对正在聚赌的王某等人说："我们是派出所来抓赌的，你们谁也不许跑。"这时，派出所和联防队的人员也大都进入了屋内。随后，联防队员收缴了桌上的赌具和赌资，肖某同时宣布，所有参赌人员每人罚款50元，并下令当场收缴了罚款。

问题：派出所能否对参赌者当场收缴罚款？

4.行政主体的保障措施

当事人逾期不履行行政处罚决定的，作出行政处罚决定的行政机关可以采取法定的措施以保障已经作出的行政处罚决定的效力得到实现。

(1)到期不缴纳罚款的，每日按罚款数额的3%加处罚款；

(2)根据法律规定，将查封、扣押的财物拍卖或者冻结的存款划拨抵缴罚款；

(3)申请人民法院强制执行。

当然，当事人确有经济困难，需要延期或者分期缴纳罚款的，经当事人申请和行政主体批准，可以暂缓或者分期缴纳。除依法应当予以销毁的物品外。

行政主体依法没收的非法财物必须按照国家规定公开拍卖或者按照国家有关规定处理。罚款、没收违法所得或者没收非法财物拍卖的款项，必须全部上缴国库，任何行政主体或者个人不得以任何形式截留、私分或者变相私分；财政部门不得以任何形式向作出行政处罚决定的行政主体返还罚款、没收的违法所得或者返还没收非法财物的拍卖款项。行政主体将罚款、没收的违法所得或者财物截留、私分或者变相私分的，由财政部门或者有关部门予以追缴，对直接负责的主管人员和其他直接责任人员依法给予行政处分；情节严重构成犯罪的，依法追究刑事责任。

第十一章 行政强制

第一节 行政强制概述

在承认行政相对人独立地位的前提下，行政机关有权力、也有责任对违法的行政相对人进行处罚或采取一定的措施以维护正常的行政秩序。在行政相对人不履行义务的情况下，我们需要一种强制性手段，就像是“达摩克利斯之剑”，时时悬在义务人的头顶，迫使其必须履行义务；同时，在情势紧迫之际，行政机关为即刻获得某种行政状态，也得要有一定的强制性手段。

一、行政强制的概念与特征

1.行政强制的概念

行政强制，是指行政主体为实现一定的行政管理目的，对行政相对人的人身或财产采取强力方法的具体行政行为。行政强制包括两个方面，一是为预防和制止违法行为和危害事件而采取的行政强制措施；二是为实现具体行政行为内容而实施的行政强制执行。

2.行政强制的特征

一般来讲，行政强制具有如下特征：

(1)行政强制的主体是行政主体，即行政机关或法律法规授权的组织。在行政机关或法律法规授权的组织没有权力直接采取行政强制措施的情况下，可以依法申请人民法院实施强制，但行政强制的主体并不因此变成人民法院，行政强制也没有因此改变其行政的性质。

(2)行政强制的手段具有强制性。尽管在行政强制活动的环节中并不排除说服教育、预告、劝导或做思想工作等办法，但行政强制行为本身则是行政主体依照法定的强制权力采取强迫方式的行为。这些强迫的方式及手段是多种多样的，既有直接强制手段，又有间接强制手段；既有对人身的管束措施、对财物的扣押措施，也有对账户的冻结措施，或对场所的强行进入及限制等。

概念辨析 行政强制与行政处理决定的区别

行政行为有意思行为与实力行为之分。前者是个决意行为，后者则是物理性行为。行政强制行为与行政处理决定的最大区别就在于，前者表现为一种看得见、摸得着的动作。譬如，对于"查封"，我们不能不加区分地断言是"行政强制行为"或是"行政处理决定"。如果行政主体只是作出一个有关查封的"决定"，尚未作出动作时，这个决定依然属于"行政处理决定"；当行政主体作出查封"动作"时，这些动作所表现的行为才属于行政强制。

(3)行政强制的对象是行政相对人的财物和人身自由。由于行政相对人拒不履行行政法义务，或对社会秩序及他人人身健康和安全可能构成危害或其本身正处于或将处于某种危险状态中，而导致行政主体作出行政强制行为。

(4)行政强制的目的是为了实现一定的行政目的，或者是为了预防或制止违法行为或者某种紧急事态的发生，或者是为了保全证据，或者是为促使当事人履行行政上的义务。

二、行政强制的分类

按照不同的标准，可以对行政强制进行多维度的分类。以行政强制行为所调整的对象和内容为标准，可分为对人身、财产和行为的强制；以行政强制行为是否有先行存在的确定义务为标准，可分为行政强制执行和行政强制措施。

1. 对人身、财产及行为的强制

(1)对人身的强制。是指国家有权机关，如公安机关、海关等对那些可能威胁现行的社会秩序或公共利益，或者拒不履行法定或规定义务的行政相对人，所采取的限制人身自由或迫使其履行义务的强制措施，根据我国现行有关法律、法规的规定，对人身的强制措施主要有：收容审查、强制治疗、强制戒毒、强制传唤、强制扣留、强制隔离、强制遣返、强制带离现场等。

(2)对财产的强制。是指行政主体对负有履行法定财产义务却拒不履行的行政相对人，所采取的迫使其履行义务或达到与履行义务相同状态的强制措施。根据我国现行法律、法规的规定，对财产的强制措施主要有：查封、冻结、扣押、划拨、扣缴、强行拆除建筑物、变价出售、强制抵缴、强制退还等。

(3)对行为的强制。是指行政主体对拒不履行行政作为或不作为义务的行政相对人，所采取的强制其履行作为或不作为义务的行政强制措施，如强制许可、强制登记、强制检定。

2.行政强制执行和行政强制措施

(1)行政强制执行。是指以确定义务的具体行政行为的先行存在为条件，并以具体行政行为为执行依据，对具体行政行为确定的义务强制执行。行政强制执行的前提条件是必须有一个行政行为的先行存在，即行政强制执行是执行一个已经成立的行政行为。其中作为行政执行前提条件的行政行为就是基础性行政行为，而执行基础性行政行为的行为就是执行性行政行为。行政强制执行是为了解决具体行政行为内容(义务内容)的实现而设计的制度。

(2)行政强制措施。是指针对违法行为或危害事件而采取的，以预防、制止违法行为和危害事件为目的的限权性措施。其典型形式是限制人身自由及对财产的查封、扣押、冻结等措施。这些措施的采取纯粹是为了实现行政主体所追求的特定秩序和必要状态，或者是为了后续具体行政行为的顺利实施，它不可能以先前存在的一个具体行政行为为条件。它是解决行政执法过程中对违法行为、危害事件的预防、制止和控制而设计的制度。

三、行政强制的原则

1.法定原则

行政强制是一种传统的强力行政行为，自应服从行政合法原则，具体表现在行政强制的设定和实施两个方面。

(1)行政强制的设定必须法定。未经法律授权，行政主体或者其他机关不得实施行政强制。行政强制法规定，法律可以设定各种行政强制措施；行政法规可以对尚未制定法律且属于国务院行政管理范围的事务设定行政强制措施；地方性法规可以就地方性事务(且法律、法规不作规定的)设定扣押违法财物的行政强制措施；另外，涉及限制公民人身自由和对公民身体进行检查的行政强制措施只能由法律设定。至于行政强制执行，如果法律规定行政机关可以强制执行的，行政机关可以对生效的行政决定予以强制执行；如果法律没有规定行政机关可以强制执行，那么行政机关应当申请人民法院强制执行。不管是行政强制执行，还是行政强制措施，除上述几种情形以外的其他规范性文件均不得设定。对于上位法已经设定的行政强制行为，允许下位法作出“具体规定”,即可以就实施程序作出具体化规定,但不得对行政强制的对象、范围、条件以及方式等作出变更。

(2)其次,行政强制实施时,也必须有法律、法规依据,且在法定职权范围内得依法律规定的程序实施。

2.适当性原则

《行政强制法》第5条规定:“行政强制的设定和实施,应当适当。采用非强制手段可以达到行政管理目的的,不得设定和实施行政强制。”具体来说,行政强制的适当性原则要求:

(1)设定行政强制应当适当,要兼顾公共利益和当事人的合法权益。

(2)实施行政强制应当依照法定条件,正确适用法律、法规,选择适当的行政强制方式,以最小损害当事人的权益为限度。

3.救济原则

“有权利必有救济”,行政强制作为具有极强侵害性的行政行为,如果侵犯相对人合法权益的,应给予充分的救济途径,包括执行前、执行中以及执行后的救济可能性。公民、法人或其他组织对行政强制措施或者行政机关的行政强制执行不服的,有权依法申请行政复议或提起行政诉讼;对行政机关违法实施行政强制造成损害的,有权要求国家赔偿。公民、法人或者其他组织对人民法院在强制执行中有违法行为或者扩大强制执行范围,给当事人造成损害的,有权要求赔偿。

第二节　行政强制措施

一、行政强制措施的概念与特征

1.行政强制措施的概念

行政强制措施,又称为即时强制,是指行政机关在行政管理过程中,为制止违法行为、防止证据损毁、避免危害发生、控制危险扩大等情形,依法对公民的人身自由实施暂时性限制,或者对公民、法人或者其他组织的财物实施暂时性控制的行为。根据是否具有时间上的紧迫性、程序上的简化性和特殊性将行政强制措施分为一般强制和即时强制两种。

概念辨析　一般强制与即时强制

即时强制也称直接执行或即时执行，是集设定义务的行政处理与执行的告诫、决定与行使于一身的行政行为；一般强制通常是在行政处理决定之前采取的限制性强制措施，旨在对相对人进行检查、了解信息或者是保证其后作出行政处理或行政处理的执行。一般强制可以分为行政调查中的强制措施和保全性的强制措施

两者的共同之处：都不存在先在的行政处理；相对人通常都具有法律上的容忍或者配合义务；在具体方法上也存在很多的交叉。

两者的不同之处：即时强制可以被视作集基础决定与执行决定于一体，只是因为事态紧迫无暇作出行政处理，或者再作出行政处理已经没有意义。即时强制已包含了对相对人的实体法的义务。而一般强制并不设定相对人实体法上的义务。

2.行政强制措施的特征

行政强制措施具有以下法律特征：

(1)行政强制措施具有强制性。虽然诸如行政命令、行政处罚等行为都具有强制性，但行政强制措施相对于其他具体行政行为具有更强和更直接的强制性。行政强制措施不是停留在行政机关及其公务员的意思表示上，而是表现为行政主体直接对行政相对人的权利与自由的单方强行限制行为。

(2)行政强制措施具有紧急性。行政强制措施的强制性来源于行政强制措施实施条件的紧急性。行政强制措施的实施条件是：行政机关履行行政管理职责，在制止违法行为、防止证据灭失、避免危害发生、控制危险扩大的紧急情况下，可以依照法律、法规的规定采取的行为。这里的紧急状态应符合下列要件：一是紧急事实的存在。由于犯罪、不可抗力、违法等诱因的出现，致使社会正常行政秩序遭到破坏，人民生命、财产、健康等受到侵害或侵害倾向；二是危害或危险已经发生但尚未结束或发生具有高度可能性。这里的“发生具有高度可能性”是指现实的危险(而不是主观想象的危险)已露端倪，按其发展势头，必然形成全面危机。

(3)行政强制措施具有临时性。行政强制措施具有临时性。行政强制措施是对行政相对人权利的临时约束，如扣押财物，“扣押”本身不是目的，它只是一种临时的保障措施。它只是约束被扣押物的使用，而不是对被扣押物所有权的最终处分，因此，行政强制措施是一种中间行为，而不是最终行为。

(4)行政强制措施具有非制裁性。行政强制措施不是以制裁违法为直接目的,而是以实现某一行政目标为直接目的,具有预防性和制止性,因此,行政强制措施并非须以相对人违法为前提。即使是针对违法行为人作出,其直接目的也不是为了制裁。这正是行政强制措施与行政处罚的区别所在。

二、行政强制措施的方法

行政强制措施的手段方法多种多样,无法进行全面的描述,但以实施强制措施的对象不同,可把行政强制措施归为下列三类:

1.对人身自由的限制

人身自由是公民的基本权利,在紧急状态下要对人身自由进行限制必须十分谨慎。法律通常应在下列情况下授予行政主体对人身自由的立即限制权:一是在醉酒、精神病发作等状态下,非管制不能避免对其本人的危险或对他人的安全构成威胁,如《治安管理处罚法》规定的对醉酒者的约束;二是意欲自杀,非管制不能保护其生命;三是存在其他严重危害公共安全或他人人身安全,非管制不足以预防或救护的情形。如《卫生检疫法》、《传染病防治法》规定的强制隔离、强制治疗,《人民警察法》规定必要时使用警械、强行驱散、强行带离、当场拘留,《突发公共事件应对法》规定的"强制隔离使用器械相互对抗或者以暴力行为参与冲突的当事人"、"封锁有关场所、道路,查验现场人员的身份证件,限制有关公共场所内的活动",《治安管理处罚法》规定的"公安机关可以强制传唤违反治安管理行为人接受调查"等等。

2.对财物的各种处置

行政主体在行政强制措施领域对财物的处置表现为对所有权四项权能,即占有、使用、收益、处分的各项处理。其具体表现为对财物的查封、扣押和冻结,对财物的使用,对财物的处分,对财物使用的某种限制等。例如,《审计法》规定查封会计凭证、账簿报表和有关资料等;《行政处罚法》规定的对可能灭失或者以后难以取得的证据的登记保存等;《税收征收管理法》规定的税收保全措施;《监察法》规定监察机关在调查贪污、贿赂、挪用公款等违反行政纪律的行为时,必要时,可依法冻结涉嫌人员在银行或者其他金融机构的存款等。下面分别介绍几种主要的措施:

(1)行政强制查封。查封是指行政主体对行政相对人的财产就地查实、封存,以待具体行政行为作出后加以处理的行政强制措施。查封的目的主要是为了保障行政决定的执行和行政相对方的金钱、财产给付义务的履行,防止行政相对人在行政决定强制执行前转移、隐匿或毁坏其可供执行的财产。行政主体进行查封时，必须符合以下条件：首先，适用查封的主体只能是法律、法规明确规定有行使该项权力的国家行政机关或其他组织；其次，被查封物的物主违反了有关行政法律规范；最后，法律、法规规定可以采用查封措施。目前，我国有关工商、土地、海关、国家安全、行政监察、审计、税收、公安、证券、专利、食品卫生、植物保护等领域的法律、法规规定行政主体有权实施行政查封。

(2)行政强制扣押。扣押是指行政主体强制留置相对人的财、物，限制其继续对之进行占有和处分。需扣押的物品，有可能是证明行政相对人违法与否或责任大小的证据，或者是实施行政违法行为的工具、违禁物品、违法所得以及违法行为人的各种证照，也有可能是在具体行政行为生效后的执行对象。行政主体进行扣押时，必须符合下列条件：首先，有权实施扣押的主体只能是法律、法规明确规定有行使该项权力的国家行政机关或其他组织。其次，被扣押物的物主违反了有关行政法律规范。最后，法律、法规规定可以采用扣押措施。目前，我国有关工商、海关、公安、交通、渔业、口岸检疫、边防检查、行政监察、文物管理等领域的法律、法规规定相关行政主体有权实施行政扣押。

概念辨析　查封与扣押

两者的共同之处：主要目的相同，都是为了保证行政主体取得证据，保证行政决定的执行和行政相对人金钱、财产给付义务的履行。

两者的不同之处：查封的财产一般是不易移动或没有必要转移于行政主体处所的物品，所以将之留在原地查封，而扣押的财产一般是可以移动的，且有必要从相对人处所转移的物品，或者是行政主体在执法检查监督中现场查获的与相对人实施违法行为有关的物品。

(3)行政强制冻结。冻结也称暂停支付，是指行政主体禁止相对人动用或支付银行等金融机构存款或汇款的行政强制措施。与查封、扣押等强制保全措施不同的是，冻结这种保全措施所针对的不是相对人一般的财产，而是相对人在银行等金融机构的存款或汇款。行政主体适用冻结措施时，应当符合下列条件：首先，适用冻结措施的主体必须是法律、法规明确规定有权决定冻结的行政机关或其他组织。其次，被冻结账户的户主违反了有关的行政法律规范。最后，该行政法律规范明确规定可以运用冻结措施。目前，我国有关工商、海关、税收、行政监察、金融、审计等领域的法律、法规规定相关行政主体有冻结权。

3. 对住宅等场所的进入

当公民的生命、身体、财产有迫切危险、非进入住宅等场所不能救护或不能制止时，显然有必要允许行政主体的工作人员即时进入。只是因为进入公民住宅涉及宪法规定的人身自由和住宅权的保护，所以即时进入公民住宅必须有法律明确的授权。至于进入旅馆、酒店、电影院等公共场所，为了防止妨碍经营者正常工作，也有必要由法律具体授权。例如，《突发公共事件应对法》规定的“对特定区域内的建筑物、交通工具、设备、设施进行控制”等。

三、行政强制措施的设定与规定

行政强制措施的设定是指不以任何法律、法规的规定作为其具体存在依据的、制定原创性法律规范的行为。行政强制措施的规定则是下位法为实施上位法，对上位法的具体化和细则化。

1. 行政强制措施的设定

从传统的侵害保留原则出发，行政强制措施的设定应当严格由法律来担当。但是这样的话，将会使得法律不堪重负。因此，《行政强制法》针对不同性质的行政强制措施予以了区别对待。根据《立法法》第 8 条的规定，限制人身自由的强制措施只能由法律予以设定，但是涉及财产权的强制措施则不一定由法律来设定，行政法规以及地方性法规在一定约束的前提下也可设定有关行政强制措施。具体而言，《行政强制法》将法律、行政法规和地方性法规对行政强制措施的设定权限分配如下：

(1)法律的设定权。法律可以设定各种行政强制措施。同时限制人身自由和冻结存款、汇款的强制措施也只能由法律予以设定。

(2)行政法规的设定权。《行政强制法》第 10 条第 2 款规定，尚未制定法律，且属于国务院行政管理职权事项的，行政法规可以设定除限制公民人身自由、冻结存款汇款和应当由法律规定的行政强制措施以外的其他行政强制措施。换言之，行政法规可以设定查封场所、设施或者财物和扣押财物以及其他一些行政强制措施。

(3)地方性法规的设定权。《行政强制法》第 10 条第 3 款规定，尚未制定法律、行政法规，且属于地方性事务的，地方性法规可以设定查封场所、设施或者财物和扣押财物两项行政强制措施。

除法律、法规以外，规章及其他规范性文件均不得设定任何行政强制措施。

案例思考

案例1:郑州市公安局《关于实施机动车咪表停车计时收费的管理办法》(下称《办法》)规定,咪表协管员可以对违章车辆予以锁车,开具违章停车处理单等。原来,咪表公司的"婆婆"是停车管理中心,而停车管理中心的"婆婆"又是郑州公安部门,咪表公司与公安局是这样的亲缘关系。

案例2:2005年4月28日郑州市公安局、执法局联合出台的《关于开展静态交通秩序整治活动的实施方案》。《方案》肯定了执法局的执法权——"对乱停乱放的车辆做到发现一辆、拖扣一辆"。

问题:咪表公司是否可作为强制扣押措施的实施主体?公安局的文件是否能授予咪表公司、执法局执法权?

2.行政强制措施的规定

(1)下位法对上位法进行规定时,不得扩大行政强制措施的适用。如果上位法已经设定了行政强制措施,则下位法(包括行政法规、地方性法规、行政规章甚至其他规范性文件)可以对行政强制措施的对象、条件和种类具体化。但是,在作出具体规定时,不得对上位法规定的行政强制措施的适用对象、条件以及范围等予以变更。例如,法律规定没有许可证砍伐林木的,应当将所砍伐的林木扣押。但若某地方性法规将其规定为"没有许可证砍伐林木的,应当将所砍伐的林木和生产设备扣押",这就扩大了强制的对象;若规定为"没有许可证或没有缴纳管理费而砍伐林木的,应当将所砍伐的林木扣押",这就扩大了强制的条件;若规定为"没有许可证砍伐林木的,应当将所砍伐的林木扣押,并冻结违法所得",这就扩大了强制的种类。

案例思考

《森林法》第37条规定,经省、自治区、直辖市人民政府批准,可以在林区设立木材检查站,负责检查木材运输。对未取得运输证件或者物资主管部门发给的调拨通知书运输木材的,木材检查站有权制止。但是《森林法实施条例》第37条规定,对无证运输木材的,木材检查站应当予以制止,可以暂扣无证运输的木材。

问题:《森林法实施条例》是否有权作出"暂扣无证运输的木材"的规定?

(2)法律对特定事项只作原则性规定,未规定具体管理措施的情况下,行政法规可以设定行政强制措施。《行政强制法》第 11 条第 2 款规定,法律中未设定行政强制措施的,行政法规、地方性法规不得设定行政强制措施。但法律规定特定事项需由行政法规规定具体管理措施的,行政法规可以设定行政强制措施。法律在对某项领域进行规范时,都经过慎重权衡,如果需要设定行政强制措施,就应当明确规定,如果没有设定的,行政法规、地方性法规在制定实施性规定时,不得设定行政强制措施。但是,由于有些法律规定得比较原则,对于有些事项没有作具体规定,《行政强制法》授权国务院规定。需要强调的是,《行政强制法》没有授权地方性法规在此种情况下可以规定行政强制措施。

案例思考

《农业法》第 64 条规定,农业转基因生物的研究、试验、生产、加工、经营及其应用,必须依照国家规定严格实行各项安全控制措施。对实行什么样的"安全控制措施"没有作具体规定。国务院制定的《农业转基因生物安全管理条例》第 39 条规定,农业行政主管部门履行监督检查职责时,在紧急情况下有权对非法研究、试验、生产、加工、经营或者进口、出口的农业转基因生物实施封闭或者扣押。

问题:本案国务院规定的行政强制措施是否合法?

四、行政强制措施的实施主体

目前行政强制措施的实施主体比较庞杂,有的地方和部门将行政强制措施权委托给社会组织和不具备资格的执法人员实施,有的甚至雇用临时人员执法,执法随意性较大,侵害公民合法权益的情况时有发生,影响了法制的严肃性和政府形象。鉴于这些情况,《行政强制法》对行政强制措施的实施主体进行了严格规范。《行政强制法》第 17 条规定:"行政强制措施由法律、法规规定的行政机关在法定职权范围内实施。行政强制措施权不得委托。"根据该条规定,行政强制措施的实施主体应受到如下的限制:

1. 只有行政机关才能实施行政强制措施。与行政处罚权和行政许可权不同,行政强制措施权不得委托,行政强制措施的即时性和强制性决定了它对于公民、法人和其他组织的权益影响更大,所以对行政强制措施实施主体的规定更加严格,只能由行政机关来实施,不得委托给其他行政机关、组织或者个人。

2. 只有法律、法规授予行政强制措施权的行政机关才能实施行政强制措施。未经授权的行政机关不得作为实施主体。换言之,不是所有的行政机关都能够行使行政强制措施权，行政强制措施权不是行政机关的“天然”权力，行政强制法也没有概括授权行政机关实施行政强制措施，每个具体的行政机关的行政强制措施权，需要由单行法律、法规授权。单行法律、法规在规定行政强制措施的同时，一般会明确规定实施该行政强制措施的主体，而未被授权的其他行政机关，不具备行政强制措施权。

3.法律、行政法规授权的具有管理公共事务职能的组织在法定授权范围内，可以实施行政强制。授权组织行使行政强制措施权要具备几个条件：(1)必须是具有管理公共事务职能的组织，如中国证券监督管理委员会、中国保险监督管理委员会、中国国家电力监管委员会，分别根据《证券法》、《保险法》、《电力法》的授权行使管理公共事务的职能，一般的组织不得被授权成为实施行政强制措施的主体；(2)必须是法律、行政法规授予行政强制措施权的组织，地方性法规和其他规范性文件授权的组织不得成为实施主体；(3)必须在法定授权范围内实施行政强制措施，不得超出授权范围实施行政强制措施；(4)必须以自己的名义实施行政强制措施，即在法定范围内独立实施强制措施，并能够独立地承担因实施行政强制措施而产生的法律责任或者法律后果。被授权的组织经法定授权后，遵守行政强制法对行政机关的所有规范。

4.代表行政机关实施行政强制措施的必须是具备资格的行政执法人员，其他人员不得实施。这是对行政执法人员的要求，一旦不具备资格的行政执法人员实施了行政强制措施，该执法行为违法，需要追究法律责任的，由该行政机关承担。

旁评附注　相对集中行政强制措施权

1996年颁布的《行政处罚法》确立了相对集中行政处罚权制度，规定国务院或者经国务院授权的省、自治区、直辖市人民政府可以决定一个行政机关行使有关行政机关的行政处罚权，开始相对集中行政处罚权工作。行政处罚权集中后，如果与行政处罚权有关的行政强制措施权仍由原行政机关行使，行政处罚权将会落空。因此，《行政强制法》第17条第2款规定：“依据《中华人民共和国行政处罚法》的规定行使相对集中行政处罚权的行政机关，可以实施法律、法规规定的与行政处罚权有关的行政强制措施。”该条确立了相对集中行政强制措施权的制度。

相对集中行政强制措施仅是指将单行法律、法规授权各行政机关的行政强制措施仅从原行政机关的管理职能中分离出来，由一个行政机关统一行使；行政强制措施权相对集中后，被集中的行政机关不得再行使。相对集中行政强制措施权的规定包括三个内容：

(1)相对集中行政强制措施权实施主体的设定是由《行政强制法》直接授权,不需要由国务院或者省级政府一一授权;

(2)具有相对集中行政强制措施权的行政机关限于《行政处罚法》所规定的行使相对集中行政处罚权的行政机关,即由国务院或者经国务院授权的省、自治区、直辖市人民政府决定的行政机关。换言之,行政强制措施仅是随着相对集中行政处罚权的转移而转移的。

(3)相对集中行政强制措施权仅限于与行政处罚权有关的行政强制措施。在行使相对集中行政处罚权时,需要一些特定的行政强制措施作为执法手段和执法保障,随行政处罚权转移的只限于这些特定的行政强制措施。

五、行政强制措施程序

1.行政强制措施的一般程序

行政强制措施所包含的强制手段纷繁复杂,各种手段在具体运用时所遵循的程序也不尽一致。但总体来说,实施各类行政强制措施都应共同遵循一定的程序性规定。根据《行政强制法》第18条的规定,行政机关实施行政强制措施应当遵守的一般程序为:

(1)实施前须向行政机关负责人报告并经批准;

(2)由两名以上行政执法人员实施;

(3)出示执法身份证件;

(4)通知当事人到场;

(5)当场告知当事人采取行政强制措施的理由、依据以及当事人依法享有的权利、救济途径;

(6)听取当事人的陈述和申辩;

(7)制作现场笔录;

(8)现场笔录由当事人和行政执法人员签名或者盖章,当事人拒绝的,在笔录中予以注明;

(9)当事人不到场的,邀请见证人到场,由见证人和行政执法人员在现场笔录上签名或者盖章;

(10)法律、法规规定的其他程序。

当场实施行政强制措施的,可以简化相关程序,但应当在事后一定时间补办。实施限制公民自由的行政强制措施,无需制作现场笔录和清单,但应当告知当事人有通知家属的权利。当事人要求通知家属的,行政主体应告知其家属实施行政强制措施的行政主体和地点，并遵循特别法所规定的程序。

2.查封、扣押程序

基于特别法的明文规定，具有行政强制措施权的行政主体经其负责人批准，在发现违禁物品、证据需要保全、当事人转移财物逃避法定义务及法律规定的其他情形下，可以采取查封、扣押措施。对重大案件或者数额较大的财物需要实施查封、扣押的，除法律另有规定外，应当由行政主体负责人集体讨论。如果不具有行政强制措施权的行政主体遇有上述情形的，只能依照《行政处罚法》的有关规定，采取登记保存措施，不得采取对财物的查封、扣押。

在对财物实施查封、扣押时，行政人必须出示执法身份证件，并当场交付当事人查封、扣押决定书和清单。查封、扣押决定书应当载明以下事项：

(1)当事人姓名或名称、地址；

(2)查封、扣押的理由和依据和期限；

(3)查封、扣押场所、设施或者财物的名称、数量等；

(4)申请行政复议或者提起行政诉讼的途径和期限；

(5)行政机关的名称、印章和日期。

当场实施查封、扣押的，应当当场交付当事人查封、扣押清单，并应当在规定时间内补办查封、扣押决定书，送达当事人。行政机关发现当事人的财物已被其他国家机关依法查封的，不得重复查封。

行政主体对查封、扣押的财物负有保管责任，应当妥善保管，不得使用或者损毁，除不可抗力外，对所造成的损失，承担赔偿责任。其中，对查封的财物，行政主体自行保管有困难的，可以指定当事人或者委托第三人负责保管，当事人或者第三人不得毁损或转移。因当事人原因造成损失的，由当事人负责；因第三人原因造成损失的，由委托人和第三人共同承担赔偿责任。

查封、扣押后，行政主体应当尽快查清事实，依法作出处理决定。对违法事实确凿，依法应当没收的非法财物予以没收；法律规定应当销毁的，予以销毁。对没有违法行为或者不再需要查封、扣押的，应当解除查封或者退还被扣押的财物。如果已经把鲜活物品或者其他不易保管的财物拍卖或者变卖的，退还拍卖或变卖所得。逾期行政主体未作决定的，被查封的物品视为解除查封；被扣押的物品，当事人有权要求退还。违法行为构成犯罪应当移送司法机关的，行政机关应当将查封、扣押的证据一并移送。

案例思考

某县虞某从外地购进一批大豆存放在该县火车站粮食仓库，这批大豆由于长途运输及连日阴雨天气，已发生严重霉变。为了将这批大豆销售出去，虞某将其与未变质的大豆进行人工掺和。市技术监督局接到群众举报后派员前往检查，根据现场观察确有霉变现象，检查人员当场按照《产品质量法》、《技术监督行政案件办理程序的规定》对该库房的大豆进行抽样，抽出6袋样品送检，并决定对大豆进行就地封存，并制作了《封存通知书》，对封存理由、根据、期限、地点、封存物品清单均进行了如实填写。虞某认为技术监督局的行为违反法定程序，在其尚未正式立案之前就封存大豆；而且，大豆属于初级农产品，不属《产品质量法》的调整范围，技术监督局的行为属于适用法律法规的错误，遂向法院提起行政诉讼。

问题：该案中采取就地封存的措施是否属于行政强制行为？该行为是否违反法定程序？

3.冻结存款程序

冻结存款应当由特别法规定的行政主体作出决定，并且不得委托其他行政机关或者组织作出该决定。冻结存款的数额应当与可能执行金额或者违法行为的情节相适当，已被其他国家机关冻结的存款不得重复冻结。

行政主体冻结存款应当书面通知金融机构。金融机构在接到行政主体依法冻结存款的决定后，应当立即冻结存款，不得拖延，不得在冻结存款前通知当事人。但是，对特别法上没有明确依据的行政主体冻结存款的，金融机构应当拒绝。

当事人自动履行行政决定或者不再需要冻结存款的，行政主体应当及时作出解除冻结存款的决定。除人民法院依法作出判决外，解除冻结存款的决定应当由冻结存款的行政主体作出。行政主体应当将解除冻结存款的决定及时通知金融机构。自冻结存款之日起法定期限内，行政主体应当作出处理决定或者解除冻结存款决定。行政主体逾期未作出处理决定的，金融机构应当在该法定期限届满之日解除冻结。

第三节　行政强制执行

一、行政强制执行的概念与特征

1.行政强制执行的概念

行政强制执行，是指行政机关或者行政机关申请人民法院，对不履行行政决定的公民、法人或者其他组织，依法强制履行义务的行为。

行政强制执行和行政处罚都是针对违反行政法上规定的义务而采取的行政行为，两者常具有承接关系；在相对方拒不接受行政处罚时，行政机关可以强制其履行。但两者仍有本质的区别：

(1)性质不同。行政处罚是在行政管理相对方违反法律规定的前提下，行政机关为其设定新的义务，直接影响相对方的实体权利义务的行为，本质上属于制裁性法律责任。而行政强制执行以行政管理相对方拒不履行行政决定或法律规定的义务为前提，不增添新的义务，只是强制相对方履行原定义务。

(2)目的不同。行政处罚的目的在于制裁相对方违反法律规定义务的行为，其着眼点在于对"过去"违法行为的惩罚；行政强制执行的目的在于敦促义务人履行义务，其着眼点在于对"将来"义务内容的实现。

(3)原则不同。行政强制执行中的执行罚；与行政处罚中的罚款相类似，但两者有本质区别。行政处罚的目的在于惩戒，因而处罚一般是一次性的，非另有理由，对同一违法行为不得以同一原因和理由施以两次以上的处罚，即适用"一事不再罚"原则。而执行罚则不同，执行罚的目的在于强迫义务人履行义务，如义务人受执行罚后仍不执行，可再施执行罚，直到其履行义务为止。

概念辨析　行政强制执行与民事强制执行

民事强制执行是人民法院在民事诉讼一方当事人不履行人民法院的判决、裁定时，应另一方当事人的申请，依照执行程序和法院的判决、裁定，强制一方当事人履行义务而采取强制执行措施，使其义务得以履行的活动。

两者有以下几点区别：

(1)申请执行人不同。行政强制执行的申请人只能是作为行政主体的行政机关;而民事强制执行的申请人,可以是民事法律关系双方当事人中的任何一方。

(2)执行的依据不同。行政强制执行的依据是行政机关的行政处理决定,而民事强制执行的依据是人民法院已经生效的民事判决或仲裁机关的裁决。

(3)执行的机关不同。行政强制执行的机关可以是行政机关自己,也可以是人民法院;而民事强制执行的执行机关只能是人民法院。

(4)执行的对象不同。行政强制执行的对象范围很广,既包括物、行为,也包括人;而民事强制执行的对象只限于物。

(5)执行结果不同。行政强制执行不存在执行和解问题,其结果只能是强迫义务人履行义务或实现与履行相同的状态;而民事强制执行的结果除迫使义务人履行义务外,还可以执行和解。

2.行政强制执行的特征

基于上述定义,行政强制执行具有以下法律特征:

(1)行政强制执行的主体是法律规定的行政机关或人民法院。根据法律法规的规定,行政强制执行的主体有两类:一类是由行政机关依照法律、法规的授权对行政相对人直接采取强制执行措施。这类机关主要有公安、税务、海关、工商、物价、审计、外汇管理等行政机关。另一类是由行政机关向人民法院提出强制执行的申请,由人民法院执行。行政机关作为行使行政强制执行权的主体是有严格的法律规定的条件的,并不是所有的行政机关都可对行政相对人采取强制执行措施,只有法律、法规有明确授权的行政机关才能享有行政强制执行权。同时,行政机关具体行使哪种行政强制执行权也是由法律、法规加以明确规定的,不得滥用。根据我国行政诉讼法及其他法律、法规的规定,我们可以将我国行政强制执行体制概括为"以申请法院强制执行为原则,以行政机关自行强制执行为例外"。

旁评附注 行政强制执行的双轨体制之优劣[①]

目前,我国以实现具体行政行为确定的义务为目标的行政强制执行,实行行政机关(最主要的行政主体)自行强制执行和法院依申请强制执行的双轨体制。

---

① 参见应松年主编:《行政法与行政诉讼法》(第2版),法律出版社2009年版,第299—300页

我国现行行政强制执行体制有如下一些明显的优点：

第一，有利于防止行政机关滥用行政强制执行权，并具有督促行政机关依法实施行政行为的作用。

第二，有利于保护行政相对人的合法权益，特别是在相对人因种种原因放弃申请行政复议和提起行政诉讼的权利时，不致因违法行政行为直接由行政机关自行强制执行而受到侵害。

第三，在一定程度上体现了“司法终裁”的原则，并在一定程度上促进了行政执法人员依法行政观念的培养和依法行政意识的提高。

第四，有限的行政机关自行强制执行，可以解决专业性、技术性较强的行政行为不宜由法院执行的问题，也可以解决因情况紧急而需要迅速执行的问题。

但行政强制执行的这种双轨体制也存在以下明显的缺陷：一是由行政机关申请法院强制执行，往往耗费的时间较长，使已经作出的具体行政行为在较长的时间内得不到执行，既延缓了行政行为内容的实现，又可能因错过时机使行政行为内容的实现成为不可能。二是为解决和克服上述问题而出现的由法院在行政机关中设立执行室，随申请随执行，导致在具体执行过程中出现行政权和司法权的混同（法院联合行政机关共同强制执行）及行政机关越权执行的现象。三是由行政机关自行实施的行政强制执行，虽然可以满足提高行政效率的要求，但缺少对行政机关必要的条件和程序限制及内外监督机制。

（2）行政强制执行的原因是行政相对人不履行行政决定所确定的行政义务。在一般情况下，这种不履行还必须有不愿履行的故意。即相对人不履行义务的原因是主观上不愿意履行，而不是由于客观上的不可抗力造成的不能履行。对于客观上不能履行的，原则上不发生强制执行的问题。不履行行政义务有两种情况，一种是不履行法定的义务；另一种是不履行具体行政行为所设定的义务。行政强制执行的依据是已经生效的行决定，若行政决定尚未生效，或相对人不履行具体行政行为所确定的义务尚未逾期时，行政强制执行程序便不能启动。

（3）行政强制执行的目的是以强制手段保证行政义务的履行。无论由人民法院负责，还是由行政机关负责，行政强制执行的目的都是保证行政处理所确立义务的履行，而不是为了惩罚相对人或达到其他目的。行政处理所确立的义务包括金钱给付，以及作为、不作为，就其履行方式而言包括两种：一种需要相对人自己履行方才能够达到目的；另一种则是无须相对人自己履行即可以达成目的。对于前者，必须强制相对人自己履行，例如，科处滞纳金的方式；对于后者，除了相对人自己履行之外，也可以通过其他方式达到与履行义务相同的状态，例如，可以由行政机关或行政机关委托的第三人代为履行，并向相对人收取因此所产生的费用。

二、行政强制执行的种类和方式

1.行政强制执行的种类

根据基本的执行手段的差异，行政强制执行一般分为直接强制执行和间接强制执行。

(1)间接强制执行。间接强制执行是指行政主体通过间接手段，迫使义务人履行其应当履行的法定义务，或者达到与履行义务状态相同的行政强制措施。间接强制执行可以分为代执行和执行罚两种制度。

代执行是指行政强制执行机关或者第三人代替义务人履行法定义务，并向义务人征收必要费用的强制执行措施。代执行必须具备以下条件：一是必须存在规定相对人作为义务的行政决定，只有在法定义务人负有义务而又不履行义务时，才产生代执行的可能。二是相对人不履行的义务是他人可以代为履行的作为义务，否则不能发生代执行的问题。诸如违法建筑物的强制拆除等，都是可以代执行的。三是代执行的执行人可以是行政机关自己，也可以是行政机关以外的第三人，即公民或法人等。四是代执行实施之前，一般要以书面的形式对义务人进行告诫。

执行罚是指行政强制执行机关对拒不履行不作为义务或不可替代作为义务的义务主体，科以金钱给付义务，以促使其履行义务的强制执行措施。执行罚一般包含以下特点：一是执行罚一般用于不作为义务和不可替代的作为义务；二是执行罚主要通过滞纳金表现出来，其数额必须由法律、法规明文作出规定；三是执行罚的数额从义务人应履行义务之日起，按日计算，可以反复适用，而一旦义务人履行义务，执行罚不再进行。

(2)直接强制执行。直接强制执行是指义务人拒不履行其应履行的义务时，行政强制执行机关对其人身或财产施以强制力，直接强制义务人履行义务，或通过强制手段达到与义务人履行义务相同状态的一种强制执行措施。直接强制执行可分为人身强制执行与财产强制执行两种。前者如依据《突发公共卫生事件应急条例》第 44 条的规定，在突发事件中需要接受隔离治疗、医学观察措施的病人、疑似病人和传染病病人密切接触者在卫生行政主管部门或者有关机构采取医学措施时应当予以配合；拒绝配合的，由公安机关依法协助强制执行。后者如根据《价格管理条例》的规定，对拒缴非法所得或拒缴罚款的，物价检查机关可以按照有关规定通知其开户银行予以划拨；根据《中华人民共和国食品卫生法》的规定，对腐烂变质的食品实行强制销毁等。

2.行政强制执行的方式

行政强制执行的具体方式较多，《行政强制法》第 12 条列举的行政强制执行的方式有：(1)加处罚款或者滞纳金；(2)划拨存款、汇款；(3)拍卖或者依法处理查封、扣押的场所、设施或者财物；(4)排除妨碍、恢复原状；(5)代履行；(6)其他强制执行方式。下面分别介绍这几种方式：

(1)加处罚款或者滞纳金。加处罚款或者滞纳金在学理上属于执行罚，是间接强制的执行方式。在我国，执行罚主要是针对不履行罚款、税款、行政收费、社会保险费等金钱给付义务，国外加处罚款还针对当事人不履行作为或者不作为义务的执行。在我国，加处罚款主要是针对不缴纳罚款的行为，加处罚款的数额由《行政处罚法》统一规定；加处滞纳金针对不缴纳税费的行为，加处滞纳金的数额由单行法律、行政法规和地方性法规规定。

(2)划拨存款、汇款。划拨存款、汇款是直接强制执行方式，根据《商业银行法》第 29 条、第 30 条的规定，采取划拨存款、汇款方式执行，需要由法律明确授权。目前行政机关划拨存款的，只适用于税收和征收社会保险费等少数领域，《税收征收管理法》第 40 条和海关法第 60 条使用的是“扣缴”一词。

(3)拍卖或者依法处理查封、扣押的场所、设施或者财物。这是执行金钱给付义务采取的强制执行方式，属于直接强制。根据《行政处罚法》第 51 条的规定，行政机关采取拍卖或者变卖等处理措施执行方式的，应当由法律规定。目前，《税收征收管理法》第 37 条、第 40 条和《海关法》第 60 条、第 90 条规定了依法拍卖或者变卖、变价的执行方式。此外，根据《行政强制法》第 46 条第 3 款的规定，当事人在法定期限内不申请行政复议或者提起行政诉讼，经催告仍不履行的，在实施行政管理过程中已经采取查封、扣押措施的行政机关，可以将查封、扣押的财物依法拍卖抵缴罚款。

(4)排除妨碍、恢复原状。排除妨碍、恢复原状概念来源于《民法通则》和《侵权责任法》规定的民事责任形式。排除妨碍就是排除对权利人行使人身权或者财产权的阻碍，恢复原状就是通过修理等手段使受到损坏的财产恢复到损坏前状况。在行政管理中，公民、法人或者其他组织的行为侵害的不是其他民事主体的权利，而是侵害了公共财产，影响了行政管理秩序，也可能要承担排除妨碍、恢复原状的责任。如《道路交通安全法》第 106 条规定：“在道路两侧及隔离带上种植树木、其他植物或者设置广告牌、管线等，遮挡路灯、交通信号灯、交通标志,妨碍安全视距的,由公安机关交通管理部门责令行为人排除妨碍;拒不执行的,处200元以上、2000元以下罚款,并强制排除妨碍,所需费用由行为人负担。”第104条第1款规定:“未经批准,擅自挖掘道路、占用道路施工或者从事其他影响道路交通安全活动的,由道路主管部门责令停止违法行为,并恢复原状,可以依法给予罚款”。

(5)代履行。代履行从性质上说是间接强制的一种,但有时与直接强制不容易区分,尤其是在行政机关代履行的情况下,如《防洪法》第42条规定,对河道、湖泊范围内阻碍行洪的障碍物,按照谁设障、谁清除的原则,由防汛指挥机构责令限期清除;逾期不清除的,由防汛指挥机构组织强行清除,所需费用由设障者承担。区别代履行和直接强制,关键看是否属于排除妨碍、恢复原状的情形,就是当事人应当履行的义务是由于当事人事先的作为引起的,需要由当事人消除违法的后果。

(6)其他强制执行方式。除了上述五类行政强制措施外,实践中还有一些执行方式,如《城乡规划法》规定的强制拆除,《煤炭法》规定的强制停产、强制消除安全隐患,《金银管理条例》规定的强制收购,《外汇管理条例》规定的回兑等。

三、行政强制执行的程序

由于我国的行政强制执行可分为行政机关实施的强制执行和人民法院实施的强制执行,而两者在实施程序上存在一定的差别,因此以下分别进行介绍:

1.行政机关实施的行政强制执行程序

根据执行内容的不同,行政机关实施的强制执行在某些具体程序上也存在着细微的差别,但主要程序仍是大致统一的。根据《行政强制法》,行政机关的强制执行应遵守以下的一般规定:

(1)执行主体和执行期间。执行主体是法律规定的有强制执行权的行政机关,通常是作出行政决定的行政机关。执行期间从行政决定确定的相对人自动履行义务的期间届满时开始计算。

(2)督促催告。有行政强制执行权的行政机关在作出强制执行决定之前,应当(事先)督促催告相对人履行义务,督促催告应当采用书面形式并载明下列内容:其一,履行义务的期限;其二,履行义务的方式;其三,涉及金钱给付的,应当有明确的金额和给付方式;其四,当事人依法享有的陈述权和申辩权。载明上述内容的督促催告书,必须送达相对人。经督促催告,相对人自动履行了行政决定的,不再实施强制执行。

(3)听取陈述和申辩。相对人在收到催告书后有权进行陈述和申辩。行政机关应当充分听取相对人的陈述和申辩意见,对其提出的事实、理由和证据,应当进行记录、复核。相对人提出的事实、理由或者证据成立的,行政机关应当采纳。

(4)作出执行决定书。经催告,相对人逾期仍不履行行政决定的,行政机关可以作出行政强制执行决定。行政强制执行决定应当采用书面形式,并载明以下内容:其一,相对人的姓名或者名称、地址;其二,行政强制执行的理由和依据;其三,行政强制执行的方式和时间;其四,对行政强制执行决定申请行政复议或者提起行政诉讼的途径和期限;其五,作出行政强制执行决定的行政机关名称、印章和日期。

(5)催告期间的转换。在催告期间,对有证据证明有转移或者隐匿违法资金迹象的,行政机关可以立即作出强制执行决定。

(6)交付、送达行政强制执行决定书和实施强制执行。行政强制执行决定书应当在实施行政强制执行时当场交付相对人;相对人拒绝接收或者不在场的,应当在执行后的五日内依照民事诉讼法的有关规定送达。

(7)中止和终结执行。在执行过程中,有法定情形出现时,应当中止和终结执行。对没有明显社会危害,当事人确无能力执行,中止执行满三年未恢复执行的,行政机关不再执行。

(8)对行政强制执行时间和方式的限制。除紧急情况或者当事人同意外,行政强制执行不得在夜间和法定节假日实施;不得采取停止供水、供电、供热、供燃气等方式迫使当事人履行义务。

除遵循上述一般程序外,金钱给付义务的执行和作为、不作为义务的执行,还必须遵循各自特殊的程序要求。

案例思考

刘某是个体屠商,从事生猪收购兼屠宰卖肉经营。按有关产品税、营业税征收的法规规定,经营者在收购生猪时,要按收购生猪头数缴纳产品税,在屠宰卖肉时,要缴纳营业所得税。但刘某在经营中,实际收购、屠宰生猪 702 头,但仅向税务局申报 670 头,并按此数缴纳税款。后被税务局发现,作出追缴税款 2076 元,罚款 480 元的决定。为防止刘某转移财产,税务局在下达行政决定后不久,就直接按上述款额从刘某的账户上予以划拨。

问题:本案税务局的行政强制执行在程序上有何问题?

2.人民法院实施的行政强制执行程序

(1)申请。当事人在法定期限内不申请救济,又不履行行政决定,无自行执行权的行政机关可依法申请法院强制执行①;行政机关申请前应催告当事人自履行,催告10日后当事人仍不履行的,②主管行政机关应向有管辖权的人民法院提出正式的书面强制执行申请,请求人民法院采取强制手段。

行政机关申请人民法院强制执行其具体行政行为的,由申请人所在地的基层人民法院受理;执行对象为不动产的,由不动产所在地的基层人民法院受理。基层人民法院认为执行确有困难的,可以报请上级人民法院执行;上级人民法院可以决定由其执行,也可以决定由下级人民法院执行。

(2)受理与审理。行政机关申请人民法院强制执行其具体行政行为,应当提交申请执行书、据以执行的行政法律文书、证明该具体行政行为合法的材料和被执行人财产状况以及其他必须提交的材料。享有权利的公民、法人或者其他组织申请人民法院强制执行的,人民法院应向作出裁决的行政机关调取有关材料。人民法院应对行政强制执行申请进行审查,认为符合申请条件的,应当立案受理,并通知申请人;不符合条件的申请,应当裁定不予受理。

人民法院受理行政机关申请执行其具体行政行为的案件后,应当30日内由行政审判庭组成合议庭对具体行政行为的合法性进行审查,就是否准予强制执行作出裁定。被申请执行的具体行政行为有下列情况之一的,人民法院应当裁定不准予执行:①明显缺乏事实根据的;②明显缺乏法律依据的;③其他明显违法并损害被执行人合法权益的。

(3)强制执行。人民法院经审查后认为符合强制执行条件的,依法作出强制执行裁定,由本院负责强制执行非诉行政行为的机构负责具体执行。

紧急情况下,行政机关可申请法院立即执行,经院长批准5日内执行③。例如某企业生产的某批次食品由于生产过程中的污染,导致了十几人中毒的恶劣事件,国家质检总局责令其立即召回该批次食品,但是该企业以事情未调查清楚为由拖延召回。为保障公共安全,国家质检总局向人民法院申请立即执行责令召回的决定。

问题探讨 对行政强制执行行为可否提供行政救济?

长期以来,在行政法理论上盛行这样一种观点,即认为行政强制执行

① 见《行政强制法》第53条。

② 见《行政强制法》第54条。

③ 见《行政强制法》第59条规定。

只是将作为执行依据的行政行为完全实现的助成性措施，没有对相对人的权益做出新的处分，所以，即使相对人有不满，也只能针对作为执行依据的行政行为提起行政复议或诉讼，而不发生对执行行为的复议或诉讼问题。而事实上并非如此，因为虽然强制执行只是行政行为的助成性、执行性行为，但是，在执行手段的选择上是否合法？是否符合比例原则的要求？在执行的范围上有没有越权？等等，都有可能对义务人的权益造成新的损害，进而引起针对执行行为的争议，因此，即便是作为执行依据的行政行为本身没有问题，也有必要针对执行行为提供必要的行政救济。①

对行政强制执行行为的救济上，应以执行主体为标准对行政强制执行进行区分，再在此基础分别确定救济途径②：

(1)行政强制执行中由行政机关申请法院执行部分，由于执行主体是司法机关，所以此种执行行为不属于具体行政行为，也就不适用行政复议和行政诉讼，但可以适用申诉或赔偿程序以作救济；

(2)对于行政机关自行强制执行行为，属于行政主体基于法律赋予的行政职权(此处为行政执行权)进行的，针对特定的行政相对人就特定的事项，直接引起权利义务法律效果的单方行为。根据行政复议法和行政诉讼法规定，相对人如果认为该具体行政行为侵犯其合法权益，可以申请行政复议或提起行政诉讼作为救济途径。

---

① 余凌云著:《行政法讲义》,清华大学出版 2010 年版,第 318 页。

② 胡建淼主编:《行政法与行政诉讼法》,中国法制出版社 2010 年版,第 286 页。

第十二章　行政合同

第一节　行政合同概述

随着现代国家由警察国行政和秩序国行政向福利国行政和给付国行政的发展，行政手段越来越柔性化和多样化。行政合同就是在这一大背景下衍生出来的新生手段，并被当今世界各国广泛使用。加强行政合同的研究有利于促进行政法学的发展，而且有利于实现现代公共行政目标，完善行政法治。

一、行政合同的概念与特征

(一)行政合同的概念

行政合同，又称行政契约，是指行政主体为了实现特定的行政管理目标，而与其他行政法律主体基于双方的合意，设立、变更或消灭行政法上权利义务的行政行为。[①] 如《水土保持法》第 26 条[②]规定的“水土流失治理承包合同”就

① 当然，在法律有特别规定时，非行政主体间也可能缔结行政合同，如作为供需双方的企业必须根据国家订货计划签订的订货合同；税法中的扣缴义务人与纳税义务人就具体的缴纳期限及有关事项签订的合同；大型市政工程建设合同，除总合同外还包括若干分合同，这些皆应属于行政合同范畴。但由于这种合同是在公共管理的基础上为实现特定行政目的而缔结的，且缔结合同的权限直接来源于法律。因而这种合同行为在本质上属于国家活动，其性质仍然为行政合同。参见姜明安、余凌云主编：《行政法》，科学出版社 2010 年版，第 385 页。

② 该条规定：“荒山、荒沟、荒丘、荒滩可以由农村集体经济组织、农民个人或者联户承包水土流失的治理。对荒山、荒沟、荒丘、荒滩水土流失的治理实行承包的，应当按照谁承包治理谁受益的原则，签订水土保持承包治理合同。承包治理所种植的林木及其果实，归承包者所有，因承包治理而新增加的土地，由承包者使用。国家保护承包治理合同当事人的合法权益。在承包治理合同有效期内，承包人死亡时，继承人可以依照承包治理合同的约定继续承包。”

是典型的行政合同。

理解行政合同的概念，要把握以下要点：

(1)通常情况下，行政合同的一方当事人是行政主体。行政合同行为发生在两个以上的法律主体之间，不仅行政主体与相对人之间可以缔结行政合同，行政主体之间、行政机关和其所属下级机构或者公务员之间亦可能存在行政合同关系。[①] 非行政主体之间或行政机关作为民事主体（如行政机关采购小额办公用品）与其他组织或个人签订的合同，适用私法规则，属于民事合同。

(2)行政合同是基于实现行政目的或维护公共利益基础上的双方当事人间的合意。双方当事人互为要约、互相承诺的意思表示而获得的合意，是行政合同与单方行政行为相区别的本质要素。双方当事人的合意是基于行政管理目的的基础上，公共利益与个人利益互相协调和平衡的结果；完全建立在当事人的个人利益基础上的合意，是民事合同。

(3)行政合同的客体是行政法上的权利和义务。从客体来看，行政合同是当事人之间建立、变更或者消灭行政法律关系的协议。例如，国有土地使用权出让合同的客体是基于国有土地使用权出让而在房地产管理部门与行政相对人之间产生的土地行政管理关系。

当然，当事人在行政合同中形成行政法上关系的程度不能一概而论，[②]有的为完全意义上的行政法权利义务关系（如针对纯粹行政事务的治安管理处罚担保合同），有的则既有行政法上的权利义务关系又融合民事法律条款的合同形态（如政府定购合同）。

旁评附注 **行政合同与民事合同的辨别标准**

行政合同和民事合同相区别的制度背景是在一个国家的法律体系内存在着公法和私法的区别。行政合同的概念存在于实行公法与私法二分的大陆法国家，普通法国家没有行政合同的概念。虽然行政合同与民事合同都是基于合意来产生法律上效果的行为，但行政合同毕竟是居于优势地位的行政主体与另一方当事人之间签订的合同，因而在合法要件、约

① 当前出现了行政机关内部通过层层签订责任书方式落实责任制的倾向，这种内部合同在救济的具体途径上与外部合同会有区别。参见余凌云："行政法上的假契约现象——以警察法上的各类责任书为考察对象"，载《法学研究》2001 年第 5 期。

② 行政法学者余凌云教授甚至认为，行政合同实际上是游离于公法上行为（权力性行为）与普通民同之间的一种特殊形态。参见姜明安、余凌云主编：《行政法》，科学出版社 2010 年版，第 386 页。

束力、违法后果、执法方式和救济途径均与民事合同不相同。鉴于二者区分的重要法律意义，实有必要确立将其进行分辨的标准。

理论界流行的区分标准主要有三种学说①：

(1)主体说，即合同行为是否一方当事人为行政主体；

(2)目的说，即合同行为是否追求特定的行政管理的目的；

(3)内容说(也称法律关系说)，即合同标的是行政法上的权利义务变动还是民法上的权利义务变动。

这些标准中，"主体说"的问题是：主体的不同仅仅是行政合同与民事合同在形式上的区分，行政主体除了可以参与行政合同行为，还可以以民事主体的身份参与民事合同行为。同时，两个非行政主体的组织和个人之间在一定条件下也可以签订行政性质的合同，因此，主体不能作为识别行政合同的绝对标准。"目的说"的问题是：无论是实现行政管理的目标、执行公务的目的还是基于社会公共利益的目的，这种抽象的合同目的只有与具体的合同内容结合起来才具有实际的意义。实践中，有些合同的目的比较明确，而有些合同的目的并不十分明了，因而这一标准在实际操作中会有相当的难度。相对"主体标准"和"目的标准"学说，"法律关系标准"学说被我国大多数学者所认同。② 这一学说主张以契约的内容即合同法律关系的性质作为识别行政合同的标准。

但是，行政合同的具体内容非常复杂，而且有时其性质难以认定。譬如，在土地使用权出让合同中，作为土地所有人的政府向相对一方出让土地使用权、收取土地出让金以及相对一方当事人向政府一方支付土地出让金、取得土地使用权的权利与义务，其性质与一般商品买卖合同当事人的权利义务的法律性质难以界分，因此，有学者提出"混合标准说"③，认为在我国，应当以合同的法律依据及合同内容(即法律关系)为主要标准、同时辅之以合同目的作为区分行政合同与民事合同的标准。具体来说：

(1)首先看合同的法律依据，即看这一合同是依据行政法还是民法签订的。一个合同如果是直接依据行政法签订的，那么，这样的合同一般来

① 施建辉著：《行政契约缔结论》，法律出版社 2011 年版，第 4－6 页。

② 可参见余凌云：《行政契约论》，中国人民大学出版社 2000 年版，第 40－44 页；杨解君：《行政法与行政诉讼法》，清华大学出版社 2009 年版，第 331 页；施建辉著：《行政契约缔结论》，法律出版社 2011 年版，第 6－7 页。

③ 王克稳：《政府合同研究》，苏州大学出版社 2007 年版，第 39－41 页。

说属于行政合同，如税务机关根据《税收征收管理法》的规定就税收的代扣代缴与扣缴义务人签订的代扣代缴协议就可以直接判断为行政合同；当然，也有依据为行政法但签订的合同却属于民事合同的例外情形。譬如，房屋拆迁中拆迁人与被拆迁人依据《城市房屋拆迁管理条例》的规定签订的房屋拆迁补偿安置协议在我国实践中即被视为一种民事协议①。还有些合同虽然是依据行政法签订的，但其法律性质存有争议，如土地使用权出让合同虽然是依据土地管理法签订的，但其性质却存有争议，因此，合同的法律依据仅仅是判断合同性质和标准之一，不能作为唯一的依据，要准确认定合同的性质还要看合同的内容。

(2)合同的内容。合同内容即当事人在合同中的权利与义务，由于合同的内容包括了双方当事人的权利与义务，而作为与行政主体相对应的另一方当事人，其权利义务既可能是行政法上的，也可能是民法上的，因此，作为判断合同性质的依据，主要应看合同中行政主体方的权利义务的内容和性质，如果行政主体方的权利与义务越出了民事权利与义务的范畴，那么，该合同应为行政合同。譬如，关于改变收费性质的合同，虽然合同没有明确所依据的法律，但是，关于收费的性质、收费的标准以及城市建设费的代征代缴等事项和内容都已经超出了民事权利义务的范畴，这样的合同应为行政合同。当然实践中还有一些政府合同中同时含有行政法及民法的内容，这样的合同称之为“混合合同”，这样的合同在履行中若发生争议，应视是什么性质的权利义务关系引起的争议，如果是民事性质的权利义务关系引起的争议，则作为民事争议处理，若是因行政法性质的权利义务引起的争议，则作为行政法争议处理。

(二)行政合同的特征

1.行政性

行政合同虽然“作为一种替代以命令强制为特征的行政高权性行为的更加柔和、富有弹性的行政手段”②孕育产生，但它仍然具有行政性。和行政主体以民事主体的身份与其他组织或个人订立私法上的合同不同，行政合同是行政主体通过合同的形式达成行政管理的目的的行为，是行政主体行使行政职权的一种方式，因而具有明显的行政性，具体表现为：

(1)行政合同的内容是行政管理的公共事务，具有公益性。在市场经济体

---

① 参见最高人民法院法复〔1996〕12号“关于受理房屋拆迁、补偿、安置等案件问题的批复”。

② 参见王名扬：《法国行政法》，中国政法大学出版社1988年版，第195—197页。

制下，根据意思自治原则，市场主体为了谋求利益而从事着他认为最经济的活动。但是，这种个别化的活动也给社会的正常发展带来了许多问题，如环境污染、违法犯罪、道路拥挤等。个人从事解决问题的活动不可能给其带来直接的效益，这样的公共事务只能由行政机关来完成。这些公共事务构成了行政机关的行政管理内容，凡是合同涉及公共事务的，该合同的内容就具有公益性。行政合同签订的目的是为了行使行政职能，实现特定的国家行政管理目标。

(2)行政主体作为合同一方的当事人往往发挥主导作用，具有行政优益权。行政优益权显示出行政机关与行政相对人在行政合同中的不平等的法律地位。行政机关在行政合同中拥有这种权力的基础是公共利益的优越性。行政主体在行政合同的履行中享有充分的行政优益权，体现为：第一，行政主体享有履行合同的监督权和指挥权，例如在某些国家订货合同中，行政主体甚至可以派员到另一方当事人生产有关产品的所在地进行日常监督，甚至对某些有特殊技术要求的合同履行参与指挥，以顺利完成合同任务；第二，行政主体享有因公共利益可单方面变更、解除合同的权利，在行政合同的履行过程中，因社会政治、经济和文化发生了变化，导致如行政合同继续履行可能会损害公共利益时，行政机关有权变更或者解除合同。如《德国行政程序法》第60条规定："为避免或消除公共福利遭受严重不利，行政机关可作出解约通知。"当然，行政主体享有这项合同变更、解除权利必须是为了公共利益，且行政主体应对另一当事人因此而加重的负担(或造成的损失)给予补偿。第三，行政主体享有对相对人违约的制裁权。例如《中华人民共和国城镇国有土地使用权出让和转让暂行条例》第17条规定，行政机关与相对人签订土地出让合同时，"土地使用者应当按照土地使用权出让合同的规定和城市规划的要求，开发、利用、经营土地。未按合同规定的期限和条件开发、利用土地的，市、县人民政府土地管理部门应当予以纠正，并根据情节可以给予警告、罚款直到无偿收回土地使用权的处罚"。这里的"无偿收回土地使用权"等处罚就是制裁。

(3)行政合同纠纷适用行政法律规则。行政合同的订立和履行是行政权行使的一种特殊形式，并以行政主体的法定职权为基础；行政合同的内容就是行政主体通过与行政相对人的协商、沟通将行政法赋予的职权与职责转化为合同中的权利与义务。所以行政合同是以行政法律关系的存在为基础而建立的，同时其本身就是实现具体行政法律关系的一种手段，因此，对行政合同争议只能依据行政争议的途径解决。

2. 契约性

行政合同的契约性(也称为合意性)是指行政主体与行政相对人在平等协

商、双方自愿的基础上订立行政合同。如果说行政合同的行政性体现的是行政主体一方行使权力的单方性、优先性和强制性的话，那么行政合同的契约性则是指行政合同的双方主体在交易过程中的平等性、自主性以及公益和私益间的一致性。

现代行政活动的复杂性和多变性为达成合意性的行政合同活动提供了客观和主观条件。一方面，社会瞬息万变，法律法规不可能将所有行政行为的每一细节事无巨细地进行规范，因而在法无明文规定的情形下，行政主体不能采取高权性行为，这就为合意产生提供了客观条件；另一方面，即使是有法律规定的行政行为，行政主体仍有较大选择行政行为方式的自由裁量权。很多情况下，主体可选择协商的方式达到行政目，从而具备了合意产生的主观条件。这样的客观和主观条件为形成合意性的行政合同行为提供了很大的空间。

行政合同的契约性特征决定了行政合同仍然属于合同的范畴，并受合同的一般原理指导。作为现代契约法核心之一的契约自由虽然因公益的需要而受到限制，但它仍然是现代契约法的基本原则之一。虽然行政合同从民事合同中分离出来并成为行政法上的一个独立制度，但是，民事合同的基本原理仍然形影相随。[①] 行政合同的契约性体现在：(1)行政相对人在订立行政合同时有一定的选择权，有权选择是否参加行政合同关系以及是否接受行政合同内容等。行政相对人在订立行政合同时虽然要服从行政管理的公益性要求，但并不否认他追求的私人利益。行政相对人的这种选择权是合同自由原理的具体体现。(2)双方当事人对行政合同内容的意思表示必须一致。行政合同的内容具有可妥协性，这种妥协性表现在双方当事人可在法律规定的范围内就行政合同的内容进行一定程度的协商，以便就行政合同的订立达成一致。(3)行政合同对双方当事人的约束力。行政合同生效后，双方当事人均等地受行政合同的约束。否则，都要承担相应的违约责任。

问题探讨　这是什么性质的合同关系？

公安部局的悬赏广告与相对一方形成什么性质的合同关系？公安机关与有关单位签订的治安责任书、上级行政机关与下级行政机关之间签订的目标责任书等是民事合同还是行政合同？

3. 合法性

行政合同的合法性是指行政合同订立、履行、变更和解除都必须遵守预设

① 参见章剑生：《现代行政法基本原理》，法律出版社 2008 年版，第 486 页。

的法律规范，行政机关实施行政合同行为必须依法进行。具体表现为：

(1)合同范围的法定性。行政主体订立行政合同的行为必须与其行政事务有关，因此行政合同应当在法定的管辖事务权限的范围内订立。这也是行使国家行政权的行政机关依法行政原则的要求。

(2)合同内容的合法性。双方当事人通过协商订立的合同条款必须受到法律的限制，行政机关既不能越权地赋予相对人一方权利或者减少相对人应当承担的义务，也不能违法剥夺相对人的权利或者增加相对人的义务。

(3)合同目的的合法性。行政合同必须符合公共利益的要求，其目的必须是为了实现行政管理目的。行政主体基于自由裁量权而实施行政合同行为时，不得违背法律目的；如果行政机关为了私益或者为了转移行政责任而与行政相对人订立行政合同的，该行政合同无效。

概念辨析 行政合同与具体行政行为、行政服务承诺

1.行政合同与具体行政行为

两者的共同点在于都是行政目的的实现手段，都是针对特定事件所为的具有对外效果的行为。

两者的区别在于：

(1)具体行政行为是建立在单方权威和服从的关系上的公权力措施，而行政合同则是行政机关与行政相对人的双方合意行为。

(2)具体行政行为是通过行政主体单方的意思(决定)产生的，而行政合同的法律效果是通过双方意思一致产生的，因此两者的法律效力发生的基础不相同。

2.行政合同与行政服务承诺

行政服务承诺制主要适用于由政府垄断的公共服务行业中①。由于这些政府垄断性的服务行业较普遍地存在着服务质量与办事效率不高等问题，因此，通过引入服务承诺制，将行政服务的内容、标准、程序和责任等公之于众，向公众作出信守性许诺，形成社会监督的外在压力，以实现提高服务水平的行政服务承诺制就成了近年来行政机关广泛推行的一种新型的行政方式。

---

① 主要表现在三类行业中，一是管制性服务行业(如户籍管理、公共安全、执照核发等)；二是非营利性公共服务行业(如环卫、城市公交、公共文化设施等)；三是“天然”垄断性或半垄断性服务行业(如铁路、邮政、水电部门)。参见周志忍：“社会服务承诺制需要理论思考”，载《中国行政管理》1997年第1期。

行政服务承诺主要包括政府施政意向和内部工作规范两种形式。前者即政府就公众关心的社会公共福利、经济发展和城市建设项目等内容的执政纲领或规划，后者即政府在法定职能的基础上，以内部规范性文件的形式对工作内容、程序、标准和责任等对公众作出的具体化承诺。① 可见，行政服务承诺不存在与特定的相对人之间形成特定的权利义务关系，因而从性质上看它是一种特殊的抽象行政行为。

行政合同与行政服务承诺都存在承诺的要素，但两者有着根本的差异②：

（1）在行为性质方面，行政合同中的承诺与要约一起构成行政合同成立的基本要件，但它本身并不构成一个独立的法律行为；行政服务承诺虽名为承诺，但它并不以相对人的要约为前提，而是对自己履行工作职责的一种承诺，是一种独立的行政行为。

（2）在承诺的对象方面，行政合同是对特定的要约人所作的承诺，其承诺的对象是特定的，它既可能是行政主体，也可能是相对人。而行政服务承诺面对的是一般的社会公众，其对象是不特定的。

（3）在承诺的内容方面，行政合同承诺是对要约所规定条件的同意，承诺的内容是要约人的要约，承诺的内容只有与要约的内容一致，行政合同才能成立。而行政服务承诺中承诺的内容是对如何履行好自己的工作职责的承诺，这种承诺只与本行政机关的工作职责有关，与要约无关。

（4）在承诺的法律效力方面，行政合同中承诺的法律效力是一经承诺行政合同即告成立，承诺人违反承诺即构成违约，应当承担违约责任。而行政服务承诺中行政机关一经承诺虽然也具有约束行政机关的效力，但行政机关违背承诺规定的，承担的主要是违法侵权责任。

二、行政合同的发展

行政合同发展的制度背景是现代国家任务和职能的变迁。二战后，国家面临的社会事务日益复杂、经济管理职能不断扩张，行政合同作为一种柔和和富有弹性的实现行政目的的手段，不断被各国所认识并被广泛应用。不同的

---

① 参见皮纯协、张成福主编：《行政法学》，中国人民大学出版社 2002 年版，第 269 页。

② 参见王克稳：《政府合同研究》，苏州大学出版社 2007 年版，第 42－46 页。

法律传统的国家在行政合同行为的法律实践中还形成了不同的行政合同理论。

英、美等普通法国家由于实行没有“公法”和“私法”之分的一元化普通法院裁判制度而没有行政合同的概念，政府签订的合同统称政府合同，但它们也承认带有“公法因素”的合同之特殊法律制度。英国在判例中确立了“契约不能束缚政府的自由裁量权”的原则，并在成文法律中对政府合同进行规范。如1947年的《王权诉讼法》规定了有权政府机构在自己的权限内订立行政契约并承担契约规定的义务。1972年的《地方政府法》规定了地方政府签订契约的一般的、广泛的权限；1977年《不公正合同条款》对政府合同中行政机关的契约自由作了限制。这些规定促使政府广泛采用行政合同的方式将某些特别的权利义务转化成契约上的权利义务，以便更好地推行其社会政策。① 美国在20世纪后半期，行政合同制度也相当活跃，并形成了大量标准化的行政契约，以接受或者拒绝的方式提交给当事人。其行政类型主要有特许合同、政府雇佣合同、政府购买合同三种。规范美国行政合同的法律包括《宪法》第1条第10款的规定（该条款为行政契约提供了最高的法律依据），普通法合同的判例以及专门关于政府购买合同的法律法规组成的规范体系。其中关于政府购买合同的规范体系规定了政府购买授权的实体规则和关于采购权利的程序规则②。这样，以政府采购为中心建立的行政合同制度，既保留了普通法传统，又具有鲜明的时代精神。

以法国、德国为代表的大陆法系，其行政合同的立法和实践已较为完善。在法国，行政机关参与签订的合同既有私法上的合同，也有公法上的合同，二者严格区别。私法上的合同行为受民商法调整并由普通法管辖，公法上的合同行为受公法规则调整并由行政法院管辖。行政机关签订的公法上的合同即行政合同包括公共工程承包合同、公共工程捐助合同、公物特许合同、独占使用公用公产合同、出卖国有不动产合同等。法国最高行政法院通过判例概括出了认定行政合同的如下标准：

(1)合同的当事人中有一方是行政主体；

---

① 参见朱维究、王成栋主编：《一般行政法原理》，高等教育出版社2005年版，第397页；胡建淼主编：《行政法与行政诉讼法》，中国法制出版社2010年版，第349页。

② 这些规范体系包括1974年的《军事采购服务法》，这是第一个授权美国联邦政府行政机关缔结公共契约的法律；1949年的《联邦财产管理和行政服务法》，1984年的美国联邦《政府采购法》和《竞争缔约法》等。

(2)合同以执行公务为目的;

(3)合同适用不同于私法的规则。①

在德国，行政合同于1976年正式纳入联邦行政程序法的规范与调整范围，该法第54条规定，“公法契约指设定、变更及废弃公法上法律关系之契约”，确认了行政合同是作为与行政行为并列的一种行政活动方式，并适用不同于私法契约的行政法规则。

日本行政合同制度兼具两大法系特色。日本行政法在其发展之初受法国影响很大，实行普通法院和行政法院的双轨体系。二战后又转而仿效美国，行政案件由普通法院审理，但行政合同仍然保留了与私法合同不一样的规则体系。日本的行政合同适用范围很广，如行政主体之间相互委托事务的契约、行政主体对私人、团体和法人等的补偿契约、公害防止契约等都属于行政合同范围。②

我国行政合同的实践与市场化改革的深入与家庭联产承包制、城市企业承包经营等责任制的推行密切相关。1987年中共“十三大”明确提出了以合同方式确定国家与企业之间的责、权、利，无论实行哪种经营责任制，都要运用法律手段，以契约形式确定国家与企业、企业所有者与企业经营者之间的责、权、利关系。这一规定明确了我国行政合同运用的基本方向，也鼓舞了行政机关摸索以合同方式来实现行政管理目的的改革热情。从此我国出现了大量应用行政合同创新政府管理方式的实践，如计划生育目标责任合同、治安责任合同、用国家订货方式代替原来的指令性计划、土地使用权出让合同、农业承包管理合同等。

世界各国行政合同之勃然兴起，其深刻的社会背景和思想原因在于③:第一，随着商品经济的发展，民主政治成为时代的主流，契约所代表的主体平等、意思自治、诚实有偿及妥协与合作等内在精神成为社会的主流观念。这种契约精神与20世纪以来现代国家行政任务和职能变化的形势发生契合并得以在行政领域登堂入室;第二，二战后，伴随着人们对人权和民主的关注，民主自由思潮沛然兴起。这个时期，民主的内涵发生了深刻的变化。一方面，在国家与公民的关系上，更加重视公民的人格尊严受到平等对待，主张国家在权力行

① 王名扬:《法国行政法》，中国政法大学出版社1989年版，第179—182页。

② 胡建森主编:《行政法与行政诉讼法》，中国法制出版社2010年版，第349页。

③ 参见杨海坤、章志远著:《中国行政法原论》，中国人民大学出版社2007年版，第278—280页。

使方式上应尽量避免采用强制方式。另一方面，对行政重大事务的决策或决定，人们不再仅仅关注事后的结果控制，而更加注重过程的参与，以期在形式上形成与行政机关之间的伙伴关系，推动良好行政局面的出现。第三，20世纪以来，西方的国家由资本主义初期消极规制行政（主要限于治安、防务、收税等）理念的“夜警国家”转向资本主义发展的中后期给付行政理念的“福利国家”。人们期望政府不但要维持社会秩序，并且能促进社会的发展。但“在给付行政中，需要有给付主体对给付客体的授益活动以及对该活动的参加这种图式”的“理论构成”。① 政府在运用权力解决社会经济生活中的问题时，必须遵循市场经济社会所内在的平等、民主和自由等要求，而以契约形式推行公务恰好契合了这种要求。

三、行政合同的功能

行政合同作为一种民主的、柔性的行政活动形式，适应了行政民主化、合作化的发展要求，也有利于行政机关与公民以协议的方式更具效率、更低成本地解决各种新问题。具体来说，行政合同的有如下功能：

1. 为相对人自身权益的保障提供了制度支撑

行政相对人通过订立行政合同，直接参与到行政决定或政策形成过程中来。这为行政主体斟酌行政相对人（也包括其他关系人）的利益要求提供了程序制度的支撑。行政相对人（或其他关系人）如果能够积极参与这种协商程序，自然比未经民主协商更能保障其权利与制益。

2. 有助于塑造政民协治的亲民政府形象

“在现代的给付国家里，国民已不是行政的客体（被统治者），而是行政的共同形成者，因此，公权性行为的行使应当予以节制，只将其作为最终性的手段，而尽量以契约或者行政指导等手段来实现行政目的。”②可见，现代行政不只是行政机关一方的事情，而是政府与人民双方共同的事情。行政合同的运作过程，虽保留了行政主体的行政优益权而非完全意义上的“民主”，但是最起码可以提升人民地位，使人民成为政府的合作伙伴而不再仅是行政统治的客体。换言之，人民凭借行政合同活动获得与行政主体“相对平等”的地位，就其权利义务事项进行协商谈判，有利于行政民主化的形成，并最终有助于塑造亲

---

① 杨建顺：《行政规制与权利保障》，中国人民大学出版社2007年版，第386页。

② [日]南博方著，杨建顺译：《行政法》（第6版），中国人民大学出版社2009年版，第80页。

民的政府形象。

3.有利于灵活、迅速和顺利地实现行政目的

与以整齐划一、僵硬死板、单方意志决定的行政处分行为相比较，行政契约可依个别、具体的情况而灵活地实现行政目的。行政合同形式具有“温情”色彩，易于赢得相对人的支持和配合；行政合同富有弹性，可以解决一些事实关系或者法律关系不明确的棘手问题[①]；行政合同通过交涉过程，使相对人理解和领会合同内容，有利于减少行政执行成本，提高行政效率。行政合同还具有弥补立法的不足和减少不必要的管制措施，促进市场经济体制的改革和完善的功效。

4.有助于减少纷争和法律生活的安定

行政合同基于双方当事人之间的合意，约定具有法律拘束力的条款内容，使双方存在争议的利益问题事先尘埃落定，大大减少了日后双方再行对立争讼的机会，所以行政合同对于平息纷争，预防出尔反尔具有相当作用。

尽管行政合同具有上述积极作用，我们并不能忽视其可能存在的弊端。基于行政权力的“双刃剑”道理，行政机关利用行政合同形式实现行政目的的同时，也有可能借合同之名迫使当事人承担法外义务或接受不利条件；也有可能受行政相对人的贿赂“俘虏”而与其“合谋”，廉价出卖行政权，为行政相对人违法或“逃法”提供便利条件。

但是，这些问题并能不成为否定行政合同作为政府管理方式存在的理由，因为同样的问题对于其他所有的行政活动形式来说也都可能产生。行政合同作为行政权运用的活动形式之一，也需要建立和完善对行政权力的防范和规制措施。正确的态度是完善行政合同法律制度，畅通解决行政合同纠纷的法律救济途径，保障行政合同的应有功能的最大限度发挥。

---

① 在没有直接抵触法律禁止规定的情况下，契约当事人都可相互约定条款的内容。这种较大的弹性空间能更大程度地满足各种不同利害关系人的不同需要，促进最大公约数的合意达成，进而可以解决复杂的具争议性的问题。当今社会关系复杂多样，特殊、非常态(atwisch)的法律关系层出不穷，而行政合同因其可为多方当事人提供较多的选择可能性，从而凸显出其较其他行政活动形式不可比拟的优越性。参见翁岳生主编：《行政法》，中国法制出版社2009年版，第746页。

第二节　行政合同的适用范围与类型

一、行政合同的适用范围

1.界定行政合同范围的标准

那么从理论上来讲，到底哪些领域的行政事务可以适用行政合同的方式进行管理呢？或者说，以什么标准来确定行政合同范围。根据行政法的一般法理，我们可以确定界定行政合同范围的如下标准：

(1)必须是与公共利益相关的公共事务，私人事务因不涉及公法上的权利义务，因此双方合意只需适用私法合同及其规则；

(2)必须是行政主体法定职权范围内的事务，行政主体缔结行政合同的自由不得超越职权法定的原则。也就是说行政主体对合同所涉事务必须具有行政管理职权，且行政合同涉及的权利义务必须在行政主体法定的职权范围内；

(3)必须是行政主体的非强制性权力作用方式发生的领域。在维持公共秩序，强制社会失范，惩治不法行为等公共权力直接作用的领域，因权力作用方式总是以强制性为特征的，这些领域难以适用具有合意性、选择性的行政合同。

2.行政合同的适用范围

根据以上标准，行政合同适用的领域主要发生在给付行政领域。因为在给付行政领域，行政相对人属于授益性的主体，一般允许双方进行协商，以契约确定给付上的权利义务。① 行政主体可以依自由裁量权与相对人协商，经意思表示一致达成契约。但在干预行政领域，由于强制与命令是其特征，依法行政原则是干预行政之根本，所以行政权力的自由行使受到较大限制，通过与相对人协商达成行政管理目的颇有困难。尽管如此，干预行政领域仍非绝无适用行政合同的空间和可能。② 一般而言，在给付行政领域，无须法律的明确规定，只要法律对行政主体行政权行使方式未作限制且该事务可以合同方式

---

① 参见刘晓霞："我国行政合同的适用范围及相关问题探析"，载《甘肃政法学院学报》2002年第8期，第34页。

② 参见胡仙芝："行政契约理论及其在我国行政管理中的实践"，载《中国行政管理》1998年第12期，第45页。

处理的情形下，行政主体皆可选择行政合同为之。但在干预行政活动中，因受法律优先和法律保留原则的约束，其应用行政合同则须有法律的明确规定，即在行政合同的成立、生效、履行以及违约责任的追究等方面，受到法律的严格约束，行政相对人同样要受到有关行政法律法规的羁束。①

结合我国行政合同的实践，行政合同的适用范围可勾勒如下②：

(1)经济事务的管理。虽然并非所有的经济行政事务都可以借助行政合同去完成，但是，实践中确有不少经济行政事务借助行政合同会完成得更快更好，因此，在经济行政事务的管理领域行政合同的适用是较为通常的情形。例如，农业承包合同、工业承包合同和国有企业租赁经营合同。

(2)行政事务的委托。行政主体由于缺乏人力、物力或技术力量，需要将自己管辖范围内的事务委托给非行政主体的其他组织去实施，由于受托人本不负有必须履行受委托事务的义务，因此，行政主体通常不能以行政命令或行政强制的方式实施委托，而只能以与受托人协商的方式将某一方面的行政事务委托给受托人。这样，行政委托合同便成为行政主体委托行政的主要手段。比如，委托检测、检验、鉴定、拆迁和评估等诸方面合同。

(3)公共工程的建设。诸如土地征收、房屋拆迁、移民安置等关系国家建设的公共工程直接影响行政相对人的切身利益，政府单纯使用行政命令或行政强制的方式难以解决其中出现的面广量大的复杂问题，而行政合同以与相对人协商的方式，在取得相对人的理解、配合与支持下，并给予相对人以适当的补偿，可以使复杂的问题简单化，有利于公共工程建设的顺利完成。

(4)公益性质的给付。基于福利国家的理念，政府常常以资助、救济或奖励等为方式实现行政管理。行政合同以其独特的方式，将行政主体与相对人之间的权利、义务与责任明确规定下来，既有利于行政目的的实现，也受到相对人的欢迎。比如，对于国家需要重点攻克的科技项目，政府可以采用与有关的科研单位签订科研资助、奖励、研发合同的形式去完成；对于国家需要重点扶持的领域、行业，政府可以通过政府担保的形式给予资助；对于下岗失业人员、老弱病残等社会弱势群体，政府可以通过合同的方式去实现给付、帮助、救济。

(5)自然资源的管理。在国家许可开发、使用国有自然资源(城市的土地、森林、草原、矿藏、水流、滩涂等)时，为了保证自然资源的合理开发，避免国家

---

① 参见施建辉：《行政契约缔结论》，法律出版社 2011 年版，第 13 页。

② 参见王克稳：《政府合同研究》，苏州出版社 2007 年版，第 47－51 页。

资源的浪费以及因野蛮开发所导致的生态破坏和环境污染，国家资源、环境保护管理部门利用行政合同能够将双方当事人特别是相对人的权利、义务和责任明确于其中，从而使得相对人在合同履行前就能够明确自己在开发、使用自然资源的过程中所承担的义务及其违反合同的法律责任，对于有效防止自然资源的浪费、不合理的开发利用以及环境污染具有重要意义。

(6)国资产权的管理。为了优化国有资产的产权管理，保证国有资产的保值、增值，充分调动国有资产经营管理机构的积极性，对国有资产的产权管理可以以行政合同的方式进行，即以行政合同的方式明确国有资产产权管理主体与国有资产经营管理主体之间的权利义务关系，避免行政主体对国有资产经营管理的直接干预，从而保证国有资产经营管理主体充分行使对国有资产的经营管理权。因此，国有资产授权经营合同、国有资产授权出让合同、国有资产授权租赁合同等将是未来这一领域广泛使用的国有资产产权管理方式。

(7)公共资源的使用。除了上述国有自然资源、国有资产外，还有一些属于公众所有、但却经常由少数人使用的资源，如城市的公共空间、公共交通线路、无线电频道、空中飞行航线等等，这些资源系社会公共资源。由于社会公共资源属于全体公众所有，因此，当少数人使用这些公共资源时，必须得到资源管理人的许可，而且应当付费，用于改善和提高公共资源的品质。这种许可和收费通常是由政府代表公众去实施的，政府特许经营合同成为这一领域的主要管理手段。

(8)公用事业的管理。在我国，城市的供水、供电、供气(热)、环境卫生、垃圾处理等公用事业的经营管理体制正在进行全面的改革，而改革的基本方向就是改变长期以来由政府直接进行经营和管理公用事业的做法，实行经营权与管理权的分离，将经营权授予非政府的企业或个人，政府仅对经营单位或个人的经营状况进行管理和监督。行政合同成为推进这一领域改革的一个重要的方式和手段，城市的供水、供气、供热、环境卫生、垃圾处理等方面的特许经营协议成为政府普遍采用的公用事业经营管理方式。

(9)行政定购的执行。在传统的计划经济体制下，国家对一些国计民生的重要农产品(如粮、油、棉花等)实行国家定购制度，行政机关习惯于运用行政计划、行政强制等手段对上述产品实行强制征收，并辅之以行政处罚等手段予以保障。但随着市场经济体制的建立和发展，传统体制下的强制征收手段已经落伍，而运用合同的形式对与人民生产、生活密切相关或对国民经济的发展具有基础作用的产品实行国家定购的制度，可以有效地弥补传统体制下强制征收制度的缺陷与不足。今天，政府定购合同现已广泛应用于农产品的定购活动中，如粮食定购合同、棉花收购合同等。

(10)社会事务的管理。行政合同还在一般的社会事务管理领域得以推广和运用，如计划生育管理中广泛使用的计划生育合同、治安管理中的治安承包责任书等都是政府在一般社会事务管理领域广泛使用的行政管理方式。

此外，还有行政协作合同(行政主体之间)、行政和解合同、行政损失补偿与损害赔偿合同、科研与技术开发合同和行政捐赠合同等。

问题探讨　城管服务能否外包？

2007年2月，深圳市在全国率先启动街道城管改革，把原先分散在工商、卫生、环保、文化等多个职能部门的21项行政执法权统一集中下放给街道城管。这一改革举措旨在提高城市管理效率。但是，街道城管人员和投入不足又成为改革的掣肘。在这样的背景下，西乡街道开始想方设法"另辟蹊径"。2007年10月，深圳市宝安区西乡街道办开始探索一种新的城管模式，其核心举措就是引入企业参与城市街区管理。当年，西乡街道办和鑫梓润物业管理公司签订了为期一年的《花园街区综合管理服务实验合同》。根据合同规定，鑫梓润物业要承揽市政设施巡查管理、清理卫生死角、协助执法队综合执法、协助城管部门进行城市管理等13项"综合管理服务内容"。随后，西乡经验作为成功模式在深圳市逐步推广。2008年3月至2009年5月，先后有四川、江苏等156个考察团到西乡花园街区学习、取经。

但是，在各地"移植"西乡经验的过程中，"负面新闻"也逐渐多了起来。比如，承包深圳罗湖、福田10个街道城管服务的鼎弘物业曾被爆出"开山寨执法车执法"。2009年，郑州市也试水将城管执法任务外包给物业公司，但由于此举引发多起违法执法，最终被叫停。

那么，"城管服务"到底能否外包？这个问题不能一概而论，而应该区分不同情况。"城管服务"外包的实质是政府以行政合同的手段，引入市场机制，吸引企业参与城市管理，形成政府与企业之间的合作伙伴关系。根据行政合同的适用标准，城管服务中的绿化、污水处理、垃圾清扫、检查巡视等项目毫无疑问可以外包。但城管中的执法项目涉及到强制性权力，如需行使行政许可权、行政处罚权以及实行行政强制执行等，这些职能就不得随意外包。这些相关职能要委托出去必须严格按照现行法律规定进行，根据《行政许可法》，行政许可实施权的委托只能根据法律法规或规章的规定，委托给行政机关；按照《行政处罚法》规定，行政处罚权只能根据法律法规或规章委托给依法成立的管理公共事务的事业组织；《行政强制法》规定，实施行政强制执行等只能根据法律的授权，委托给行政机关。因此，城管服务项目内容中，只能将将政府承担的某些技术性、行业性、服务性、协调性职能转交给社会中介组织、公共服务组织和社会自治组织，而涉及“公权”行使的执法职能断不能外包。

二、行政合同的类型

行政合同的适用范围非常广泛，以上列举的仅是最常见的种类，无法穷尽行政合同的所有情形。鉴于此，学术界采取不同标准，将行政合同进行类型化。

1. 根据合同双方当事人的地位[①]，行政合同分为对等合同和从属合同。前者指由地位平等的当事人之间缔结的合同。在行政合同中属于对等合同的主要是由不具有隶属关系的行政主体之间签订的合同[②]。后者即处于隶属关系的行政主体与其所属部门或人员或者相对人之间签订的行政合同。现实生活中的纳税担保、抵消契约、支付补贴契约、补偿协议、赔偿协议等合同都属于这一类。

2. 根据合同所调整的行政关系的范围为标准，将行政合同分为内部合同和外部合同。前者是行政主体之间或行政主体与公务人员之间签订的行政合同。后者是行政主体与相对人之间签订的行政合同。

3. 根据合同的内容为标准，将合同划分为和解合同和双务合同。前者指为了消除合理判断中的事实或者法律问题的不确定状态，而经当事人双方相互让步所达成的协议。如行政机关对于行政处分所依据之事实或法律关系，经依职权调查仍不能确定者，为有效达成行政目的，并解决争执，行政机关与相对人订立行政合同以代替行政处分。后者是指设定对等义务的合同，其条件是给公民设定的对待义务必须符合一定的条件。例如规定给付的特定用途；行政相对人的给付义务与行政机关的给付相当，与合同中的给付义务具有事实上的联系等。

---

① 这里作为划分标准的地位，是指合同当事人在自然状态下所处的事实上或法律上的地位，而不是缔约时所拥有的法律或形式上的地位，因为后种地位完全可以通过法律规定而拟制平等。

② 在地位对等的当事人相互之间，无法通过单方行使行政权力的手段来确定彼此的法律关系，行政合同成为不可或缺的行为方式。这一类合同包括区域合作协议、两地的边界变更协议、共同设置或维护公共设施的协议、行政委托协议（包括行政主体相互之间的委托和行政主体与行政相对人之间的委托）等。

4. 根据合同的标的为标准，将合同划分为义务合同（也称负担合同）和处分合同。前者指当事人一方或双方负有特定的给付义务，而另一方则有履行该给付义务请求权的合同。如行政主体与一排污企业签订由企业支付一定的排污费的合同。后者指用以履行合同上、法律上或以其他方式设定的义务，直接引起权利变动的合同。如在德国建筑法中规定的用以替代单方土地征收决定的土地所有权转移合同。

5. 根据实施行政合同的目的为标准，将行政合同区分为限制性行政合同与协作性行政合同。前者是行政主体基于公共利益的目的，为限制相对人为或不为一定的行为所签订的合同。后者是行政主体基于公共利益的目的，鼓励相对人为一定行为所签订的合同。

此外，还可根据合同适用的领域标准，将行政合同区分为规制类行政合同与服务类行政合同。

第三节　行政合同中的内容

无论是行政合同还是民事合同，其内容都是对双方当事人权利、义务进行配置。但行政合同与民事合同不同，其目的实现特定的行政目标，因而，其对权利义务的配置要体现行政目的优先实现的原则。行政合同与权力性行政行为也不同，其在保证公共利益优先满足的情况下，还要保证相对人参与合同所预期的特定利益，以维持行政合同中公益与私益两种利益的平衡。

但在我国行政合同实践中，双方当事人权利义务的配置和实施效果上还存在不尽如人意的地方，例如，在农村粮食定购合同履行中给农民打白条的现象还比较严重；在国有企业承包合同中对企业享有的权利和优惠有时规定不够明确。这种权利义务配置的失衡状况，将极大地挫伤相对一方参与行政合同的积极性。借鉴国外行政合同理论及我国行政合同的实践，遵照经济平衡的原则，行政合同双方当事人的权利义务应当配置如下：

一、行政主体的权利

1. 选择合同另一方当事人的权利

行政主体在决定订立行政合同时，可以根据实际情况和特定的行政目的选择适当的合同另一方当事人。当然，行政主体这种选择合同另一方当事人的权利是有限的和相对的，当法律明确规定合同另一方当事人应当通过招标、拍卖等公平竞争的方式进行并应以竞争的结果决定合同的另一方当事人时，行政主体只能依法进行，没有自由选择的权利。

2.要求相对方当事人本人履行义务权

行政合同的目的是实现特定的行政目标（国家和社会的公共利益），因而对当事人有着特殊的要求。行政合同的相对方当事人一旦经行政机关根据行政管理的需要选定，并按照法定程序缔结了行政合同，那么，非经行政主体同意，当事人不得转由他人履行合同。①

3.对合同履行的指挥权和监督权

在执行合同的过程中，行政机关对合同的履行负有监督、控制的职责，并且对具体的执行措施享有指挥权。对于行政机关的监督和指挥，另一方当事人必须遵守和服从。行政机关的这种监督、指挥权的范围和程度，依行政合同的不同种类而有所不同。例如，在法国的公共工程承包合同中，行政机关对承包人可能下达职务命令，相对一方当事人必须遵守。②

4.单方面变更、中止或终止合同的权力

行政合同的目的在于更好地实现行政职能，因此，根据国家法律、法规、政策或计划的变化，以及社会经济形势的变迁，为了随时保持与公共利益的一致，行政机关有权变更、中止或终止合同，而不必取得行政相对一方的同意。当然，这种权利的行使并非没有界限③：第一，这种权利只能在公共利益需要的限度以内行使；第二，不能变更或解除与公共利益无关的条款；第三，对相对人因变更或解除合同所造成的损失应予以补偿；第四，行政机关多方面的变更超过一定的限度或接近一个全新的义务时，相对方可以请求另订合同。

5.对不履行或不适当履行合同义务的相对人的制裁权

行政机关对违反合同的相对人具有制裁的权力，制裁权是行政机关保障行政合同履行的一种特权。行政机关的制裁权是一种当然的权力，不论合同中有无规定，它都可以依照职权行使。行政主体对于违约相对人可采取的制裁权包括：金钱制裁，即处以违约金、赔偿金或罚款，取消给予的优惠措施或追回已经发放的款项；采取强制手段，如请第三人代为履行，由义务人承担费用（代执行）；解除合同等。

---

① 参见姜明安主编：《外国行政法教程》，法律出版社1993年版，第197—198页。

② 参见杨建顺：《行政规制与权利保障》，中国人民大学出版社2007年版，第402页。

③ 王周户等编：《行政法》，法律出版社2007年版，第271页。

二、行政主体的义务

在行政合同的订立及履行中，行政主体负有下列义务：

(1)给付义务合同中规定了行政主体的给付义务的，行政主体应当按照合同的约定及时足额履行对相对人的给付义务。

(2)保证兑现其应给予合同相对人的优惠或照顾的义务。在行政合同中规定的优惠或照顾条件，对于相对人履行合同义务极为重要，也是行政合同吸引相对人的有利条件。因此，一旦以合同形式确定下来，行政主体有义务保证其兑现，不允许随意更改或打折扣。

(3)给予相对人赔偿或补偿的义务。行政主体基于公共利益的需要单方面变更、中止或终止合同而给相对人造成损失的，或者在合同履行过程中出现了当事人在合同订立时未曾预见的特殊情况而使合同的履行变得特别困难的，行政主体有义务对相对人的损失给予合理补偿；当行政主体因为违约或违法行使特权而给相对人造成损害的，行政主体负有赔偿义务。

(4)按照合同的约定支付价金的义务。

三、相对方当事人的权利

相对方当事人在行政合同中的权利主要有下列方面：

1.对行政合同活动的知情权

因行政主体在合同行为中享有一些特权，相对方当事人在事实上处于被动和弱势地位，为使相对方当事人以真实意思缔结合同并实现其预期利益，必须保证相对方当事人知悉合同缔结过程的所有信息的权利，既包括缔约前对各种缔约条件的知情权和合同履行过程中的知情权，又包括合同变更、中止等方面的知情权。

2.取得报酬权或者获得优惠、照顾的权利

相对方有权取得在合同中规定的，或者直接由法律、法规规定的为行政主体一方提供服务或产品的价金。同时，相对方当事人也有权获得行政合同规定的其他形式的报酬(如在合同中规定允许相对方利用行政机关的公产、设备或资料等)或其他经济利益(如贷款、津贴、提供担保、减轻或免除赋税等)。这些关于行政合同的报酬条款或给予相对方当事人的优惠待遇，不能由行政机关单方面变更。

3.获得损害赔偿或者补偿的请求权

损害赔偿请求权是类似民事合同的一项权利，即相对方当事人由于行政机关的过失受到损害时，可以请求人民法院判决行政机关赔偿损失。损害补偿请求权则是指行政机关在签订合同以后，由于公共利益的需要，单方面变更或终止合同的特权行为造成相对方的损害时，相对方以其损害为由提出要求行政机关予以补偿的权利。相对方由于行政机关的特权行为而造成或增加的全部负担（损害），不论具体合同中有无规定，都可以请求行政机关予以补偿。享有这种补偿的请求权是行政合同制度的一个重要原则。它既是维护当事人经济利益平衡的需要，也是公共利益的需要。当然，相对方补偿权的范围只能以实际损失为限，不能期望过高的利益。

4.不可预见的履约困难或损失的补偿权

行政合同在履行过程中，有时可能出现当事人预料不到的情况或困难，从而导致合同的履行虽然不是事实上不可能，但已使相对方遭受极大的损失，使履行合同极端困难，这种情况或困难称为不可预见的情况或困难。例如，在公共工程进行中遇到当初所不可预见的地质结构变化；在农产品订购合同的履行中，遇到当初所不可预见的特大洪涝灾害等。相对人在履行行政合同中遇到不可预见的情况或困难时，有权请求行政机关共同承担损失，或请求行政机关予以补偿。

四、相对方当事人的义务

相对人在合同中的义务主要体现为以下几个方面：

(1)按照合同规定的条件、期限、标准，全面、实际、及时履行合同的义务。

(2)接受行政主体的指挥、监督的义务以及在违约情形下接受行政主体依法实施的制裁的义务。

(3)合同不得中断履行。基于公共服务具有不可中断性的理由，行政合同的履行不得随意中断。

(4)对于符合法定事由的合同变更、中止或终止请求，应予以同意并配合。

(5)有过错行为的应承担赔偿责任。如我国《政府采购法》第50条规定，“有过错的一方应承担赔偿责任，双方都有过错的，各自承担相应的责任”。

第四节　行政合同行为

行政合同行为包括签订、履行、变更或解除等环节。鉴于行政主体在合同行为中的主导性地位，为防止行政权力的恣意，须借助法定的程序制度对各个环节进行控制。这也是行政合同区别于民事合同的一个显著特点。

一、行政合同的缔结

为保证行政合同的公平、公正性，法律对行政合同在缔结方式和缔结过程的具体程序应进行规范。

行政合同的缔结方式有招标、邀请发价、拍卖、直接磋商等，前三种方式体现了公开竞争的原则。[①]

1. 招标

招标多适用于具有经济目的的行政合同，如采购合同。采用招标方式时，行政机关只能和要价最低或出价最高的行政相对人缔结合同，不能在中标人以外自由选择合同当事人。如果行政机关对中标者不满意，可以不批准该招标。但是，为了体现公平公正，应举行第二次招标，合同当事人只能是第二次中标者。1990 年《城镇国有土地使用权出让和转让暂行条例》[②]等法律规定了这种缔约形式。

2. 邀请发价

行政机关在签订合同前发出要约，提出条件，邀请行政相对人发价，然后由行政机关综合经济、技术等方面的因素，选择最恰当的行政相对人签订合同。邀请发价没有中标人，行政机关也不一定要与发价最低（或最高）的一方缔结合同；在投标的基础上，行政机关可以在参加投标的个人或组织中保留自由选择合同当事人的权利。

3. 拍卖

拍卖是指行政机关向公众发出的以订立合同为目的的意思表示，拍卖人在同意拍买人的条件后即告成立的一种签约方式。与招标相比，两者的区别在于相互竞争的拍买人彼此知道其他拍买人的条件，可以随时改变自己要约的内容，最后由条件最优的拍买人与拍卖人订立合同。这种方式通常仅适用于国有资产的出让。

---

① 《行政许可法》第 53 条明确规定："实施本法第十二条第二项所列事项的行政许可的，行政机关应当通过招标、拍卖等公开竞争的方式作出决定。但是法律、行政法规另有规定的，依照其规定。""行政机关违反本条规定，不采用招标、拍卖方式，或者违反招标、拍卖程序，损害申请人合法权益的，申请人可以依法申请行政复议或者提起行政诉讼。"可见，只要不存在"法律、行政法规另有规定"的情形，行政机关便不能自行选择其他方式。

② 该条例第 13 条规定："土地使用权出让可以采取下列方式：（一）协议；（二）招标；（三）拍卖。依照前款规定方式出让土地使用权的具体程序和步骤，由省、自治区、直辖市人民政府规定。"

4.直接磋商

有些行政合同不适合招标投标和邀请发价的方式，行政机关可直接与特定的参与当事人进行磋商，签订合同。例如，采取招标邀请发价没有取得结果的合同、情况紧急的合同、需要保密的合同、不动产的合同、需要专门技术和特殊技术设备的合同等。在这种方式中，行政机关选择合同当事人自由裁量权最大，是实际生活中较为常见的一种方式。

在缔约过程中，行政主体应充分运用协商制度，吸纳相对一方以及将受合同影响的第三人积极参与到合同活动中来，以防止在具体操作上“将行政合同与行政命令同构化的问题”。[①] 影响到第三人权益的内容，还必须经过第三人的书面同意才能生效；[②]如果行政机关以行政合同替代具体行政行为的，而相应的具体行政行为需要其他行政机关同意或批准的，行政契约的签订应当经其他行政机关参与才能生效；如果需要上级行政批准的，则还需要报上级行政机关批准。[③] 在与行政合同性质不冲突的情况下，行政合同的签订还应适用有关行政行为的一般程序性制度，如告知制度、信息公开制度、听证制度、说明理由制度和回避制度等。

二、行政合同的履行

行政合同依法成立后，在当事人之间产生了法律约束的效力，双方当事人必须全面、正确、及时地履行合同。行政合同的履行，必须遵循如下原则：

(1)实际履行。行政合同所确立的内容必须获得实现，否则行政职能的实现就会受到影响。实际履行要求缔约双方当事人按照合同的约定履行，而不能任意变更或者使用其他方法(如违约金或赔偿损失)取代合同的履行。只要公共利益需要，而当事人又有能力履行和没有法定理由免除的，就必须实际地履行。

(2)自己履行。行政合同缔结后，原则上应由当事人自己履行，不能由他人代替履行或分包。只要没有取得行政主体的同意，当事人就不得自行更换，也不得委托给其他人代为履行。

(3)全面、适当、及时履行。行政合同应获得全面，适当、及时的履行，在任何条款上都不得违反合同的规定，不能只履行其中的一部分条款，对其他部分

① 参见应松年主编:《行政法与行政诉讼法学》，法律出版社 2009 年版，第 320 页。

② 德国行政法业已确立这一制度，见《德国行政程序法》第 58 条第 1 款。

③ 这一制度在行政法理论上称为“参与保留”，其目的在于防止行政恣意，增加决定的正确性。参见应松年主编:《行政法与行政诉讼法学》，法律出版社 2009 年版，第 321 页。

条款置之不理,也不能对合同的标的、履行时间、地点、方式等进行任意变更。

行政合同是双方当事人的合意行为,因此,在另一方当事人不履行合同的情况下,原则上行政机关不得直接对行政相对人采取强制执行措施,而只能申请法院强制执行。如葡萄牙《行政程序法》规定:对于给付的强制执行,只有藉行政法院,才可对未履行的契约上的给付进行强制执行,但法律另有规定的除外。在德国,《行政程序法》和《行政执行法》都有关于行政合同的强制执行规定。在德国,允许当事人双方在合同中约定强制执行,但须办理严格的手续,以防止发生弊端。在我国,我们可以确立与一般行政行为执行相同的执行原则:有强制执行权的行政机关可以依法强制执行,无强制执行权的行政机关则应申请人民法院强制执行。

三、行政合同的变更与解除

当行政合同缔结之后,缔约时所依据的事实发生了变化,导致执行该合同的人承受不合理的负担或客观上不能履行时,或者继续履行严重损害公共利益的,则行政合同的一方当事人可以请求变更或解除合同。

行政合同的变更是指现存行政合同基于行政机关的裁量或其他法律事实,在不改变现存合同性质的基础上,对涉及合同主体、客体、内容的条款作相应的修改、补充和限制。行政合同的解除是指行政合同当事人一方尚未履行或尚未全面履行时,双方当事人提前终止行政合同。

为保护行政相对人的权益,行政合同的变更必须基于以下两种理由:(1)公共利益的要求。公共利益在履行过程中发生了变化,合同的继续履行会给公共利益造成重大损失,需要变更原合同;(2)不可预见的法律状态导致行政合同的变更[①],如不可抗力、社会动乱、物价剧烈上涨、科学技术革命等法律事实的出现导致行政合同难以或者不可能继续履行。

行政合同的解除除了适用上述行政合同变更两种情形的理由外,还适用于如下两种情形:

(1)行政相对人违约。行政相对人违反合同约定时,行政机关可以将解除合同作为制裁的手段。例如,在国有土地出让中,土地使用者如未在规定的期

---

① 我国实定法对此有明确的规定,如《全民所有制工业企业承包经营责任制暂行条例》第 19 条规定:“国务院对税种、税率和指令性计划产品价格进行重大调整,合同双方可按国务院规定协商变更承包经营合同。因不可抗力或由于当事人虽无过失但无法防止的外因使企业无法履行经营合同时,合同双方可协商变更或解除承包经营合同。”

限内缴纳出让金，行政机关有权解除合同[①]；在国有企业承包经营中，承包方如经营管理不善完不成承包经营任务，发包方有权提出解除合同。[②]

(2)行政机关有严重过错，法院可根据相对方的申请依法判决解除合同。

行政合同变更后，原合同不再履行，双方当事人按变更后的权利义务关系行使权利，履行义务。因行政机关单方面变更或解除行政合同的，行政机关应对相对方因此受到的损失进行合理补偿。若因行政机关的严重过错而解除合同，国家应赔偿合同解除给相对人造成的损失；若因行政相对人违约而解除合同的，则合同解除造成的损失由行政相对人承担。

案例思考

深圳梧桐山隧道于1985年开始兴建，1997年6月全线通车。该隧道是深圳第一条以BOT方式建设的市政工程。1997年1月起，李嘉诚和黄集团旗下香港达佳集团注资梧桐山隧道公司，盐田港集团和香港达佳集团合资经营，双方各占50%股权。工程由企业投资建设、运营，并且获得收费权，在与政府协商的年限到期后，将项目归还政府。根据深圳市与隧道公司签订的协议，隧道公司享有梧桐山隧道30年的收费权，终止日期是2027年。

但自1998年盐田新区成立后，梧桐山隧道的车流量迅速增加。2000年日车流量超过2.6万辆，而当初设计流量仅为6000辆/日。车辆通过隧道，要收费10—30元。收费又导致严重堵车，这使得盐田区的经济发展遇到很大的瓶颈。1996年至2002年，深圳市盐田、罗湖等区的人大代表连续7年就此问题提出了议案或建议，要求取消梧桐山隧道收费。

但梧桐山隧道收费站的回购谈判成了绕不过去的难题。因为30年期限未到，深圳市政府希望提前收回梧桐山隧道的经营权。但历经38次谈判，双方无法达成协议。在谈判久拖未决的背景下，为缓解深圳市区与盐田港之间的交通拥堵，深圳市政府2002年12月投资1.18亿元改造和重新开通了梧桐山盘山公路，2006年5月投资11.5亿元，建成盐排高速。

---

① 1990年《城镇国有土地使用权出让和转让暂行条例》第17条规定："土地使用者应当按照土地使用权出让合同的规定和城市规划的要求，开发、利用、经营土地。未按合同规定的期限和条件开发、利用土地的，市、县人民政府土地管理部门应当予以纠正，并根据情节可以给予警告、罚款直至无偿收回土地使用权的处罚。"

② 1988年《全民所有制工业企业承包经营责任制暂行条例》第20条第1款。

问题：深圳市政府与隧道公司的协议是否属于行政合同？试分析深圳市政府做法的违法性。

第五节　行政合同的法律救济

一、行政合同的法之拘束

行政合同是基于行政主体与相对人之间的合意进行的行动活动，其与依据法律进行的行政行为这种单方面规范相对人的权利、义务相比，具有更加灵活的优点；但同时其隐含的风险是，行政主体借助与相对人之间的协议，随心所欲地按照自己的喜好办事。这样，现行法必须对行政主体的行政合同行为的自由性进行法的约束，以防止这种情况的产生。

现代法治国家对于行政合同的自由性问题，即对于在没有明示的法律根据的情况下，行政主体能否采取行政合同的活动形式，以达成行政目的的问题，存在“否定说”和“肯定说”两种学说。“否定说”是在全部保留说的观点中主张的，认为只有当法律明确认可的情况下，才可以基于行政合同形成法律关系。“肯定说”则指出，行政合同作为非权力性行政作用的一种，与权力性行为——行政行为等的建立基础不同，由于是根据当事人之间的意思一致而成立，所以，在没有法律明示根据的情况下也可以成立。①

但德国行政法理论认为，行政合同是否应有明示的法的根据问题，并不是法律保留的问题，而是法律优先的问题。法律保留原则既是为了保护个人，也是为了议会和行政之间的权限划分。在涉及对公民个人自由和财产的个别侵害的范围之内，个人保护处于首要位置。② 立法实例对行政合同的适法性确立了法律优先原则③，即只要行政不违反法律的规定、意义及目的，即使在没

---

① 参见[韩]金东熙著：《行政法》，中国人民大学出版社 2008 年版，第 165 页。

② 若公民个人在特定条件下同意国家侵害（如允许进入其房屋或自愿接受公务医生的检查等），放弃法律地位，自愿接受或者承诺非强制性的义务，国家可通过行政合同的方式产生法律效果。参见[德]哈特穆特·毛雷尔著，高家伟译：《行政法学总论》，法律出版社 2000 年版，第 368 页。

③ 德国《联邦行政程序法》第 54 条规定，除非法律有相反规定，行政机关有权以合同的方式形成、变更及废止法律关系。

有法律明示的情况下，通过行政合同的形式，也可以履行行政义务。

在法律羁束行政的范围之内，除非法律禁止合同方式，行政机关有权签订合同，但只能“协议”法律已经确认的内容。单纯的法律执行合同在一般情况下没有什么意义，但是，在处理复杂多变，或者处理具有相互权利义务的给付或者供给关系时，适用行政合同是合法的。通过行政合同废除法律的强制性规定原则上不合法。

问题探讨 政府有权以协议方式给企业减免营业税吗？

某个市长管辖的某个乡镇交通状况不良，打算在该乡镇建设工业，某企业家甲表示有兴趣，但因地点不便和因此造成的额外财政困难而犹豫。经过数次谈判，该县与甲达成协议，签订合同，约定：在第一个两年免除平时的营业税，在第二个两年减半收取营业税。① 该合同合法吗？为什么？

二、行政合同的救济途径

行政主体与相对一方在行政合同的签订和履行过程中可能发生各种争议，这些争议主要表现形式有：因签订合同引起的争议；因行政合同当事人不履行合同义务引起的争议；因行政主体行使优益权而引起的行争议；因情事变更引起的行政合同争议。解决行政合同争议主要有行政和司法两种救济途径。

1. 行政救济途径

行政合同纠纷因涉及专业技术知识而将纠纷产生后的第一次判断权授予行政机关，这符合行政合同的特点。西方国家实践中大多是通过行政途径，即行政仲裁、行政裁决或行政复议来消除行政合同缔结或履行过程中产生的纠纷。如英国由政府和当事人通过非正式谈判(informal negotiation)或者仲裁(arbitration)解决行政合同纠纷的救济制度；澳大利亚创建了独立的仲裁制度来裁决因违约或与合同履行有关的其他争议；美国通过行政机关内部设立合同申诉委员会(a board of contract appeals)的运作机制来处理行政合同纠纷。

我国也建立了运用行政方式处理行政合同纠纷的法律制度，包括协商(或调解)、仲裁以及行政复议等途径。

(1)协商(或调解)。即由双方当事人通过非正式的谈判与意见交流，或申请政府出面调解来消解彼此对合同条款理解的差异以及有关纷争的制度。例

① 该案例出自[德]哈特穆特·毛雷尔著，高家伟译：《行政法学总论》，法律出版社2000年版，第367页。

如《北京市农业联产承包合同条例》第21条规定："承包合同发生纠纷时，当事人应当协商解决；协商不成的，可以向所在乡、镇农村合作经济经营管理部门申请调解。"这种处理方式具有成本低、效益高的优点。

(2)仲裁。即由行政体系内部专门设立的仲裁机构来解决特定行政合同纠纷的制度。比如，人事部成立了人事仲裁公正厅，受理因履行聘任合同或聘用合同发生的争议。这种制度模式适宜于解决行政机关之间、行政机关与所属下级行政机构及公务员之间缔结的行政合同的纠纷。

(3)行政复议。即通过上级行政机关对行政合同关系中的行政机关运用行政权力引发的纠纷进行合法性审查或合理性审查的制度。例如，《行政复议法》第6条第6项规定将农业承包合同纠纷纳入了行政复议范围。这种处理方式，便于上级行政机关对行政机关在行政合同行为中的不履行职责或滥用优益权的监督，但是，目前我国行政复议制度仅对相对人救济的单向结构并不能整体解决行政主体一方在合同纠纷的诉求。①

2. 司法救济途径

根据我国现行《行政诉讼法》的规定，行政合同案件属于行政诉讼的受案范围，因行政合同发生争议的，可以通过行政诉讼途径解决。但是，由于我国长期以来理论上对行政合同的性质及其与民事合同之间的界限没有明确的认识，加上立法上对行政合同欠缺相应的法律规定，实践中发生的行政合同争议，或者状告无门，或者作为民事案件受理。

行政合同纠纷是按照民事合同规则和民事诉讼程序解决，还是适用行政诉讼程序解决，在司法实践中有不同的做法。在英国，不区分公法与私法争议，一切合同争议均由普通法院适用民事诉讼程序规则审理；但如果行政合同具有较强的公法因素，普通法院即适用王权诉讼法(the Crown Proceedings Act 1947)确立的特别规则进行司法审查。在法、德等大陆法系国家，因行政合同而引起的争议属于公法争议，一般通过行政诉讼解决。

我国大多数学者倾向于将行政合同案件纳入行政诉讼范畴，并由行政诉讼

① 尽管行政主体可通过自己享有的主导性权力(也称优益权)来单方实现对合同的预期与要求，但这种主导性权利是以公共利益必需为限度，因而其单方实现合同的预期与要求的程度是有限的。事实上，行政合同双方当事人的纠纷多数只能诉诸第三方进行裁决。因而，针对行政合同纠纷的行政复议应该建立专门的特别规则。参见余凌云：《行政法讲义》，清华大学出版社2010年版，第267—268页。

统筹解决行政法上纠纷。① 但现行行政诉讼法确立的解决行政争议的制度构造并不完全适用行政合同纠纷解决的现实要求，因此，有必要对其进行制度重构。

旁评附注　适用民事诉讼程序解决行政合同争议的弊端②

行政合同不仅在性质上具有明显的行政性，而且在内容上具有公益性。这些特点决定解决行政合同争议不能简单地适用作为解决平等主体之间的民事实体权利、义务争议的民事诉讼程序。如果适用民事诉讼程序解决行政合同纠纷，其产生的弊端有：

(1)不能全面和彻底地保护当事人的合法权益。民事诉讼一般只允许一方当事人认为另一方当事人在签订和履行合同过程中存在违约情形时，提起诉讼。而在行政诉讼中，与具体行政行为有法律上利害关系的公民、法人或者其他组织认为该行为侵犯其合法权益的，均可以向人民法院提起行政诉讼。也就是说行政合同以外的第三人认为行政主体与他人签订合同的行为侵犯其权益，也可以提起诉讼，要求法院撤销行政主体与他方签订合同的行为，并判令其重新作出行政行为。

(2)不能合理地分配当事人间的举证责任。民事诉讼实行的是“谁主张，谁举证”的原则，若通过民事诉讼程序解决行政合同纠纷，则意味着行政相对方要承担对行政机关作出的具体行政行为的举证责任，而根据《行政诉讼法》规定，则应由行政机关对其作出的具体行政行为承担举证责任。这样，通过民事诉讼解决行政合同纠纷显然会加重相对方的举证负担。

(3)不能公平地履行赔偿责任。通过民事诉讼解决行政合同纠纷，如果判决行政机关承担赔偿责任，赔偿费用只能由行政机关自己解决，而不能按照行政诉讼法和国家赔偿法的有关规定，由国家承担赔偿责任，赔偿费用由各级财政列支。这样的结果显然对行政机关不利甚至不公正。例如，在国有土地使用权出让合同纠纷中，如果是出让方即土地管理部门签订合同违法或履行合同违约，被法院判决土地出让合同无效，由土地管理

---

① 当然，也有少数学者在肯定将一般行政合同纠纷进行特别管辖外，认为对于政府采购合同等具有更多的私法属性(该类合同的行政合同属性更多地体现为资金的使用以及合同缔结过程中是否履行了相关的法定程序)的合同纠纷，通过民事诉讼更利于纠纷的解决。杨建顺：《行政规制与权利保障》，中国人民大学出版社 2007 年版，第 409 页。

② 参见最高人民法院行政审判庭等编：《中德行政法与行政诉讼法实务指南》，中国法制出版社 208 年版，第 203—204 页。

部门返还土地使用权出让金的，按照民事诉讼程序审理的案件则应当由土地管理部门自身承担赔偿责任，但实际上，根据《土地管理法》规定，土地有偿使用费全部上缴中央财政和有关地方人民政府，并不归属合同一方的土地管理部门所有。

（1）授予行政主体提起行政诉讼的起诉权[①]。根据我国现行行政诉讼法的有关规定，行政诉讼的原告恒定为行政相对人，被告恒定是行政主体。也就是说，现行行政诉讼法没有赋予行政主体起诉的权利。但是行政合同争议是在双方约定的基础上产生的，要求解决争议的一方不仅限于行政相对一方。行政主体在行政合同签订、履行过程中，除行使主导性权利的情况外，不能像在实施单方行政行为时那样，将自己的意志强加于相对方[②]，在合同的变更、解除、补偿等问题上，应在法律、法规和合同约定的范围内双方充分协商，达不成一致意见或产生纠纷后，行政机关一方也存在着要求法院裁决是非并通过法院判决强制对方履行义务的要求。

问题探讨 **有了制裁权，还须请求（起诉）权？**

行政合同签订后，不可预料的情事变更可能对合同的履行产生各种各样的影响，甚至会造成原有行政合同内容的显失公正；也有双方当事人因主观原因而违约不履行合同义务的。由此带来的争议相对一方可通过行政诉讼的途径得到公正处理；而行政机关一方在现有制度下只有通过行使制裁权的途径迫使违法或违约的行政合同相对人履行义务，但“自己当自己案件的法官”不可避免地造成不公正。

正因如此，其他国家或地区的立法和实践中也都赋予了行政合同中

---

① 起诉权中包含着反诉权。如果法律授予了行政主体在行政合同中的起诉权，也即意味着行政主体获得了反诉权。行政主体即可提出与原告诉求主张相反的意见和主张，由法院进行裁判。例如，行政机关因公共利益的需要租赁了相对一方的房屋，合同履行过程中，相对一方提起诉讼请求退还租用的房屋。被告提起反诉，要求原告返还预付的租金。这个反诉的请求是基于房屋租赁这一法律关系而产生的权利义务。

② 如日本明确规定，行政主体对于行政相对人不履行行政合同所约定的义务，不能像对待行政行为所规定的义务不履行那样直接采取强制执行（代执行）以及其他行政强制的手段。在这种情况下，日本法律规定，行政机关可以提起请求行政合同上的义务履行的诉讼，就该行政合同上的义务进行关于“公法上的法律关系”的诉讼，请求相对方履行合同义务。而作为行政主体的制裁手段，仅限于停止有关优惠政策和便利的提供。但也有少数国家，如德国，这种情况可准用《行政执行法》，由行政机关强制其履行。参见杨建顺：《行政规制与权利保障》，中国人民大学出版社 2007 年版，第 408 页。

作为行政主体一方的起诉权,如德国法律规定,产生于行政合同的行政机关请求权,不得以行政行为的方式确认,不得借助于行政行为强制执行。一旦行政机关与公民达成一致的处理行为并接受平等地位,就必须相应地在合同请求权的实现方面保持平等,并且如同公民那样通过法院主张发生争议的请求权。① 我国台湾地区也规定,"公法上契约成立后,情事变更,非当时所得预料,而依其原有效果显失公平者,行政法院得依当事人申请,为增、减给付或变更消灭其他原有效果之判决。为当事人之行政机关,因防止或免除公益上显然重大之损害亦得为前项之申请。"②可见,将对双方行为的评价诉诸第三方的人民法院更具公正性,也有助于走出行政制裁过程中出现的制裁、复议、起诉、再制裁的怪圈,减轻双方的压力。

(2)确立法院对合同的实体权利义务的裁决权。现行行政诉讼制度是针对行政主体的具体行政行为是否合法的审查制度。法院一般不能直接判决确认行政实体权利义务关系,因而这种制度不具有完全的解决行政争议的功能。行政合同争议作为行政争议的一种,既具有行政纠纷的特点,又具有合同纠纷的特点,除部分争议指向行政主体的合同行为是否合法外,更多的争议是针对行政合同中的实体权利和义务。后一种行政合同争议的诉讼请求即是法院确认、变更、废止行政合同法律关系或者请求对方当事人履行行政合同确定的义务。但现行行政诉讼制度是针对行政行为的合法审查目的而构建的,不具有解决后一方面争议的制度功能。针对行政合同纠纷案,应该赋予人民法院完全管辖权,才能真正实现在行政诉讼中行政权与司法权的合理配置,体规司法最终裁判权的精神。③

(3)增加行政合同独有的审理内容和判决方式。行政合同合法有效是合同内容对当事人产生约束力的前提。如果行政合同在成立时就不合法,那么合同自始无效,就不存在当事人违约的问题。解决行政合同争议的基础是确认行政合同是否合法有效。对于行政合同案件的审理,必须首先审查行政合同是否合法成立和有效。因无效合同发生的争议应按照合同无效的原理来裁判双方的权利义务。

---

① [德]哈特穆特·毛雷尔:《行政法学总论》,高家伟译,法律出版社 2000 年版,第 381 页。

② 我国台湾地区"行政诉讼法"第 203 条。

③ 最高人民法院行政审判庭等编:《中德行政法与行政诉讼法实务指南》,中国法制出版社 208 年版,第 206 页。

行政诉讼现有的行政案件裁判方式[①]难以满足解决行政合同争议的要求。例如，行政合同与民事合同相似，一方当事人可向另一方提出给付请求，如要求另一方支付价款、损害赔偿金、补偿金等。如果一方当事人拒绝履行行政合同约定的义务，就构成对另一方公法债权的侵犯。法院必须有权判令该方当事人履行义务。因此，针对行政合同争议案件，应当增加给付判决的方式。同时，与审理行政合同是否有效的内容相适应，应增加法院判决行政合同法律关系是否存在的确认判决方式。

(4)因诉讼请求类型重新分配举证责任。根据行政合同争议中当事人不同的诉讼请求，案件审理应确定不同的举证原则。在合法性审查的诉求中，继续适用"行政主体对具体行政行为的合法性负举证责任"的原则。但以情事变更为由请求变更合同或增加给付义务等非合法性审查诉求的案件中，则适用"谁主张，谁举证"的原则。例如，行政主体对相对一方所提出的情事变更的事由认为不存在或者根本不知晓，若仍适用行政主体负举证责任的原则，会因权利义务不对等和当事人在举证责任和地位上的不平等，造成行政机关举证瑕疵和相对一方消极参与，与契约本身的特点不适应。[②]

---

① 主要有维持判决、撤销判决、变更判决和履行判决四种。

② 参见最高人民法院行政审判庭等编：《中德行政法与行政诉讼法实务指南》，中国法制出版社 208 年版，第 209－210 页。

第十三章　行政复议制度

第一节　行政复议概述

一、行政复议的概念与特征

行政复议是行政机关解决行政纠纷的一种法律制度。它是指公民、法人或其他组织认为行政主体的行政行为侵犯其合法权益，依法向行政复议机关提出复议申请，行政复议机关对被申请的行政行为的合法性和合理性(适当性)进行审查，并作出复议决定的法律制度。

行政复议是现代法治社会中解决行政争议的方法之一，也是部分具体行政行为提起行政诉讼的前置制度，它与行政诉讼、行政赔偿合称为行政救济，是对行政相对人合法权益提供救济的基本法律制度之一。行政复议的特征为：

1.行为性质的司法性和行政性

行政复议是法定的行政主体依法行使行政职权解决行政纠纷的活动，复议机关所作出的复议决定具有行政法律效力。这些特性表明，行政复议符合行政行为的所有要件，是一种典型的行政行为，因而具有行政性。同时，行政复议又不同于一般的行政活动，其目的不在于行政执法而在于解决行政争议，而纠纷的解决需要行政复议机关独立于双方当事人的类似法官的相对超然地位，以及采用公开、公平和公正的“准司法”程序进行审查和裁决，因而具有司法性。行政复议兼具司法性质和行政性质，是一种行政司法行为。

2.制度功能的救济性与监督性

行政复议的目的是为了纠正行政机关作出的违法或者不当的具体行政行为，以保护行政相对人的合法权益。行政复议是法定的行政机关依行政相对人申请，对行政机关作出的行政行为依法审查和裁决，旨在实现对行政相对人的权利救济。同时，由于行政复议机关往往是纠纷的行政方主体当事人的上级主管机关，所以行政复议又体现为上级行政机关对下级行政机关的行政机关体系内的内部监督，是行政机关内部自我监督和纠错机制的重要环节。行政复议具有权利救济与权力监督的双重功能。①

3.审查对象的广泛性

行政复议以具体行政行为为审查对象，并附带审查部分抽象行政行为。根据行政复议法的规定，行政相对人只能对具体行政行为直接提出复议申请，但可以对作为被审查的具体行政行为依据的部分特定的抽象行政行为(即行政法规和行政规章以外的其他行政规范性文件)申请附带进行审查。行政复议的审查对象比行政诉讼的审查对象更加宽泛②。

4.审查标准的合法性与合理性

行政复议由于是行政系统内部的审查，基于专业优势和领导关系，对具体行为的审查深度要高于行政系统外在的行政诉讼。在行政复议中，行政复议机关不仅要审查具体行政行为的合法性，也要审查具体行政行为的适当性。而行政诉讼只对具体行政行为的合法性进行审查。行政复议对合理性的全面审查源自于行政复议的监督性。行政复议是行政权的内部运作，不必担心对具体行政行为适当性的审查会像行政诉讼那样涉及到司法权与行政权的界限，并且，行政复议主体对行政自由裁量权的运行也比较了解，对其尺度的把握也应更为准确。所以，行政复议不仅可以撤销违法的具体行政行为，也可以

---

① 《行政复议法》第1条规定："为了防止和纠正违法的或者不当的具体行政行为，保护公民、法人或者其他组织的合法权益，保障和监督行政机关依法行使职权，根据宪法，制定本法。"这明显地体现了行政复议的救济性与监督性的双重功能特征。而1994年修订的《行政复议条例》第1条则规定，"为了维护和监督行政机关依法行使职权，防止和纠正违法或者不当的具体行政行为，保护公民、法人和其他组织的合法权益，根据宪法和有关法律，制定本条例。"从二者的表述差异可看出，《行政复议法》更加突出了行政复议的救济功能，把救济功能放在首位。

② 行政复议机关知识上的优越性，及其对下级行政机关的监督制约关系，决定了行政复议审查对象的事实上不可能完全局限在具体行政行为。正如我国现行行政复议法所规定的，行政规范等抽象行政行为也可能成为审查的对象。目前大多数行政法教科书在给行政复议下定义时，认为是对具体行政行为的审查。这种认识除模糊了行政复议法规定部分抽象行政行为可以复议的制度功能，同时也不利于将来对行政复议范围的拓展。

变更不适当的具体行政行为，是合法性与合理性的全面审查①。

但是，行政复议在对作为具体行政行为依据的部分抽象行政行为作附带审查时，只能审查其合法性，而不能审查其合理性。

概念辨析 行政复议与行政裁决、行政申诉

1. 行政复议与行政裁决

行政裁决是指法定的行政主体依法对平等主体之间发生的、与行政管理活动密切相关的特定的民事纠纷进行审查并作出裁决的具体行政行为②。行政复议与行政裁决都是行政机关按照准司法性质的行政程序对纠纷进行裁决的法律制度，但两者也有明显的区别：第一，解决的纠纷性质不同。行政复议旨在化解行政机关与相对人之间的行政争议，行政裁决则是为了解决法律规定的特定民事纠纷。第二，行为的性质不同。行政复议是一种法律救济制度，而行政裁决是行政机关在行政执法过程中附带实施的民事纠纷替代性解决机制。第三，适用的实体法依据不同。行政复议适用行政法律规范，行政裁决适用民事法律规范。

---

① 根据根据《行政复议法》第 3 条第(3)项，行政复议机构的职责之一就是“审查申请行政复议的具体行政行为是否合法与适当，拟订行政复议决定”；根据该法第 28 条第 1 款第(1)项，行政复议机关决定维持申请行政复议的具体行政行为的条件是“认定事实清楚，证据确凿，适用依据正确，程序合法，内容适当”，既包括合法要求，也包括适当要求；根据该款第(3)项，行政复议机关的撤销、变更决定，既可以针对违法的具体行政行为，也可以针对明显不当的具体行政行为。综合而言，行政复议既审查具体行政行为的合法性，也审查具体行政行为的适当性。

② 我国法律法规中也有不少地方使用了“裁决”的用语，但这些“裁决”并不是真正意义上的行政裁决。比如，原《治安管理处罚条例》第三十九条规定：“被裁决受治安管理处罚的人或者被侵害人不服公安机关或者乡(镇)人民政府裁决的，在接到通知后五日内，可以向上一级公安机关提出申诉，由上一级公安机关在接到申诉后五日内作出裁决；不服上一级公安机关裁决的，可以在接到通知后五日内向当地人民法院提起诉讼。”这同一条款中提到的两处裁决，根据具体的法律关系又具有各自不同的性质，其中公安机关和乡(镇)政府作出的治安管理处罚裁决属于行政执法的性质，而上级公安机关对治安管理处罚裁决申诉的裁决则属于行政复议的性质；又如，现行《行政复议法》第十四条规定的国务院对不服省部级行政机关具体行政行为申请行政复议案件的裁决，也属于行政复议的性质。

2. 行政复议与行政申诉

行政申诉是我国公民的一项宪法权利①。它是指公民对有关自身权益的问题，向有关国家机关或公权力部门申述、诉说理由，请求处理或重新处理的行为②。行政申诉通常指行政复议、行政诉讼制度以外的申诉行为，主要包括三种类型：其一，向党的各级组织、国家权力机关、司法机关和政府机关申诉，这种情形在我国一般也称为信访；其二，向作出决定的行政机关要求复查复核；其三，向有关行政机关提出的特别申诉，如教师和学生就学校作出的有关决定不服向教育行政主管部门提出的申诉，以及公务员对主管机关的处分不服向人事监察机关提出的申诉。

二、国外行政复议制度的主要模式

行政复议制度最早产生于18世纪末的法国③，后来盛行于西方主要发达国家，并为其他国家所效仿。西方国家复议制度的产生与发展都是在市场经济兴起之后。市场经济迅猛发展导致社会矛盾纠纷激增，尤其是政府干预社会、经济的活动增加，行政争议的增加超过了法院的负荷，慢慢就催生了复议制度的诞生。

经过两百多年的发展，国外行政复议制度大体已形成三种模式，即以英国和美国为代表的英美模式；以法国和德国为代表的欧陆模式以及以日本、韩国和我国台湾地区为代表的混合模式④。

---

① 我国《宪法》第41条规定，公民对任何国家机关和国家工作人员的违法失职行为，有向有关国家机关提出申诉、控告或检举的权利。

② 参见王岷灿主编：《行政法概要》，法律出版社1983年版，第152页。

③ 法国大革命后，掌握司法权的封建旧贵族（旧法官）敌视新兴的资产阶级政权，总是以各种理由宣布政府的政策措施违法、无效。为了排除司法权对革命的阻挠，资产阶级控制的国民议会于1790年8月通过法律，规定“司法权今后将永远与行政权分离，普通法院法官不得以任何方式干扰行政机关行使职权，亦不得对执行职务的行政官员进行讯问，违者应予弹劾”。1790年10月，国民议会又通过另一项法律宣布，普通法院在任何情况下都不得受理要求废除行政机关颁布的行政法规的案件，由此普通法院彻底丧失了对行政争议和行政案件的管辖权。在此后的一段时间内，公民针对行政机关的申诉，由原机关受理（称为“善意救济”）或其上级机关受理（称为“层级救济”）。这一时期，法国的行政纠纷都通过行政系统的复议制度解决。参见郜风涛主编：《行政复议法教程》，中国法制出版社2011年版，第21—23页。

④ 郜风涛主编：《行政复议法教程》，中国法制出版社2011年版，第30—36页。

1. 英美模式

英国与行政复议相似的制度是行政裁判所制度。最早于1846年，英国就建立了“铁路专员公署”，以利用行政专业知识解决部门、行业领域的行政纠纷。行政裁判所都是根据议会制定的法律设立的，不属于普通法院系统，在组织上与行政机关相联系。但为保障裁判的公正性，裁判所在活动上又保持独立性，其首席裁判官由最高法院大法官来任命，其他裁判官是由法官遴选机构按照司法官员的选任标准(即精通法律和具有行政经验的)录用和委任的。裁决案件适用具有司法性质的行政裁判程序。

美国没有像英国那样设立裁判所，而是在各个部门设立了行政法官。专业性的行政案件由行政法官以部门首长的名义来裁决。行政法官属于行政系统，但其活动具有独立性。最初，行政法官是由该部门的工作人员担任，为避免嫌疑，后来行政法官的奖惩、任免都交由各州的人事部门决定，行政法官只在本部门办公。近年来，越来越多的州和城市开始设立统一的独立的行政法官机构，将行政法官集中起来，进一步强化其独立地位。①

英美国家的行政复议制度体现了传统司法权向行政领域的渗透，是司法的独立性和公正性与行政的专业知识融合的产物。英美模式的行政复议的特点有：

(1)准司法性。这不仅体现在英国的行政裁判所和美国的行政法官体制，在机构设置或人员管理上高度类似司法机关，而且也体现在他们对行政纠纷的裁判程序接近司法机关。

(2)统一性。目前英美两国的行政复议体系正呈现从高度分散逐渐走向集中统一的趋势。英国正在改革行政裁判所制度，旨在将长期以来分散在政府各个部门之下的行政裁判所统一归并到司法部下。美国这方面的趋势也十分明显，州行政程序法示范文本中就推荐采取集中设置行政法官的模式。

(3)便利性。英美的行政复议程序设计简便，是简化的司法程序。它在追求公正的同时注重为公众服务的提供方便。例如，英国行政裁判所刻意从裁判庭的布置、接待场所的安排等细节上，为当事人创造宽松、平和的心理氛围。美国行政法官在审查案件时，非常注意从方便双方当事人特别是公民一方的角度选择听证场所，尽量减少当事人的负担。

(4)权威性。英美的行政复议制度具有高度的独立性，其社会公信力与普

① 由于美国行政法官本身的独立地位，有人认为行政法官已经成为美国法官系统的主角。参见 Allen Hoberg, Administrative Hearings：State Central Panels in the 1990s，46 Administrative Law Review at 75(1994 Winter)。

通法院没有什么不同,同时行政复议还有自己独特的审查范围,行政复议与普通法院之间构成必要的互补关系。在司法实践中,普通法院对行政复议在专业性问题(事实判断)方面的裁决也予以高度尊重。因此,英美广泛实行行政救济穷尽原则,普遍适用行政复议前置,例外情形很少。

2.欧陆模式

德国、法国的行政复议制度很接近,都是由行政法院①之外的行政机关来解决争议的制度。法国的行政复议包括善意救济(自我监督)和层级救济(上级监督)两级的监督体系。善意救济,即原行政机关应行政行为的受害人的申请,自我复查,并撤销或变更错误或不当的原行政行为。层级救济,即上级行政机关应行政行为受害人的申请,对下级行政机关的行政行为进行监督和救济的活动。

德国的行政复议制度也称异议审查制度,包括声明异议和诉愿两层相互勾连的复议程序。也就是说,如果当事人对行政机关的处分决定不服时,首先要向原处分机关提出审查请求,这称为“声明异议”。如果原机关对声明异议的处理决定没有进行救济,则该请求可移送上级机关或其他有管辖权的机关进行再审查,这称为“诉愿”。如果异议人对该上级机关的决定仍然不服,便可以向行政法院提起行政诉讼。德国法规定,当事人提出行政诉讼之前,必须经过异议审查程序,即实行复议前置原则。

以法国和德国为代表的欧陆国家强调行政法院解决行政纠纷的救济功能,而行政复议被视为行政系统的内部监督机制。行政复议的权利救济功能无足轻重,其特点有:

(1)独立性不够。行政复议机构和人员一般没有独立性②。欧陆国家对行政复议机构的专门化和人员的专业性不强,行政复议职责由行政机关的内设机构及普通公务员充任。这些复议机构没有独立的裁决权,行政复议决定完全取决于行政首长的决断。

(2)规范性不足。行政复议缺乏统一、规范的行政复议程序,大多套用一般的行政程序。由于缺乏必要的程序约束,行政复议受理和审查的随意性都很大。

---

① 但两国的行政法院系统不同,法国的行政法院隶属于行政系统,最高行政法院的院长由政府总理兼任;德国的行政法院则是司法系统的专业法院、特别法院。

② 在德国,除了少数实行法律委员会体制的行政复议机构外,行政复议机构和人员没有任何独立性可言。在法国,行政法院的前身善意救济和层级救济虽然在某些领域(如劳工管理、教育、审计等)存在,但是独立性也相当有限。

(3)救济效果不佳。法国行政法院模式看重的是行政诉讼的功能。德国人传统上也更认同行政诉讼作为解决行政争议的途径。① 德国甚至允许行政复议作不利变更。② 欧陆模式的行政复议没有太大的救济效果,其救济功能渐趋萎缩。

3.混合模式

日本、韩国和我国台湾地区原属大陆法系,但二战后,它们接受了英美法律观念的影响,在保留了大陆法系传统诉愿制度的外在形式下,移入了带有很强英美色彩的行政复议程序,由此形成了别具一格的东亚行政复议模式,也称混合模式。

日本类似于行政复议的制度主要有两种,其一为苦情处理制度,是一种类似于我国信访制度的非正式申诉制度;其二为行政不服审查制度。根据这种制度规定,当事人不服行政决定,可先向原处分厅提出异议申诉;如果对原处分厅的裁决还不服,当事人可向原处分厅之外的行政厅提出再审查请求。韩国设立"国务总理行政审判委员会",这个机构是单独成立的,组成人员一半以上是从外面聘请的专家、学者,不是行政官员。台湾地区则成立诉愿委员会,法律规定,该委员会审理案件的委员一半以上必须是从外面请的社会贤达,不是公务员。

东亚模式行政复议制度在组织体系上属于行政系统,但其体制架构和程序机制则不断迈向"准司法化",在兼容原有行政法理论和追求法律救济效果方面实现了较好的平衡。具体来说,这种模式的特点有:

(1)机构和人员渐趋独立。这些国家或地区,虽然观念上仍认为行政复议权与行政隶属关系相关联,但都通过改革行政复议机构的组成,来实现行政复议机关的相对独立性。同时,都赋予了行政复议机构对行政复议案件的实质裁决权。③

---

① 这一论点可在一德国学者的著述中得到印证:"德国行政法院的控权功能正是同纯粹的行政内部监督进行斗争所取得成果,而且人们在传统上首先准备认同的,就是作为解决冲突之有效途径的'真正'行政诉讼。每一种旨在将行政复议置于中心位置的改革建议,首先就会遭到如下怀疑:那无非是妄想以行政自我监督,取代公民寻求法律保护的部分权利。"语出自[德]弗里德赫尔穆·胡芬:《行政诉讼法》(第5版),英光华译,法律出版社2003年版,第64页。

② 如《租税通则》第367条第2款中明文规定允许不利变更。

③ 这也是东亚地区行政复议制度最新发展的一大亮点。行政复议机关以自己名义作出复议决定时,不得随意改变行政复议机构的意见。韩国甚至规定行政复议机构直接以自己名义作出裁决,不必再以行政复议机关名义作出行政复议决定。

(2)程序走向司法化。为保证行政复议的公正性,它们在保障效率的原则下普遍移植了司法程序的有关内容。例如,行政复议过程公开,当事人双方均可全程参与,并获取有关的信息;对于事实方面的争议,当事人可以要求举行听证,与对方当事人相互质证并进行言辞辩论。

(3)复议前置范围在限缩。鉴于行政复议的独立性还不能与英美行政复议相提并论,这些国家或地区行政复议前置的适用范围受到限制,总体上采取"或议或诉"的原则,由相对人自主选择申请行政复议还是提起行政诉讼,使行政复议与行政诉讼之间客观上形成一种良性竞争的关系。

三、我国行政复议制度的发展

我国在统一的行政复议制度出现之前,行政复议制度主要是以分散的单行法的方式进行规定的。新中国成立后,最早对行政复议制度进行规定的文件是 1950 年 11 月 15 日经政务院批准、财政部颁布的《财政部设置财政检查机构办法》,该办法第 6 条规定:被检查的部门,对检查机构之措施,认为不当时,得具备理由,向其上级检查机构申请复核处理。这一规定实际上就是赋予被检查者对行政机关的行为申请行政内部救济的权利。同年次月,政务院通过的《税务复议委员会组织通则》第一次在法规名称上使用"复议"两字。此后,涉及行政复议的法规日益增多,复议的范围和领域不断扩大①。

1989 年,我国《行政诉讼法》颁布实施。该法在系统确立行政诉讼制度的同时,一并规定了行政复议制度的基本框架、基本原则和核心内容②。但当时的行政复议定位于行政诉讼的配套制度,对行政复议的规定显得比较原则。为了适应和配合《行政诉讼法》的实施,急需对行政复议制度进行系统性和具

---

① 如 1950 年《复议委员会组织通则》,1954 年《国营企业内部劳动规则规定》,1955 年《农村粮食统购统销暂行办法》,1957 年《治安管理处罚条例》,《国境卫生检疫条例》和 1958 年《农业税条例》等一系列法律、法规对复议的规定更加明确。时至 20 世纪 70 年代末、80 年代初,单行法规定的行政复议事项颇具规模,行政复议已经成为一个较为普遍的现象。

② 主要内容包括:(1)确立了行政复议与行政诉讼双向选择的原则及复议前置的例外。对行政案件,可以先申请复议,对复议决定不服的,再提起诉讼;也可以直接提起诉讼。但是法律、法规规定应当先申请复议的除外。(2)规定了行政复议的决定期限以及对复议决定不服的起诉期限。复议机关一般应当在两个月内作出决定。申请人不服复议决定的,可以在 15 日内向法院起诉。复议机关逾期不作出决定的,申请人可以在复议期满之日起 15 日内起诉。(3)规定了不服行政复议决定案件的管辖和确定被告的原则。复议机关决定维持具体行政行为的,作出原具体行政行为的行政机关是被告;复议机关改变具体行政行为的,可以由复议机关所在地法院管辖,复议机关是被告。

体化规定。因此，国务院于 1990 年 12 月 24 日发布了《行政复议条例》，正式以行政法规的形式对行政复议作出了系统的规定，在我国建立起统一的行政复议制度。条例对申请复议的范围，复议管辖，复议机构，复议参加人，复议的申请、受理、审理与决定等规则和程序作出了具体明确的规定。条例的公布，标志着我国行政复议制度的全面建立。

1994 年 10 月 9 日，国务院对《行政复议条例》就复议管辖和复议范围又进行了修订。一方面确立了申请人选择复议机关的体制①；另一方面扩大复议范围，将资源类案件纳入了行政复议范围②。这两项修订大大加速和助推了行政复议制度发展，在一定程度上扭转了当时行政复议工作不力的被动局面，促进了行政复议工作的大发展③。但《行政复议条例》规定的行政复议申请范围较窄，以及申请行政复议的条条框框较多，给申请人带来了不方便。

1999 年 4 月，实施了 9 年的《行政复议条例》升格为《行政复议法》，并于同年 10 月 1 日正式实施。《行政复议法》的颁布实施，标志着我国独立的行政复议制度正式诞生。与《行政复议条例》相比，《行政复议法》的突出进步是扩大了行政复议的受案范围，特别是将抽象行政行为纳入审查范围，建立起由申请人启动对抽象行政行为进行监督的机制；同时，在复议管辖、申请程序等方面的规定突出了便民原则。但是，《行政复议法》很多内容规定得仍然比较原则和模糊。随着行政诉讼制度不断健全，行政纠纷类型日益更新，行政复议与行政诉讼在制度上的脱节日趋明显，使得复议工作的开展受到了制度上的许多制约。

为了增强行政复议制度的可操作性，2007 年 5 月 29 日，国务院又颁布了《行政复议法实施条例》，于同年 8 月 1 日起施行。《实施条例》对《复议法》规定的一些制度作了补充和完善，为进一步做好行政复议工作提供了更加明确

---

① 原《条例》对管辖问题的规定以“条条管辖”为主，规定对县级以上地方政府工作部门的具体行政行为不服申请复议的，由上一级主管部门管辖。老百姓申请复议，往往要舍近求远，十分不便。修订后的《条例》赋予了申请人选择权，规定对县级以上的地方政府工作部门的具体行政行为不服申请复议的，一般由本级政府或者上一级主管部门管辖。原《条例》规定，对民事纠纷的仲裁、调解或者处理不服的，不能申请复议。修订后的《条例》增加了一个但书，即“但是，行政机关对土地、矿产、森林等资源所有权或者使用权归属的处理决定除外”。

② 原《条例》规定，对民事纠纷的仲裁、调解或者处理不服的，不能申请复议。修订后的《条例》增加了一个但书，即“但是，行政机关对土地、矿产、森林等资源所有权或者使用权归属的处理决定除外”。

③ 据统计，从 1991 年 1 月《行政复议条例》开始实施，到 1997 年底，全国共受理复议案件约 22 万件，平均每年 3 万件左右。

具体的制度保障。

从《行政复议条例》到《行政复议法》，再到《行政复议法实施条例》，我国的行政复议法治建设不断进步，行政复议法律制度不断完善。

四、行政复议的基本原则

行政复议的基本原则是指为行政复议立法所确认的，反映行政复议基本规律，对行政复议具有指导意义的基本行为准则。它不仅规范着行政机关的行为，同时也规范着行政相对人参与行政复议的行为。

根据《行政复议法》第 4 条的规定，行政复议实行合法、公正、公开、及时和便民的原则。另外，《行政复议法》第 5 条①规定了一级复议原则；《行政复议法》第 16 条②规定了司法终局原则。

合法原则，要求行政复议机关按照法定职权和程序，依法受理、审查和裁决复议案件。

公正原则，要求行政复议机关平等对待复议各方当事人，同时要求行政复议机关对被申请的具体行政行为不仅要审查其合法性，而且应当审查其合理性。

公开原则，不仅要求行政复议过程公开，而且要求行政复议信息公开。复议机关应尽可能听取当事人的意见，让他们更多地介入行政复议程序；申请人和第三人有权依法查阅被申请人提出的书面答复，作出具体行政行为的证据和依据、行政复议决定及其依据也应予以公开。

及时原则，要求行政复议机关应当在法律规定的期限内，尽快完成复议案件的审查，并作出相应的决定，为行政相对人提供及时的法律救济。

便民原则，要求复议机关在行政复议中尽可能地为申请人提供方便。如《行政复议法》的申请人可选择复议机关，允许不能提供书面申请的相对人以口头方式提出复议申请等的规定，都是便民原则的体现。

一级复议原则，要求行政复议案件除有法律特别规定以外③，以一次复议

---

① 该条规定，“公民、法人或者其他组织对行政复议决定不服的，可以依照行政诉讼法的规定向人民法院提起行政诉讼，但是法律规定行政复议决定为最终裁决的除外。”

② 该条规定：“公民、法人或者其他组织对行政复议决定不服的，可以依照行政诉讼法的规定向人民法院提起行政诉讼，但是法律规定行政复议决定为最终裁决的除外。”

③ 我国少数法律和行政法规也曾规定过二级复议制，如原《海关法》第 46 条。目前这些规定都已被修改为一级复议制。我国的台湾地区也曾长期实行二级诉愿制，2000 年也已修改为一级复议制。

为限，申请人即使不服，也不得再向有关行政机关申请复议，而只能向法院提起行政诉讼的一种法律制度。一级复议原则是基于公正和效率的综合考虑的结果。

司法最终原则，要求行政复议决定不是终局的①。如果行政复议申请人对行政复议决定不服的，可以向法院提起诉讼，由法院作出最终裁决。司法最终原则是确定行政复议和行政诉讼关系的重要准则，是现代法治的基本要求。

第二节 行政复议范围

现实中并非一切行政纠纷案件都通过行政复议的途径解决，因此，立法必须对行政复议范围进行规定，以便复议机关和行政相对人事先明白。根据《行政复议法》规定，行政复议范围，就是行政复议机关受理行政纠纷案件的权限范围。行政复议范围，对复议机关而言，就是其受案范围或主管权限；而对行政相对人而言，就是其合法权益能通过行政复议予以保护的程度。

我国行政复议制度的发展过程，也是行政复议范围不断扩大的过程。最初的行政复议只限于涉及公民财产和经济权利的，《治安管理处罚条例》将复议保障的范围扩大到公民的人身权利。《行政复议条例》对行政复议范围的规定基本上与《行政诉讼法》规定的受案范围大体相同，限于涉及人身权和财产权的具体行政行为，以及法律法规明确规定的其他侵犯行政相对人合法权益的具体行为②。1994 年修订的《行政复议条例》又将行政机关对土地、矿产等自然资源的权属纠纷的处理纳入了复议的范围，但对行政机关的其他处理行为仍不得申请复议。

《行政复议法》突破了依照行政诉讼受案范围确定行政复议范围的模式，

---

① 当然，也有法律规定的复议终局的例外情形。如《行政复议法》第 14 条规定，对国务院部门或者省、自治区、直辖市人民政府的具体行政行为不服的，向作出该具体行政行为的国务院部门者省、自治区、直辖市人民政府申请行政复议。对行政复议决定不服的，可以向人民法院提起行政诉讼，也可以向国务院申请裁决，国务院依照本法的规定作出最终裁决。

② 但《行政复议条例》的兜底规定为，复议范围还包括“法律、法规规定的其他可以提起行政诉讼或者可以申请行政复议的具体行政行为”。这意味着凡是可以提起诉讼的具体行政行为都可以先申请复议，但是没有纳入行政诉讼受案范围的具体行政行为，如果法律法规规定了可以复议，也属于复议的范围。因此，行政复议的范围通过该规定，在行政诉讼受案范围基础上还是有些扩大。

全面扩大了行政复议的范围。一方面将可以申请复议的具体行政行为的范围扩大到除法律法规明确作出排除性规定的一切种类，另一方面将部分抽象的行政行为纳入了复议审查的范围。

一、可申请复议的具体行政行为

《行政复议法》采用概括加列举相结合的方式规定行政复议范围。《行政复议法》第 6 条第 11 项概括地规定，“认为行政机关的其他具体行政行为侵犯其合法权益的”，都可以申请行政复议。也就是说，行政机关的所有具体行政行为（不论是作为还是不作为，也不论是涉及人身权、财产权还是政治性权利和程序性权利），只要行政相对人认为侵犯了自己的合法权益（而不是非法利益），没有被法律作排除规定的，都可以申请行政复议。

第 6 条第 1—10 项进行具体的列举，强调可以申请复议的 10 种常见具体行政行为，但不限于这些具体行政行为。这 10 种具体行政行为是：(1)对行政机关作出的警告、罚款、没收违法所得、没收非法财物、责令停产停业、暂扣或者吊销许可证、暂扣或者吊销执照、行政拘留等行政处罚决定不服的；(2)对行政机关作出的限制人身自由或者查封、扣押、冻结财产等行政强制措施决定不服的；(3)对行政机关作出的有关许可证、执照、资质证、资格证等证书变更、中止、撤销的决定不服的；(4)对行政机关作出的关于确认土地、矿藏、水流、森林、山岭、草原、荒地、滩涂、海域等自然资源的所有权或者使用权的决定不服的；(5)认为行政机关侵犯合法的经营自主权的；(6)认为行政机关变更或者废止农业承包合同，侵犯其合法权益的；(7)认为行政机关违法集资、征收财物、摊派费用或者违法要求履行其他义务的；(8)认为符合法定条件，申请行政机关颁发许可证、执照、资质证、资格证等证书，或者申请行政机关审批、登记有关事项，行政机关没有依法办理的；(9)申请行政机关履行保护人身权利、财产权利、受教育权利的法定职责，行政机关没有依法履行的；(10)申请行政机关依法发放抚恤金、社会保险金或者最低生活保障费，行政机关没有依法发放的。

《行政复议法》第 6 条拓展了原《行政复议条例》的复议范围，如增加了行政许可可申请复议的环节，由原来只能就没有依法批准的行政决定申请复议，扩展到对批准后的中止、变更或撤销等决定都可申请复议；将变更或废止农业承包合同的行政决定明确地列入可复议范围；将受教育权，对获得社会保障金或最低生活保障费的权利的保护明确列入复议范围。

上述列举的 10 种具体行政行为中，多处使用了“等”字，如“等”行政处罚决定、“等”行政强制措施决定、“等”证书和“等”自然资源的所有权和使用权决定，其意思是对没有列举穷尽的同类行政决定的概括[①]。从列举内容的文字表述可见，行政复议的受案标准为，相对人“不服”[②]具体行政行为（行政决定）或“认为”具体行政行为（行政决定）侵权[③]、违法[④]的；或认为行政机关不作为的[⑤]，不论其事实是否客观存在，均可提起行政复议。

二、可申请复议的抽象行政行为

原《行政复议条例》和《行政诉讼法》都没有将抽象行政行为纳入受案范围。虽然《立法法》已对行政法规和规章的合法性审查建立了比较完整的监督制度[⑥]，但现实中大量的违法的“红头文件”（行政规定）却游离于法律监督之外。这些“红头文件”往往是具体行政行为的依据，如放任这些依据违法，就无法从根本上保护行政相对人的合法权益。

《行政复议法》顺应这种对“红头文件”进行审查的呼声，将行政规定纳入了复议申请范围，其第7条第1款规定：“公民、法人或者其他组织认为行政机关的具体行政行为所依据的下列规定不合法，在对具体行政行为申请行政复议时，可以一并向行政复议机关提出对该规定的审查申请：（一）国务院部门的规定；（二）县级以上地方各级人民政府及其工作部门的规定；（三）乡、镇人民政府的规定。”

但《行政复议法》规定对抽象行政行为的复议审查仍然是有限的，具体表现在：

1. 审查范围有限

可以申请复议的只是抽象行政行为的一部分，即行政规定，具体包括：（1）国务院部门的规定；（2）县级以上地方各级人民政府及其工作部门的规定；（3）乡、镇人民政府的规定。但不包含国务院部、委员会规章和地方人民政府规章，以及国务院制定的规定（即决定和命令）。

---

① 参见叶必丰著：《行政法与行政诉讼法》，高等教育出版社2007年版，第229页。

② 见《行政复议法》第6条第（1）、（2）、（3）和（4）项规定。

③ 见《行政复议法》第6条第（5）、（6）项规定。

④ 见《行政复议法》第6条第（7）项规定。

⑤ 见《行政复议法》第6条第（8）、（9）、（10）项规定。

⑥ 根据《立法法》的规定，全国人民代表大会常务委员会有权撤销同宪法和法律相抵触的行政法规；国务院有权改变或者撤销不适当的部门规章和地方政府规章；地方人民代表大会常务委员会有权撤销本级人民政府制定的不适当的规章。

2.审查方式有限

对这些行政规定只能附带审查，不能直接审查；只能捆绑式审查，不能单独审查。《行政复议法实施条例》第26条规定："申请人认为具体行政行为所依据的规定不合法的，可以在对具体行政行为申请行政复议的同时一并提出对该规定的审查申请；申请人在对具体行政行为提出行政复议申请时尚不知道该具体行政行为所依据的规定的，可以在行政复议机关作出行政复议决定前向行政复议机关提出对该规定的审查申请。"也就是说，抽象行政行为总是由具体行政行为"带领"进入复议。

3.审查程度有限

行政复议对行政规定只能审查其"合法性"，而不能审查其"合理性"。原因在于行政规定作为具有普遍适用性的规则，不同的利益群体和个人会有不同的评价标准，难以作出统一的合理性判断。

三、不可申请复议的范围

《行政复议法》还以否定的方式规定了应该排除复议的事项。其第8条规定："不服行政机关作出的行政处分或者其他人事处理决定的，依照有关法律、行政法规的规定提出申诉。不服行政机关对民事纠纷作出的调解或者其他处理，依法申请仲裁或者向人民法院提起诉讼。"相比于《行政复议条例》，被排除复议的事项减少了两项，即抽象行政行为和国家行为，原因在于抽象行政行为已有部分被《行政复议法》纳入审查范围，而国家行为本来就不是行政行为范畴。

1.人事行政决定

行政机关对其所属公务员作出的行政处分或者其他人事处理决定属于内部行政行为。由于受特别权力关系观念的影响，我国现行法律对这方面的行政争议采取了"内部消化"和"体系内循环"的解决办法，行政复议法没有将其纳入调整范围，行政诉讼法和国家赔偿法也没有将其统一规定①。这与法治原则的基本要求是不相符的。

这方面的行政争议不能申请复议，如果被处分或被处理的人不服，可依照

① 参见叶必丰著：《行政法与行政诉讼法》，高等教育出版社2007年版，第232－232页。

《公务员法》和《行政监察法》的有关规定提出申诉①。当然，并非所有的人事争议都不可以申请行政复议。如果人事处理决定对行政相对人的身份等基础性地位产生影响时，由于“效力外部化”，世界上许多国家从理论和实践上，都允许受其影响的行政相对人对其申请行政复议。

2. 民事纠纷处理

行政机关对民事纠纷进行调解或其他处理，也称居间行为。不服行政机关对民事纠纷作出的调解或者其他处理，不能申请行政复议，但可以依法申请仲裁或者向人民法院提起诉讼。这里的民事纠纷调处行为应包括：

(1)民事调解。行政机关对民事纠纷进行调解，对双方当事人没有强制执行力，其效力取决于双方当事人的自愿接受。也可以说，行政机关作出的调解协议类似于行政指导，不具有行政决定的性质。如果当事人不服行政机关的民事调解，其实质还是民事纠纷没有解决，那么，可依照《民法通则》和《合同法》的相关规定申请仲裁或者向人民法院提起民事诉讼。但是，行政机关在调解中变相地使用了强制性权力，那么，依照行政法原理也是可以申请复议的。

(2)行政仲裁

行政机关对民事纠纷的其他处理应是行政仲裁。行政仲裁指行政机关依法对因合同关系产生的民事纠纷，主要是劳动纠纷和人事纠纷，以第三方的角色居中仲裁。当事人不服行政仲裁，根据《劳动法》和《公务员法》等法律的规定，不能申请复议，而只能依法向法院提起民事诉讼。其原因在于，一方面行政仲裁程序接近司法程序，已具有对行政机关的监督功能；另一方面，不服行政仲裁，表面上看是官民之间的行政纠纷，实际上仍是民事主体间的纠纷。直接向法院提起民事诉讼，可避免先申请行政复议、提起行政诉讼，再解决劳动争议和人事争议的繁琐和累赘。

问题探讨 行政裁决可否适用行政复议的救济?

行政裁决，就是行政机关依法对与行政管理秩序相关的民事纠纷(主要包括权属纠纷、赔偿纠纷、补偿纠纷和民间纠纷)的居间裁断。行政相对人对民事纠纷的行政裁决不服是否可以提起行政复议，目前立法并无

① 如《行政监察法》第 37 条规定：“国家公务员和国家行政机关任命的其他人员对主管行政机关作出的行政处分决定不服的，可以自收到行政处分决定之日起 30 日内向监察机关提出申诉，监察机关应当自收到申诉之日起 30 日内作出复查决定；对复查决定仍不服的，可以自收到复查决定之日起 30 日内向上一级监察机关申请复核，上一级监察机关应当自收到复核申请之日起 60 日内作出复核决定。”

统一和明确的规定。《行政复议法》第6条第4项提到，对土地、森林、草原、水源、滩涂等自然资源的所有权或使用权纠纷采用确权形式的行政裁决，可以申请复议，但该项没有明确自然资源领域之外的其他权属纠纷的行政裁决是否可申请复议，以及赔偿纠纷、补偿纠纷和侵权纠纷的行政裁决可否提起复议。结合《行政复议法》第8条第2款关于"不服行政机关对民事纠纷作出的调解或者其他处理，依法申请仲裁或者向人民法院提起诉讼"的规定，似乎除了对自然资源的权属民事纠纷的裁决可以申请行政复议外，对其他行政裁决不能适用行政复议。另外，根据最高人民法院1991年和2000年对《行政诉讼法》的司法解释，对权属纠纷、赔偿纠纷和补偿纠纷的行政裁决可以向法院提起行政诉讼；而根据最高人民法院1993年发布的《如何处理经乡(镇)人民政府调处的民间纠纷的通知》的规定，对发生于公民间的人身权、财产权或其他日常生活中的民间纠纷的行政裁决不服，则只能对原民事纠纷提起民事诉讼。

那么，这是否意味着除自然资源领域的民事纠纷外，对其他民事纠纷的行政裁决不服就不能申请行政复议，或者行政裁决就可理解为实质的行政复议呢？实际上，无论从理论上，还是现行相关法律规定来看，这种观点都不正确。首先，行政裁决是一种居间裁断民事纠纷的具体行政行为，与审查行政纠纷的行政复议的本质完全不同。其次，从现有立法也不能得出法律排除行政裁决于行政复议范围外的结论。比如，根据《行政复议法》第1、2、6条的规定，只要公民、法人或者其他组织认为具体行政行为侵犯其合法权益，都可以向行政机关提起行政复议，行政裁决当然也不例外。上面的立法或司法规定也都没有明确将对民事纠纷的行政裁决排除于行政复议范围之外。再次，其他法律性文件的规定也为这样的观点提供了佐证，如我国《城市房屋拆迁行政裁决工作规程》第16条、《国有资产产权纠纷调处工作试行规则》第21条等也突破《行政复议法》的规定，肯定了对该领域纠纷的行政裁决不服可适用行政复议。

第三节 行政复议法律关系主体

一、行政复议机关与复议机构

1. 行政复议机关

根据《行政复议法》第3条规定："依照本法履行行政复议职责的行政机关是行政复议机关。"也就是说，行政复议机关，是指依法受理复议申请，审查被申请的行政行为的合法性、适当性，并作出复议决定的行政机关。

行政复议机关具有下列特征：(1)行政复议机关原则上是行政机关。行政复议机关与行政机关是双位一体的国家机关，既承担作为行政机关的一般行政职能，又承担作为复议机关的以第三方身份解决行政纠纷的复议职能。[①]但"由于我国机构设置的不规范，以及变革时期行政管理的特点，各级人民政府设置了一些管理一定行政事务的直属事业单位、其他组织以及它们的下设机构。如果这些组织的下设机构是法律法规授权的组织，则这些其他组织就成为行政复议机关"[②]。(2)行政复议机关是有行政复议权的行政机关。在我国，并不是所有的行政机关都有行政复议权，只有法律授权的行政机关才享有复议权。如乡、镇人民政府及各级政府的非行政主管部门都不能成为行政复议机关。[③]《行政复议法》没有授予其行政复议权。(3)行政复议机关是能以自己的名义行使行政复议权，并对其行为后果独立承担法律责任的行政机关。

2. 行政复议机构

根据《行政复议法》第3条规定，"行政复议机关负责法制工作的机构具体办理行政复议事项"。也就是说，行政复议机构是复议机关的内设工作机构，

---

① 胡建淼：《行政法学》，法律出版社2003年版，第525页。

② 张越：《行政复议法学》，中国法制出版社2007年版，第204页。

③ 根据《行政复议法》的规定，享有行政复议权的行政机关包括：(1)县级和县级以上地方各级人民政府；(2)各级人民政府工作部门的上一级主管部门，即县级(不包括县级)以上人民政府所属部门；(3)县级(不包括县级)以上地方人民政府的派出机关；(4)设立法律、法规、规章授权的派出机构的县级以上人民政府所属部门。不享有行政复议权的行政机关包括：(1)乡镇人民政府；(2)未设立派出机构的县级以上人民政府所属工作部门；(3)县级地方人民政府的派出机关；(4)县级以上人民政府的办公机构和内部工作机构。参见张越：《行政复议法学》，中国法制出版社2007年版，第203—205页。

具体负责行政复议案件的受理、审查和裁决工作。但行政复议机构不具有独立的行政机关法人地位，不能以自己的名义独立地对外行使职权，作出的复议决定需要行政复议机关的签署。

尽管行政复议机构隶属于行政复议机关，接受行政复议机关的领导，行政复议机构仍然依法具有受理、审查和裁决行政复议案件的程序性工作的职责和权力。

从我国现行法律和行政体制来看，行政复议机构设置具有“点多面广”的特点。大多数行政机关的复议机构只是在原法制工作的基础上增加了复议的职能，法制工作人员同时具备行政复议工作人员身份。只有国务院、省级和设区市一级政府设有专门的复议机构（复议处、复议科）和复议人员。[①]

二、行政复议参加人

行政复议参加人，是指与复议案件有利害关系而参加行政复议活动，并在行政复议程序中享有一定的权利和承担一定的义务的人。它主要包括行政复议的申请人、被申请人和第三人。

1. 申请人

申请人是指认为行政主体作出的具体行政行为侵犯其合法权益，而依法以自己的名义提起行政复议申请的公民、法人或者其他组织。根据法律规定，行政复议申请人必须具备下列条件：

（1）申请人必须是行政相对人。即与行政机关具体行政行为具有利害关系，是行政行为的相对方当事人。

（2）申请人主观上认为自己的合法权益受到了侵犯，而不论具体行政行为是否确实违法并侵犯了其合法权益。

在特定条件下，行政复议申请人的资格可以发生转移。根据《行政复议法》的规定，行政复议申请人资格转移的情况有以下两种：

（1）有权申请行政复议的公民死亡，其近亲属可以申请行政复议。近亲属包括其配偶、父母、子女、兄弟姐妹、祖父母、外祖父母、孙子女、外孙子女和其他具有抚养、赡养关系的亲属。

（2）有权申请行政复议的法人或者其他组织终止，承受其权利的法人或者其他组织的可以申请行政复议。

《行政复议法实施条例》还明确合伙企业、不具备法人资格的其他组织、股

---

① 姜明安、余凌云主编：《行政法》，科学出版社 2010 年版，第 632 页。

份制企业的复议申请人等问题。[①]

2. 被申请人

被申请人是相对申请人而言的。它指作出被申请行政复议的具体行政行为的行政主体，包括行政机关和法律、法规授权的组织。

根据《行政复议法》、《行政复议法实施条例》的规定，行政复议的被申请人主要有以下几种情形：

(1)一般情形。申请人对行政机关作出的具体行政行为不服申请复议的，作出该行政行为的行政机关是被申请人。

(2)特殊情形。《行政复议法》和《行政复议法实施条例》还规定了上述一般行政机关之外的主体实施行政行为时，确定被申请人的几种特殊情形：

第一，共同被申请人。当事人对共同行政行为[②]不服时，作出共同行政行为的多个行政机关或行政机关与法律、法规授权的组织为共同被申请人。但行政机关与(法律法规没有授权的)其他组织以共同名义作出具体行政行为的，只有行政机关为被申请人。

第二，内设机构与派出机构作被申请人。依照《行政复议法》的规定，行政机关设立的派出机构、内设机构或者其他组织，依照法律、法规[③]的授权，以自己的名义作出的具体行政行为不服的，应当以派出机构、内设机构或其他组织作为被申请人。相反，行政机关设立的派出机构、内设机构或者其他组织，未

---

① 具体内容为：(1)合伙企业申请行政复议的，应当以核准登记的企业为申请人，由执行合伙事务的合伙人代表该企业参加行政复议；其他合伙组织申请行政复议的，由合伙人共同申请行政复议。上述规定以外的不具备法人资格的其他组织申请行政复议的，由该组织的主要负责人代表该组织参加行政复议；没有主要负责人的，由共同推选的其他成员代表该组织参加行政复议。(2)股份制企业的股东大会、股东代表大会、董事会认为行政机关作出的具体行政行为侵犯企业合法权益的，可以以企业的名义申请行政复议。

② 根据《行政复议法》第15条第4款和《行政复议法实施条例》第12条规定，共同行政行为包括两个及两个以及行政机关以共同名义作出同一具体行为，也包括行政机关和法律、法规授权的组织以共同名义作出的具体行政行为。

③ 根据《行政复议法》第15条第1款第3项的规定，授权依据只有“法律、法规”而不包含“规章”。原《行政复议条例》第15条第1款规定的“规章”也可以授权非行政机关的组织行使行政管理权，这一规定与《行政诉讼法》第25条、《行政处罚法》第17条等的规定不一致，《行政复议法》第15条第1款第3项予以取消。为了确保授权的统一性和权威性，授权组织应当限定在法律、法规授权范围内，非行政机关的组织依据行政规章及规章以下的规范性文件而行使行政权力的，不属于授权、而应是委托。参见田思源著：《行政法与行政诉讼法学》，清华大学出版社2011年版，第261页。

经法律、法规授权，对外以自己名义作出具体行政行为的，则该行政机关为被申请人。

旁评附注 **超越授权范围作出行政行为时，如何确定被申请人？**

行政机关设立的派出机构、内设机构或者其他组织超越授权范围作出行政行为时，确定被申请人资格比较复杂。实务中通常要区分“幅度越权”和“种类越权”两种情况。

(1)幅度越权。内设机构与派出机构超越了法定授权的幅度作出行政行为的(如派出所作出1000元而不是法定的500元以下的罚款决定)，属于“幅度越权”，仍以作出行政行为的内设机构或派出机构为被申请人。

(2)种类越权。内设机构与派出机构作出了完全没有获得授权的行为(如派出所作出了行政拘留决定)，属于“种类越权”，此时应当以其所在机关作为被申请人。①

3.第三人

《行政复议法实施条例》第9条规定：“行政复议期间，行政复议机构认为申请人以外的公民、法人或者其他组织与被审查的具体行政行为有利害关系的，可以通知其作为第三人参加行政复议。行政复议期间，申请人以外的公民、法人或者其他组织与被审查的具体行政行为有利害关系的，可以向行政复议机构申请作为第三人参加行政复议。”也就是说，行政复议中的第三人指因与被申请复议的具体行政行为有利害关系，通过申请或者复议机关通知，参加到行政复议中去的公民、法人或者其他组织。

第三人在行政复议中具有独立的法律地位。第三人在行政复议中不依附于申请人或者被申请人，享有与申请人基本相同的复议权利。②从行政复议实践来看，第三人主要有两种类型：

(1)申请人型的第三人，即行政相对人作为第三人。它主要包括三种情形：第一，行政处罚案件中的被处罚人或者权益受被处罚人侵害的人。在行政复议中，如果被处罚人提起行政复议，则受害人可以作为第三人参加行政复议；如果受害人提起行政复议，则受处罚人可以作为第三人参加行政复议。第二，行政处罚案件中的共同被处罚人。在有共同被处罚人的行政处罚案件中，

① 参见林鸿潮著：《行政法入门》，中国法制出版社2012年版，第205—206页。

② 第三人有提出自己独立的复议主张，参加复议活动，委托复议代理人，对事实认定和处理结果陈述意见的权利，也有对行政复议决定不服时提起行政诉讼的权利。

有一部分被处罚人提起行政复议的,另外的被处罚人可以作为第三人参加行政复议。第三,行政裁决案件中的一方当事人。如果被裁决的民事纠纷的一方当事人申请行政复议,另一方当事人可以作为第三人参加行政复议。

(2)被申请人型的第三人,即行政机关作为第三人。它主要有两种情形:第一,两个行政机关就同一事实作出相互矛盾的具体行政行为,一方成为行政复议被申请人时,另一方可以是复议第三人。第二,对行政机关越权的具体行政行为申请行政复议的,被越权的行政机关可以作为第三人参加复议。

第四节 行政复议管辖及其适用规则

行政复议管辖,是指行政复议案件由哪个行政机关受理的制度。行政复议管辖是行政复议制度的重要内容。它对行政复议机关而言,是行政复议案件受理的权限和分工;对行政相对人而言,是行政复议案件依法向哪个复议机关申请的制度。

一、行政复议管辖制度的变迁

行政复议管辖的确定,既要考虑符合行政机关内部领导体制,便于行政机关行使行政复议权;又要做到就近、便民,便于申请人参加复议。同时也要考虑复议机关之间复议工作量的合理与均衡。

我国行政复议历来实行"上一级管辖"的基本原则,并在此基础先后进行了制度的调整和充实。为了发挥上级主管部门解决行政纠纷的专业性优势,1990 年颁布的《行政复议条例》规定了行政复议的"条条"管辖体制,即对县级以上的地方各级人民政府工作部门的具体行政行为不服申请复议的,由上一级相应的主管部门管辖。由于大多复议案件都是针对各工作部门的,实际上行政复议演变为"条条"为主的管辖体制。这一管辖体制实施不久,就暴露了其弊端:下级工作部门在作出具体行政行为时,通常都向上一级主管部门事先请示、沟通,再由上级主管部门审理案件,难以做到公正;同时,主管部门多数不在本地,给申请人申请复议带来了很多不便。

针对实施中发现的问题,1994 年对"条条"为主的管辖体制作了修改,规定了行政复议由申请人选择管辖的原则,即对县级以上的地方各级人民政府工作部门的具体行政行为不服申请的复议,由本级人民政府或者上一级主管部门管辖。也就是说,是由本级人民政府还是由上一级主管部门管辖,由复议申请人选择。但是由于该修改决定后,又进一步限定:法律、法规规定由本级人民政府管辖的,或者法律规定由上一级主管部门管辖的,从其规定。而多数法律规定的是只能向上一级主管部门申请复议,所以该修改决定并没有从根本上解决"条条"为主的管辖体制问题。

《行政复议法》总结了实践经验和教训,在明确申请人的管辖选择权的基础上,倾向于鼓励申请人向本级人民政府申请复议。同时对海关、金融、国税和外汇管理等实行垂直领导的行政机关规定了"条条"管辖体制①。《行政复议法实施条例》在《行政复议法》规定的海关、金融、国税、外汇管理等"垂直领导"的管辖基础上,进一步规定了省以下工商行政管理、质量技术监督、地税、食品药品监督等垂直管理部门实行由申请人选择管辖的原则②。《行政复议法》和《行政复议法实施条例》的规定确立了行政复议"以块块为主、条条为辅"的管辖体制。

二、行政复议管辖的具体适用

根据法律规定,我国行政复议管辖具体适用的规则为:

1.选择复议

具体情形有:

(1)对县级以上地方各级人民政府工作部门作出的具体行政行为不服的复议,由申请人选择,由本级人民政府或上一级主管部门管辖。

(2)对经国务院批准实行省以下垂直领导的部门,如工商行政管理、质量技术监督、食品药品监督管理等,可以选择向本级人民政府或者上一级主管部门申请行政复议(省、自治区、直辖市另有规定的除外)。

2.上级复议

具体情形有:

(1)上级政府管辖。对地方人民政府的具体行政行为不服的,由上一级地

---

① 《行政复议法》第12条第1款规定:"对县级以上地方各级人民政府工作部门的具体行政行为不服的,由申请人选择,可以向该部门的本级人民政府申请行政复议,也可以向上一级主管部门申请行政复议。"第2款接着规定了例外情形:"对海关、金融、国税、外汇管理等实行垂直领导的行政机关和国家安全机关的具体行政行为不服的,向上一级主管部门申请行政复议。"

② 即《行政复议法实施条例》第24条规定:"申请人对经国务院批准实行省以下垂直领导的部门作出的具体行政行为不服的,可以选择向该部门的本级人民政府或者上一级主管部门申请行政复议;省、自治区、直辖市另有规定的,依照省、自治区、直辖市的规定办理。"

方人民政府管辖。

(2)上级部门管辖。对海关、金融、国税、外汇管理等实行垂直领导的行政机关和国家安全机关的具体行政行为不服的,由上一级主管部门管辖。

3.原级复议

对国务院部门或者省、自治区、直辖市人民政府的具体行政行为不服的,向作出该具体行政行为的国务院部门或者省、自治区、直辖市人民政府申请复议①。

三、行政复议管辖的其他制度

1.转送管辖

除了上述选择管辖、上级管辖和原级管辖三类规则,《行政复议法》15条规定了五种情形的特殊案件,其复议管辖与以上规则不完全相同:

(1)对县级以上地方人民政府依法设立的派出机关的具体行政行为不服的,向设立该派出机关的人民政府申请行政复议;

(2)对政府工作部门依法设立的派出机构依照法律、法规或者规章规定,以自己的名义作出的具体行政行为不服的,向设立该派出机构的部门或者该部门的本级地方人民政府申请行政复议;②

(3)对法律、法规授权的组织的具体行政行为不服的,分别向直接管理该组织的地方人民政府、地方人民政府工作部门或者国务院部门申请行政复议;

(4)对两个或者两个以上行政机关以共同的名义作出的具体行政行为不服的,向其共同上一级行政机关申请行政复议;

(5)对被撤销的行政机关在撤销前所作出的具体行政行为不服的,向继续行使其职权的行政机关的上一级行政机关申请行政复议。

申请人对于这些特殊案件一般难以准确确定复议机关,为了方便申请人申请行政复议,对于这些案件,申请人除了向复议机关申请之外,也可以向具体行政行为发生地的县级政府提出复议申请。接受复议申请的县级政府可能

---

① 《行政复议法》同时规定,对行政复议决定不服的,可以向人民法院提起行政诉讼,也可以向国务院申请裁决,国务院依照《行政复议法》的规定作出的裁决是最终裁决。这一规定广受学界诟病,被认为是违背了"任何人不能做自己案件的法官"的自然公正原则和"司法最终裁决"的法治原则。而我国近年在《商标法》和《专利法》的修订中,已对其中有关行政终局裁决的规定予以废除。这是法治建设的大势所趋。

② 但如果派出它的机关是垂直领导部门,则复议机关中不包括其同级政府。如对县国税局(垂直领导部门)派出的税务所的具体行政行为不服的,复议机关就只有县国税局。

并非真正的复议机关，其扮演的是一个传递、转送的角色。县级政府对于其接受的复议申请应当作出判断，对于自己有权管辖的案件应当受理，对于自己无权管辖的案件应当在接到申请之日起 7 日内转送有权的复议机关，并告知申请人。

2. 指定管辖

指定管辖，是指两个或两个以上的行政机关因管辖权规定不明，在同一复议案件的管辖权发生争议，不能确定由谁来管辖时，由争议机关报请共同上一级机关指定管辖的制度。

3. 移送管辖

移送管辖，是指已受理复议案件的行政机关，审查后发现自己对该案件无管辖权时，将该案件移送给有管辖权的复议机关管辖的制度。

第五节　行政复议程序

行政复议包括复议申请、复议受理和复议审理等环节。

一、复议申请

1. 申请复议的条件

根据《行政复议法》的规定，行政复议的申请应当具备下列条件：

(1)申请人合格，即申请人与具体行政行为有着利害关系①；

(2)有明确的被申请人，即作出具体行政行为侵犯其合法权益的行政机关；

(3)有具体的复议请求和事实根据，即申请复议所要达到的目的和支持其请求的证据；

(4)属于复议范围和受理复议机关管辖；

(5)法律、法规规定的其他条件。

2. 申请期限

申请期限是指法律保护复议申请人申请权的有效期限。根据《行政复议

---

① 通常情况下，申请人是认为具体行政行为直接侵犯其合法权益的行政相对人。在特殊情况下，申请人资格也会发生转移，即有权申请复议的公民死亡的，其近亲属可以申请复议；有权申请复议的法人或者其他组织终止的，承受其权利的法人或其他组织可以申请复议。

法》的规定，行政复议申请期限为60日。行政复议申请人应在知道具体行政行为之日起60日内提出行政复议申请；但是法律规定的申请期限超过60日的除外[①]。因不可抗力或者其他正当理由耽误法定申请期限的，申请期限自障碍消除之日起继续计算。

旁评附注 **申请期限长与短的法律意义**

申请期限的长短关系到申请人权益的保障和复议效率。规定太长了不利于提高行政复议的效率，太短了又不利于保护相对人行使权利。我国原《行政复议条例》规定，“公民、法人和其他组织向有管辖权的行政机关申请复议应当在知道具体行政行为之日起15日内提出。法律、法规另有规定的除外。”这一管辖期限的规定偏短，不利于相对人行政复议申请权。同时还允许法律、法规有例外规定，导致实践中法律、法规关于复议期限的规定长短不一，最短的只有3日，最长的达3个月，中间的还有15日、30日不等。《行政复议条例》规定体现了行政效率优先的价值立场。而《行政复议法》将复议期限统一规定为60日，则有利于保障申请人行使复议申请权；同时只允许法律根据需要延长复议申请期限，排除了单行法律、法规缩减复议期限的权力。《行政复议法》显然把保障相对人的复议权利放在了首要的位置。这体现了行政复议法便民和相对人权利保障的价值立场。

3.申请方式

《行政复议法》规定，申请人既可以书面申请，也可以口头申请。书面申请可以采取当面递交、邮寄或者传真等方式提出。口头申请的，行政复议机关应当当场记录申请人的基本情况、行政复议的主要事实、理由和时间。

二、行政复议的受理

1.复议申请的处理

复议机关在收到复议申请后，依法应当在收到之日起5日内，对申请书进行审查并作出处理。

处理分为不予受理与受理两种情形：

---

① 对于行政不作为申请复议的期限的计算方法是：(1)有履行期限规定的，自履行期限届满之日起计算。(2)没有履行期限规定的，自行政机关收到申请满60日起计算。公民、法人或者其他组织在紧急情况下请求行政机关履行保护人身权、财产权的法定职责，行政机关不履行的，行政复议申请期限不受前述限制。

(1)不予受理。对不符合法定申请条件的行政复议申请,如超过复议期限或者人民法院已经受理的,依法决定不予受理,并告知申请人不予受理的理由。对符合法定条件,但是不属于本机关受理的行政复议申请,应当告知申请人向有关行政复议机关提出。

(2)受理。对于符合申请复议条件,且没有向人民法院提起诉讼的,依法应当决定受理。复议机关负责法制工作的机构收到复议申请之日即为受理日期。

对于行政复议申请材料不齐全或者表述不清楚的,行政复议机构可以自收到该行政复议申请之日起 5 日内书面通知申请人补正。补正通知应当载明需要补正的事项和合理的补正期限。无正当理由逾期不补正的,视为申请人放弃行政复议申请。补正申请材料所用时间不计入行政复议审理期限。

申请人就同一事项向两个或者两个以上有权受理的行政机关申请行政复议的,由最先收到行政复议申请的行政机关受理;同时收到行政复议申请的,由收到行政复议申请的行政机关在 10 日内协商确定;协商不成的,由其共同上一级行政机关在 10 日内指定受理机关。协商确定或者指定受理机关所用时间不计入行政复议审理期限。

上级行政机关认为行政复议机关不予受理行政复议申请的理由不成立的,可以先行督促其受理;经督促仍不受理的,应当责令其限期受理,必要时也可以直接受理。

2. 复议受理的效力

《行政复议法》规定,"行政复议期间具体行政行为以不停止执行为原则,以停止执行为例外"。停止执行的例外情形有:

(1)被申请人认为需要停止执行的;

(2)行政复议机关认为需要停止执行的;

(3)申请人申请停止执行,行政复议机关认为其要求合理,决定停止执行的;

(4)法律规定停止执行的。[①]

这一规定的行政法理论依据是行政行为的公定力原理。但在执法实践

---

① 如《治安管理处罚法》第 107 条规定:"被处罚人不服行政拘留处罚决定,申请行政复议、提起行政诉讼的,可以向公安机关提出暂缓执行行政拘留的申请。公安机关认为暂缓执行行政拘留不致发生社会危险的,由被处罚人或者其近亲属提出符合本法第 108 条规定条件的担保人,或者按每日行政拘留 200 元的标准交纳保证金,行政拘留的处罚决定暂缓执行。"

中，这一规定流于形式，常常是以停止执行为原则，以不停止执行为例外。而行政行为公定力理论在西方发达国家已开始松动，即使如公定力理论盛行的德国，也已开始实行在行政复议和行政诉讼期间停止执行行政行为的原则。①鉴于理论和实务的发展趋势，有必要在今后的立法中对该规定加以修改。

三、行政复议的审理

审理行政复议程序的关键阶段，是复议机关对复议案件的事实审查和法律适用的过程。

1.审理的方式和期限

行政复议原则上采取书面审查的办法，但是申请人提出要求或者行政复议机构认为有必要时，可以向有关组织和人员调查情况，听取申请人、被申请人和第三人的意见。对重大、复杂的案件，申请人提出要求或者行政复议机构认为必要时，可以采取听证的方式审理。

行政复议机关通过对复议案件进行审理，根据不同情况应当在受理行政复议申请之日起60日内分别作出不同决定，但法律另有规定的除外。

旁评附注　审理方式的变革——行政复议委员会的实践

对重大、复杂的案件，可以采取听证的方式审理。实务中较普遍的做法是引入行政复议委员会。1999年《行政复议法》实施后，贵州省政府于当年12月就成立了行政复议委员会。2006年哈尔滨和北京市先后建立了行政复议委员会制度，2008年在北京、黑龙江、江苏、山东、河南、广东、海南、贵州8个省、直辖市开展行政复议委员会试点工作，并取得了积极成果。

河南省郑州市政府成立的行政复议委员会，公开向社会招募11名懂法律的"市民"委员作为非常任委员。每次案件审理中非常任委员的比例不得低于40%，最高可达90%，这些非常任委员和市长一样，在重大行政复议案件中可以投出自己神圣的一票。由行政复议委员会负责审理"民告官"的重大案件，在委员会成员中引入社会资源，实行合议议决制度，能够大大提高行政复议审理的公正性和权威性。

2008年9月，国务院法制办公室发出了《关于在部分省、直辖市开展

① 参见[德]平特纳：《德国普通行政法》，朱林译，中国政法大学出版社1999年版，第141页。

行政复议委员会试点工作的通知》①，强调在行政复议委员会试点过程中探索并逐步推行相对集中行政复议审理权。相对集中行政复议权，可以解决行政复议权和行政复议力量过于分散的问题，逐步实现县级以上政府只设立一个综合性行政复议中心，统一审理下一级政府和本级政府部门及其派出机构作为被申请人的行政复议案件。目前，许多省市已经开始了相对集中行政复议权工作。

3. 审理依据

行政复议案件审理的依据是法律、行政法规、地方性法规、规章以及上级行政机关发布的具有普遍约束力的决定、命令。

行政复议机关在申请人申请或者在对被申请的具体行政行为进行审查时发现其依据的规范性文件不合法时，如果该规范性文件是由本机关或本机关的下级行政机关制定或发布，本机关有权处理的，应当在30日内依法处理；如果本机关无权处理，应当在7日内依法定程序转送有权处理的国家机关依法处理。处理期间，中止对具体行政行为的审查。

若是申请人在申请行政复议时，一并提出对“规定”的审查申请的，行政复议机关对该“规定”有权处理的，应当在30日内依法处理；无权处理的，应当在7日内按照法定程序转送有权处理的行政机关依法处理，有权处理的行政机关应当在60日内依法处理。处理期间，中止对具体行政行为的审查。

4. 举证责任

根据《行政复议法》第28条第4项的规定，被申请人不按照规定提出书面答复、提交当初作出具体行政行为的证据、依据和其他有关材料的，视为该具体行政行为没有证据、依据，复议机关应当决定撤销该具体行政行为。可见，一般而言，行政复议中需由被申请人就行政行为的合法性和合理性承担举证责任。

但在下面几种情形中，申请人应承担相应的举证责任：

(1)认为被申请人不履行法定职责的，须提供曾经要求被申请人履行法定职责而被申请人未履行的证据；

(2)申请行政复议时一并提出行政赔偿请求的，提供受具体行政行为侵害而造成损害的证据；

(3)法律、法规规定需要申请人提供证据材料的其他情形。

---

① 国法〔2008〕71号。

5.中止和终止

行政复议期间有下列情形之一，影响行政复议案件审理的，应中止案件审理：

(1)作为申请人的自然人死亡，其近亲属尚未确定是否参加行政复议的；

(2)作为申请人的自然人丧失参加行政复议的能力，尚未确定法定代理人参加行政复议的；

(3)作为申请人的法人或者其他组织终止，尚未确定权利义务承受人的；

(4)作为申请人的自然人下落不明或者被宣告失踪的；

(5)申请人、被申请人因不可抗力，不能参加行政复议的；

(6)案件涉及法律适用问题，需要有权机关作出解释或者确认的；

(7)案件审理需要以其他案件的审理结果为依据，而其他案件尚未审结的；

(8)其他需要中止行政复议的情形。行政复议中止的原因消除后，应当及时恢复行政复议案件的审理。

行政复议期间有下列情形之一的，行政复议终止：

(1)申请人要求撤回行政复议申请，行政复议机构准予撤回的；

(2)作为申请人的自然人死亡，没有近亲属或者其近亲属放弃行政复议权利的；

(3)作为申请人的法人或者其他组织终止，其权利义务的承受人放弃行政复议权利的；

(4)申请人与被申请人依照《行政复议法实施条例》第40条的规定，经行政复议机构准许达成和解的；

(5)申请人对行政拘留或者限制人身自由的行政强制措施不服申请行政复议后，因申请人同一违法行为涉嫌犯罪，该行政拘留或者限制人身自由的行政强制措施变更为刑事拘留的；

(6)上述行政复议中止的第(1)、(2)、(3)项满60日行政复议中止的原因仍未消除。

6.和解和调解

公民、法人或者其他组织对行政机关行使法律、法规规定的自由裁量权作出的具体行政行为不服申请行政复议，申请人与被申请人在行政复议决定作出前自愿达成和解的，应当向行政复议机构提交书面和解协议。但是和解内容应不损害社会公共利益和他人合法权益，否则行政复议机构应当不予准许。

有下列情形之一的，行政复议机关可以按照自愿、合法的原则进行调解：

(1)公民、法人或者其他组织对行政机关行使法律、法规规定的自由裁量权作出的具体行政行为不服申请行政复议的；

(2)当事人之间的行政赔偿或者行政补偿纠纷，当事人经调解达成协议的，行政复议机关应当制作行政复议调解书。行政复议调解书经双方当事人签字，即具有法律效力。调解未达成协议或者调解书生效前一方反悔的，行政复议机关应当及时作出行政复议决定。

问题探讨 行政复议职权可否自由处分？

若按照“职权法定”的传统行政法治原理，行政机关只能依法行使行政职权，对法定职权不享有自由处分权，因而行政争议断不容采取和解或调解方式解决。立法实践中也重申了这一原则，如《行政诉讼法》第50条明确规定了“审理行政案件，不适用调解”。

但是近年来，学者们认为对行政法治和职权法定的原则不能僵化理解。因为在不少情况下，法律只是规定了职权的原则、范围，而没有排除行政机关在一定的范围内行使自由裁量权。同时，在行政复议的实践中，和解与调解被大量运用于处理行政争议的过程中，并且取得了良好的效果。根据构建社会主义和谐社会的总体要求，为有效地化解行政争议，做到案结事了，《行政复议法实施条例》规定了行政复议的和解与调解制度。这是行政法学理论和制度上的一个重大创新。①

第六节 行政复议决定和执行

一、复议决定

1.维持决定

复议机关对被审理的具体行政行为，经审查后认为其事实清楚，证据确凿，适用依据正确，程序合法和内容适当的，则应当作出维持该具体行政行为的决定。维持决定是对该具体行政行为合法性的肯定，也是对申请人请求的否定。

2.履行决定

① 参见应松年主编：《行政法与行政诉讼法》，法律出版社2009年版，第438页。

复议机关对不履行法定职责或拖延履行法定职责的被申请的行政主体，作出责令其在一定期限内履行法定职责的决定。

3.撤销、变更和确认违法决定

具有下列情形之一的，复议机关作出撤销、变更或者确认该行为违法的决定：

(1)主要事实不清、证据不足的；

(2)适用依据错误的；

(3)违反法定程序的；

(4)超越或者滥用职权的；

(5)具体行政行为明显不当的。

“撤销”、“变更”和“确认违法”三种决定形式虽然法律规定的适用条件相同，但具体适用时还是有所侧重。撤销决定主要是适用于违法的具体行政行为，变更决定主要是适用于明显不当的具体行政行为，而确认违法决定是对不宜撤销、变更的补充。

《行政复议法实施条例》对变更决定的适用情形进一步规定为：

(1)认定事实清楚，证据确凿，程序合法，但是明显不当或者适用依据错误的；

(2)认定事实不清，证据不足，但是经行政复议机关审理查明事实清楚，证据确凿的。

《行政复议法》对确认违法决定的适用情形进一步规定为：

(1)不具有可撤销内容的事实行为(如违法打人等)、无法律效力行为(如无效或已执行完毕的行政行为)和不作为行为等；

(2)具有可撤销内容但撤销后将会给公共利益造成重大损失的。

复议机关在申请人的复议请求范围内，作出的变更决定不得对申请人更为不利，即禁止不利变更。复议机关作出撤销或者确认违法决定的，可以责令被申请人在一定期限内重新作出具体行政行为。被申请人不得以同一的事实和理由作出与原具体行政行为相同或者基本相同的具体行政行为。

4.赔偿决定

申请人在申请行政复议时可以一并提出行政赔偿请求，行政复议机关对符合国家赔偿法的有关规定应当给予赔偿的，在决定撤销、变更具体行政行为或者确认具体行政行为违法时，应当同时决定被申请人依法给予赔偿。申请人在申请行政复议时没有提出行政赔偿请求的，行政复议机关在依法决定撤销或者变更罚款，撤销违法集资、没收财物、征收财物、摊派费用以及对财产的查封、扣押、冻结等具体行政行为时，应当同时责令被申请人返还财产，解除对财产的查封、扣押、冻结措施，或者赔偿相应的价款。

5.驳回决定

有下列两种情形之一的，复议机关可以对复议申请作出驳回决定：

(1)申请人认为行政机关不履行法定职责申请，复议机关受理后发现该行政机关没有相应的法定职责或者在受理前已经履行了法定职责的；

(2)受理行政复议申请后，发现该复议申请不符合法定的受理条件的。

二、复议决定的执行

行政复议机关作出行政复议决定，应当制作行政复议决定书，加盖印章和送达当事人。行政复议决定书一经送达，即发生法律效力，行政复议申请人、被申请人和第三人都应当履行复议决定。

1.被申请人应当履行行政复议决定

对于被申请人不履行或者无正当理由拖延履行行政复议决定的，行政复议机关或者有关上级行政 机关应当责令其限期履行。

2.申请人和第三人应当履行行政复议决定

申请人或第三人逾期不起诉又不履行行政复议决定的，或者不履行最终裁决的行政复议决定的，按照下列规定分别处理：

(1)维持具体行政行为的行政复议决定，由作出具体行政行为的行政机关依法强制执行，或者申请人民法院强制执行；

(2)变更具体行政行为的行政复议决定，由行政复议机关依法强制执行，或者申请人民法院强制执行。

第七节　行政复议与行政诉讼的衔接

当行政相对人不服行政机关所作出的行政行为而寻求法律救济时，其是直接向法院起诉，还是先向行政复议机关提出复议然后再向法院起诉呢？行政复议和行政诉讼如何衔接不仅涉及司法权和行政权间的分工和协调，也关系到行政相对人合法权益能否获得及时、有效的维护。根据《行政诉讼法》、《行政复议法》和其他相关法律法规的规定，行政复议与行政诉讼间的衔接关系有如下几种：

一、自由选择关系

自由选择即行政相对人不服行政行为时，可先行政复议、再行政诉讼或直接行政诉讼。也就是说，相对人享有绝对的选择权。《行政诉讼法》第 37 条第 1 款规定：“对属于人民法院受案范围的行政案件，公民、法人或者其他组织可以先向上一级行政机关或者法律、法规规定的行政机关申请复议，对复议不服的，再向人民法院提起诉讼；也可以直接向人民法院提起诉讼。”该规定为行政复议和行政诉讼的自由选择提供了直接的法律依据。行政救济途径的自由选择有助于克服行政复议解决行政纠纷公正性的不足和避免因程序的繁琐而延长了行政纠纷的解决时间等等。①

在自由选择关系中，选择行政复议和行政诉讼的机会都只有一次，即相对人提起行政复议又撤回的，不得再复议，但可以诉讼；提起行政诉讼又撤回的，不可再诉讼，也不可复议。

旁评附注　自由选择带来的尴尬

行政复议和行政诉讼程序的自由选择，其目的在于维护相对人的实体权利。可是，如果当事人盲目选择时，有时竟会带来意想不到的后果。例如在一拆迁行政案件中，拆迁家庭成员共三人，其中夫妻二人均为行动不便的残疾人，另外一老人已七十多岁。该户在与负责拆迁的公司就拆迁安置事宜协商不成的情况下，房屋管理部门作出裁决，安置该家庭住在一个没有电梯的六楼顶楼的三居室。该户家庭成员遂以安置没有照顾到其特殊情况为由，直接向法院起诉，要求给个说法。但法院以房管部门裁决安置楼层的高低属于其自由裁量范围而无权审查为由，驳回起诉。在相对人选择直接向法院起诉而被驳回后，其不能再提起复议，因而相对人的权利无法得到救济。但假如相对人转换一种思路，不是直接向法院起诉，而是首先选择行政复议，复议机关就完全可能通过适当性审查解决自由裁量权行使的合理性问题，从而实现对相对人的权利救济。即便相对人对复议决定不服，仍然有机会再向法院起诉，通过法院对复议决定的合法性审查，敦促行政复议机关履行纠正不当行政行为的职责。可见，行政复议和行政诉讼的自由选择须慎重，避免“一次机会”用完后权利救济无门的尴尬。

---

① 参见许崇德、皮纳协主编：《新中国行政法学研究综述》，法律出版社 1991 年版，第 697 页。

对行政复议决定不服的，申请人可在收到复议决定书之日起15日内向人民法院提起诉讼。复议机关逾期不作决定的，申请人可以在复议期满之日起15日内向人民法院提起诉讼。[①] 但申请人有权提起行政诉讼并不等于一旦起诉一定能被法院受理。法院是否会受理还要看起诉是否符合行政诉讼法规定的起诉条件，如关于受案范围的规定，关于起诉期限的规定等。如申请人对有关“部分规范性文件”的行政复议决定不服又提起行政诉讼，因行政诉讼法明确排除了抽象行政行为的可诉性，故法院对该类案件不会予以受理。

二、限制选择关系

限制选择即行政相对人不服行政行为时，可选择行政复议也可以选择行政诉讼，但一旦选择了行政复议，就由行政复议机关作出终局性裁决。也就是说，相对人享有的法律救济方式的选择权是受限制的。

目前我国有三部法律规定了复议终局的情况：

(1)《中国公民出境入境管理法》第15条规定：“受公安机关拘留处罚的公民对处罚不服的，在接到通知之日起15日内，可以向上一级公安机关提出申诉，由上一级公安机关作出最后的裁决，也可以直接向当地人民法院提起诉讼。”

(2)《外国人入境出境管理法》第29条规定：“受公安机关罚款或者拘留处罚的外国人，对处罚不服的，在接到通知之日起15日内，可以向上一级公安机关提出申诉，由上一级公安机关作出最后裁决，也可以直接向当地人民法院提起诉讼。”[②]

(3)《行政复议法》第14条规定：“对国务院部门或者省、自治区、直辖市人民政府的具体行政行为不服的，向作出该具体行政行为的国务院部门或者省、自治区、直辖市人民政府申请行政复议。对行政复议决定不服的，可以向人民法院提起行政诉讼；也可以向国务院申请裁决，国务院依照本法的规定作出最

① 《行政诉讼法》第38条第2款的规定：“申请人不服复议决定的，可以在收到复议决定书之日起15日内向人民法院提起诉讼。复议机关逾期不作决定的，申请人可以在复议期满之日起15日内向人民法院提起诉讼。法律另有规定的除外。”

② 由于两个出入境管理法早于1986年通过并颁布，当时我国统一的行政复议制度还没有建立起来，对“行政复议”的称谓也并不统一，所以条文中的“申诉”就是“申请复议”，“最后的裁决”就是公安机关作出的行政复议决定为最终裁决，对其行政复议决定不能向人民法院提起行政诉讼。

终裁决。”①

三、复议前置关系

复议前置即相对人不服行政行为时，必须先申请复议，对复议决定不服才可以再向法院起诉。也就是说，行政复议是提起行政诉讼的前置程序。但是复议机关对复议申请决定不予受理或者受理后超过行政复议期限不作答复的，申请人可以自收到不予受理决定书之日起或者行政复议期满之日起 15 日内，依法向人民法院提起行政诉讼。

行政复议前置是行政复议和行政诉讼关系的例外，必须由法律法规予以规定，法律法规之外的规范性文件无权规定。② 这里的“法规”应作广义理解，除国务院的行政法规外，还包括地方性法规、自治条例、单行条例以及经济特区法规。行政复议前置主要适用于某些专业性较强的行政案件，其有利于发挥行政机关的专业技术优势和强化行政系统内部的监督机制。

根据有关法律规定，复议前置案件主要有以下三种情形：

(1)自然资源所有权或使用权确认案件。③即相对人对自然资源的权属发生争议后，行政机关对争议的自然资源的所有权或者使用权所作的确权决定。比如，甲村与乙村就某块土地的所有权发生争议，县人民政府经调查后决定该争议土地归甲村所有。若不服县人民政府处理决定寻求救济的，则该案属于复议前置案件。对涉及自然资源所有权或者使用权的行政处罚、行政强制措施等其他具体行政行为提起行政诉讼的，则不适用“复议前置”的规定，其仍属于复议、诉讼的自由选择案件。

---

① 该条规定比较复杂，既是二级复议终局，又是选择复议终局。首先它要求复议前置，即必须先行复议，且复议机关是作出具体行政行为的原机关；其次为选择管辖，即对原机关的一级复议不服，既可以选择提起诉讼，也可以选择申请二级复议，二级复议即为终局。二级复议和行政诉讼间即为自由选择关系。

② 《行政诉讼法》第 37 条第 2 款规定：“法律、法规规定应当先向行政机关申请复议，对复议不服再向法院提起诉讼的，依照法律、法规的规定。”

③ 《行政复议法》第 30 条第 1 款规定：“公民、法人或者其他组织认为行政机关的具体行政行为侵犯其已经依法取得的土地、矿藏、水流、森林、山岭、草原、荒地、滩涂、海域等自然资源的所有权或者使用权的，应当先申请行政复议；对行政复议决定不服的，可以依法向人民法院提起行政诉讼。”

(2)纳税争议案件。[1]税务管理相对人对税务机关、海关作出的征税行为，包括确认纳税主体、纳税数额和方式等决定不服的，适用复议前置的规定。但相对人对税务机关的处罚决定、强制执行措施或者税收保全措施不服的，则属于复议、诉讼自由选择案件。[2]

(3)涉及经营者集中的反垄断案件。国务院反垄断机构对经营者集中具有或者可能具有排除、限制竞争效果的行为作出禁止的决定，或对经营者集中行为不予禁止决定的附加决定(内容是"减少集中对竞争产生不利影响的限制性条件")，适用复议前置的规定。[3]

案例思考

杨某受某厂指派在本县范围内收购茶叶2万斤，厂方提供了介绍信、营业执照副本。杨某收购后未向税务机关纳税。县税务局知悉后即作出决定，杨某需缴纳增值税5000余元。杨某不服，认为自己是接受某厂的指派，与该厂是委托关系，其税款应当由厂方缴纳，县税务局未采纳杨某的意见，坚持要求杨某缴纳。杨某在规定期间不予缴纳，县税务局遂要求杨某缴纳相应税款、滞纳金，并处以罚款。杨某不服。

问题：杨某对税务机关上述哪些行为不可以直接向法院提起行政诉讼？

四、复议终局关系

复议终局即相对人对行政机关所作出的行政行为不服，只能通过行政复议的方式寻求救济，即使对行政复议决定不服，也不能提起行政诉讼。我国行政复议终局的情形主要有：

---

① 《税收征收管理法》第88条第1款规定："纳税人、扣缴义务人、纳税担保人同税务机关在纳税上发生争议时，必须先依照税务机关的纳税决定缴纳或者解缴税款及滞纳金或者提供相应的担保，然后可以依法申请行政复议；对行政复议决定不服的，可以依法向人民法院起诉。"《海关法》第64条也规定："纳税义务人同海关发生纳税争议时，应当缴纳税款，并可以依法申请行政复议；对复议决定仍不服的，可以依法向人民法院提起诉讼。"

② 参见《税收征收管理法》第88条第2款。

③ 参见《中华人民共和国反垄断法》第28、29和53条。

(1)省级政府确权的复议决定;①

(2)对部分作为具体行政行为依据的“规定”之复议决定;

(3)对不当具体行政行为作出的复议决定;②

(4)人身权、财产权之外的其他合法权益受到侵害,而法律、法规没有规定可提起行政诉讼的案件。③

例如,我国《集会游行示威法》第13条规定:“集会、游行、示威的负责人对主管机关不许可的决定不服的,可以自接到决定通知之日起3日内,向同级人民政府申请复议,人民政府应当自接到申请复议书之日起3日内作出决定。”该法没有进一步规定,对人民政府的复议决定不服是否可再向法院提起行政诉讼,因此,人民政府作出的复议决定在事实上便是终局裁决。

这里的复议终局情形与上述2中的选择性复议终局情形有所不同,相对人不能选择诉讼而只能复议并终局。该规定完全排除了行政诉讼的可能,当事人只有行政救济权而没有司法救济权。复议终局在事实上否定了法治国家所公认的司法最终原则相,从而造成了行政权对司法权大面积的侵蚀。以往支撑复议终局最有力的理由是专业性、技术性强的行政纠纷案不适合司法审查,如专利和商标纠纷。但我国在加入WTO后,对《专利法》和《商标法》作出了修改,取消了原来对商标和专利纠纷的行政终局裁决权的规定④,至此,专业性的复议终局理由也就不攻自破。

---

① 《行政复议法》第30条第2款规定:“根据国务院或者省、自治区、直辖市人民政府对行政区划的勘定、调整或者征用土地的决定,省、自治区、直辖市人民政府确认土地、矿藏、水流、森林、山岭、草原、荒地、滩涂、海域等自然资源的所有权或者使用权的行政复议决定为最终裁决。”

② 因行政复议与行政诉讼的审查标准不一样,前者既审查行政行为的合法性,也审查其适当性,而后者则只能审查其合法性。因此,对不当具体行政行为所作的复议决定就具有终局性。

③ 现行《行政诉讼法》第11条第2款的规定,侵犯人身权、财产权之外的其他合法权益的,只有在“法律、法规规定”的情况下,才能提起行政诉讼。

④ 原《专利法》第43条第3款、第49条第3款规定:专利复审委员会对关于实用新型和外观设计的复审请求所作的决定,对宣告实用新型和外观设计专利无效的请求所作的决定为终局决定。原《商标法》第22条规定:当事人对有关初步审定予以公告的商标裁决不服的,可以申请复审,由商标评审委员会作出终局裁定。

第十四章　国家赔偿

第一节　国家赔偿概述

公民、法人或其他组织合法权益因国家机关的侵权行为而受到损害，依宪法尊重和保障人权的精神和保护公民人身权、财产权的宗旨，国家应该承担对该损害予以弥补的责任。这就是国家赔偿责任。我国现行《宪法》规定，“由于国家机关和国家工作人员侵犯公民权利而受到损失的人，有依照法律规定取得赔偿的权利”。为落实宪法的这项原则，我国制订了一系列法律法规，为国家机关行使职权侵犯公民、法人或其他组织合法权益承担赔偿责任提供依据。1986 年《民法通则》规定：“国家机关或者国家机关工作人员在执行职务中，侵犯公民、法人的合法权益造成损害的，应当承担民事责任。”这是我国首部具体规定国家赔偿制度的法律，其为保证公民、法人取得赔偿权利发挥了一定作用。1989 年颁布的《行政诉讼法》用专门一章较为系统地规定了行政赔偿的具体制度，为国家赔偿制度的全面建立奠定了基础。1994 年 5 月 12 日，第八届全国人民代表大会常务委员会第七次会议通过了《国家赔偿法》，具体规定了包括行政赔偿和刑事赔偿在内的国家赔偿的具体范围、标准和程序等问题，标志着我国国家赔偿制度最终全面建立。该法还于 2010 年 4 月进行了修正。修正后的《国家赔偿法》扫除了一些阻碍国家赔偿的制度障碍，从而更有利于保障公民、法人和其他组织受到国家机关侵权后获得赔偿的权利。

一、国家赔偿责任的概念

国家赔偿，是指国家对因国家机关及其工作人员的违法行使职权而造成他人合法权益的损害给予赔偿的法律责任。

国家赔偿有以下几个特征：

(1)国家赔偿的责任主体是国家。虽然侵权行为是由不同的国家机关或机关工作人员实施的，法律也规定由这些国家机关履行具体赔偿义务，但是最终承担责任的主体不是这些机关或工作人员，而是国家，由国家从国库中支付赔偿费用。这与民事赔偿的“谁侵权，谁赔偿”原则不尽相同。

(2)国家赔偿是对国家机关及其工作人员的“行使职权”行为承担的责任。也就是说，国家对国家机关的民事行为和国家机关工作人员的个人行为不承担赔偿责任。

(3)国家赔偿是对国家机关及其工作人员的违法行为承担的责任。对于国家机关及其工作人员的合法行为造成的损失，国家不承担赔偿责任。这里的“法”是广义的“法”，既包括法律、法规和一切具有法律效力的规范性文件，也包括法的基本原则和精神。

(4)国家赔偿是国家依“法定情形”承担的责任。不仅国家赔偿范围依法具有限定性①，而且赔偿方式和标准也是法定的。

概念辨析　国家赔偿与相关概念

1.国家赔偿与行政赔偿、司法赔偿

国家赔偿包括行政赔偿和司法赔偿两部分，行政赔偿、司法赔偿同属于国家赔偿的一部分，都是行使职权行为引起的国家责任，其责任性质、赔偿方式和标准都是相同的。行政赔偿和司法赔偿最终都是由国家承担赔偿责任，赔偿费用由国家支付。

行政赔偿与司法赔偿的区别在于：行政赔偿是行使行政职权引起的赔偿责任，而司法赔偿是行使审判、检察、侦查、监狱管理职权引起的赔偿责任，二者在赔偿义务机关、赔偿范围、赔偿程序等方面有所区别。

2.国家赔偿与行政补偿

行政补偿是国家对行政机关及其工作人员因其合法行为而对相对人造成的特别损失给予弥补的法律制度。国家赔偿和行政补偿虽都是国家对受到特别损害的相对人的补救，但两者有着重大区别：

---

① 《国家赔偿法》明确了国家不承担赔偿责任的情形，对部分国家机关(如立法机关、军事机关)行为造成的损害，公有公共设施的致害，法院作出的民事、经济、行政错判，行政机关作出的抽象行政行为造成的损害，均不在赔偿范围之列，国家不予赔偿。

(1)发生的基础不同。国家赔偿是以违法行为为前提,而行政补偿是合法行为(如征收、征用等)引起的。

(2)性质不同。国家赔偿是国家对其违法行为承担的一种法律责任;而行政补偿则是一种非违法责任。

(3)补救范围不同。国家赔偿范围比行政补偿范围宽。虽然我国的国家赔偿不实行等价赔偿原则(只赔偿直接损失,而且主要是物质损失),但仍比行政补偿范围要宽,在许多情况下,法律规定的补偿仅是"适当"补偿而已。

3. 国家赔偿与民事赔偿

民事赔偿是指由平等民事法律主体之间的侵权行为而引发的民事责任。国家机关及其工作人员以民事主体身份实施的侵权行为仍属于民事侵权,国家机关对此承担的责任是以机关法人的身份承担民事赔偿责任。国家赔偿是从民事赔偿发展而来的,两者具有相通之处,都是对受损权益的恢复和补救。在美国,国家赔偿和民事赔偿在归责原则、诉讼程序以及赔偿范围等方面都基本相同。

我国国家赔偿制度是独立于民事赔偿的一种法律制度,两者在赔偿主体、发生的基础、归责原则以及赔偿程序、范围和方式等方面都不同。

二、国家赔偿责任的理论基础

国家应对公务侵权行为所致损害承担赔偿的理念,在19世纪中叶以前是不可想象的。在英美法系国家,基于"国王不能为非"(the King can do no wrong)的原理,认为国家当然地不存在违法行为,也就不存在侵权。政府及其公务员的行为被视为国家行为,享有主权豁免①。在大陆法系国家,公务员依法执行公务属职务行为,而违法执行公务则为个人行为。国家委托公务员执行公务,其所委托者为合法执行公务,而不是违法执行公务,因而若执行职务的公务员作出违法行为,是违反"职务授权"的行为,应由其个人承担民事负

① "主权豁免理论"是建立在"绝对主权"观念基础上的国家免责理论,盛行于资产阶级革命后的许多国家,该理论的核心内容是:"国家是主权者,主权的特征是对一切人无条件地发布命令,没有国家通过法律所表示的同意,不能要求国家负担赔偿责任,否则取消了国家主权"。参见王名扬:《法国行政法》,中国政法大学出版社1988年版,第710页。

责而不是国家来承担国家负责。① 这个历史阶段,世界各国普遍否定国家赔偿的责任。

直到19世纪末至20世纪初,伴随着国家职能的扩张和侵权现象的加重,在民权运动的压力下,一些国家在部分领域放弃国家主权豁免观念,开始有限地承认国家的赔偿责任。② 二战后,随着世界经济的迅速发展、民主政治和人权事业的长足的进步,许多国家开始通过判例和立法建立健全国家赔偿制度。美国、英国和日本二战以后相继公布的《联邦侵权赔偿责任法》、《王权诉讼法》和《国家赔偿法》,标志着这些国家已全面肯定国家对公务侵权行为所致损害应承担赔偿的责任。

国家赔偿制度的确立,既是各国抛弃"主权豁免理论"的结果,也是创立和发展国家赔偿理论的结果。在国家赔偿制度的建立和发展过程中,出现了多种国家赔偿理论。其中最具代表性的,可归纳为"国家法律人格理论"和"国家无过错责任理论"。

1. 国家法律人格理论

国家法律人格理论产生于罗马法时代,该理论将国家视为具有法律人格,在侵权问题上,和私人一样作为法人,对自己的侵权行为承担法律责任。该理论发展经历了两个阶段,其最初只承认作为财产权主体的国家在私法上是个法律上的权利和义务主体,后来发展为国家是一个统一的法律人格,是承担所有法律上(既包括公法,也包括私法)权利和义务的法人。

(1)国库责任论。18、19世纪,德国发展出了国库理论。该理论的核心主张是,国家具有双重人格,即私法人格和公法人格。国家在公法上是统治权主体,受主权豁免理论的影响,其不为任何法律所支配,也不接受任何法院的审判;国家在私法上是一个财产权主体,是可以拥有财产并从事经济活动的私法人。私人与国家发生财产上的争执,可以向国库请求,并向普通法院提起诉讼,涉讼时国库具有当事人资格③。根据该理论,公务员代表国家行使统治权的侵权行为,如征兵、课税、征收土地、维持治安等,致使人民遭受损害,国家亦不负赔偿责任。但是,公务员代表国家行使非属统治权的侵权行为时,如国家

---

① 田思源:《行政法与行政诉讼法》,清华大学出版社2011年版,第371页。

② 以法国为例,把国家行为区分为统治行为、管理行为和权力行为。对征兵、课税、立法和司法等统治行为,国家仍享有豁免权;对执行公务、管理公共财产等管理行为,国家承担赔偿责任;对邮政、航空等私经济行为,国家依照民法负担赔偿责任。

③ 德国法学家耶林内克(G. Jellinek)将国库喻为"不穿制服而以平民身份出现的国家"。

举办邮政事业、航空事业，致人民权利损害的，国家依据民法负责赔偿。[①] 国库责任论承认国家在私法上的赔偿责任，打破了“国王不能为非”的国家主权者神话，推动了国家赔偿观念的形成和发展。

(2)国家统一法人论。国库责任论建构的基础是将国家法律人格二元化，认为国家分为公法的国家法人和私法的国家法人两部分，作为公法的法人的侵权责任是豁免的，而作为私法的法人的侵权责任则应负担赔偿。然而，这种二元人格论的观点在理论上是难以自洽的，同时，认为国家的公法人格不受法律约束的观念，也越来越无法适应时代的发展要求。

于是，随着时代的发展，主张国家人格二元化的传统国库理论崩塌瓦解，国家作为一元的法律人格承担所有法律上权利义务的统一法人论应时而生。该理论主张国家既要承担私法上的法律义务，也要承担公法上的法律义务。也就是说，国家应服从法的支配，代表其从事公务的职员侵害了私人的合法权益，国家法人就应像私人那样，承担赔偿责任。[②]

2. 国家无过错责任理论

上述无论是国家责任论还是国家统一法人论，都是将国家拟人化，认为国家与私人一样应当在法律上承担相应的侵权赔偿责任。但两种理论都没能清晰地区分国家和私人在责任构成上的不同。如所周知，私人的侵权责任主要以过错为归责原则，例外、特殊情形下，才由法律规定无过错责任。相比之下，积极国家形态中的公务人员，由于执行的职务的繁杂和复杂性，即便公务人员竭尽公职注意义务，也难免会造成个人或组织正当权益的受损。从保障个人或组织合法权益的立场，而不是责难国家的立场出发，就需要国家承担相应的无过错赔偿责任。于是，支撑国家的无过错责任的一些理论应运而生，其中最典型的有风险论和公平负担论。

---

① 美国和法国也存在相似的制度和理念。美国于 1855 年成立了索赔法院(Court of Claims Act)，但索赔法院主要限于私法上的索赔事项，只能受理法律和法规规定的金钱要求，私人和政府之间的明白的或默示的合同产生的金钱要求。行政机关侵权行为仍在主权豁免范围之内，只有政府通过其设立的公司进行活动时，才被认为与私人公司地位相似，必须接受任何私人公司同样的法律义务。法国曾经将国家行为划分为权力行为与管理行为两种。权力行为是国家行使统治权的行为，国家不对公务人员在从事此类行为时造成侵害的负责赔偿。但是，如果公务人员实施的是权力行为以外的其他管理行为时，国家就应当依据民法关于雇用人与受雇人或者法人与其代表机关的规定负担损害赔偿。参见王名扬：《美国行政法》，中国法制出版社 1995 年版，第 735、737、738 页；叶百修：《国家赔偿法》，载翁岳生编：《行政法》(下册)，中国法制出版社 2002 年版，第 1551—1552 页。

② 参见李洪雷：“德国行政法学中行政主体概念的探讨”，载《行政法学研究》2000 年第 1 期。

(1)危险责任理论。危险责任理论产生于20世纪中叶的法国。该理论的核心主张是,国家的行为,甚至当无过错时,可能会在一定情形下产生风险。如果危险变为现实并且个人因此遭受伤害或损失,国家应该向其补偿。换言之,国家承担侵权责任是不以其行为的故意或过失为要件的,只要"国家或公共团体,其公务员因行使公权力执行公务,所形成之特别危险状态,致人民之权利发生损害,法律上不评价其原因行为之内容,而由国家负损害赔偿责任"。① 危险责任理论与传统民法观念一脉相承。传统民法认为任何人由于某种行为而得利时,必须对由该行为而产生的危险承担责任,不能受益而不担责。根据这一原理,行政机关作出追求公共利益的行为也伴随着损害他人利益的危险,所以,行政主体需负担无过错责任。②

(2)公平负担理论。公平负担理论同样起源于法国。该理论的核心主张是,政府所有活动都是为公共利益而实施,因此,社会全体成员应该为政府活动平等地分担费用。由于国家与公民之间的命令服从关系,必然给公民造成损害。政府侵权活动对受害人造成的损害,应该是受害人在一般纳税负担以外的额外负担,这种额外负担应当平等地分配于社会全体成员。国家应该以全体纳税人交纳的税收收入来赔偿受害人蒙受的损失。③

危险责任论和公平负担理论都旨在证成国家的无过错赔偿责任。当然,实践中,国家负担无过错责任的情形是需要受到一定限制的,即必须顾及到国家财政能力而不能无限扩展。

三、国家赔偿的归责原则

1.我国国家赔偿制度的归责原则之变迁

归责即责任的归属。国家赔偿法的归责原则即指确定国家承担赔偿责任的标准和依据。归责原则要解决的是,当受害人某种权益受到损害后,国家是否赔偿以及以什么为依据确定赔偿的问题,例如是以行为人的过错为依据,还是以已发生的损害结果为依据,抑或以行为的违法为依据。④归责原则有利于确定国家赔偿范围、赔偿程序和免责条件。

1994年《国家赔偿法》规定,国家只对国家机关和工作人员违法行使职权

---

① 曹兢辉:《国家赔偿立法与案例研究》,(中国台湾)三民书局1988年版,第15页。

② 参见王名扬:《法国行政法》,中国政法大学出版社1997年版,第727页。

③ 参见王名扬:《法国行政法》,中国政法大学出版社1988年版,第711页。

④ 参见薛刚凌主编:《国家赔偿法教程》,中国政法大学出版社1997年版,第41页。

对受害人的损害承担赔偿责任，也就是说立法机关采取了违法归责原则。国家赔偿的违法归责原则与行政复议法、行政诉讼法的规定如出一辙①，它简单明了，易于操作性。但该原则无法解决诸如事实行为的损害赔偿和刑事赔偿等问题②。

鉴于这些问题，2010 年修正的《国家赔偿法》取消了单一的违法归责原则，其第 2 条第 1 款规定："国家机关和国家机关工作人员行使职权，有本法规定的侵犯公民、法人和其他组织合法权益的情形，造成损害的，受害人有依照本法取得国家赔偿的权利。"该条删去了原《国家赔偿法》第 2 条"国家机关和国家机关工作人员违法行使职权"中的"违法"二字。这意味着修改后的《国家赔偿法》承认了包括违法归责原则和结果归责原则在内的多元归责原则。也就是说，即便国家机关及其工作人员的行为并不违法，只要有过错或者从结果上看已经造成损害的，国家仍需承担赔偿责任。这使得国家赔偿制度能更好地适应社会现实的需要。

2. 行政赔偿的归责原则

从我国《国家赔偿法》规定的赔偿范围来看，国家赔偿包括行政赔偿和司法赔偿两方面。但行政赔偿和司法赔偿的归责原则有所不同。从总体上看，特别是从《国家赔偿法》(2010 年)中第 3 条和第 4 条规定的行政赔偿范围③来看，行政赔偿领域中适用的仍是违法归责原则。

---

① 《行政复议法》第 1 条、第 2 条和《行政诉讼法》第 1 条、第 2 条、第 5 条的规定，都是关于国家机关和国家机关工作人员违法侵犯公民合法权益的情形。

② 例如，一债主怀揣着一个热水袋强行进入债务人家讨债，声称要与他们同归于尽。债务人妻误以为其怀揣一炸药包，遂速报警，警察赶到后将"犯罪嫌疑人"击毙。此案中警察为保护更大范围人民群众的生命安全，依据《人民警察法》将其击毙，很难认定其行为违法。又如，执法人员进入某企业生产场所检查，不小心将一贵重花瓶打碎，其行为是事实行为，不能以"违法标准判断"。因此，国家赔偿的归责原则要走向多元化。

③ 该法第 3 条规定："行政机关及其工作人员在行使行政职权时有下列侵犯人身权情形之一的，受害人有取得赔偿的权利：(一)违法拘留或者违法采取限制公民人身自由的行政强制措施的；(二)非法拘禁或者以其他方法非法剥夺公民人身自由的；(三)以殴打、虐待等行为或者唆使、放纵他人以殴打、虐待等行为造成公民身体伤害或者死亡的；(四)违法使用武器、警械造成公民身体伤害或者死亡的；(五)造成公民身体伤害或者死亡的其他违法行为。第 4 条规定，行政机关及其工作人员在行使行政职权时有下列侵犯财产权情形之一的，受害人有取得赔偿的权利：(一)违法实施罚款、吊销许可证和执照、责令停产停业、没收财物等行政处罚的；(二)违法对财产采取查封、扣押、冻结等行政强制措施的；(三)违法征收、征用财产的；(四)造成财产损害的其他违法行为。"

这里的"违法"应作广义的理解，它包括：(1)违反法律、法规和其他具有普遍约束力的规范性文件的，造成他人权益损害的；(2)违反诚信原则、尊重人权原则以及公序良俗原则等法的基本原则和精神，造成他人权益损害的；(3)提供错误信息、错误的指导等事实行为，造成他人权益损害的；(4)滥用或超越行使自由裁量权，造成他人权益损害的；(5)没有履行对特定人的法律义务或尽到合理注意等不作为行为，造成他人权益损害的。[①] 只有对"违法"作广义的理解，才能最大限度地保护行政相对人的合法权益和严格地规范国家机关及其工作人员的行为。

3. 司法赔偿的归责原则

由于司法活动的复杂性和不确定性，决定了在司法活动中所发生的损害亦可能由多种因素导致，司法权被违法行使并非唯一因素，有时损害的发生甚至是由司法权正当、合法行使所导致。从保护受害人权益的角度来看，某一受害人若因非归咎于自己的原因蒙受损害，则应当获得救济。即使该损害系由司法权合法、正当地行使所造成，该损害亦不应由其独自忍受。我国修改后的《国家赔偿法》改变了原《国家赔偿法》把违法归责原则作为我国国家赔偿唯一归责原则的做法，从《国家赔偿法》(2010 年)第 17 条规定的刑事赔偿范围[②]和第 38 条规定的民事诉讼和行政诉讼中的司法赔偿范围[③]来看，司法赔偿实行的是"违法归责"和"结果归责"相结合的多元归责原则。

虽然《国家赔偿法》(2010 年)第 17 条的第 1、3、4、5 项规定的刑事赔偿，以及第 38 条规定的民事诉讼和行政诉讼中的司法赔偿，仍然坚持了违法归责原则，但第 17 条第 2 项规定，"对公民采取逮捕措施后，决定撤销案件、不起诉

---

① 参见应松年主编：《国家赔偿法研究》，法律出版社 1995 年版，第 84 页；马怀德主编：《行政法与行政诉讼法》，中国政法大学出版社 2012 年第 2 版，第 572 页。

② 该法第 17 条规定："行使侦查、检察、审判职权的机关以及看守所、监狱管理机关及其工作人员在行使职权时有下列侵犯人身权情形之一的，受害人有取得赔偿的权利：(一)违反刑事诉讼法的规定对公民采取拘留措施的，或者依照刑事诉讼法规定的条件和程序对公民采取拘留措施，但是拘留时间超过刑事诉讼法规定的时限，其后决定撤销案件、不起诉或者判决宣告无罪终止追究刑事责任的；(二)对公民采取逮捕措施后，决定撤销案件、不起诉或者判决宣告无罪终止追究刑事责任的；(三)依照审判监督程序再审改判无罪，原判刑罚已经执行的；(四)刑讯逼供或者以殴打、虐待等行为或者唆使、放纵他人以殴打、虐待等行为造成公民身体伤害或者死亡的；(五)违法使用武器、警械造成公民身体伤害或者死亡的。"

③ 该法第 38 条规定："人民法院在民事诉讼、行政诉讼过程中，违法采取对妨害诉讼的强制措施、保全措施或者对判决、裁定及其他生效法律文书执行错误，造成损害的，赔偿请求人要求赔偿的程序，适用本法刑事赔偿程序的规定。"

或者判决宣告无罪终止追究刑事责任的”，国家应当承担赔偿责任，该规定已突破了旧法的局限，在刑事赔偿中确立了结果归责原则。结果归责原则既不考虑加害人的过错，也不考虑受害人的过错，国家承担刑事赔偿的依据是法律事先设定的特定的违法结果或者状态。从责任的性质看，其不在于对违法行为的制裁和对司法侵权人行为的非难，而更多地在于对受害人合法权益的保护。特别是刑事诉讼程序往往涉及公民的人身自由，适用结果责任原则可以最大限度地保护无辜公民，减少让特定公民独自承受因违法或者错误追究犯罪、维护秩序所产生的风险的情形。①

四、国家赔偿责任的构成要件

国家赔偿构成要件，也即国家赔偿成立要件，是国家承担赔偿责任的各种必要条件。国家赔偿构成要件为确定国家是否承担赔偿责任提供标准。司法实务中，受害公民、法人或其他组织提出赔偿请求时，须对国家机关的行为是否符合各个构成要件进行证明。

国家赔偿构成要件与国家赔偿归责原则既有联系又有区别。因现实中并非一切由国家机关引起的受害人的损失都可获得国家赔偿，受害人的损害由国家负担需要有正当事由。归责原则即是受害人损失转嫁给国家的正当事由，其反映了国家赔偿的价值取向。而国家赔偿构成要件则是国家赔偿责任是否成立的具体判断标准，要最终确定国家是否应当承担赔偿责任，单凭归责原则无法作出判断。当然，国家赔偿适用的归责原则不同，其构成要件也会有所不同。如适用违法归责原则时，违法事由就成为其构成要件之一；而适用结果归责原则时，违法事由就不是其构成要件。

根据我国 2010 年修订的《国家赔偿法》第 2 条规定，“国家机关和国家机关工作人员行使职权，有本法规定的侵犯公民、法人和其他组织合法权益的情形，造成损害的，受害人有依照本法取得赔偿的权利”，我们认为，国家赔偿责任的构成要件包括侵权主体、职务行为、损害事实和因果关系四个方面。

1. 侵权主体

国家赔偿是因国家侵权行为所引起的赔偿责任。但国家是个抽象的实体、不具有自然人格，其对公民、法人或其他组织合法权益的侵犯，是通过国家机关及代表其行使职权的公务人员的行为造成的。所以国家机关和国家机关

① 参见马怀德主编：《行政法与行政诉讼法》，中国政法大学出版社 2012 年第 2 版，第 598 页。

工作人员才是真正的侵权主体①。

国家机关包括国家权力机关、国家元首、行政机关、司法机关、军事机关，这些机关所实施的行为都有可能侵犯公民、法人或其他组织的合法权益。倘若所有这些国家机关及其工作人员的职权行为造成损害的，都由国家承担赔偿责任，不仅国家财力会不堪重负公务活动也难以正常开展。因而，哪些国家机关及工作人员的职务侵权行为会带来国家赔偿责任，是有严格限制的。

我国《国家赔偿法》(2010 年修订后)第 2 条规定，"国家机关和国家机关工作人员行使职权，有本法规定的侵犯公民、法人和其他组织合法权益的情形，造成损害的，受害人有依照本法取得国家赔偿的权利。"这里的"依照本法取得国家赔偿的权利"是对"国家机关和国家机关工作人员"范围的限定用语。根据该条后面条款的有关规定②，通过系统解释可知，我国《国家赔偿法》的"国家机关"实际上限定在行使行政职能以及司法职能的国家行政机关与司法机关③，不包括立法机关。

问题探讨 **自愿协助公务致人损害的，是否由国家赔偿？**

现实中，有热心或好心的自愿协助公务者(如在警察追赶逃犯时协助围堵)，在协助公务过程中导致他人损害(如用木棒打人致死)，国家是否负担赔偿呢？有学者认为，只要自愿协助者的侵权行为，是在执行公务必

① "侵权主体"与"责任主体"和"赔偿义务主体"均不同。责任主体指的是侵权赔偿责任的最终归属者，即国家。而赔偿义务主体是指代表国家办理赔偿事宜的具体组织，它只能是具有独立承担法律责任地位的组织。

② 该法第 3 条："行政机关及其工作人员在行使行政职权时有下列侵犯人身权情形之一的，受害人有取得赔偿的权利……"；第 7 条第 3 款："法律、法规授权的组织在行使授予的行政权力时侵犯公民、法人和其他组织的合法权益造成损害的，被授权的组织为赔偿义务机关"；第 7 条第 4 款："受行政机关委托的组织或者个人在行使受委托的行政权力时侵犯公民、法人和其他组织的合法权益造成损害的，委托的行政机关为赔偿义务机关"；第 17 条："行使侦查、检察、审判职权的机关以及看守所、监狱管理机关及其工作人员在行使职权时有下列侵犯人身权情形之一的，受害人有取得赔偿的权利……"。这些条款都或明或暗规定造成侵害的行为主体范围。

③ 需指出的是，这里的行政机关和司法机关都应从广义上去理解。"国家行政机关"既包括行使行政职权的各级政府及其所属部门或机构，也包括法律、法规授权行使行政管理职能的社会组织。"国家司法机关"包括享有刑事侦查权的各级公安机关和国家安全机关，享有侦查权和检察权的各级人民检察院和专门检察院，享有审判权的各级人民法院和专门人民法院以及看守所、执行刑罚的监狱管理机关。

要的范围内发生的，国家就应承担责任；超出该必要范围，国家就不负责任。[①] 这种说法似乎肯定自愿者行为属于公务行为，但并没有进一步的说理。也有学者认为，自愿协助者之行为，应当构成公法上的无因管理，国家不负担赔偿责任。[②]

笔者认为，上述两种观点都有失偏颇，不能一概而论。应该根据自愿协助者行为情形区分不同类型：(1)行政委托。如果有国家机关工作人员的明示(如发出请求)或默认(如明知而未拒绝)的意思表示，自愿协助者参与公务应认定为行政委托，自愿者致害行为应由国家承担赔偿责任。[③] (2)无因管理。自愿者在没有国家机关委托情况下，主动协助履行公务、维护社会公共利益，属于无因管理。若自愿者已尽到善良管理人的注意义务情况下，仍致人损害的，应视为无因"管理人"(即国家)的侵权，由"管理人"承担其法律效果，赔偿侵权损害。若自愿者未尽合理注意义务，因故意或重大过失而致他人损害的，国家机关可不予承认，由自愿者自己负担侵权责任。

2. 职务行为

《国家赔偿法》第 3 条规定："行政机关及其工作人员在行使职权时有下列侵犯人身权情形之一的，受害人有取得赔偿的权利"。又在第 5 条规定："属于下列情形之一的，国家不承担赔偿责任：行政机关工作人员与行使职权无关的个人行为……"。可见，引起国家赔偿的行为必须是行使职权或与行使职权有关的行为[④]。换言之，只有侵权主体实施的与职权有关的职务行为，方能引起国家赔偿，而与其职权无关的民事行为、非权力行为(如行政指导等)和个人行为都不能引起国家赔偿。

---

① 参见应松年主编：《国家赔偿法研究》，法律出版社 1995 年版，第 69 页。

② 参见周友军、麻锦亮：《国家赔偿法教程》，中国人民大学出版社 2008 年版，第 72 页。

③ 杨小君教授也有相似观点，认为如果国家机关及其工作人员明确拒绝自愿者行为，则自愿者行为就不是职务行为。参见杨小君：《国家赔偿法律问题研究》，北京大学出版社 2005 年版，第 251 页。

④ 值得注意的是，这里的"行使职权"应作广义理解，其实际上也包括了"不行使职权"即不作为的意思。因为，应当行使职权而不行使，应当作为而不作为，也是在行使职权。2001 年 6 月 26 日最高人民法院通过的一份批复(《关于公安机关不履行法定行政职责是否承担行政赔偿责任问题的批复》)也明确表达了这样的见解。该批复指出："由于公安机关不履行法定行政职责，致使公民、法人和其他组织的合法权益遭受损害的，应当承担行政赔偿责任。"

案例思考

2014年6月7日，重庆幼儿师范高等专科学校学生小蒋就要步入高考考场，却发现准考证不见了。经仔细回忆，才想起准考证可能落在了前几天去过的一家服装店里。时间尚早，服装店还未开门，一时之间无法联系上店主。情急之下，班主任拨打了"119"报警电话，万州消防支队红光中队官兵接警后，立即赶赴该家服装店，利用切割机破门进入服装店内，将小蒋的准考证顺利找回。

问题：消防为帮助学生找回准考证，在没有通知店主的情况下破门，这是否为职务行为？造成服装店的损失该由谁来买单？

然而，实务中要认定侵权主体实施的行为是否为职务行为并不容易。例如，警察下班后身穿便衣逛商场，遇歹徒抢劫他人，追赶并将其制服，此行动是行使其职权的公务行为呢，还是普通公民见义勇为的个人行为？或者，警察下班回家，还身穿制服，遇歹徒抢劫他人，其不闻不问，该行为是怠于履行职责的行为，还是普通公民的一种临危选择？对此，学术界主要有两种判断标准：其一是主观标准说，即以行为目的为标准，只要能证明行为人行使职权的主观意思是基于公益目的而不是个人目的即可；其二是客观标准说，即以行为外观（如行为发生的时间、地点和行为名义等）为标准，只要行为从外观上依社会观念可认为是行使职权的即可。

主观标准的缺陷在于它必须考察和证明行为人的内心状态，实务中很难操作。而客观标准着眼于行为外观形式与行使职权的联系，既有利于操作也有利于扩大对相对人合法权益的保护范围。鉴于客观标准的优点，我国实定法上倾于客观标准。《国家赔偿法》使用"与行使职权有关"的表述，就非常类似于客观标准。

然而，客观标准也有过于抽象、不够精确的缺点，它只能对职务行为的范围作出初步认定。要判断某一具体行为是否为职务行为，还须将客观标准分解为若干具体标准。同时，客观标准过于依据侵权主体行为外观的判断，可能会将纯粹出于个人动机的行为归入到职务行为范畴，以致国家承担不合理负担。为防止这种弊端出现，客观标准的运用必须在一定程度上融合主观标准的要素。①

① 关于职务行为认定的具体方法可参考本书第六章第三节中的"行政公务行为的认定标准"内容。

3.损害事实

由于国家赔偿制度的目的在于填补受害人的损害，因而损害事实的客观存在是国家承担侵权赔偿责任的首要条件。国家侵权主体实施的违法行为若没有造成任何损害事实，需要承担其他法律责任，但不承担国家赔偿责任。

理解国家赔偿责任的损害要件，必须明白：第一，国家承担赔偿的损害对象是什么？第二，国家承担赔偿的损害范围是什么？

我国《国家赔偿法》(2010)第2条规定："国家机关和国家机关工作人员违法行使职权侵犯公民、法人和其他组织的合法权益造成损害的，受害人有依照本法取得国家赔偿的权利。"该条明确了国家赔偿的损害对象为受害人的合法权益。合法权益就是制定法对公民、法人或其他组织予以特定保护的权益。凡是国家侵权行为造成受害人合法权益损害的，国家应依法予以赔偿①。若国家侵权行为侵害的是非法利益，国家自然不予以赔偿②。若国家侵权行为侵害的不是非法利益，而是其他正当利益，但如果法律没有规定国家对之予以特别保护的义务，国家也不必为此利益损害承担赔偿责任。③

但即使是国家侵权行为造成的公民、法人合法权益的损害，由于各国财力承受能力的有限性，一般也难以对所有损害进行赔偿。各国立法通常将予以赔偿的合法权益限定在一个"法定范围"而"依法"进行赔偿。我国《国家赔偿法》将侵权损害的范围规定为两种，一是人身权，二是财产权。也就是说，只有当这两种权利受到国家机关及其工作人员的损害时，国家才负责赔偿。当然，

---

① 国外亦然，如德国曾发生一个案例：某私人根据乡镇的建筑规划购买了一片土地，但这块地皮已被放射性废弃物所污染，因而造成该土地上的居民健康的损害。居民提起国家赔偿诉讼，法院认为，乡镇规划时依照法律应保障居民的安全和健康，防止规划范围内的居民因废弃物而对健康造成损害，故判决乡镇赔偿居民因废弃物而遭受的健康损害。参见[德]契布尔卡·豪伊尔："从案例分析看公职责任法"，载《行政法学研究》1993年第1期。

② 如城管执法局依照法定程序作出相应的行政决定，强制拆除相对人的违法建筑，国家依法就不应赔偿。

③ 例如，住在湖景房的业主观赏优美的湖景景观是其正当利益。但假如因政府环保部门的不作为而使得湖面污染严重，湖景受到严重破坏，业主享受美景的利益受到损害，法律也并不要求国家为此利益损害赔偿。美国实务中也认可相同的观点，例如，美国一原告起诉市政府，请求该市政府对他的房子着火烧死儿子予以赔偿，理由是该城市的建筑检查员曾两次要求该原告扩建房屋须符合建筑法，但没有强制原告遵守，并发给了建筑许可证，以致扩建后房子着火烧死了其儿子。法院认为，法律并没有为国家设定对原告负有有别于其他公众的特别义务，因而判决被告市政府不负赔偿责任。参见马怀德：《国家赔偿法的理论与实务》，中国法制出版社1994年版，第86页。

从扩大权利保护范围和加强赔偿力度的角度而言，这里的人身权和财产权应作宽泛的解释，如凡是涉及公民的名誉权、隐私权等精神损害的，都可将其归入人身权损害中进行保护，而凡是会带来财产损失的其他权利，如受教育权的损害①，也应该将其归入财产权损害中进行救济。

抛开权利性质不论，涉及人身权和财产权的合法权益损害实际上都表现为财产损害和非财产损害，学理上通常也主要称之为物质损害和精神损害。而财产（物质）损害又可进一步分为直接损害和间接损害。就物质损害和精神损害而言，国家通常以物质损害为赔偿范围，而精神损害则原则上不予赔偿。由于任何权利损害都可能被声称伴随着精神损害，因此，对于精神损害的赔偿，一般应以法律的特别规定为依据。② 就直接（既有财产）损害和间接（可得财产）损害而言，国家通常以直接损害为赔偿范围，而间接损害以法律明示应予以赔偿的为原则。③

4.因果关系

侵权行为与损害事实之间还必须具有因果关系，否则，国家也不承担赔偿责任。也就是说，作为结果的特定损害事实，确实是由作为原因的特定国家侵权行为造成的。若损害结果与公权力职务侵权行为无关，那么，国家自然就不应负赔偿责任④。

---

① 例如，行政机关无法律上理由限制某作者的书籍出版，不仅会侵犯该作者的言论、出版自由，也会给该作者带来财产上的损失。又如，公民因受教育权被侵犯而也可能会导致其并遭受财产利益的损失，齐玉苓被冒名顶替上大学，虽是姓名权、受教育权被侵害，但也伴随着不能享受分配就业待遇的财产损失。

② 我国1994年的《国家赔偿法》，对国家侵权造成的精神损害，没有规定国家赔偿责任，只是责令要求消除影响、恢复名誉、赔礼道歉。《国家赔偿法》于2010年修改后，开始承认国家对由人身权侵害产生的精神损害的赔偿责任。

③ 例如，我国《国家赔偿法》（2010年）第34条第1款第（一）项规定，“造成身体伤害的，应当支付医疗费、护理费，以及赔偿因误工减少的收入”，其中的“误工减少的收入”就是间接损害。《国家赔偿法》第36条第（八）项又规定，“对财产权造成其他损害的，按照直接损失给予赔偿”。可见，如果法律未明文应予赔偿，一切皆以直接损害为赔偿范围。

④ 《国家赔偿法》（2010）第2条、第5条第（二）项、第19条第（一）项、第（五）项，就体现了因果关系的要求。《国家赔偿法》（2010）第2条规定，“国家机关和国家机关工作人员行使职权，有本法规定的侵犯公民、法人和其他组织合法权益的情形，造成损害的，受害人有依照本法取得国家赔偿的权利”。第5条规定，“属于下列情形之一的，国家不承担赔偿责任：……（二）因公民、法人和其他组织自己的行为致使损害发生的”；第19条规定，“属于下列情形之一的，国家不承担赔偿责任：（一）因公民自己故意作虚伪供述，或者伪造其他有罪证据被羁押或者被判处刑罚的；……（五）因公民自伤、自残等故意行为致使损害发生的”。

但是，事物之间的因果关系形态比较复杂，某个损害后果的产生可能并不是一种原因造成的，即所谓的“多因一果”现象。损害结果可能是“近因”引起的，也可能是“远因”引起的；结果与原因之间既可能是关系紧密的“直接因果关系”，也可能是关系较为宽松的“间接因果关系”。那么，何种牵连程度的因果关系才导致国家赔偿责任的发生呢？这一问题的认定将会直接影响到受害人合法权益的救济范围。

理论与实务中，认定因果关系主要有三种学说。

(1)条件说。这个学说认为，凡是引起损害发生的条件，都是造成损害的原因。用公式表示，即为“没有A，就没有B，则A为B的条件”。条件说无法在无限联系的世界中锁定法律上因果关系，难以确保责任分配和损害转移的公平性。当前，在多数大陆法系国家，条件说已经不再成为通说。①

(2)相当因果关系说。该学说认为，引起损害发生的条件必须具有“相当性”，国家才对这种侵害行为造成的损害承担赔偿责任。这里的“相当性”即指一侵权行为“通常足以产生该损害”的可能性，通常通过概率(超过50%的情形，应肯定相当因果关系的存在)予以确定。相当因果关系说虽避免了条件说漫无边际确立因果关系的弊病，但问题是，概率怎么去确定？同时，假如概率可以精确测量出来，是否国家对概率小于49%的因果关系程度中的损害概不负责，而对概率大于51%就负全责？② 鉴于这种问题，国家赔偿法领域没有广泛采用“相当因果关系”的概念。

(3)直接因果关系说。直接因果关系说包括两个层次的含义，其一是因果之间具有逻辑联系，或者说侵权行为是损害产生的条件；其二是因果之间有直接相关性，即依正常人的经验和理解，侵权行为是产生损害结果的主要原因和决定性原因(而不一定是损害结果产生的最近原因)。因果之间是否具有直接

① 参见沈岿：《国家赔偿法：原理与案例》，北京大学出版社2011年版，第169—172页。

② 同上。

相关性，通常以国家机关与受害人之间是否存在特定的法律义务为判断基准。① 直接因果关系说体现了相当因果关系的理念，又克服了相当因果关系概念的不确定性弊端，因而它成为国家赔偿法领域的主流学说，审判实务中也广泛使用“直接因果关系”、“必然因果关系”标准作为判定国家是否对侵权行为赔偿的理由。

旁评附注 “因果关系”得以排除的事由

若以国家机关与受害人之间是否存在法律上的权利和义务关系为判断基准，在没有其他外因的情况下，国家机关只要对受害人存在特定的法律义务，其违法行为或不作为导致受害人损失的，都应认定损害与行为具有直接因果关系而负赔偿责任。但如果存在下面的事实情形，国家机关的致害原因与损害结果之间的因果关系就会被排除在外：

(1)受害人的过错。受害人的行为促使损害的发生成为不可避免或加重时，国家不负赔偿责任或减轻赔偿责任。如在陈宝山与洛阳市人民政府等行政赔偿上诉案中，法院认为：“造成上诉人陈宝山砂厂的员工死亡是砂厂违反防汛条例规定及采砂许可证上的汛期内禁止采砂的告知事项，在汛期内连续几天降雨的情况下，砂场人员及设备未撤离.继续滞留在河道内，工人未采取安全措施及未及时救助溺水死亡等原因所造成的。宜阳县水利局行政不作为不是上诉人陈宝山的员工死亡及财产损失的前置条件。”②

(2)不可抗拒的外力作用。因当事人意志之外、无法预见和不可抗拒的力量，如战争、天灾等引起的损害时，国家机关的违法行为与损害的因果关系得以排除而对损害不承担责任。例如，某一水坝漏水，造成邻近居民的损害，但漏水的原因不明，这可以排除国家的过失赔偿责任（但不能

---

① 如中国银行江西省分行诉南昌市房产管理局行政赔偿上诉案中，法院认为，南昌市房管局“在办理房产抵押登记过程中，对当事人的申请应当以高度负责的态度认真履行必要的注意义务，对于抵押房产及其权属证书的真伪有条件加以核对与识别。然而，南昌市房管局在本案中违反职业规范，未尽必要的注意义务，为持有假房产证实施诈骗的天龙公司办理抵押登记手续，并明示信托公司可以办理贷款。信托公司基于对房产登记机关所办抵押登记行为的信赖，为天龙公司发放贷款，致使信托公司遭受了财产损失。虽然本案贷款人天龙公司是造成信托公司财产损失的直接责任人，但是南昌市房管局的违法行为客观上为天龙公司骗取贷款提供了条件，其违法出具他项权利证明的行为与信托公司财产损失之间存在法律上的利害关系和因果关系。”见最高人民法院《行政判决书》(〔2002〕行终字第6号)。

② 河南省洛阳市中级人民法院《行政赔偿判决书》(〔2011〕洛行终字第95号)。

排除危险责任)。

(3)第三者的参与。当国家机关的行为通过第三者参与而产生损害时,国家对之不负赔偿责任。例如在张学展诉淮北市房地产管理局房产登记行政赔偿案中,法院认为:"对张学展为购房支付的款项导致的损失,分析其因果关系实质是由太阳能公司对涉案房屋两次处分所有权给不同人造成的,而与房管局的违法颁证行为无因果关系,张学展针对购房导致的损失要求行政赔偿,无事实和法律依据,对其损失应另行寻求救济途径,上诉人的赔偿请求法院不予支持。"①

五、国家赔偿的方式和标准

(一)国家赔偿的方式

《国家赔偿法》(2010年)第32条规定:"国家赔偿以支付赔偿金为主要方式。能够返还财产或者恢复原状的,予以返还财产或者恢复原状。"第35条还规定了其他赔偿方式:"有本法第3条或者第17条规定情形之一,致人精神损害的,应当在侵权行为影响的范围内,为受害人消除影响,恢复名誉,赔礼道歉……"可见,根据我国《国家赔偿法》规定,国家赔偿方式以金钱赔偿为主,以返还财产和恢复原状为辅。特殊情形下还应结合其他方式进行损害修复。

1. 金钱赔偿

金钱赔偿,是指将受害人的各项损失折抵成金额予以赔偿。金钱赔偿适用的范围非常广泛,几乎适用于任何损害的赔偿,无论是物质损害还是精神损害,也无论是对人身权或对财产权的损害,都可以用金钱赔偿。金钱赔偿还具有简便易行的、便于操作的优势。因此,金钱赔偿被法律规定为国家赔偿的主要方式。

(1)人身损害的金钱赔偿。人身损害包括侵害人身自由权(如行政拘留、行政强制措施、非法拘禁、刑事拘留、逮捕、人身自由刑)对人身造成的损害,以及侵害公民生命健康权造成公民的死亡或伤害。通常来说,生命无价,身体健康和自由也不能用金钱来衡量的,但是在人身损害已经发生的情况下,一般会带来受害人劳动能力部分或全部丧失时和由此带来的劳动收入可能减少或者丧失,同时还要为消除病痛或恢复健康或安葬支付费用等。受害人遭受的这

---

① 安徽省淮北市中级人民法院《行政判决书》(〔2006〕淮行赔终字第3号)。

一系列的财产(物质)损失,只能由国家支付相应的赔偿金额进行填补。同时,金钱补偿还可以从心理上给受害人些许安慰。所以,金钱赔偿方式适合于人身损害类型的赔偿。

(2)财产损害的金钱赔偿。对于财产权的损害,能够返还的应当返还(如违法征收、没收);能够恢复原状的应当恢复(如损坏的财产)。如损坏的财产不能恢复或者灭失的,应当由国家承担赔偿责任,支付相应的赔偿金。

(3)精神损害的金钱赔偿。我国《国家赔偿法》(2010 年)规定,基于人身权伤害造成精神严重损害的,应支付相应的精神损害抚慰金。但国家侵权行为如单独造成公民精神损害,或因损害财产而一并造成公民精神损害的,均不予以金钱赔偿。

(4)赔偿金的支付。赔偿请求人凭生效的判决书、复议决定书、赔偿决定书或者调解书,向赔偿义务机关申请支付赔偿金。赔偿义务机关应当自收到支付赔偿金申请之日起 7 日内向财政部门提出支付申请,财政部门应当自收到支付申请之日起 15 日内支付赔偿金。

2. 返还财产

返还财产即指国家机关将违法取得的财产返还给受害人的赔偿方式。返还财产只能适用于物质损害。当原财产还存在,如查封、扣押物品没有毁损或灭失,返还原物比金钱赔偿更为便捷,因此能够返还原物的应当返还原物。同时,涉及金钱损害,如罚款、罚金、征收金钱、摊派费用等,由于金钱属于种类物,必定能够返还。

3. 恢复原状

恢复原状即指国家将受害人的受损财产恢复到损害前的性能或状态,或者将受害人受损的权利恢复原状(例如恢复原来的工资待遇、职级)的赔偿方式。① 作为财产损害的一种赔偿方式,恢复原状方式只有在受损财产能够恢复,且比金钱赔偿更便捷的情况下才适用。它通常适用于应当返还的财产被损坏,能够恢复原状或应当恢复原状的;查封、扣押、冻结财产的,应当解除查封、扣押、冻结的情形。

4. 其他赔偿方式

对于国家机关违法行使职权侵害公民人身权并致公民的名誉权和荣誉权的损害,我国《国家赔偿法》规定,除对造成受害人的精神损害严重后果时,支

---

① 国家赔偿中的恢复原状比民事赔偿中的恢复原状范围要宽,后者只涉及对受害人受损财产的修复,而不涉及受损权利的恢复。

付精神抚慰金外，一般情况下，国家机关在纠正违法行为时，应当在侵权行为影响的范围内，为受害人消除影响，恢复名誉，赔礼道歉。消除影响、恢复名誉、赔礼道歉这些赔偿方式适用于国家机关违法或非法限制公民人身自由(如行政拘留、行政强制措施、错误逮捕、错判有罪并已执行等)并致受害人名誉权和荣誉权损害的情形。

(二)国家赔偿的标准

1. 人身权侵害的赔偿标准

国家机关行使职权侵害公民人身权包括人身自由权和生命健康权两类，具体包括限制和剥夺人身自由、损害人格权、损害健康致人伤残、致人死亡。

(1)人身自由。侵害人身自由权的行为包括行政拘留、行政强制措施、非法拘禁、刑事拘留、逮捕、司法拘留、人身自由刑等。侵犯公民人身自由，应赔偿受害人的误工费。我国《国家赔偿法》第 33 条规定："侵犯公民人身自由的，每日的赔偿金按照国家上年度职工日平均工资计算。"因人身自由具有平等性，所以对受害人应当不区分身份、地位、收入等情况，实行无差别对待。赔偿金以日为单位计算和支付。"上年度"是指作出赔偿决定时的上年度。"职工日平均工资"是职工年平均工资除以全年法定工作日数，具体数额以国家统计局的公布为准。

(2)生命健康权。生命健康权的损害包括身体伤害、身体伤残和死亡三种情况。我国《国家赔偿法》第 34 条规定，侵犯公民生命健康权的赔偿金具体计算标准如下：

①侵害致身体伤害的，应当支付医疗费、护理费①，以及赔偿因误工减少的收入。减少的收入每日的赔偿金按照国家上年度职工日平均工资计算，但受到最高额的限制，最高额为国家上年度职工年平均工资的 5 倍。

②侵害致公民部分或者全部丧失劳动能力的，应当支付医疗费、护理费、残疾生活辅助具费、康复费、继续治疗费与残疾赔偿金。残疾赔偿金根据丧失劳动能力的程度，按照国家规定的伤残等级确定，最高不超过国家上年度职工

---

① 旧《国家赔偿法》对"护理费"没有作出规定，这是《国家赔偿法》(2010 年)新增加的内容。

年平均工资的20倍。[1] 造成全部丧失劳动能力的，对其抚养的无劳动能力的人还应当支付生活费。生活费的发放标准，参照当地最低生活保障标准执行。被抚养的人是未成年人的，其生活费给付至18周岁止；被抚养人是其他无劳动能力的人，其生活费给付至死亡时止。

③侵害至公民死亡的，应当支付死亡赔偿金、丧葬费，总额为国家上年度职工年平均工资的20倍。对死者生前抚养的无劳动能力的人，还应当支付生活费，生活费的计算标准与造成公民完全丧失劳动能力的情况相同。

2.财产权侵害的赔偿标准

根据我国《国家赔偿法》第36条的规定，财产损失赔偿的计算标准如下：

(1)不能返还的财产。能够返还财产的应当返还财产。应当返还的财产损坏的，按照损害程度给付相应的赔偿金。如因财物灭失而不能返还的，应当给付相应的赔偿金。返还执行的罚款或者罚金、追缴或者没收的金钱的，应当支付银行同期存款利息。

(2)不能恢复原状的财产。能够恢复原状的应当恢复原状，如果财产的原状无法恢复的，如因财物毁损无法复原，或财物虽未毁损但恢复其原状成本较高的，应当给付相应的赔偿金。解除冻结的，应当支付银行同期存款利息。

(3)已拍卖或变卖的财产。财产已经拍卖或者变卖的，给付拍卖或者变卖所得的价款；变卖的价款明显低于财产价值的，应当支付相应的赔偿金。

(4)因行为罚受损失的财产。吊销许可证和执照、责令停产停业的，赔偿停产停业期间必要的经常性费用开支。必要的经常性费用开支，指的是当事人被迫停止营业后，为了维持生存或为了维持企业正常存在而必须付出的费用，如水电费、租金、职工工资、应缴税费等。对于受害人因停业造成的营业损失，不予赔偿。

(5)其他损害。国家侵权行为对财产权造成其他损害的，应当按照直接损失给予赔偿。

---

① 旧《国家赔偿法》没有“护理费、残疾生活辅助具费、康复费等因残疾而增加的必要支出和继续治疗所必需的费用”的规定。这是《国家赔偿法》(2010年)扩大的赔偿范围。同时，《国家赔偿法》(2010年)还将原来的“部分丧失劳动能力的最高额为国家上年度职工年平均工资的十倍，全部丧失劳动能力的为国家上年度职工年平均工资的二十倍”的规定修改为：“按照国家规定的伤残等级确定，最高不超过国家上年度职工年平均工资的20倍。”修改后的规定明确了部分丧失劳动能力的身体伤害的具体赔偿标准，且限定了20倍的最高额。

旁评附注 国家只赔偿财产的“直接损失”部分

根据我国《国家赔偿法》第36条第1—7款的列举，以及第8款的兜底的概括性规定，法律确立的是对受侵财产的直接损失赔偿原则。这里的直接损失，指的是受害人因受国家不法侵害的影响，现有财产所不可避免的、必然遭受的损失(减少或灭失)。对于其可预期利益的损失、间接损失不包括在赔偿范围中。

实务中同样认定了这一原则。例如，云南省云县公安局涌宝派出所违法对受害人李强的货车实行扣押，李强对该派出所提起行政诉讼附带行政赔偿，请求法院判决被告人赔偿其支付的养路费、客货运附加费及滞纳金和税费等损失，同时，还请求赔偿货车因被扣产生的每天营运损失60元。法院对其前项赔偿请求予以支持，认为这些费用不会因为受害人因被行政机关违法“停产停业”可以不交纳，这笔费用属于“停产停业期间必要的经常性费用开支”，是当事人的直接损失。而对营运损失(每天60元)的赔偿请求则不予支持，理由是该项损失属于不赔偿可得利益或可期待性利益，是当事人的间接损失。①

我国《国家赔偿法》只规定“直接损失”赔偿原则，主要是基于国家财力有限的现实考虑。在国家财力还不雄厚的情况下，国家赔偿只能是慰抚性的赔偿，还难以实行全面赔偿。同时，也因为可预期利益、间接损失都是相对人未实际取得的利益，不能排除意外情况的发生时无法实际取得的风险。将这部分不确定利益排除在赔偿之外，可合理地减轻国家赔偿负担。

3.精神损害的赔偿标准

根据我国《国家赔偿法》第35条的规定，精神损害赔偿限定于国家侵犯公民的人身权所致的精神损失；国家应当在侵权行为影响的范围内，为受害人消除影响，恢复名誉，赔礼道歉；造成严重后果的，应当支付相应的精神损害抚慰金。

鉴于精神损害是一种无形损害，而且精神损害赔偿案件复杂多样，故法律没有对精神损害的赔偿标准作出统一规定，精神损害抚慰金的数额确定标准留待司法机关或者赔偿义务机关在实务中依个案中的侵权程度和后果等因素

① 案例来源：云南省云县人民法院《行政判决书》〔2002〕云行初字第07号)。

予以自由裁量。通常，精神损害抚慰金的数额确定必须依据以下准则[①]：(1)侵权机关及其工作人员的主观过错程度，是故意还是过失；(2)侵害的手段、场合、行为方式等具体情节；(3)受害人精神损害的后果；(4)侵权机关事后采取弥补措施的有效程度。

第二节 行政赔偿

行政赔偿指行政机关及其工作人员违法行使职权的行为侵犯公民、法人或其他组织合法权益并造成损害而引起的赔偿责任。行政赔偿和司法赔偿是我国《国家赔偿法》规定的国家予以赔偿的两种形态。

一、行政赔偿的范围

行政赔偿的范围，是国家赔偿责任构成要件和归责原则在行政侵权领域的反映。它针对的是国家对什么行政侵权行为及哪些损害承担赔偿责任的问题。行政赔偿范围既从本质上来说，既是受害人赔偿请求权的范围，又是国家承担赔偿义务的范围，也是人民法院解决司法赔偿争议权限的范围。

根据《国家赔偿法》的规定来看，行政赔偿范围既包括国家依法应当承担行政赔偿责任的事项范围即肯定性范围，又包括国家依法不承担赔偿责任的事项范围即否定性范围。

(一)肯定性范围

《国家赔偿法》第 3 条、第 4 条详细列举了行政赔偿的具体事项，概括地说，只有造成人身权(包括人身自由权、生命权、健康权)和财产权损害的情况下，才能获得国家赔偿。同时结合《国家赔偿法》第 35 条的规定，公民人身权受到损害的同时伴有精神损害的，还应当为受害人消除影响，恢复名誉，赔礼道歉，造成严重后果的还应支付相应的精神损害抚慰金。

1. 侵犯人身权的赔偿范围

具体包括：

(1)违法拘留或者违法采取限制公民人身自由的行政强制措施的；

---

① 参见罗豪才、湛中乐主编：《行政法学》，北京大学出版社 2012 年版，第 460 页。

(2)非法拘禁或者以其他方法非法剥夺公民人身自由的①；

(3)以殴打、虐待等行为或者唆使、放纵他人以殴打、虐待等行为造成公民身体伤害或者死亡的②；

(4)违法使用武器、警械造成公民身体伤害或者死亡的；

(5)造成公民身体伤害或者死亡的其他违法行为。③

2.侵犯财产权的赔偿范围

具体包括：

(1)违法实施罚款、吊销许可证和执照、责令停产停业、没收财物等行政处罚的；

(2)违法对财产采取查封、扣押、冻结等行政强制措施的；

(3)违法征收、征用财产的④；

(4)造成财产损害的其他违法行为⑤。

3.精神损害的赔偿范围

有上述侵害人身权事项的情形之一，致人精神损害的，应当在侵权行为影

---

① 非法拘禁是指行政主体没有法律依据而对公民实施的扣留、禁闭、关押、隔离审查等措施。非法拘禁以外的"其他方法"是指不准参加某些社会活动，不准离开一定的地区，外出必须经过批准等做法。

② 相对旧《国家赔偿法》的相关条款，这里有些修改。旧《国家赔偿法》规定："以殴打等暴力行为或者唆使他人以殴打等暴力行为造成公民身体伤害或者死亡的。"新法补充了包括虐待以及监管人员放纵他人实施殴打、虐待等情况的国家赔偿责任。新《国家赔偿法》的修改扩大了国家赔偿范围。

③ 例如，被羁押人在看守所羁押期间患病未得到及时治疗而死亡的，看守所应承担国家行政赔偿责任。

④ 旧《国家赔偿法》的相关规定是，"违反国家规定征收财物、摊派费用的"。新法将"违反国家规定"改为"违法"；同时将"征收财物、摊派费用"的赔偿范围扩大到所有违法征收和征用行为。在《国家赔偿法》制定时，由于我国有关征收、征用的法律制度还很不健全，那里如果依据"违法"标准来决定国家行政赔偿的范围，势必使许多必要的征收、征用因缺乏法律依据而"违法"。对于这些符合法律精神但因立法滞后而"违法"的征收、征用显然是不应该纳入国家赔偿范围的。但在征收、征用法律制度已逐步建立和完善起来的今天，新《国家赔偿法》有必要也有条件将原"违反国家规定征收财物、摊派费用"修订为"违法征收、征用财产"，以明确行政机关根据行政规范文件征收征用但违反法律精神的行为的赔偿责任。另外，将"摊派费用"修改为"征用财产"也是应对财产权侵害的赔偿范围的扩大。

⑤ 例如，强制企业合并、联营，违法撤销厂长经理，违法干涉承包人经营权，非法强迫公民转让商标权、著作权，违法确认自然资源所有权或使用权的归属等。参见江必新、胡仕浩、蔡小雪：《国家赔偿法条文释义与专题讲座》，中国法制出版社2010年版，第130页。

响的范围内，为受害人消除影响，恢复名誉，赔礼道歉；造成严重后果的，应当支付相应的精神损害抚慰金。①

（二）否定性范围

行政赔偿的否定性范围，也即国家不必承担行政赔偿责任的事项或情形。它们或者在《国家赔偿法草案说明》中得以指出，或者经最高人民法院的司法解释予以厘定，或者由审判实务的见解获得认可。

1. 军事行为不纳入国家赔偿范围

《国家赔偿法草案说明》中指出，军事行为致害的情形，不纳入国家赔偿的范围。其理由是："军队在演习、训练过程中，公民受到损失，需要采取适当方式予以补偿。由于这不是因违法行为造成的损害，不宜列入国家赔偿的范围。"

2. 国家行为和抽象行政行为不纳入国家赔偿范围

最高人民法院《关于审理行政赔偿案件若干问题规定》（法发〔1997〕10号）第6条规定，"公民、法人或者其他组织以国防、外交等国家行为或者行政机关制定发布行政法规、规章或者具有普遍约束力的决定、命令侵犯其合法权益造成损害为由，向人民法院提起行政诉讼的，人民法院不予受理"。该规定明确将国家行为、抽象行政行为排除于国家赔偿范围之外。

3. 公有公共设施②致害不纳入国家赔偿范围

公有公共设施在设置或管理上的瑕疵，致使用者的人身权和财产权受到损害的，不纳入国家赔偿的范围。立法当时认为：关于邮电、医院等国有企业、事业单位，桥梁、道路等国有公共设施，因设置、管理欠缺发生的赔偿问题，不属违法行使职权的问题，不纳入国家赔偿的范围。受害人可以依照《民法通则》等有关规定，向负责管理的企业、事业单位请求赔偿。《国家赔偿法》修订时，考虑到该类赔偿已经可以通过民事法律规范调整，通过民事诉讼来解决，

---

① 旧《国家赔偿法》第30条也规定了精神损害的赔偿问题，其内容为："造成受害人名誉权、荣誉权损害的，应当在侵权行为影响的范围内，为受害人消除影响，恢复名誉，赔礼道歉"。旧法规定将精神损害限定于侵犯公民人身权中的名誉权和荣誉权的侵害所致。新法规定取消了"名誉权"、"荣誉权"的限定，直接使用"致人精神损害"的用语将肉体痛苦的精神损害和"名誉权"、"荣誉权"之外诸如"尊严权"等的精神损害包括其中，扩大了精神损害赔偿的范围。同时，新法增加了"造成严重后果的，应当支付相应的精神损害抚慰金"的赔偿内容。

② 指由行政机关或其特许的公务法人设置或管理，供公众使用的设施，包括公路、铁路、桥梁、港口码头、堤防、下水道、车站、机场、自来水厂、煤气供应站等。

也没有将其纳入国家赔偿范围。[①]

4. 紧急求助行为不纳入国家赔偿范围

在实务中，行政机关的紧急救助行为对行政相对人合法权益所造成的损害，也不属于行政赔偿范围。如在申诉庄河市公安局行政赔偿纠纷案[②]中，法院判决认为：警方在紧急情况下采取紧急救护措施，具有充分的合理性，而且在采取措施之前，警方已经尽可能地采取了相应的防范措施。紧急救护行为从性质上属于警方正当的抢险救助行为，没有超出交通警察依法履行职责的范围。上诉人要求警方对在不得已情况下的紧急救助行为所造成的损失给予行政赔偿，是没有法律依据的。[③]

二、行政赔偿请求人与赔偿义务机关

在行政赔偿法律关系中，双方当事人分别是行政赔偿请求人和赔偿义务机关，即原先行政行为的法律关系中的行政相对人和行政主体和行政相对人。若两者进入到行政诉讼法律关系中，便转化为原告与被告。

(一)行政赔偿请求人

1. 行政赔偿请求人的范围

行政赔偿请求人是指受到行政行为侵害，依法有权请求行政赔偿的自然人、法人或其他组织。《国家赔偿法》(2010 年)第 6 条规定："受害的公民、法人和其他组织有权要求赔偿。受害的公民死亡，其继承人和其他有抚养关系的亲属有权要求赔偿。受害的法人或者其他组织终止的，其权利承受人有权要求赔偿。"由此可见，行政赔偿请求人包括两类：

(1)本来的请求人，即原行政行为法律关系中的行政相对人(受害人)。不过，当本来请求人(受害人)是无民事行为能力人、限制行为能力人时，其法定代理人可以代为行使请求行政赔偿的权利。

(2)经转移的请求人。这是一种特殊情形的赔偿请求人。当受害的公民

---

① 参见田思源著：《行政法与行政诉讼法学》，清华大学出版社 2011 年版，第 383 页。

② 该案案情如下：司机韩勇被夹在发生事故的轿车驾驶室里生死不明，在需要紧急抢救的情况下，警方决定实施强行打开驾驶室车门的措施。由于当时其他方法都不能打开已经变形的车门，为及时抢救出韩勇而采取气焊切割车门的方法。在气焊切割车的过程中导致了轿车失火。当事人要求公安局赔偿因其行使职权造成的财产权损害。参见《最高人民法院公报》2003 年第 3 期。

③ 《最高人民法院公报》2003 年第 3 期。

死亡,或受害的法人和其他组织终止时,就发生了请求人资格的转移。第一,当受害的公民死亡的,其继承人是行政赔偿请求人。继承人分为法定继承人和遗嘱继承人,当继承人为多数时,应当按照继承法上的继承顺序确定行政赔偿请求人,即遗嘱继承人优先于法定继承人,法定继承的第一顺序继承人优于第二顺序继承人。第二,受害的公民死亡的,其他有抚养关系的亲属以及死者生前抚养的无劳动能力人有权替代死者要求国家赔偿,也是行政赔偿请求人。根据《继承法》第 14 条,对继承人以外的依靠被继承人抚养的缺乏劳动能力又没有生活来源的人,或者继承人以外的对被继承人抚养较多的人,可以分给他们适当的遗产。因此这部分人也应当与继承人一样,有权取得国家赔偿。其他有抚养关系的亲属成为赔偿请求人的前提是其与死亡的受害者必须有抚养关系。第三,受害的法人或其他组织终止,其权利承受人替代其要求国家赔偿。但是,企业法人或其他组织被行政机关撤销、变更、兼并、注销,即从形式上消灭主体资格之后,认为其经营自主权受到侵害的原企业法人或其他组织,或对其享有权利的法人和其他组织,仍然是国家赔偿请求人,可以依法提起行政赔偿诉讼,此时请求人资格没有发生转移。

2. 请求权行使的时效

请求时效,即请求人有权请求国家赔偿在时间上的限制。它包括一般时效和特殊时效两种情形:

(1)一般时效

根据新《国家赔偿法》第 39 条①的规定,赔偿请求人请求国家赔偿的时效为两年,自其知道或者应当知道国家机关及其工作人员行使职权时的行为侵犯其人身权、财产权之日起计算,但被羁押等限制人身自由期间不计算在内。赔偿请求人在请求时效的最后 6 个月内,因不可抗力或其他障碍不能行使请求权的,时效中止。从中止时效的原因消除之日起恢复计算。

(2)特殊时效

根据新《国家赔偿法》第 39 条的规定,赔偿请求人在申请行政复议或者提起行政诉讼时一并提出行政赔偿请求的,适用行政复议法、行政诉讼法有关时

---

① 该条第 1 款规定:“赔偿请求人请求国家赔偿的时效为两年,自其知道或者应当知道国家机关及其工作人员行使职权时的行为侵犯其人身权、财产权之日起计算,但被羁押等限制人身自由期间不计算在内。在申请行政复议或者提起行政诉讼时一并提出赔偿请求的,适用行政复议法、行政诉讼法有关时效的规定。”第 2 款规定:“赔偿请求人在赔偿请求时效的最后 6 个月内,因不可抗力或者其他障碍不能行使请求权的,时效中止。从中止时效的原因消除之日起,赔偿请求时效期间继续计算。”

效的规定。与行政复议一并提起的，即为复议申请时效，一般为60日。对复议决定不服，而与提起行政诉讼一并提出的，时效为15日。与直接行政诉讼一并提起的，时效一般为3个月。

（二）行政赔偿义务机关

行政赔偿义务机关即具体履行行政赔偿义务的机关。行政赔偿作为一种国家赔偿，是由国家承担的一种赔偿责任，其责任主体是国家。但国家作为一个抽象的政治实体，不方便具体履行赔偿义务，所以，《国家赔偿法》根据"谁行为，谁赔偿"的标准来确定具体履行行政赔偿义务的机关。根据这一标准，国家承担的行政赔偿责任都由侵权实施机关代替履行，即由侵权实施机关作为赔偿义务机关。行政赔偿义务机关即是原行政行为法律关系中的行政主体一方，其在行政复议程序中称为被申请人，在行政诉讼程序中称为被告。因此，行政赔偿义务机关的确定与行政主体的一般原理一致，与行政复议的被申请人和行政诉讼的被告的确定规则也基本相同。根据《国家赔偿法》(2010年)第7、第8条规定，行政赔偿义务机关有以下几种情况：

1.单个行政机关侵权的赔偿义务机关

《国家赔偿法》(2010年)第7条第1款规定："行政机关及其工作人员行使行政职权侵犯公民、法人和其他组织的合法权益造成损害的，该行政机关为赔偿义务机关。"这里要注意的是，工作人员违法行使职权，其责任归属于所在的行政机关。

2.共同行政侵权的赔偿义务机关

《国家赔偿法》(2010年)第7条第2款规定："两个以上行政机关共同行使行政职权时侵犯公民、法人和其他组织的合法权益造成损害的，共同行使行政职权的行政机关为共同赔偿义务机关。"这时，赔偿请求人可以请求共同赔偿义务机关中的一个或几个支付赔偿金额，该赔偿义务机关应该先予支付，然后再与其他赔偿义务机关分割份额。如果引起行政赔偿诉讼，共同赔偿义务机关为共同被告，各自按其在侵权损害中所负责任承担相应赔偿份额。

3.授权行政侵权的赔偿义务机关

《国家赔偿法》(2010年)第7条第3款规定："法律、法规授权的组织在行使授予的行政权力时侵犯公民、法人和其他组织的合法权益造成损害的，被授权的组织为赔偿义务机关。"国家通过法律、法规和规章授予行政机关以外的组织行使某项行政权，这些被授权组织即具有行政主体资格，能成为履行行政赔偿的义务主体。国家通过规章以下的规范性文件授权的，则视为委托，发生赔偿问题的，由委托的行政机关作为赔偿义务机关。

4.委托行政侵权的赔偿义务机关

《国家赔偿法》(2010年)第7条第4款规定:“受行政机关委托的组织或者个人在行使受委托的行政职权时侵犯公民、法人和其他组织的合法权益造成损害的,委托的行政机关为赔偿义务机关。”要注意的是,如果受委托的组织或者个人所实施的侵权行为与委托的职权无关,则国家不能对该侵权行为承担赔偿责任。如果受托机关也有自己的独立职权,是在行使自身职权时造成行政侵权,应以该机关自己作为赔偿义务机关;如果受托机关或个人没有自己的独立职权,则只能诉求受托机关或个人的民事侵权责任。

5.侵权机关被撤销时的赔偿义务机关

《国家赔偿法》(2010年)第7条第4款规定:“赔偿义务机关被撤销的,继续行使其职权的行政机关为赔偿义务机关;没有继续行使其职权的行政机关的,撤销该赔偿义务机关的行政机关为赔偿义务机关。”这与实施具体行政行为的机关被撤销时,行政诉讼被告与行政复议被申请人的确定完全一致。

6.经行政复议的赔偿义务机关

《国家赔偿法》第8条规定:“经复议机关复议的,最初造成侵权行为的行政机关为赔偿义务机关,但复议机关的复议决定加重损害的,复议机关对加重的部分履行赔偿义务。”①《行政复议法实施条例》规定,复议机关在申请人的请求范围内,不得作出对申请人更为不利的复议决定,即复议不得加重损害。但在实践中,复议加重当事人损害的情况时有发生。在这种情况下复议机关与作出原具体行政行为的机关应当就其侵权行为造成的损害分别负责,不承担连带责任。作出原行为的机关对其造成的损害负责,复议机关就其加重的损害负责。

三、行政赔偿的程序

行政赔偿程序是指行政赔偿请求人提出行政赔偿请求,行政机关(赔偿义务机关或复议机关)或者人民法院解决行政赔偿争端的方式、步骤、顺序、时限等的总称。《国家赔偿法》第9条第2款规定:“赔偿请求人要求赔偿,应当先

---

① 需要注意的是,经行政复议加重损害的,受害人提起行政赔偿诉讼时,不一定由复议机关作被告。最高人民法院《关于审理行政赔偿案件若干问题的规定》(法发〔1997〕10号)第18条规定:“复议机关的复议决定加重损害的,赔偿请求人只对作出原决定的行政机关提起行政赔偿诉讼,作出原决定的行政机关为被告;赔偿请求人只对复议机关提起行政赔偿诉讼的,复议机关为被告。”这点与行政诉讼的被告确定有所不同。

向赔偿义务机关提出，也可以在申请行政复议或者提起行政诉讼时一并提出。”所以，行政赔偿程序实行“单独提起程序”和“一并提起程序”并存的“双轨制”。

(一)单独提起程序

单独提起程序就是“先行政、后诉讼”的程序，又称先行处理程序，是指受害人先行直接向赔偿义务机关提出单独的行政赔偿请求，请求人若不服处理结果，可以再向法院提起行政赔偿诉讼的程序。单独提起程序适用于以下两种情形①：

(1)具体行政行为已被有权机关确认违法后，受害人向行政赔偿义务机关提出赔偿请求；

(2)对无须确认的违法行政事实行为(如行政机关工作人员的殴打行为等)，直接向行政赔偿义务机关提出赔偿请求。

1.行政先行处理程序

行政先行处理程序也就是由赔偿义务机关自己处理赔偿争端的程序。根据《国家赔偿法》(2010年)第12条和第13条的规定，它包括以下基本环节：(1)申请；(2)受理；(3)审理和决定②；(4)送达和说明理由。

2.单独提起的行政赔偿诉讼程序

根据《国家赔偿法》(2010年)第14条③规定，赔偿请求人对行政机关的处理不服，可以向人民法院提起诉讼。法院在这种诉讼中，只就行政赔偿问题作出判决，而不对侵权行为的合法性作出判决，这是它与普通行政诉讼的根本区别。与普通行政诉讼相比，其基本制度在下列方面也有着特殊性：

(1)受案范围更广。单独提起的行政赔偿诉讼，除了可受理具体行政行为所造成的侵权赔偿案件之外，还可以受理因侵犯生命权、健康权、财产权的行政事实行为所引起的赔偿案件，也可以受理行政终局裁决行为中的赔偿问题。

(2)地域管辖法院更多。单独提起的行政赔偿诉讼，其地域管辖法院除和

---

① 参见田思源著：《行政法与行政诉讼法学》，清华大学出版社2011年版，第387页。

② 在这个环节中，新的《国家赔偿法》规定了赔偿义务机关作出赔偿决定前，应当充分听取赔偿请求人的意见，还可以与赔偿请求人就赔偿方式、赔偿项目、赔偿数额进行协商。这是旧国家赔偿法所没有的规定，更好地体现了正当程序原则的要求。

③ 该条第1款规定：“赔偿义务机关在规定期限内未作出是否赔偿的决定，赔偿请求人可以自期限届满之日起3个月内，向人民法院提起诉讼。”第2款规定：“赔偿请求人对赔偿的方式、项目、数额有异议的，或者赔偿义务机关作出不予赔偿决定的，赔偿请求人可以自赔偿义务机关作出赔偿或者不予赔偿决定之日起3个月内，向人民法院提起诉讼。”

普通行政诉讼一样，可以由被告所在地或原告所在地法院管辖外，也可由不动产所在地法院（如果涉案财产是不动产的话）管辖。

(3)审理程序更灵活。与普通行政诉讼不同，行政赔偿诉讼（包括一并提起的与单独提起的行政赔偿诉讼），可以在合法、自愿的前提下就赔偿范围、赔偿方式和赔偿数额进行调解。

(4)举证责任更具体。普通行政诉讼中实行举证责任倒置原则，而行政赔偿诉讼中，原告和被告都承担相应的举证责任。原告对损害事实和请求主张承担举证责任，被告则须对不予赔偿或减少赔偿数额等承担举证责任。赔偿义务机关采取行政拘留或限制人身自由的强制措施期间，当事人死亡或丧失行为能力的，赔偿义务机关的行为与被限制人身自由的人的死亡或丧失行为能力是否存在因果关系，由赔偿义务机关证明。

(二)一并提起程序

一并提起是指受害人对侵权行政行为申请行政复议或者提起行政诉讼的，可以在请求复议机关或法院撤销、变更该行政行为，或请求确认该行政行为违法，或者请求被申请复议或被诉的行政机关履行法定职责的同时，对其所遭受的损害一并提出赔偿请求。对赔偿请求人一并提出的行政赔偿请求，复议机关或法院应一并受理，通常先对行政侵权行为的违法性进行确认，然后根据国家赔偿法的有关规定再决定是否应予以行政赔偿。可见，一并提起程序与行政复议或行政诉讼程序融为一体，是解决行政赔偿争端最为便捷的一种方式。但它在适用范围上具有局限性，只适用于具体行政行为所导致的侵权赔偿问题，而不能解决行政事实行为的侵权赔偿问题，因为后者不属于行政复议或行政诉讼的受案范围。

四、行政追偿

(一)行政追偿的条件、范围和性质

我国《国家赔偿法》第 16 条规定："赔偿义务机关赔偿损失后，应当责令有故意或者重大过失的工作人员或者受委托的组织或者个人承担部分或者全部赔偿费用。"这一规定为赔偿义务机关行使行政追偿权提供了依据。行使行政追偿的条件是：(1)行政赔偿义务机关已经履行了赔偿责任。(2)行政机关工作人员具有故意或者重大过失。只要具备这两个条件，国家就应当行使而不得放弃追偿权。唯有如此，才能起到对行政机关工作人员的教育和督促作用。

根据行政追偿的理论和行政赔偿案件的审判经验，赔偿义务机关的追偿

范围，以其支付的损害赔偿金额（包括赔偿金及恢复原状、返还财产所需费用）为限。通常，追偿数额的大小要与过错程度相适应，同时考虑被追偿者的薪金收入。基于公平合理的理由，赔偿义务机关可减少甚至免除行政工作人员的追偿责任。①

追偿权产生的基础是国家与其工作人员之间的特别权力关系，即内部权利义务关系。行政追偿权体现的是行政主体与代表其行使行政职权且主观上有故意或重大过失的行政机关工作人员或受委托的组织、个人的内部行政责任。该责任性质既不同于民事责任的性质，也不是行政处分，而是一种独立的责任。②

旁评附注 **工作人员执行上级错误命令时，是否应承担责任？**

生活中常有这样的案例：行政机关上级领导下了一道错误的命令，让下级工作人员去执行，有的工作人员由于提出的异议不被领导接受，只好硬着头皮执行，有的工作人员则不管三七二十一照单执行，结果给公民、法人或其他组织造成损害。那么，对具体承办或其主管的行政工作人员是网开一面还是依法追偿呢？参酌国内外的立法实践，我们认为，应区分三种情况：

(1)对于上级明显的违法命令，尤其是违反刑事法律的，行政工作人员应予以抵抗，不予执行。否则，就应承担由执行命令造成损害的追偿责任。多数国家法律对此都有明确规定，例如，法国 1983 年的《国家和地方公务员一般地位法》第 28 条规定："公务员不论地位高低，必须对规定的任务负责执行。他必须遵守上级的命令。如果上级的命令是明显违法而且可能严重地危害公共利益时不在此限。"奥地利《国家赔偿法》第 4 条规定：公务员对执行上级机关的命令所为之行为造成损害的，官署不得对其行使求偿权，但执行无管辖权关系的上级机关所作的命令或于执行命令时违反刑法的规定的，不在此限。我国公务员法也规定，"公务员执行明显违法的决定或者命令的，应当依法承担相应的责任。"也就是说，法律并不要求公务人员绝对地执行上级命令。作为知法懂法的公务人员，理应能够判断命令的违法性，如果明知违法仍然执行，就应认定其具有故意；

---

① 国外行政追偿制度也有类似规定，例如，奥地利《国家赔偿法》第 2 条规定：如果公务员系因重大过失违背法律，则法院可以出于公平合理的理由减轻追偿。

② 参见姜明安主编：《行政法与行政诉讼法》（第 5 版），北京大学出版社 2011 年版，第 618－619 页。

如果确属公务人员不能理解或发现命令的违法性，则应认定其具有重大过失。无论如何，公务人员都应承担该损害的追偿责任。

(2)对于上级一般的违法命令，行政工作人员应向上级提出“异议”。我国公务员法第54条规定：“公务员执行公务时，认为上级的决定或者命令有错误的，可以向上级提出改正或者撤销该决定或者命令的意见；上级不改变该决定或者命令，或者要求立即执行的，公务员应当执行该决定或者命令，执行的后果由上级负责，公务员不承担责任。”

(3)对于上级一般的违法命令，行政工作人员没有对上级提出异议而照单执行的，根据上级给予裁量权的大小来确定行政工作人员和上级领导的过错程度，并依据各自过错程度情况共同承担追偿责任。一般地，上级命令的裁量余地越大，行政工作人员变通或不予执行的空间也就越大，这种情形下，行政工作人坚持执行命令所负责任也就越大，行政工作人员应承担主要的追偿责任，上级领导承担次要的追偿责任。反之，上级命令的裁量余地越小，行政工作人员变通或不予执行的空间也就越小，行政工作人员执行命令所负责任也就越小，由此造成的国家赔偿，行政工作人员只承担次要的追偿责任，而上级领导承担主要的追偿责任。

(二)行政追偿的程序

行政追偿程序就是指赔偿义务机关(追偿人)追究其工作人员(被追偿人)责任的步骤和方式等方面的制度。鉴于我国《国家赔偿法》没有规定行政追偿程序，我们下面从学理以及实务需要出发予以探讨。

行政追偿的程序应包括：

(1)审查被追偿人是否具有故意或者重大过失。这是行政追偿权行使的前提。为此，赔偿义务机关必须向有关的单位和个人调查取证。

(2)听取被追偿人的意见和申辩。追偿人应当听取拟被追偿人提供的对自己有利的证据，也应当告知拟作出追偿决定的理由。

(3)决定追偿的金额。根据《国家赔偿法》规定，赔偿义务机关有权责令有故意或重大过失的工作人员承担部分或全部赔偿费用。追偿人依职权确定追偿数额，不得迁就被追偿人。

(4)执行追偿决定。追偿决定是一种具体行政行为，具有强制执行的效力。当被追偿人不履行追偿责任时，追偿人可自己依法采取强制措施，或申请人民法院强制执行。

(5)权利救济。被追偿人不服追偿决定的，可以依法向上级行政机关或者监察、人事行政机关申诉；也可以根据我国《行政复议法》和《行政诉讼法》的规定，申请复议或者提起行政诉讼。

第三节 司法赔偿

一、司法赔偿的范围

司法赔偿的范围即指司法机关行使司法职权过程中侵犯公民、法人或其他组织合法权益而负责赔偿的范围。根据国家赔偿法的规定，司法赔偿的范围包括刑事赔偿(也称冤狱赔偿)范围与民事、行政司法赔偿范围。

(一)刑事司法赔偿范围

我国《国家赔偿法》(2010 年)将行使侦查(公安机关、国家安全机关)、检察(检察院)、审判职权(法院)的机关以及看守所[①]、监狱管理机关认定为履行刑事司法职能的国家机关。这些机关是可能的刑事司法侵害行为的主体。我国《国家赔偿法》(2010 年)规定了引起刑事司法赔偿的事项包括人身权损害、财产权损害和精神损害三种情形；同时规定了国家不予赔偿的例外情形。

1. 人身权损害的刑事赔偿

根据《国家赔偿法》第 17 条[②]的规定，我国刑事赔偿范围中侵犯人身权的赔偿限于侵犯公民人身自由权和生命健康权。

(1)侵犯人身自由权的刑事赔偿。具体包括：①违法刑事拘留。刑事拘留的违法形式包括拘留对象错误、超过法定拘留期限等多种形式。根据《国家赔偿法》(2010 年)第 17 条第 1 项的规定，应给予赔偿的违法拘留的情形有：一是违法采取刑事拘留措施。行使侦查权的机关违反《刑事诉讼法》规定的关于

---

① “看守所”系《国家赔偿法》(2010 年)修改时增加的，旧的《国家赔偿法》并没有将其列为刑事司法机关。

② 该法第 17 条规定：“行使侦查、检察、审判职权的机关以及看守所、监狱管理机关及其工作人员在行使职权时有下列侵犯人身权情形之一的，受害人有取得赔偿的权利：(一)违反刑事诉讼法的规定对公民采取拘留措施的，或者依照刑事诉讼法规定的条件和程序对公民采取拘留措施，但是拘留时间超过刑事诉讼法规定的时限，其后决定撤销案件、不起诉或者判决宣告无罪终止追究刑事责任的；(二)对公民采取逮捕措施后，决定撤销案件、不起诉或者判决宣告无罪终止追究刑事责任的；(三)依照审判监督程序再审改判无罪，原判刑罚已经执行的；(四)刑讯逼供或者以殴打、虐待等行为或者唆使、放纵他人以殴打、虐待等行为造成公民身体伤害或者死亡的；(五)违法使用武器、警械造成公民身体伤害或者死亡的。”

采取刑事拘留的条件和程序而实施的拘留，受害人有依法取得赔偿的权利。二是依法采取刑事拘留措施后终止追究刑事责任。行使侦查权的机关采取刑事拘留符合法定的条件和程序，但拘留超过法定的期限，且其后决定撤销案件、不起诉或者判决宣告无罪终止追究刑事责任，受害人有依法取得赔偿的权利。②逮捕后终止追究刑事责任。根据《国家赔偿法》(2010 年)第 17 条第 2 项规定，只要公民被逮捕后刑事司法机关终止追究刑事责任的，公民即可要求国家承担刑事赔偿责任，不论之前的逮捕行为是否合法。而修改前的旧《国家赔偿法》却规定只有在“对没有犯罪事实的人错误逮捕”时才予以赔偿，实行的是“无罪羁押赔偿”原则。新的《国家赔偿法》对因逮捕被羁押的人进行赔偿，实行的是结果归责原则，事实上放松了赔偿的条件，扩大了赔偿范围。③无罪[①]错判[②]、原判刑罚已经执行的。根据《国家赔偿法》(2010 年)第 17 条第 2 项规定，人民法院对无罪的公民判处剥夺其人身自由和生命的刑罚，包括拘役、有期徒刑、无期徒刑和死刑，且已经实际执行的，应当予以赔偿。但对无罪的人判处管制、有期徒刑缓刑、剥夺政治权利、驱逐出境等没有实际羁押人身的刑罚，国家不承担赔偿责任；对无罪的人判处拘役、有期徒刑、无期徒刑等实际羁押人身的刑罚，但当事人在服刑期间被减刑、假释、保外就医的，即对刑罚全部或部分没有实际执行的，国家对这段时间也不予赔偿。

(2)侵犯生命健康权的刑事赔偿。根据《国家赔偿法》(2010 年)第 17 条第 4 和第 5 项的规定，刑讯逼供或以殴打、虐待等行为或唆使、放纵他人以殴打、虐待等行为造成公民身体伤害或者死亡的；违法使用武器、警械造成公民身体伤害或死亡的，国家应当赔偿。另外，上述的“无罪错判，且已实际执行”情形中，如果无罪错判为死刑并实际执行的，也属于侵犯生命健康权，国家应当赔偿。

2. 财产权损害的国家赔偿

根据《国家赔偿法》(2010 年)第 18 条[③]规定，我国刑事赔偿范围中侵犯财产权的赔偿限于针对财产的刑事强制措施引起的赔偿和错误判处并执行财产

---

① 此处的“无罪”包括公民没有实施犯罪行为和法院没有充分、确凿的证据证明公民实施了犯罪行为两种情形。

② 如果被告人的行为已经构成犯罪，人民法院在法定的量刑幅度内作出不适当的判决，或者超出法定刑幅度量刑，经改判处以比较轻的刑罚，不构成国家赔偿法上的错判。

③ 该法第 18 条规定：“行使侦查、检察、审判职权的机关以及看守所、监狱管理机关及其工作人员在行使职权时有下列侵犯财产权情形之一的，受害人有取得赔偿的权利：(一)违法对财产采取查封、扣押、冻结、追缴等措施的；(二)依照审判监督程序再审改判无罪，原判罚金、没收财产已经执行的。”

刑而引起的赔偿。具体为：

(1)违法对财产采取查封、扣押、冻结、追缴等措施。这里的"违法"包括超越职权范围、没有权限和违反法定程序等形式。司法机关违法采取的上述财产限制措施，给公民、法人或者其他组织合法权益造成损害的，国家必须赔偿。

(2)再审无罪，原判罚金、没收财产已经执行。罚金是指人民法院判处犯罪人向国家缴纳一定数额金钱的刑罚，没收财产是指将犯罪分子个人所有财产的一部或者全部强制、无偿地收归国有的刑罚。

3.精神损害的国家赔偿

根据《国家赔偿法》(2010年)第35条①规定，我国刑事赔偿范围中侵犯精神损害的赔偿限于刑事司法活动侵犯人身权致受害人严重精神损害的情形。司法机关在刑事诉讼活动中对公民造成人身损害，由此引起精神损失的，应当在侵权行为影响的范围内为受害人消除影响，恢复名誉，赔礼道歉，造成严重后果的应支付相应的精神损害抚慰金。因其他原因引起公民精神损害的，不予赔偿。

4.不予赔偿的例外情形

根据《国家赔偿法》(2010年)第19条②规定，国家对以下刑事司法活动中的损害不予赔偿：

(1)依法不追究刑事责任的人③被羁押的。法律规定不负刑事责任的未

---

① 该法第35条规定："有本法(第三条或者)第十七条规定情形之一，致人精神损害的，应当在侵权行为影响的范围内，为受害人消除影响，恢复名誉，赔礼道歉；造成严重后果的，应当支付相应的精神损害抚慰金。"

② 该法第19条规定："属于下列情形之一的，国家不承担赔偿责任：(一)因公民自己故意作虚伪供述，或者伪造其他有罪证据被羁押或者被判处刑罚的；(二)依照刑法第十七条、第十八条规定不负刑事责任的人被羁押的；(三)依照刑事诉讼法第十五条、第一百四十二条第二款规定不追究刑事责任的人被羁押的；(四)行使侦查、检察、审判职权的机关以及看守所、监狱管理机关的工作人员与行使职权无关的个人行为；(五)因公民自伤、自残等故意行为致使损害发生的；(六)法律规定的其他情形。"

③ 例如，刑法规定下列几种人实施犯罪行为不负刑事责任：(1)犯罪时不满14周岁的；(2)已满14周岁不满16周岁的人，犯故意杀人、故意伤害致人重伤或者死亡、强奸、抢劫、贩卖毒品、放火、爆炸、投毒罪以外的罪行的；(3)不能辨认或者不能控制自己行为的精神病人在不能辨认和控制自己行为的时候犯罪的。《刑事诉讼法》第15条对不追究刑事责任的情形也作了规定："有下列情形之一的，不追究刑事责任……(1)情节显著轻微、危害不大，不认为是犯罪的；(2)犯罪已过追诉时效期限的；(3)经特赦令免除刑罚的；(4)依照刑法告诉才处理的犯罪，没有告诉或者撤回告诉的；(5)犯罪嫌疑人、被告人死亡的；(6)其他法律规定免予追究刑事责任的。"《刑事诉讼法》第142条第2款规定酌定不起诉的情形："对于犯罪情节轻微，依照刑法规定不需要判处刑罚或者免除刑罚的，人民检察院可以作出不起诉决定。"

成年人、精神病人，或依法酌定不予起诉的人，判决确定前被羁押的，国家不承担赔偿责任；但对起诉后经人民法院判处拘役、有期徒刑、死刑并已执行的，国家仍需依法给予赔偿。

(2)司法机关工作人员的个人行为。司法机关工作人员实施的与职权无关的个人行为造成当事人损害的，国家不承担赔偿责任，而由实施个人侵权行为的司法人员自己承担。

(3)公民个人故意行为。因公民个人故意行为所致的损害，不是国家司法机关及其工作人员违法行为所为，国家当然不承担赔偿责任。公民个人故意行为包括公民故意作虚伪供述或者伪造其他有罪证据被羁押或者被判处刑罚的[①]；公民自伤、自残等故意行为致使损害发生的。

(4)法律规定不予赔偿的其他情形。例如，《民法通则》等法律规定，不可抗力、正当防卫、紧急避险、第三人的过错等造成损害的，可以免除国家的赔偿责任。《国家赔偿法》这一兜底规定给将来扩大国家刑事赔偿责任的免责范围预留了空间。

(二)民事、行政司法赔偿范围

根据《国家赔偿法》第 38 条[②]规定，国家对法院及其工作人员在民事诉讼、行政诉讼过程中侵犯公民、法人或者其他组织合法权益的行为承担赔偿责任的范围为：

1.违法采取排除妨害诉讼的强制措施

为了保证审判和执行的顺利进行，法院有权依法采取包括训诫、责令退出法庭(具结悔过)、拘留、罚款等排除妨害的强制措施。这些排除妨害的强制措施都有被违法实施的可能，但国家只对法院违法采取的拘留和罚款两种措施给予赔偿，其具体表现为：

(1)违法罚款。法院不应当采取罚款措施而采取的或者超过法定的幅度罚款的，国家应当承担赔偿责任。

(2)违法拘留。法院对不应当采取司法拘留而采取的或者超过法律规定期限实施司法拘留的，国家应当承担赔偿责任。

---

① 因公民个人过失，如无意中误导司法机关或其工作人员认为其有罪的行为，致其被错误羁押的，不能免除国家赔偿责任。

② 该条规定："人民法院在民事诉讼、行政诉讼过程中，违法采取对妨害诉讼的强制措施、保全措施或者对判决、裁定及其他生效法律文书执行错误，造成损害的，赔偿请求人要求赔偿的程序，适用本法刑事赔偿程序的规定。"

2. 违法采取保全措施

法院违法采取的保全措施，包括证据保全措施与财产保全措施两种。司法机关及其工作人员采取保全措施的违法性主要表现为：

(1)违法的证据保全措施。法院在不符合法定的条件和范围或者违反法律程序而采取保全措施的，国家应当承担赔偿责任。

(2)违法的财产保全措施。法院依法不应当采取保全措施而采取保全措施或者依法不应当解除保全措施而解除保全措施的；保全财产明显超过申请人申请保全的数额或者范围的；对查封、扣押的财物不履行监管职责造成毁损、灭失的等情形，都应认定为违法采取保全措施，国家对这些违法行为应当承担赔偿责任。

3. 错误执行生效法律文书

根据民事诉讼法和行政诉讼法的有关规定，法院有权对生效而义务人拒不履行的判决书、裁定书、民事制裁决定书、调解书、支付令、仲裁裁决书、具有强制执行效力的公证债权文书、行政处罚决定、行政处理决定等依法采取强制执行措施。但国家对法院执行错误的行为①，例如执行尚未发生法律效力的法律文书；违反法律规定先予执行的；对查封、扣押的财产不履行监管职责，造成财物损失等行为应当承担赔偿责任。

4. 违法侵害公民人身权或生命权的行为

根据《最高人民法院关于人民法院执行〈中华人民共和国国家赔偿法〉几个问题的解释》第 2 条②规定，法院工作人员在民事、行政诉讼或者执行过程中，刑讯逼供或者以殴打、虐待等行为或者唆使、放纵他人以殴打、虐待等行为造成公民身体伤害或者死亡的；违法使用武器、警械造成公民身体伤害或者死亡的违法行为，国家应当承担赔偿责任。

5. 不予赔偿的例外情形

根据《国家赔偿法草案说明》的有关规定③和《民事、行政司法赔偿若干解

① 应当强调的是，国家只对法院司法执行本身存在错误的行为承担赔偿责任，而不对作为执行根据的生效法律文书存在错误而正确执行的行为承担赔偿责任。后一种情形的救济方法是责令取得财产的人予以返还，拒不返还的予以强制执行。

② 该条规定："人民法院在民事诉讼、行政诉讼过程中，实施《国家赔偿法》第 17 条第 4、5 项规定行为的，适用刑事赔偿程序予以赔偿。"

③ 该草案说明中的一项规定为："对于民事审判、行政审判中的错判，经法院改判后，应当按照改变后的判决，由一方当事人向对方履行义务，不宜列入国家赔偿的范围。国外一般也是这么做的。"

释》第7条①的规定,国家对法院的错误判决(后又改判)、工作人员的个人行为、当事人本人的错误、第三人的违法行为以及不可抗力等造成的损害不承担赔偿责任。

对于上述应当赔偿的事项,根据《民事、行政司法赔偿若干解释》第6条②规定,国家只承担直接损失的赔偿责任;因多种原因造成的损害,只赔偿因违法侵权行为所造成的直接损失部分。

二、司法赔偿的请求人与义务机关

(一)司法赔偿的请求人

司法赔偿的请求人,与行政赔偿的请求人确定的规则完全相同,这里不再重复。在此专门阐述司法赔偿义务机关。

(二)司法赔偿的义务机关

1.刑事司法的赔偿义务机关

司法赔偿的义务机关和行政赔偿的义务机关一样,根据"谁侵权,谁赔偿"的原则来确定。司法赔偿义务机关即实行侵权行为的(工作人员所在的)司法机关。根据《国家赔偿法》(2010年)第21条第1款③规定,刑事赔偿中的赔偿义务机关有公安机关、检察机关、审判机关和监狱管理机关,具体表现为公安局、检察院、法院、看守所、监狱等。

但在刑事诉讼活动限制公民人身自由的案件中,不同司法机关可能会采取拘留、逮捕、审判前后相续的系列行为,因而在确定损害赔偿义务机关时会

---

① 该条规定:"根据国家赔偿法第十七条、第三十一条的规定,具有下列情形之一的,国家不承担赔偿责任:(一)因申请人申请保全有错误造成损害的;(二)因申请人提供的执行标的物有错误造成损害的;(三)人民法院工作人员与行使职权无关的个人行为;(四)属于民事诉讼法第二百一十四条规定情形的;(五)被保全人、被执行人,或者人民法院依法指定的保管人员违法动用、隐匿、毁损、转移、变卖人民法院已经保全的财产的;(六)因不可抗力造成损害后果的;(七)依法不应由国家承担赔偿责任的其他情形。"

② 该条规定:"人民法院及其工作人员在民事、行政诉讼或者执行过程中,具有本解释第二条至第五条规定情形,造成损害的,应当承担直接损失的赔偿责任。因多种原因造成的损害,只赔偿因违法侵权行为所造成的直接损失。"

③ 该款规定:"行使侦查、检察、审判职权的机关以及看守所、监狱管理机关及其工作人员在行使职权时侵犯公民、法人和其他组织的合法权益造成损害的,该机关为赔偿义务机关。"

有一定的复杂性。对此,《国家赔偿法》(2010 年)第 21 条第 2、3、4 款①确立了具体的认定规则:

(1)错误拘留。拘留错误的,作出拘留决定的机关为赔偿义务机关。在某些检察院自侦案件当中,检察院并不对犯罪嫌疑人作出正式的拘留决定,而是要求公安机关对犯罪嫌疑人采取限制其人身自由的强制措施,此时应当视为检察院作出了拘留决定。如果引起赔偿的,由检察院作为赔偿义务机关。

(2)错误逮捕。逮捕错误的,作出逮捕决定的机关为赔偿义务机关。通常,作出逮捕决定的机关是检察院(当然法院也有可能成为决定机关),执行逮捕的机关是公安机关,执行不承担赔偿责任。

(3)错误判决。判决错误的,由作出错误判决的法院作为赔偿义务机关。未生效判决错误,但该判决没有生效即被推翻的情况下,由一审法院作为赔偿义务机关;生效判决错误,但该判决生效后经再审又改判无罪的情况下,应当由作出生效判决的法院作为赔偿义务机关。

旁评附注　赔偿义务机关后置原则

在限制人身自由的刑事司法活动中,因涉及公、检、法不同司法机关的相互配合和相互监督,公民的人身权损害可能是由多个机关的侵权行为造成的。但由于后一机关对前一机关负有监督和审查的职责,后一机关作出的错误行为就意味着后一机关已经认同、吸收了前一机关行为的错误,因此,后一机关对于前一机关的责任也就应当一并承受。为便于确定赔偿义务机关起见,《国家赔偿法》实行赔偿义务机关后置原则,即对于多个机关前后相续的错误行为,应当由最后一个作出生效法律文书的机关承担全部的赔偿责任。例如,公安机关先作出拘留决定,而后检察院又决定逮捕,后来当事人被认定无罪的,由批捕检察院承担拘留、逮捕期间的全部赔偿责任,公安机关不负赔偿责任;公安机关先作出拘留决定,而后检察院又决定逮捕,一审法院又作出未生效的有罪判决,后来当事人被认定无罪的,由一审法院赔偿。公安机关、检察院都不负赔偿责任。

应该强调的是,赔偿义务机关后置的原则仅适用于刑事诉讼过程中

---

① 第 2—4 款的具体内容为:"对公民采取拘留措施,依照本法的规定应当给予国家赔偿的,作出拘留决定的机关为赔偿义务机关;对公民采取逮捕措施后决定撤销案件、不起诉或者判决宣告无罪的,作出逮捕决定的机关为赔偿义务机关;再审改判无罪的,作出原生效判决的人民法院为赔偿义务机关。二审改判无罪,以及二审发回重审后作无罪处理的,作出一审有罪判决的人民法院为赔偿义务机关。"

限制公民人身自由的行为。如果不同的司法机关在刑事诉讼中分别损害了公民的人身自由与其他权利，就不适用赔偿义务机关后置的原则。例如，公安警察对犯罪嫌疑人赵某拘留，并进行了刑讯逼供；后检察院批准对赵某进行逮捕。但一审法院以证据不足判决马某无罪。此案中，公安机关的拘留和检察院的批捕属于限制公民的人身自由，公安机关的刑讯逼供属于侵犯身体权。限制人身自由的行为，后一机关吸收前一机关的，应当由检察院赔偿马某被拘留、逮捕期间的损失；而对赵某的刑讯逼供，必须由公安局赔偿其损失，因为检察院对人身自由的限制无法吸收公安局对身体权侵害的责任。

2. 民事与行政司法的赔偿义务机关

《国家赔偿法》第 38 条规定了人民法院在民事、行政诉讼过程中，违法采取对妨害诉讼的强制措施、保全措施或者错误执行法律文书造成损害的国家赔偿责任，但并未明确如何确定赔偿义务机关。但根据“谁侵权，谁赔偿”的确定赔偿义务机关的一般原则，可以认为实施侵权行为的(工作人员所在的)法院为赔偿义务机关。

三、司法赔偿程序

(一)赔偿处理环节

司法赔偿处理包括赔偿义务机关决定、复议程序、赔偿委员会处理程序、赔偿委员会重审程序。

1. 赔偿义务机关决定

《国家赔偿法》(2010 年)第 22 条第 2 款规定：“赔偿请求人要求赔偿，应当先向赔偿义务机关提出。”第 23 条规定：“赔偿义务机关应当自收到申请之日起两个月内，作出是否赔偿的决定。……赔偿义务机关决定赔偿的，应当制作赔偿决定书，……决定不予赔偿的，应当自作出决定之日起十日内书面通知赔偿请求人，并说明不予赔偿的理由。”可见，赔偿义务机关的自我决定程序是赔偿的必经环节。

2. 上级机关复议

根据《国家赔偿法》(2010 年)第 24 条①规定，赔偿义务机关在规定期限内未作出是否赔偿的决定，对赔偿的方式、项目、数额有异议的或者赔偿义务机关作出不予赔偿决定的，赔偿请求人可以自赔偿义务机关应作决定的期限届满日或作出决定之日起三十日内，向赔偿义务机关的上一级机关申请复议。

3. 赔偿委员会决定

根据《国家赔偿法》(2010 年)第 24 条第 3 款②和第 25 条③规定，如果赔偿义务机关是法院的，当赔偿义务机关逾期不予赔偿，或请求人对赔偿数额不服时，赔偿请求人可以自法院应作决定的期限届满日(2 个月)或作出决定之日起三十日内，直接向该法院的上一级法院赔偿委员会申请作出赔偿决定；如果赔偿义务机关不是法院的，请求人经过复议之后仍不服复议决定时(或者复议机关逾期不作决定的)，可以在收到复议决定之日(或自复议期限届满之日起)30 日内，向复议机关所在地的同级法院赔偿委员会申请作出赔偿决定。

4. 赔偿委员会重审决定

根据《国家赔偿法》(2010 年)第 30 条④规定，赔偿委员会作出的决定若确有错误的，可以由同级法院或上级法院赔偿委员会重新审理。同级法院赔偿委员会根据本院院长决定或上级法院指令，或者上级法院赔偿委员会根据最

---

① 该条第 1 款规定:“赔偿义务机关在规定期限内未作出是否赔偿的决定，赔偿请求人可以自期限届满之日起三十日内向赔偿义务机关的上一级机关申请复议。”第 2 款规定:“赔偿请求人对赔偿的方式、项目、数额有异议的，或者赔偿义务机关作出不予赔偿决定的，赔偿请求人可以自赔偿义务机关作出赔偿或者不予赔偿决定之日起三十日内，向赔偿义务机关的上一级机关申请复议。

② 该款规定:“赔偿义务机关是人民法院的，赔偿请求人可以依照本条规定向其上一级人民法院赔偿委员会申请作出赔偿决定。”

③ 该条规定:“复议机关应当自收到申请之日起两个月内作出决定。赔偿请求人不服复议决定的，可以在收到复议决定之日起三十日内向复议机关所在地的同级人民法院赔偿委员会申请作出赔偿决定；复议机关逾期不作决定的，赔偿请求人可以自期限届满之日起三十日内向复议机关所在地的同级人民法院赔偿委员会申请作出赔偿决定。”

④ 该条规定:“赔偿请求人或者赔偿义务机关对赔偿委员会作出的决定，认为确有错误的，可以向上一级人民法院赔偿委员会提出申诉(第一款)。赔偿委员会作出的赔偿决定生效后，如发现赔偿决定违反本法规定的，经本院院长决定或者上级人民法院指令，赔偿委员会应当在两个月内重新审查并依法作出决定，上一级人民法院赔偿委员会也可以直接审查并作出决定(第二款)。最高人民检察院对各级人民法院赔偿委员会作出的决定，上级人民检察院对下级人民法院赔偿委员会作出的决定，发现违反本法规定的，应当向同级人民法院赔偿委员会提出意见，同级人民法院赔偿委员会应当在两个月内重新审查并依法作出决定(第三款)”

高检察院或上级检察院的监督意见，应当在2个月内重新审查并作出决定。

(二)举证责任

《国家赔偿法》(2010年)第26条第1款规定："人民法院赔偿委员会处理赔偿请求，赔偿请求人和赔偿义务机关对自己提出的主张，应当提供证据。"这表明国家赔偿实行"谁主张，谁举证"的原则。根据《国家赔偿法》(2010年)和有关司法解释的规定，司法赔偿案件的举证责任具体分配如下：(1)赔偿请求人可以提供证明职权行为违法的证据，但职权行为的合法性应由赔偿义务机关承担举证责任。(2)有关赔偿本身的事实、损害结果、因果关系等，由赔偿请求人和赔偿义务机关各自对自己的主张部分提供证据。(3)被羁押人在羁押期间死亡或者丧失行为能力的，赔偿义务机关的行为与被羁押人的死亡或者丧失行为能力是否存在因果关系，赔偿义务机关应当提供证据。

(三)司法追偿

根据《国家赔偿法》(2010年)第31条[①]规定，工作人员有刑讯逼供或者以殴打、虐待等行为或者唆使、放纵他人以殴打、虐待等行为造成公民身体伤害或者死亡的；违法使用武器、警械造成公民身体伤害或者死亡的；或者在处理案件中有贪污受贿、徇私舞弊、枉法裁判行为的，赔偿义务机关赔偿后，应当向该工作人员追偿部分或者全部赔偿费用。

---

① 该条规定："赔偿义务机关赔偿后，应当向有下列情形之一的工作人员追偿部分或者全部赔偿费用：(一)有本法第十七条第四项、第五项规定情形的；(二)在处理案件中有贪污受贿、徇私舞弊、枉法裁判行为的。"

图书在版编目(CIP)数据

现代行政法 / 何永红著. —杭州：浙江大学出版社，2014. 11

ISBN 978-7-308-14007-2

Ⅰ.①现… Ⅱ.①何… Ⅲ.①行政法—研究—中国 Ⅳ.①D922.104

中国版本图书馆 CIP 数据核字(2014)第 248557 号

现代行政法

何永红 **著**

责任编辑 余健波

封面设计 张作梅

出版发行 浙江大学出版社

(杭州市天目山路 148 号 邮政编码 310007)

(网址：http://www.zjupress.com)

排　　版 浙江时代出版服务有限公司

印　　刷 浙江良渚印刷厂

开　　本 710mm×1000mm 1/16

印　　张 25

字　　数 449 千

版 印 次 2014 年 11 月第 1 版 2014 年 11 月第 1 次印刷

书　　号 ISBN 978-7-308-14007-2

定　　价 48.00 元
